高等职业教育铁道交通运营管理专业"十二五"规划教材

铁路一般条件货运组织

主　编　夏　栋
副主编　谢淑润　于丽颖
主　审　熊　华　李　莉

中国财富出版社

（原中国物资出版社）

图书在版编目（CIP）数据

铁路一般条件货运组织/夏栋主编．—北京：中国财富出版社，2012.8
（高等职业教育铁道交通运营管理专业"十二五"规划教材）
ISBN 978-7-5047-4290-2

Ⅰ.①铁… Ⅱ.①夏… Ⅲ.①铁路运输—货物运输—组织工作—高等职业教育—教材 Ⅳ.①U294.1

中国版本图书馆 CIP 数据核字（2012）第 106183 号

策划编辑	王玉霞	责任印制	何崇杭　王　洁
责任编辑	王玉霞	责任校对	孙会香　杨小静

出版发行	中国财富出版社（原中国物资出版社）		
社　　址	北京市丰台区南四环西路 188 号 5 区 20 楼	邮政编码	100070
电　　话	010-52227568（发行部）	010-52227588 转 307（总编室）	
	010-68589540（读者服务部）	010-52227588 转 305（质检部）	
网　　址	http://www.clph.cn		
经　　销	新华书店		
印　　刷	中国农业出版社印刷厂		
书　　号	ISBN 978-7-5047-4290-2/U·0083		
开　　本	787mm×1092mm　1/16		
印　　张	25.75	版　次	2012 年 8 月第 1 版
字　　数	611 千字	印　次	2012 年 8 月第 1 次印刷
印　　数	0001-3000 册	定　价	58.00 元（含配套学生手册）

版权所有·侵权必究·印装差错·负责调换

丛书编写委员会

主　任：李群先　天津铁道职业技术学院　院　长

副主任：周　慎　武汉铁路职业技术学院　副院长

编　委：（按姓氏拼音为序）

冀文军　呼和浩特职业学院　　铁道学院院长
贾　润　呼和浩特职业学院　　副院长
马　军　中国财富出版社　　　分社主编
苏云峰　武汉铁路职业技术学院　教务处处长
魏　宇　天津铁道职业技术学院　系主任
伍　玫　郑州铁路职业技术学院　系主任
夏　栋　武汉铁路职业技术学院　系主任
谢立宏　吉林铁道职业技术学院　教　授
应夏晖　湖南高速铁路职业技术
　　　　学院　　　　　　　　系主任
于伯良　吉林铁道职业技术学院　系主任
朱宛平　广州铁路职业技术学院　系主任

策　划：王玉霞　中国财富出版社

出版说明

高等职业教育铁道交通运营管理专业"十二五"规划教材系中国物资出版社与全国多所重点铁道运输类院校共同开发。本套教材是这几所院校在推行校企合作、工学结合的人才培养模式的基础上,进行教学研究及课程建设的成果。本套教材已经过多次的实践,不断完善,真正做到了以用为学、以学为先,实现了"学校为企业培养员工,企业为学校培养学生"。本套教材具有如下特点:

"工学结合"的编写模式。本套教材是依托职业岗位确定课程目标,基于职业岗位任务制定学习内容。并且以职业院校教师编写为主,以企业人员技术指导及主审为辅,把课堂知识与企业的职业岗位职责、岗位技能相融合,保证了课本知识符合企业所需人才的培养方案要求。

内容和形式的创新。教材打破了原来学科体系的编写方法,以任务、实训案例为载体,以岗位小贴士、小资料为课外补充,充分展示了本套教材理论与实践的结合、知识与岗位技能对接的特点。

案例真实,实训性强。教材选取职业岗位的典型案例,具有真实性、针对性,有助于学生真实体会职业岗位工作内容。教材中还设置了具体的工作任务及工作流程,并采用步骤式的方案引导学生分组进行实践操作,培养学生全局意识及工作过程中的协调能力。

任务、案例循序渐进,易于学习。教材中任务、案例的安排遵循由简单到复杂、由单一到综合的递进关系,梯度明晰,逻辑性强,符合高等职业院校学生认知特点和职业教育能力培养方案。

伴随铁道交通技术的不断发展与改进,中国物资出版社与全国铁道交通运营专业教师共同再接再厉,为全国高等职业院校铁道交通运营管理专业的学子们提供规范、适用的精品教材。

前　言

为贯彻《教育部关于全面提高高等职业教育教学质量的若干意见》（教高〔2006〕16号）、《教育部关于推进中等和高等职业教育协调发展的指导意见》（教职成〔2011〕9号）及《教育部关于推进高等职业教育改革创新》（教职成〔2011〕12号）文件精神，推进高等职业教育教学改革，坚持"以就业为导向，以服务为宗旨"的办学方针，培养面向生产、管理、服务的一线高端技能型人才，中国物资出版社组织相关铁路职业院校有经验的专业教师及铁路现场技术骨干专家，结合企业需求，遵循高等职业教育规律，在认真总结近几年铁路高等职业教育教学改革成果的基础上编写了本教材，以满足铁道交通运营管理专业高端技能人才培养的需要。

教材采用工学结合、校企合作的人才培养模式，注重基于行动导向的教学模式改革，实现了专业与企业岗位的对接、课程内容与职业标准的对接，有利于推行任务驱动、项目导向等学做一体的教学模式。本教材的编写是通过校企合作，在充分调研的基础上，认真分析岗位工作任务、内容及技能要求，引入职业标准及企业新技术、新工艺，打破传统学科体系下的课程内容构架，按照知识内容由简单到复杂、职业技能由单一到综合的原则，重新设计和序化了课程内容。以案例和任务为主线，基于工作过程，突出学生的主体地位，在实现职业技能培养的同时，又能体验职业氛围，养成良好的职业素养。教材在课程考核方面进行了改革与创新，注重过程考核，突出了考核主体的多元化、考核指标的多维度、考核方式的多样化。

教材以由粗到细的货物包装为载体，按照货物运输组织的难易程度，依次设计了散装货物运输组织、裸装货物运输组织、包装货物运输组织、集装货物运输组织四个学习情境，每个学习情境均以典型的真实工作案例作为学习载体设计了学习性工作任务，共安排有12个学习任务。涵盖了一般条件铁路货物运输组织所需的货物运输基本条件、整车货物作业程序及要求、专用线作业要求、一般条件货物装载加固、普通货物运费核算、货车施封、篷布苫盖、货运事故处理和集装货物运输等知识点。同时，还编写了配套的学生工作活页手册，以便于学生在学习过程中配套使用。本书可作为高等职业教育铁道交通运营管理专业的核心课程教材，也可为铁路现场货运工作人员的岗位培训提供参考。

本书由武汉铁路职业技术学院夏栋担任主编，武汉铁路职业技术学院谢淑润、天津铁道职业技术学院于丽颖担任副主编，武汉铁路局武昌东站熊华、武汉铁路局货运处李莉担任主审，武汉铁路职业技术学院李嵘、武汉铁路局汉阳车站韩俊丽参加编写。具体编写分工如下：学习情境一散装货物运输组织由夏栋（任务一）、谢淑润（任务二）、韩俊丽（任务三）、于丽颖（任务四）编写；学习情境二裸装货物运输组织由于丽颖（任务一）、李嵘

(任务二)、夏栋(任务三)编写;学习情境三包装货物运输组织由李嵘(任务一)、谢淑润(任务二)编写;学习情境四集装货物运输组织由夏栋(任务一)、李嵘(任务二)、谢淑润(任务三)编写。全书由夏栋、谢淑润负责框架设计及统稿工作。配套的学生工作活页手册由谢淑润负责编写。

  本书在编写过程中,得到了武汉铁路局、北京铁路局、沈阳铁路局、上海铁路局、广铁集团的相关处室、站段及其技术人员的鼎力支持和帮助,并提出了中肯的意见和建议,特此表示由衷的感谢。书中参考引用了从事铁路货物运输研究专家、学者的著作和成果,在书末列出了主要参考文献,在此也表示衷心的感谢。

  鉴于编者水平、经验有限,书中疏漏和不当之处难免存在,恳请读者予以指正,以便修订和完善。

编　者

2012 年 2 月

目　录

学习情境一　散装货物运输组织 ·· (1)
　学习任务一　货运基本条件认知 ·· (2)
　　知识点一　货运工作的基本任务及其法规依据 ·· (4)
　　知识点二　货物与货物运输种类 ·· (6)
　　知识点三　一　批 ·· (8)
　　知识点四　货物快运 ··· (9)
　　知识点五　货物运到期限 ·· (10)
　学习任务二　散装货物运输组织工作现场感知 ·· (16)
　　知识点六　整车货物作业标准 ·· (17)
　　知识点七　发送作业 ··· (26)
　　知识点八　途中作业 ··· (39)
　　知识点九　到达作业 ··· (47)
　学习任务三　煤炭运输组织 ·· (62)
　　知识点十　货车容许载重量 ·· (63)
　　知识点十一　固态散装货物划线装车 ·· (64)
　学习任务四　散装水泥运输组织 ·· (68)
　　知识点十二　罐　车 ··· (69)
　　知识点十三　散装水泥铁路运输专用车辆管理办法 ·· (71)
　　知识点十四　散装货物装卸车要求 ··· (73)
　　知识点十五　专用线专用铁路运输 ··· (75)

学习情境二　裸装货物运输组织 ··· (81)
　学习任务一　卷钢运输组织 ·· (82)
　　知识点一　装载加固定型方案 ·· (83)
　　知识点二　货物重量在车地板上的分布 ··· (86)
　　知识点三　卷钢的装载加固 ·· (95)
　学习任务二　原木运输组织 ·· (106)
　　知识点四　常用装载加固材料 ·· (107)
　　知识点五　原木的装载加固 ·· (120)

学习任务三　电缆运输组织 ………………………………………………（125）
　　　知识点六　电缆的装载加固 ……………………………………………（126）
　　　知识点七　货物运输费用的计算 ………………………………………（130）

学习情境三　包装货物运输组织 …………………………………………………（152）
　　学习任务一　袋装粮食运输组织 …………………………………………（153）
　　　知识点一　整车货物轻重配装 …………………………………………（154）
　　　知识点二　棚车施封及篷布苫盖 ………………………………………（157）
　　　知识点三　货物包装堆码要求 …………………………………………（160）
　　学习任务二　箱桶装货物运输组织工作现场感知 ………………………（165）
　　　知识点四　货运事故的种类和等级 ……………………………………（166）
　　　知识点五　货运记录的编制 ……………………………………………（167）
　　　知识点六　货运事故处理 ………………………………………………（172）

学习情境四　集装货物运输组织 …………………………………………………（222）
　　学习任务一　通用集装箱运输组织 ………………………………………（223）
　　　知识点一　集装箱及其运输设备 ………………………………………（224）
　　　知识点二　集装箱货运组织结构和运输条件 …………………………（234）
　　　知识点三　集装箱货物作业标准 ………………………………………（237）
　　　知识点四　集装箱运输组织 ……………………………………………（241）
　　学习任务二　专用集装箱运输组织 ………………………………………（259）
　　　知识点五　专用集装箱简介 ……………………………………………（260）
　　　知识点六　专用集装箱运输方案 ………………………………………（266）
　　学习任务三　集装化货物运输组织 ………………………………………（278）
　　　知识点七　集装化运输概述 ……………………………………………（279）
　　　知识点八　集装化运输组织 ……………………………………………（283）

参考文献 ……………………………………………………………………………（285）

附件　中级货运值班员岗位分析 …………………………………………………（286）

学习情境一 散装货物运输组织

知识目标

1. 货运规章种类及货运基本条件（包括货物和货运种类、一批办理条件、运到期限的确定等）。
2. 整车货物作业程序及作业标准。
3. 货车容许载重量的确定和散装货物划线装车。

能力目标

1. 面对托运人独立判定铁路货物运输种类、运输条件及其运到期限，正确填记货物运单。
2. 整车货物作业中人员及任务安排（即明确哪些人做哪些事）。
3. 散装货物载重量利用能力，按章装车，不超载、不亏吨、不偏载。

任务导入

学习任务引导书

在本学习情境中，学生的任务是面对托运人（货主）能独立判定铁路货物运输的种类、运输条件及其运到期限，并借助煤炭、石油等不同货物载体训练你对散装货物载重量利用的控制能力，熟悉货运各工种岗位职责及整车货物运输作业流程。对此，你需要理论与实践的练习，在练习过程中，学生要逐步掌握本学习情境中完成各任务应具备的所有技能，包括相关的背景知识，这也是学习中非常重要的一部分。

为达到真正的学习效果，并最终能独立完成任务，学生应该在准备阶段多渠道、全方位的了解相关知识，更重要的是必须学会独立思考问题，而不是简单地看书、听讲、完成任务。

在完成这一任务时，请试图始终遵循以下规则：

在做每一小项任务前，都要先获取有关方面的信息（信息获取的重点在"学生工作活页手册"的资讯阶段有明显提示)。这就是说，不仅必须学会如何正确判定铁路货物运输的种类及其运输条件，而且要掌握的是：货物的托运究竟在货物运输过程中处于哪一环节，这个环节对之后的工作有什么影响？货物托运的条件判定涉及哪些方面，它们之间有什么联系？在判定工作中学生的主要依据是什么，从哪里获取这些依据？学生如何正确运用规章条款为判定工作服务？等等。

请学生始终独立处理信息并且借助相应的工作技巧，给文本作标记、记录，制作并展示学生的学习卡片等，对于长期保存信息来说这些都是非常有效的工作策略。请学生始终要以书面形式记录关于任务的相关信息！

另外在完成任务过程中，时间的把握也是非常重要的。请细心的计划学生完成每一阶段任务所需要的时间，必要时与学生的指导教师讨论学生的想法。

有错误也没关系，有时错误对学习还很重要！但是，其前提是学生必须坦率、认真地对待错误，并从错误中学习。那么，当出现错误时，学生就能正确对待错误、修正错误。注意，正确对待错误非常重要！

学习任务一　　货运基本条件认知

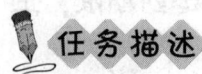

本次任务需要学生作为一名受理货运员能面对托运人，独立判定货物运输的基本条件，包括明确货物种类、货物运输种类、确定运到期限等，并能依据规章规定条理清晰地说明你的理由。具体任务见任务单所示。

任 务 单

请利用本学习单元所学知识，按题设条件与要求独立处理以下案例。

1. 托运人 A 到甲站托运箱装水泵 200 件，单件重量 90kg，体积 0.23m×0.18m×0.4m，希望将其货物运至乙站，如果你作为甲站负责受理货物托运的工作人员，请帮助托运人 A 确定该件货物的运输方式，并向托运人 A 说明你的理由。另请判定该货物属于 28 个品类中的那一类？用此种方式运输该货物的铁路运到期限是多少日？（甲乙两站间运价里程为 1200km）

2. 托运人 B 到甲站货运营业厅，准备托运袋装大米 2200 袋，约重 55t，拟发往乙站，假设你现在是甲站负责受理货物托运的工作人员，请帮助托运人 B 确定该批货物的运输方式，并向托运人 B 说明你的理由。另请判定该货物属于 28 个品类中的那一类？应按普通条件运送还是按照特殊条件运送？用此种方式运输该批货物的铁路运到期限是多少日？（甲乙两站间运价里程为 1360km）

3. 某日托运人 C 来到甲站货运营业厅，询问运输一件重 36t、长 12.8m 的钢梁的托运手续，假设你现在是甲站负责受理货物托运的工作人员，请运用专业知识告知托运人C该货物可以选择的运输方式，并向他说明你的理由。另请判定该货物属于28个品类中的哪一类？应按普通条件运送还是按照特殊条件运送？用此种方式运输该货物的铁路运到期限是多少日？（甲乙两站间运价里程为670km）

4. 托运人D来到甲站货运营业厅，欲托运摩托车100辆，纸箱包装，每件重85kg，每件体积为2m×0.6m×0.9m，假设你现在是甲站负责受理货物托运的工作人员，请运用专业知识告知托运人D该货物可以选择的运输方式，能否按一批托运，并向他说明你的理由。另请判定该货物应按普通条件运送还是按照特殊条件运送？用此种方式运输该货物的铁路运到期限是多少日？（甲乙两站间运价里程为980km）

5. 2009年9月1日，托运人E在甲站以集装箱运输的方式托运了服装500箱到乙站，每箱重40kg，每箱体积0.85m×0.65m×0.4m，该批货物于2009年9月15日到达乙站卸车，假设你是乙站负责交付货物的工作人员，请判定该批货物的运输方式是否恰当，并向收货人说明你的理由。另请判定该货物运输时间是否超过铁路运输期限？若逾期请按有关规定核定铁路应该支付的违约金比例。（甲乙两站间运价里程为1140km）

6. 托运人F到甲站货运营业厅，欲托运纸箱包装的柑橘1000箱，每箱重20kg，拟尽快发往乙站，假设你是甲站负责受理货物托运的工作人员，请帮助托运人F确定该批货物的运输方式，以及托运前注意事项，并向托运人F说明你的理由。另请判定该货物属于28个品类中的哪一类？应按何条件运送较为妥当？用此种方式运输该批货物的铁路运到期限是多少日？（甲乙两站间运价里程为1260km）

7. 托运人G到甲站货运营业厅，欲托运活牛20头，每头重500kg，拟尽快发往乙站，假设你是甲站负责受理货物托运的工作人员，请帮助托运人G确定该批货物的运输方式，以及托运前注意事项，并向托运人G说明你的理由。另请判定该货物属于28个品类中的哪一类？应按何条件运送较为妥当？用此种方式运输该批货物的铁路运到期限是多少日？（甲乙两站间运价里程为1300km）

8. 托运人H某日来到甲站货运营业厅，欲托运箱装（15kg/箱）纸制刊物20箱和桶装（每件重30kg）硝酸25件，至乙站。假设你是甲站负责受理货物托运的工作人员，请帮助托运人H确定这些货物的运输方式，并向托运人H说明你的理由。另请判定该货物应按普通条件运送还是按照特殊条件运送？用此种方式运输这些货物的铁路运到期限为多少日？（甲乙两站间运价里程为1500km）

请学生按要求认真领会题意，做好充足准备，课堂训练将采用分组查询、独立完成学生工作页的方式进行，最后将通过一人扮演铁路工作人员、另一人扮演托运人这种情境模拟的方法，完成你们对"货运基本条件认知"任务的成果展示。

知识点一　货运工作的基本任务及其法规依据

一、铁路运输在国民经济中的作用

（1）铁路运输是国民经济的重要组成部分，与其他运输方式一起共同承担着发展国民经济和满足人民生活需要而提出的运输任务。

（2）优势：运量大、速度快、运距长、成本低、污染小，受气候条件影响小，安全、准时、方便等。

二、铁路货运工作的基本任务

（1）按计划组织运输。
（2）严守货运法规，正确划责，确保安全。
（3）采用新设备、新技术，提高运输效率。
（4）加强管理，推行作业标准化，提高作业质量与效率。
（5）正确分析处理货运事故。
（6）对职工进行思想、道德、业务教育。

三、货运工作的法规依据

(一) 货运合同的法律依据

1. 《中华人民共和国合同法》（简称《合同法》）

《合同法》是调整横向经济关系的法律规定。

在铁路货物运输中必须以《合同法》为依据，实行铁路货物运输合同制度，以便调整承运人与托运人、收货人之间的经济关系，正确实现货物运输。

2. 《中华人民共和国铁路法》（简称《铁路法》）

《铁路法》是保障铁路运输和铁路建设顺利进行的法律规定。

《铁路法》同样是组织铁路货物运输必须遵守和执行的法律依据。

3. 《铁路货物运输合同实施细则》（简称《实施细则》）

《实施细则》是以《合同法》作为依据，结合铁路货物运输的特点而制定的经济法规，是《合同法》的补充。

它是组织铁路货物运输更为直接的依据。

4. 《中华人民共和国民法通则》（简称《民法通则》）

《民法通则》是涉及调整铁路货物运输合同的法律，对当事人违反合同应承担的民事责任作了规定。

(二)《铁路货物运输规程》(简称《货规》)

《货规》是货物运输的基本规章。它是根据国家有关方针、政策和法令,以《合同法》、《铁路法》、《实施细则》为依据而制定的。

《货规》由铁道部颁布,在全国范围内实行。其内容共分四章:第一章,总则;第二章,货物运输;第三章,货运事故处理、赔偿和运输费用的退补;第四章,承运人与托运人、收货人责任的划分。另附有四个附件。它具体规定了铁路货物运输的基本条件、货物运输合同、货物的搬入搬出,货物的承运交付、装车卸车、货运事故的处理赔偿、承托双方责任的划分。它是组织铁路货物运输最为直接的依据,承运人、托运人和收货人都必须遵照执行。

对于未纳入《货规》或《货规》规定未尽问题,则制定《货规》的引申规则或办法。它们有:

(1)《铁路货物运价规则》(简称《价规》)
(2)《铁路危险货物运输管理规则》(简称《危规》)
(3)《铁路鲜活货物运输规则》(简称《鲜规》)
(4)《铁路超限超重货物运输规则》(简称《超规》)
(5)《铁路货物装载加固规则》(简称《加规》)
(6)《铁路货物运输计划管理暂行办法》
(7)《货运日常工作组织办法》
(8)《快运货物运输办法》
(9)《铁路集装箱运输规则》(简称《集装箱规则》)
(10)《铁路货物保价运输办法》(简称《保价办法》)
(11)《铁路货物运输杂费管理办法》
(12)《货车使用费核收暂行办法》
(13)《铁路专用线专用铁路管理办法(试行)》
(14)根据《货规》精神制定的其他办法

(三)铁路内部货运管理规则与办法

1.《铁路货物运输管理规则》(简称《管规》)

《管规》明确规定了货物运输各环节的作业内容和质量要求,是铁路货运工作人员货物运输的工作细则。

其主要内容共分六章:第一章,总则;第二章,货物运输基本作业;第三章,货物交接检查和换装整理;第四章,货场管理;第五章,货运监察;第六章,附则。

《管规》不作为托运人、收货人与铁路间划分权利、义务和责任的依据。

2.《铁路货物事故处理规则》(简称《事规》)

《事规》是铁路内部处理货运事故的规定,同样不作为承运人与托运人、收货人划分权利、义务与责任的依据。

其主要内容共分八章:第一章,总则;第二章,货运事故种类和等级;第三章,记录编制及调查；第四章，事故处理程序；第五章，事故责任划分；第六章，货运事故赔偿；第七章，货运事故统计与资料保管；第八章，附则。

其他还有《铁路货运检查管理规则》、《铁路集装箱运输管理规则》、《铁路货物保价运输管理办法》、《货车篷布管理规则》、《铁路超限超重货物运输作业管理规定》、《货装职工守则》等。

（四）国际联运规章

《国际铁路货物联运办法》是国际联运有关规章的摘录与综合，适用于通过两个以上国家铁路，使用一份运送票据并以连带责任办理的直通货物运送。仅供我国国内铁路使用。如果同托运人、收货人或同国外办理国际联运业务和交涉事项，仍须根据国际联运有关规章办理。

（五）水陆联运规章

《铁路和水路货物联运规则》适用于通过铁路和水路两种不同运输方式办理的直通货物运送。是水陆联运中关于运输条件、办理手续、运杂费计算以及托运人、收货人同铁路、水路之间的权利、义务和责任划分的基本规章。对铁路、水路和托运人、收货人都具有约束效力。

（六）军运规章

军运规章适用于军事运输。军运规章主要有《铁路军事运输管理办法》、《军用危险货物铁路运输管理规则》、《铁路军事运输计费付费办法》等，对于军事运输的等级、运输计划、装载、运行、卸载以及军运危险货物的组级划分和军事运输费用的计算，作了具体的规定，对铁路和军方都具有约束力。

（七）《铁路客货运输专刊》

《铁路客货运输专刊》是铁道部相关主管部门登载铁路货运法规部分修改的内容，使铁路及社会公众知晓的专刊。

（八）铁路局（集团公司）对铁道部规章的补充规定

通常适用于本铁路局（集团公司）管内，一般限于执行铁道部规定的一些作业程序和方法等方面的内容，不能同铁道部规定相抵触。

（九）其他相关法律法规

其他相关法律法规包括国务院、国务院其他部委、各部委与铁道部联合发布的货物运输相关法律法规。

知识点二　货物与货物运输种类

一、铁路货物的分类

（1）按品类分为28种，即：煤、石油、焦炭、金属矿石、钢铁及有色金属、非金属矿石、磷矿石、矿物性建材、水泥、木材、粮食、棉花、化肥及农药、盐、化工用品、金属制品、工业机械、电子电气机械、农业机具、鲜活货物、农副产品、饮食烟草制品、纺织皮毛制品、纸及文教用品、医药品、其他货物、零担（该品类已在全路范围内停运，但统计表中仍有列载）、集装箱。

(2) 按货物外部条件分为3种，即：成件货物、大件货物、散堆装货物。

(3) 按货物对运输条件的要求不同分为2种，即：按一般条件运输的货物（如煤炭、钢材、粮食等货物）、按特殊条件运输的货物（如大型锅炉、爆炸品、活牛等货物）。

所谓"一般条件"是指在铁路货物运输组织过程中，不需要提供特别的（如冷藏、押运、特殊安全防护、特殊加固等）运输条件，所运货物通常为散装、裸装、包装或集装的普通货物。所谓"特殊条件"是指铁路在运输有别于普通货物的阔大货物、危险货物、鲜活货物等特种货物过程中，需要特别提供的运输条件，该类货物的运输组织工作危险性大、复杂、难度较高。

二、铁路货物运输的种类

(一) 整车货物运输

指一批货物至少需要一辆货车的运输。具体讲，凡一批货物的重量、体积、形状或性质需要以一辆及其以上货车装运的，均应按整车托运。

为更好的利用运输资源，在条件允许的情况下，整车运输可采取以下特殊的形式：

1. 整车分卸

其目的是为解决托运的数量不足一车而又不能按零担办理的货物运输。限制条件如下：

(1) 托运的货物必须是：危险货物，易于污染其他货物的污秽品，未装容器的活动物，一件货物重量超过2t，体积超过3m³或长度超过9m的货物；

(2) 到达分卸站的货物数量不够一车；

(3) 到站必须是同一径路上两个或三个到站；

(4) 必须在站内卸车；

(5) 在发站装车必须装在同一货车内作为一批托运的货物。

2. 途中装卸

途中装卸指在两个车站之间的区间或不办理货运营业的车站装卸车。

途中装卸货物的发站或到站，是将托运人指定的途中装卸地点的后方或前方办理货运营业的车站作为发站或到站。限制条件如下：

(1) 按整车运输的货物；

(2) 必须经月度要车计划核准后；

(3) 只限在铁路局管内办理；

(4) 危险货物不得办理。

3. 站界内搬运

站界内搬运指在站界内铁路营业线上或站线与专用线之间的运输。

其搬运种类如下：

（1）从车站内某一地点搬运到另一地点；

（2）从车站内某一地点搬运到本站出岔的专用线或专用铁路的某一地点；

（3）从本站出岔的专用线或专用铁路的某一地点搬运到本站出岔的另一专用线或专用铁路的某一地点。

其限制条件与途中装卸的限制条件相同。

我国铁路线路主要是标准轨距（1435mm），但昆明局管内还有部分米轨铁路。为了方便物质运输，减少托运人或收货人在运输途中的作业手续，铁路还开办了整车货物准、米轨间直通运输，即使用一份运输票据，跨及准轨与米轨铁路，将货物从发站直接运送至到站。

国铁与地铁间也能办理直通运输。即国家铁路与地方铁路间货物一票直通的运输方式。办理直通运输的车站，国铁为由铁道部公布在《货物运价里程表》内，办理货运业务的正式营业车站；地铁经地方铁路局提出报接轨站所在国铁铁路局同意后，由铁道部在《铁路客货运输专刊》公布的车站。

（二）集装箱运输

集装箱是一种装运货物的设备，使用集装箱在货车上进行的货物运输，称为集装箱运输。

集装箱适用于运输精密、贵重、怕湿的货物。凡适箱货物均应采用集装箱运输。集装箱运输是发展中的运输方式。

《集装箱适箱货物品名表》中规定的适箱货物共有13个品类，175个品名。

知识点三　一　批

一、一批的概念

一批是铁路承运货物和计算运费的一个单位。

具体讲，指使用一张货物运单和一份货票（整车分卸每一分卸站另增加2份货物运单），按照同一运输条件运送的货物。

二、按一批办理的条件

必须托运人、收货人、发站、到站和装卸地点相同（整车分卸货物除外）。按运输种类的不同，一批的具体规定是：

（1）整车货物每车为一批，跨装、爬装及使用游车的货物，每一车组为一批。

（2）使用集装箱运输的货物，以每张货物运单为一批。

使用集装箱运输的货物，每批必须是同一箱型、同一标重、同一箱主、同一箱态，至少一箱，最多不得超过铁路一辆货车所能装运的箱数。

军事运输中,同一发送(或接收)单位、发到站(含加装分卸),车数在一车及其以上,一次发运者为一批运输,一批运输使用一个军运号码。

三、按一批办理的限制

由于货物性质各不相同,其运输条件也不一样。为保证货物安全运输,规定下列货物不得按一批托运:

(1) 易腐货物与非易腐货物;
(2) 危险货物与非危险货物(另有规定者除外);
(3) 根据货物的性质不能混装运输的货物;
(4) 按保价运输的货物与不按保价运输的货物;
(5) 投保运输险的货物与未投保运输险的货物;
(6) 运输条件不同的货物。

知识点四　货物快运

托运人托运的货物,除不宜按快运办理的煤、焦炭、矿石、矿建等品类的货物外,托运人要求按快运办理时,经铁路同意,可按快运办理。

托运人托运按快运办理的货物应在月度要车计划表内用红色戳记或红笔注明"快运"字样。经批准后,向车站托运货物时,须提出快运货物运单,车站填写快运货票。

目前,我国铁路开行的快运货物列车主要有"五定"班列和集装箱快运直达列车两种。

(一)"五定"班列

"五定"班列即定点(装车站和卸车站)、定线(运行线)、定车次(直达班列车次)、定时(货物运到时间)、定价(全程运输价格)的直达快运货物列车。

1. 办理的货物范围

整车货物、集装箱货物和零担货物,但不办理水陆联运、军运后付、超限、限速运行货物和运输途中需加水或装运途中需加冰、加油的冷藏车的货物。

2. 开行原则及特点

(1) 原则:管理规范化、运行客车化、服务承诺化、价格公开化。
(2) 特点:运达快捷、手续简便、价格优惠、安全优质。

3. 产品保价和承运方式

(1) 产品保价

采用一次综合保价,包括铁路运费、快运费及杂费(含发、到站运输服务费)、代收的建设基金和电气化区段附加费,不收取上述报价以外的其他费用。

(2) 承运方式

托运人使用"铁路货物运输服务订单"与车站办理承运手续。

（二）集装箱快运直达列车

从1992年起，铁道部组织实施了定点定线集装箱快运直达列车线，开行通过编组站不解体的集装箱快运直达列车，体现了快速、高效、安全的特点，是提效扩能的有效措施。

知识点五　货物运到期限

一、货物运到期限的概念

货物运到期限是指铁路将货物由发站运至到站的最长时间限制。

其意义在于：

（1）货物运到期限是对托运人或收货人合法权益的保护，可使托运人、收货人明确货物运到时间，以便安排经济活动。

（2）货物运到期限是对承运人的要求和约束，可督促铁路提高工作效率，在规定期限内将货物送到。

（3）货物运到期限是货运工作质量指标之一。

（4）货物运到期限可用来判定易腐货物和"短寿命"放射性货物是否可以承运。（条件：$T_{容} - T \geqslant 3$ 日）

二、货物运到期限的计算

货物运到期限（T）按日计算，起码天数为3日，即算出的运到期限不足3日按3日计算。它由三部分组成：

1. 货物发送时间（$T_{发}$）

货物发送时间统计为1日，指车站完成货物发送作业的时间，包括发站从货物承运、装车到移出的全部时间。

2. 货物运输时间（$T_{运}$）

货物运输时间是货物在途中的运输时间。

每250运价千米或其未满为1日；按快运办理的整车货物每500运价千米或其未满为1日。

3. 特殊作业时间（$T_{特}$）

特殊作业时间是指为了满足某些货物在运输途中进行特殊作业的需要所规定的时间。并非所有货物都有这种作业，具体规定如下：

（1）整车分卸货物，每增加一个分卸站，另加1日。这项时间用于分卸站进行甩挂、取送、卸车作业。

（2）准、米轨间直通运输的整车货物，另加1日。这项时间用于换装站进行换装作业。

上述两项特殊作业时间应分别计算，当一批货物同时具备几项时，应累计相加计算。即：

$$T=T_发+T_运+T_特$$

另："五定"班列货物的运到期限按运行天数（始发日、终到日不足 24 小时按 1 日计）加 2 日计算。

【例 1-1】武汉北站承运到石家庄站整车分卸货物一车，重 60t，两个分卸站，请计算运到期限。（已知：运价里程为 904km）

解：（1）$T_发=1$ 日；

（2）$T_运=904\div250=3.616$，计 4 日；

（3）两分卸站另加 2 日。

所以，这批货物的运到期限为：$T=T_发+T_运+T_特=1+4+2=7$（日）。

三、货物容许运输期限

货物容许运输期限（$T_容$）是由托运人提出的货物运输时限，承运人据此确定在规定的运到期限内该货物是否可以承运。

托运易腐货物、"短寿命"放射性物品时，应记明货物的容许运输期限。

货物容许运输期限至少须大于货物运到期限 3 日，方可承运。

【例 1-2】某托运人提出自德州发北郊鲜桃一批，鲜桃的容许运输期限为 10 日，运价里程为 1089km。试确定该货物可否承运？

解：（1）确定该批货物的运到期限

$T=T_发+T_运+T_特=1+1089/500+0=4$（日）

（2）确定该批易腐货物能否承运

$T_容-T=10-4=6$（日）

因为该货物容许运输期限大于货物运到期限 3 日，所以可以承运。

四、货物运到逾期

所谓货物运到逾期，是指货物的实际运到日数超过规定的运到期限。

实际运到日数，应从货物承运次日起算，至到站交付时终止。

起算时间：指承运人承运货物的次日（指定装车日期的，为指定装车日的次日）。另："五定"班列应自其始发日开始计算。

终止时间分两种情况：①在到站由铁路组织卸车的，至卸车完了时终止；②在到站由收货人组织卸车的，至货车调到卸车地点或交接地点时终止。

（一）逾期违约金的支付

若货物运到逾期，则铁路应向收货人支付违约金。逾期违约金按如下规定支付：

（1）货物运到期限在 3~10 日，违约金支付比例如表 1-1 所示。

表 1-1　　　　　　　　　运到逾期违约金支付比例（一）

违约金占运费的比例＼逾期总日数＼运到期限	1日	2日	3日	4日	5日	6日以上
3日	15%	20%				
4日	10%	15%	20%			
5日	10%	15%	20%			
6日	10%	15%	15%	20%		
7日	10%	15%	15%	20%		
8日	10%	10%	15%	15%	20%	
9日	10%	10%	15%	15%	20%	
10日	5%	10%	10%	15%	15%	20%

（2）货物运到期限在11日及其以上时，违约金支付比例如表1-2所示。

表 1-2　　　　　　　　　运到逾期违约金支付比例（二）

逾期总日数占运到期限的比例	违约金占运费的比例
不超过1/10时	5%
超过1/10，但不超过3/10时	10%
超过3/10，但不超过5/10时	15%
超过5/10时	20%

（3）快运货物逾期，按表1-3退还货物快运费。此外，货物运输时间按250运价千米或其未满为1日计算运到期限，仍超过时，应按表1-1或表1-2规定向收货人支付违约金。

表 1-3　　　　　　　　　退还货物快运费比例

发到站间运输里程	超过运到期限天数	退还货物快运费
1801km 以上	1日	30%
	2日	60%
	3日以上	100%
1201～1800km	1日	50%
	2日以上	100%
1200km 以下	1日以上	100%

（4）"五定"班列货物逾期，每逾期1日违约金为快运费的50%（即逾期2日为100%），自第3日起（未收快运费的自第1日起）按以上运到期限的规定计算（即$T_运$按250运价千米或其未满为1日重新计算，再按表1-1或表1-2规定比例支付违约金）。

【例1-3】石家庄站9月14日承运一批整车货物到衡阳站（运价里程1496km），9月24日衡阳站卸完车，是否逾期？如果逾期应向收货人支付多少逾期违约金？

解：$T=T_发+T_运+T_特=1+1496/250+0=7$（日）

实际运到日数$T_实$为10日（从承运次日9月15日至卸车时间9月24日）

运到逾期日数$T_逾=T_实-T_运=10-7=3$（日）

查表1-1，运到期限7日，逾期日数3日，应支付运费15%的违约金。

分析货物运到逾期的原因，应该是装车站或编组站对重车编入列车延误的问题。为防止货物逾期，车站必须建立制度，经常检查货物及重车在自站的积压情况，督促及时装车挂运。

（二）不支付违约金的货物

（1）超限、限速运行和免费运输的货物以及货物全部灭失。

（2）从铁路发出催领通知的次日起（不能实行催领通知或会同收货人卸车的货物为卸车的次日起），如收货人在2日内未将货物领出，即失去要求铁路支付违约金的权利。

（三）货物滞留时间

货物在运输过程中，因下列原因之一造成的滞留时间，应从实际运到日数中扣除：

（1）因不可抗力的原因引起的。

（2）由于托运人的责任致使货物在途中发生换装、整理所产生的（如托运人自装货物未加固好）。

（3）因托运人或收货人要求运输变更产生的。

（4）其他非承运人的责任发生的。

上述情况均为非承运人原因造成的滞留，发生滞留的车站，应在货物运单"承运人记载事项"栏内记明滞留时间和原因。到站应将各种情况所发生的滞留时间加总，加总后不足1日的尾数进整为1日。

"五定"班列货物运输暂行办法

第一条 为开行"五定"班列（以下简称班列），适应市场经济的需要，提高运输质量，特制定本办法。

第二条 办理班列货运营业的车站，班列的车次、开行日期和发到时刻，班列的价格由铁道部在班列时刻表和价格表中公布（见附件一）。

第三条 班列办理整车、集装箱和零担（仅限一站直达）货物，但不办理水陆联运、军运后付、超限、限速运行货物和运输途中需加水或装运于途中需加冰、加油的冷藏车的货物。

第四条 托运人要求使用班列运输货物时，应填写铁路货运运输服务单（见附录二）一式两份，车站按本站货物办理种类在货运营业窗口受理，不得指定托运人通过其他途径办理托运手续。

第五条 车站在班列的货物运单、货票和货运票据封套右上角加盖"班列"红色戳记（长方形 40 mm × 20 mm）。

第六条 班列运输货物的各种费用，必须执行铁道部公布的班列价格表，除此不得收取或代收任何其他费用。车站应将班列价格表中与本站有关的内容在营业场所公布，并按此报价。

第七条 托运人在一个班列中的货物达到一定车数的，按不同比例给予优惠。托运人长期、固定使用同一班列的，可以租用班列车位或全列。优惠与租用班列由车站办理，班列优惠和租用试行办法（见附录三）。

第八条 班列不能按期开行的，发站应事先公告，公告前已接受订单的，应通知托运人。班列运输受阻，不能在运到期限内到达的，到站应公告。班列中的车辆因故在途中扣下的，到站应通知收货人，说明扣车原因。班列运输的货物，运输途中不能办理变更。

第九条 班列运输货物的运到期限按列车运行天数（始发日和终到日不足 24 小时的均按一天计算）加 2 日计算，运到期限自该班列的始发日开始计算。

第十条 除因不可抗力外，到站在运到期限期满日前因承运人责任不能交付货物的，由到站在交付的同时使用车站退款证明书向收货人支付违约金，每逾期 1 日为快运费的 50%；自第 3 日起（未收快运费的自第 1 日起）按《铁路货运运输规程》第 37 条计算。

第十一条 铁路货运运输服务订单是运输服务合同或运输合同的组成部分，铁路运输服务订单一经签订，承运人和托运人均应承担责任。除因不可抗力，承运人不能按期提供运输或服务，或托运人未能按时将货物备妥于约定地点的，由责任方向对方支付违约金。运输落空的，零担和 1t 集装每批 10 元，整车和 20ft、40ft 集装箱每车 50 元；服务落空的违约金由铁路局制订并公布。

第十二条 本办法未规定事项按《铁路货物运输规定》办理。本办法铁道部运输局负责解释，自 1997 年 4 月 1 日起实行。

附件一 班列时刻表和价格表（略）

附件二 铁路货物运输服务订单（班列专用）

托运人			收货人		
地址			地址		
电话		邮码	电话		邮码
发站		到站	车种		车数
装货地点			箱型		箱数
货物品名		品名代码	件数	单件尺寸	货物重量
要求班列车次			付款方式		
要求服务项目 □1. 发送综合服务　□5. 海关监管货物服务 □2. 到达综合服务　□6. 速递到货通知上门 □3. 货物仓储保管　□7. 货物包装、集装 □4. 篷布服务　　　□8. 接取送达、门到门运输					
其他要求事项					
申请人盖章或签字 年　月　日		违约金额 车站指定装车日期	铁路签注 年　月　日		

附件三 班列优惠和租用试行办法

第一条 在同一发站、同一日期、同一车次的班列中，同一托运人运输的整车和集装箱货物（以装满车容为准）达到5车的，班列运输费用按以下比例优惠：

车数	5~9	10~14	15~19	20~24	25~29	30~34	35~39	40~44	45~49	≥50
整车	2‰	4‰	6‰	8‰	10‰	12‰	14‰	16‰	18‰	20‰
集装箱	2.5‰	5‰	7.5‰	10‰	12.5‰	15‰	17.5‰	20‰	22.5‰	25‰

运输货物满一列车的（按该班列计长），在上表的比例（全列为集装箱的适用集装箱的比例）上再加2个千分点。

第二条 托运人长期定时使用同一车次班列运输货物的，可以向车站提出租用申请。

车站报请铁路局同意后,可分半年度或年度与托运人签订班列租用协议。

第三条 班列租用可租用车位或全列(简称租用车位)。班列租用车位不分货物品类,实施特定的租用费用率。在协议商定的租用辆数内,按班列租用费率和租用辆数计费;因托运人责任造成实际运输量少于租用辆数的,按租用辆数计费,其中实际运输辆数与租用辆数部分的租用费,使用货物运费杂费收据核收。

第四条 按通车次班列开行日期不间断租用的,自班列该组用车位开行日起的第7个月开始优惠2‰,第13个月开始优惠4‰。租用车位的同时执行第一条的优惠。

第五条 优惠费用的范围为:运费(含快运费、新路新价均摊运费、电气化附加费)、发站的装车费和货物运输服务杂费。其中货物运输服务杂费可在第一条规定的比例基础上,由车站决定再增加优惠的幅度。

第六条 凡优惠计费或租用车位运输的,车站应在货票和有关收据的记事栏内记明:"××××次班列一次运输××辆,优惠×‰",或"××××次列车租用车位运输××辆,优惠×‰"。

第七条 实行期间不明确的事项按铁道部解释执行。

学习任务二 散装货物运输组织工作现场感知

任务描述

本次任务需要学生通过预习熟悉整车货物运输的作业程序及作业标准,明确铁路货运相关主要工种名称和工种间结构关系,并将整车货物作业中"哪些人怎么做哪些事"用流程图形式绘制出来。在现场感知结束后上交包含有货场平面示意图和案例的书面材料。具体任务见任务单所示。

任 务 单

为达到学习效果,并最终能独立完成任务,在到达车站货场完成本学习单元的任务之前,学生需要在课前对以下问题进行详尽的解答,并思考这些问题和散装货物运输组织的关联性。

1. 《国家职业标准》中与铁路货运相关的主要工种有哪些?它们的具体名称是什么,并按照你的理解绘制各工种间的结构关系图。

2. 车站整车货物作业的全过程在哪三个不同地点完成,具体包括哪些作业环节?每个作业环节的具体任务是什么?这些不同地点间的作业侧重点又是什么?

3. 散装货物的特点是什么?适合用哪种货车装运?为什么?

4. 你认为在现场作业中最重要的工作应该是什么?散装货物装车作业中最重要的工作是什么?

在现场感知过程中,你需要做的主要工作是:

1. 了解车站货场的设备布置情况,并简单绘制车站货场平面示意图;
2. 详细记录下指导教师讲授的实际案例,具体包括货物发到站、托运单位、收货单位、运价里程、装卸车注意事项等内容。

请你在现场感知散装货物运输组织工作后,仔细阅读"整车货物作业程序图",认真领会其作业流程,并在基本熟悉整车货物作业要求基础上,按上述要求提交货场感知的作业文本(记录于学生工作活页手册中)。

知识点六 整车货物作业标准

一、货运职业名称及定义

(1) 货运员:在铁路车站从事货物运输承运、保管、装车、卸车、交付作业的人员。

(2) 货运计划员:从事铁路车站货物运输合同订立及货物运输计划管理的人员。

(3) 货运检查员:对铁路运输过程中的货物(车)进行交接检查的人员。

(4) 货运核算员:从事铁路货物运输费用计算;运输收入票据的请领、验收、保管、使用、交接、缴销;运输收入进款的核收、保管、存汇、结账、报账的人员。

(5) 货运调度员:从事铁路车站货物装卸车组织和车辆拨配等作业的人员。

(6) 货运安全员:从事铁路货物运输事故处理的人员。

(7) 货运值班员:从事铁路车站货物运输受理、承运、保管、装车、卸车、交付和事故处理等作业的组织指挥人员。

二、整车货物作业程序

整车货物作业程序如图1-1所示。

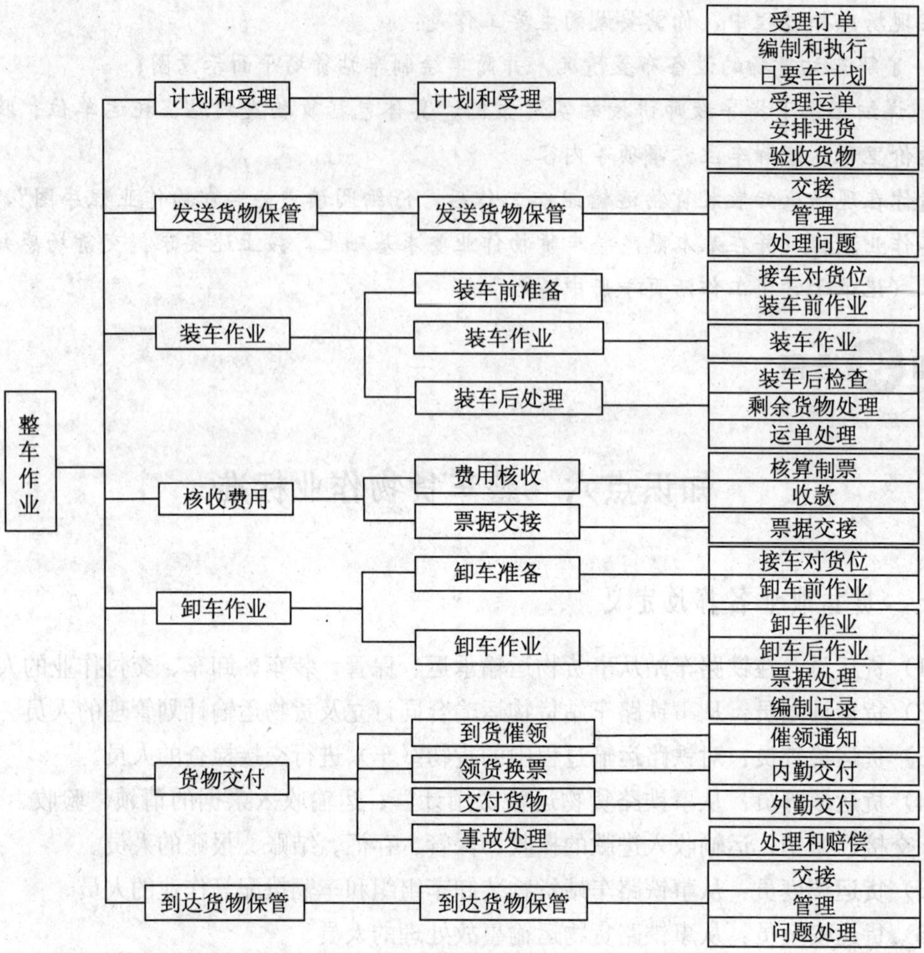

铁路一般条件货运组织

[图：整车作业流程图]

整车作业	计划和受理	计划和受理	受理订单 / 编制和执行日要车计划 / 受理运单 / 安排进货 / 验收货物
	发送货物保管	发送货物保管	交接 / 管理 / 处理问题
	装车作业	装车前准备	接车对货位 / 装车前作业
		装车作业	装车作业
		装车后处理	装车后检查 / 剩余货物处理 / 运单处理
	核收费用	费用核收	核算制票 / 收款
		票据交接	票据交接
	卸车作业	卸车准备	接车对货位 / 卸车前作业
		卸车作业	卸车作业 / 卸车后作业 / 票据处理 / 编制记录
	货物交付	到货催领	催领通知
		领货换票	内勤交付
		交付货物	外勤交付
		事故处理	处理和赔偿
	到达货物保管	到达货物保管	交接 / 管理 / 问题处理

图 1-1 整车货物作业程序

三、车站整车货物作业要求

车站整车货物作业参照《铁路车站货运作业》(TB/T2116.2—2005)，具体要求见表 1-4、表 1-5、表 1-6、表 1-7、表 1-8、表 1-9。最后"到达货物保管"要求执行"车站整车货物运输发送货物保管作业标准"。

表1-4　　　　　　　车站整车货物运输计划和受理作业标准

程序	项目	作 业 内 容	质 量 标 准
计划和受理	1. 受理订单	(1) 按规定受理托运人提出的铁路货物运输服务订单（简称"订单"，下同），一式两份； (2) 审核订单的填记内容； (3) 审核后，按订单所提要求，计算各项收费并填写报价金额，盖章后交还托运人一份，承运人留存一份并上报铁路局； (4) 接收铁路局批准的计划，将批准的号码填记在订单上，当日或次日内将批准的计划通知托运人，未列入计划部分退还托运人； (5) 根据批准的货运计划填写月度运输计划完成情况统计表（简称货统1，下同）； (6) 按规定办理托运人提出的旬要车计划表（简称货统11，下同）	(1) 准确执行政府法令、运输政策及铁路规章、命令的规定； (2) "订单"填写项目齐全，正确，字迹清楚，不涂改；不违反到站营业办理限制，货物名称符合规范，车种及吨位与货物相匹配；报价准确； (3) 按规定程序上报； (4) 货统11填记无误
	2. 编制和执行日要车计划	(1) 根据批准的装车计划、托运人备货情况及进货验收的货物运单，编制日要车计划； (2) 填制货运工作日况报告附表（简称运货5，下同）上报铁路局，办理次日请求车； (3) 接收铁路局下达的次日承认车，并登记"运货5"，根据承认车，通知货区做好装车准备； (4) 统计和填制当日运货5和货统1	(1) 装车计划均衡； (2) 完成批准的日计划，兑现运输方案； (3) 符合运输组织原则，确保重点物资运输； (4) 不允许无计划装车
	3. 受理运单	(1) 审查货物运单（简称运单，含物品清单，下同）填记内容； (2) 检查托运人应提出的有关证明文件、委托书以及证明委托的介绍信；在证明文件背面注明托运数量，加盖车站日期戳后，退还托运人或按规定留存；对需随货同行的证明文件，以及受托运人委托代递的文件、单据，附在运单背面，必要时使用货运票据封套（简称封套，下同）； (3) 确认托运人付款方式； (4) 加盖"计划（受理）专用章"及有关戳记	(1) 运单填记的相关内容与订单记载一致，领货凭证各栏记载内容（包括盖章或签字）与运单相应栏内容一致，并符合《货物运单和货票填制办法》及有关规定； (2) 无违反政令限制、货运营业办理限制（包括临时停限装）、最大起重能力限制和《铁路专用线专用铁路名称表》规定等情况； (3) 符合特定通行区段和货车使用限制的规定
	4. 安排进货	(1) 在运单上填写指定搬入日期； (2) 根据货物性质、包装、状态、品名、数量，合理安排进货货区、货位； (3) 将运单交给托运人，凭运单进货	(1) 货位安排符合货位分工的要求，进货方便装车； (2) 不允许无计划进货

— 19 —

续 表

程序	项目	作业内容	质量标准
计划和受理	5. 验收货物	(1) 按运单上的指定货位安排进货，提出货物堆码要求； (2) 检查品名、件数、包装、标记、标志；如托运人对发送货物未检斤的按规定检斤，已检斤的按规定抽查货物重量、体积，并登记"检斤验货登记簿"； (3) 检查加固材料、装置、货车装备物品和篷布绳网； (4) 货物进齐验收后，在运单上填记货位号码、验收日期，加盖验收货运员名章；登记有关台账并通知车站货调； (5) 进行班组、工序间的交接	(1) 货物堆码符合 TB/T1937 标准和防火安全的规定； (2) 货物与运单记载一致，包装符合规定要求，包装储运图示标志符合 GB/T191； (3) 加固材料、装备物品数量、质量、规格符合规定； (4) 现场交接签证，责任明确

表 1-5　　　　车站整车货物运输发送货物保管作业标准

程序	项目	作业内容	质量标准
发送货物保管	6. 交接	对交班货物逐批点件，以现货核对登记簿(卡)，并在交接班簿办理签认	交接认真，责任清楚，不信用交接
	7. 管理	(1) 仓库进出货时按岗位责任开启库门，巡视、阻止非作业人员入库，作业完毕及时锁闭库门； (2) 保密、涉外、精密、贵重、高档物品建立专簿登记，交接签证； (3) 对本责任区的消防器材、电源、火源检查交接，阻止吸烟及违章明火作业； (4) 对露天存放的怕湿货物，检查堆码、苫盖、铺垫情况	(1) 非铁路作业人员和车辆不应进入库内；无作业时，库门锁闭状态良好； (2) 灭火器材数量正确，状态良好；责任区无违章用电、用火、吸烟情况； (3) 无被盗、丢失、损坏事故及问题
	8. 问题处理	(1) 交接和巡视中发现问题应及时向领导和有关部门报告并积极妥善处理； (2) 无法交付货物按规定编制记录，交安全室处理	(1) 报告问题及时，处理问题妥善； (2) 记录编制及时、准确，内容完善

表 1-6　　　　　　　铁路车站整车货物运输装车作业标准

程序	项目	作业内容	质量标准
	9.接车对货位	(1) 向货调报告待装货物的品名、到站、要求车种吨位及送车顺序，说明重点及积压货物； (2) 接收下达的配车计划及送车通知； (3) 检查线路安全距离；有作业车时通知装卸班组整理原作业车内货物，撤出人员，停止原有装卸作业，撤除防护信号； (4) 现场会同调车组对货位； (5) 抄录车种车型、车号、标重； (6) 通知装卸派班员派班装车	(1) 车种吨位适合货种、吨位；重点货物不积压； (2) 安全距离符合规定； (3) 送车位置便于装车； (4) 抄录车号等无错漏
装车前准备	10.装车前准备	(1) 监装货运员主持车前会，向装卸工组传达货物品名、性质、件数、重量、装载方法（方案）、装车时间要求及注意事项等；提示装卸工组按规定安设防护信号，带齐工具备品； (2) 需手推调车对货位的，组织胜任人员进行； (3) 检查车辆的车体、车门、车窗、盖、阀状态（包括透光检查），清洁状况以及有无扣修通知、通行限制；货运员、装卸工组共同清点、检查待装货物；应由托运人对车辆进行检查确认，经托运人同意； (4) 检查重质散装货物的货车量尺划线情况； (5) 按运单记载核对待装货物； (6) 复查加固材料、装置、货车装备物品和篷布绳网； (7) 填写"货车篷布到达、使用通知单"（铁运篷—5，下同），领取货车篷布，需施封的，准备好施封锁和加固铁线； (8) 检查篷布质量，核对篷布号码	(1) 作业事项等布置周密，传达清楚； (2) 防护信号安设符合规定，工具备品齐全； (3) 车体、车门、车窗、盖、阀良好，符合车辆使用及通行限制，清扫干净； (4) 手推调车符合《铁路技术管理规程》等有关规定； (5) 货物与运单记载相符，无异状； (6) 加固材料、装置、货车装备物品和篷布绳网数量、质量、规格符合规定； (7) 篷布质量良好，腰边绳齐全；施封锁站名号码清楚； (8) 货车篷布号码清楚，与"铁运篷—5"相符
装车作业	11.装车作业	(1) 向货调报告装车车号、货物品名、到站及开始装车作业时间； (2) 按装载加固方案装车，边装车、边检查，多车同时作业时，巡回监装； (3) 重点货物按规定会同有关人员监装； (4) 作业中发现问题及时处理； (5) 掌握作业进度，向货调报告实际装完时间； (6) 按规定加固、施封或苫盖货车篷布，插放货车表示牌	(1) 报告及时准确； (2) 装载加固方案落实；防磨、防火、防湿措施及加固施封有效； (3) 充分利用货车载重能力，无偏载、超载、集重、超限； (4) 车内货物堆码及加固符合"装载方案"；票货相符，无错装；破件不上车；

续 表

程序	项目	作业内容	质量标准
装车作业	11.装车作业		(5) 敞车端侧板以上部分装载袋装货物包口朝向车内;棚车装货物不挤压车门; (6) 施封有效,加固良好,货车表示牌内容齐全
装车后处理	12.装车后检查	(1) 检查装载、加固及篷布苫盖情况; (2) 检查车辆门、窗、盖、阀关闭状态和施封情况; (3) 检查原货位及相邻货位情况; (4) 检查附属作业; (5) 有计量、检测设备的,检查重量,按规定处理超偏载; (6) 按规定进行装载质量签认; (7) 提示装卸工组按规定撤除防护信号; (8) 签证装卸工作单	(1) 符合装载加固、篷布苫盖规定; (2) 车门、窗、盖、阀关闭妥当,施封符合规定; (3) 无漏装,相邻货位无异状; (4) 运单有关项目填记完整正确; (5) 附属作业及签证装卸工作单符合规定; (6) 装载质量签认符合要求
	13.剩余货物处理	(1) 整理和清点货位剩余货物; (2) 通知托运人按规定处理剩余货物	(1) 运单托运人填写栏目更改处由托运人签章证明;货物价格栏需更改时,要求托运人更换运单; (2) 装车次日起3日内处理完剩货;超过3日未处理完的,按章核收费用
	14.运单处理	(1) 在运单、领货凭证上填记承运人应记载的事项,如车种车号、标重、篷布或施封号码、标记、代号等,需托运人更改运单内容时,通知托运人更改; (2) 登记货物承运簿(铁运10); (3) 登记货运票据移交簿,将运单送交内勤核算制票	(1) 运单和货物承运簿登记项目完整,填写正确、清楚; (2) 票据交接及时并有签证

表 1-7　　　　　　铁路车站整车货物运输核收费用作业标准

程序	项目	作业内容	质量标准
费用核收	15.核算制票	(1) 签收运单后，检查填记的有关事项； (2) 根据运单填制货票（计算机制票），经办人签章； (3) 计算装车费及杂费并开具专用收据； (4) 有押运人的，发给押运人须知，并要求托运人在货票甲联上签收； (5) 在运单、货票上加盖车站承运日期戳，并在运单与领货凭证上填记运到期限、货票号码、加盖骑缝章； (6) 将货票丙联、专用收据和领货凭证移交收款核算员	(1) 应附证明文件齐全有效； (2) 运杂费计算符合《铁路货物运价规则》规定； (3) 货票填制符合《货物运单和货票填制办法》规定，金额填写错误按作废处理； (4) 押运人须知发放、签收正确； (5) 使用票据封套符合《铁路货物运输规程》规定
费用核收	16.收款	(1) 根据票据记载的金额核收现金，当面点清，款额相符，检验无假币； (2) 核收转账支票（汇票）确认签发日期是否有效，根据票据记载核对支票（汇票）金额； (3) 按章核收运杂费迟交金； (4) 整理票据，填制票据整理报告（财收—4）； (5) 复核、总复核货票计费	(1) 现金保管妥善，解缴及时； (2) 账款分管，无漏收、错收、溢收； (3) 支票（汇票）多余款，按原账号退还，不发生现金支付； (4) 运杂费迟交金核收正确； (5) 财收—4 填制正确； (6) 补退款正确
票据交接	17.票据交接	(1) 将运单及货票丁联按规定折叠，登记票据移交簿，向有关人员移交； (2) 未使用的票据按号码交接； (3) 将使用过的货票甲、乙联分别按日装订成册入库保管、上报铁路局	(1) 票据交接清楚，点交签证； (2) 票据装订整齐，保管妥善； (3) 上报及时、准确

表 1-8　　　　　　铁路车站整车货物运输卸车作业标准

程序	项目	作业内容	质量标准
卸车准备	18. 接车对货位	(1) 接收卸车计划，安排卸车货位； (2) 检查卸车票据（包括记录），确认是否到达本站、本线（区）卸车的货物； (3) 检查线路安全距离；有作业车时通知装卸班组整理原作业车内货物，撤出人员，停止原有装卸作业，撤除防护信号； (4) 现场接车，会同调车组对准货位； (5) 通知装卸派班员派班卸车。	(1) 卸车货位安排合理； (2) 确认待卸车辆即为到达本站、本线（区）卸车的货物，无误卸； (3) 安全距离符合规定； (4) 停车位置便于卸车； (5) 核对的内容无错漏；
	19. 卸车前作业	(1) 根据货位和货物有关尺寸、包装、重量及其性质和安全的要求等，选择合理的货物堆码方法； (2) 监督货运员主持车前会，向装卸工组传达货物品名、性质、件数、重量、堆码方法、卸车时间要求及注意事项；提示装卸工组按规定安设防护信号，带齐工具备品； (3) 需手推调车对货位的，组织胜任人员进行； (4) 按票据及封套记载核对待卸车的车种车型、车号、标重，检查货车、货物装载、篷布及施封状态，核对封印站名号码或篷布号码；发现问题及时通知有关人员会同检查和处理； (5) 检查卸车货位清扫状态； (6) 根据卸货需要，组织工组准备防湿篷布、铺垫物品及卸货备品和工具。	(1) 选择的堆码方法符合 TB/T1937 标准； (2) 作业事项等布置周密，传达清楚；防护信号安设符合规定，工具备品齐全； (3) 手推调车符合《铁路技术管理规程》等有关规定； (4) 票、货、车核对相符；反映情况真实，处理符合规定； (5) 货位清扫干净，使用符合货位分工的规定； (6) 防湿篷布及铺垫物品质量好、数量足，铺垫妥善；卸货备品和工具齐全
卸车作业	20. 卸车作业	(1) 向货调报告货车送到时间及开始卸车时间； (2) 拆封或撤除货车篷布及加固材料； (3) 边卸车、边检查，指导作业，多车同时作业时，巡回监卸，按照货物运单清点件数，核对标记，检查货物状态； (4) 对重点货物按规定会同有关人员监卸； (5) 作业中发现问题及时处理（必要时，通知收货人到场）；对事故货物采取抢救和保护措施； (6) 掌握作业进度，向货调报告卸完时间； (7) 抽查货物。登记"检斤验收登记簿"，发现问题通知内勤补收费用并按规定拍发电报	(1) 报告及时准确； (2) 拆封和保管符合规定； (3) 票货相符，件数清点准确，无漏卸，无损坏； (4) 事故货物按《铁路货物运输事故处理规则》妥善处置，不扩大损失； (5) 检斤验货认真，维护路收完整

续 表

程序	项目	作业内容	质量标准
卸车作业	21. 卸车后作业	(1) 清扫车辆,检查车辆内和线路中有无残留货物,车门、车窗、盖、阀、端侧板关闭状态,撤除表示牌; (2) 检查货物安全距离,清理线路; (3) 按规定对货车洗刷除污(回送); (4) 按规定折叠篷布,货车篷布号码与票据记载不符、腰边绳不全或篷布破损时,正确处理;填写"铁运篷—5",交由工组连同货车篷布送往固定地点;自备篷布及加固材料、装备物品放在货垛旁; (5) 监卸货运员签认装卸工作单	(1) 车内无货物残留,清扫干净,车门、车窗、盖、阀、端侧板关闭妥当; (2) 货物安全距离符合规定; (3) 货车洗刷除污干净(或按铁路局调度命令回送); (4) 货车篷布、自备篷布、装备物品处理符合规定; (5) 签认准确无误
	22. 票据处理	(1) 逐批登记卸货簿(卡),在货票丁联记明卸车日期和时间; (2) 登记票据移交簿,将票据送内勤办理交接签证	(1) 登记项目齐全准确; (2) 票据交接及时清楚
	23. 编制记录	(1) 发现货损货差等应编制货运(普通)记录的,应在发现当日编制不带号码的货运(普通)记录(参加检查货物的有关人员签名); (2) 记录、票据和应附材料送货运安全室,并在票据移交簿上办理交接	(1) 记录编制及时准确,内容完整,实事求是; (2) 不伪编、迟编、漏编、误编记录; (3) 票据及时移交,交接清楚

表1-9　　　　　　铁路车站整车货物运输货物交付作业标准

程序	项目	作业内容	质量标准
到货催领	24. 催领通知	(1) 应在不迟于货物卸车完了的次日内发出催领通知,并在货票丁联上记明通知时间和通知方法,使用电话通知的,记明被通知人姓名; (2) 对未及时领取的,再次发出催领通知	催领通知及时、无误、无漏,记载齐全
领货换票	25. 内勤交付	(1) 查验领货凭证、委托书、证明文件、担保书、个人证件和领取人的居民身份证,确认正当收货人; (2) 在货票丁联上记载领取人身份证号码及姓名;将领货凭证或证明文件粘贴在经收货人签章(签名)的货票丁联背面备查; (3) 收清费用; (4) 对原车有需特价回送运输的物品的,填发"特价运输证明书";	(1) 收货人与运单记载相符或符合规定,不误交付; (2) 手续办理齐全正确,收费准确; (3) 加盖清晰的当日车站日期戳记和经办人名章; (4) 记录编制、逾期查询及时,不指使货主外出自行查找;

续 表

程序	项目	作业内容	质量标准
领货换票	25.内勤交付	(5) 在运单和货票上加盖交付日期戳和经办人名章，将运单（包括"特价运输证明书"及代递单据）交给收货人，并告知收货人领货地点； (6) 收货人查询，货物来到时，在领货凭证背面加盖车站日期戳证明；货物逾期未到时，按《铁路货物运输管理规则》规定应编制货运记录的，通知安全室编制货运记录交收货人，拍发电报依次从发站顺序查询； (7) 货物逾期到达，按规定支付违约金	(5) 支付违约金，不拖不赖
交付货物	26.外勤交付	(1) 根据运单核对卸货簿（卡）； (2) 在卸货簿（卡）上填记货物搬出时间； (3) 逾期搬出时，通知收货人交清费用； (4) 在现场向收货人点交货物和自备篷布、加固材料及货车装备物品等，与运单（记录）记载相符后在运单上加盖"货物交讫"戳记，将运单、货运记录、《铁路货运事故赔偿指南》一并交给收货人，填发货物搬出证，在搬出证上签注搬出日期，经办人签章； (5) 交付中发现事故，按规定编制不带号码的货运记录，送货运安全室处理，告知收货人与安全室联系	(1) 运单（记录）、卸货簿（卡）、货物核对相符，不错办、不误填； (2) 不错交、漏交，不漏收； (3) 货物搬出证填发正确； (4) "货物交讫"戳记、经办人签章清晰； (5) 记录内容实事求是；将货运记录货主页交给收货人
事故处理	27.处理和赔偿	(1) 安全室按《铁路货物运输事故处理规则》规定，编制货运记录，票据送内勤办理交接签证； (2) 按《铁路货物运输事故处理规则》进行事故调查和鉴定货物损失程度； (3) 受理货主赔偿要求； (4) 理赔	(1) 不迟于卸车的次日将货运票据移交内勤； (2) 事故调查处理及时，鉴定货物损失程度实事求是； (3) 正确计算赔偿金额； (4) 在规定时间内办理赔偿

注：以上要求及标准均出自中华人民共和国铁道行业标准 TB/T2116.2－2005《铁路车站货运作业》第 2 部分：整车货物作业，该标准于 2005 年 6 月 27 日发布，2005 年 12 月 1 日实施。

知识点七　发送作业

铁路为完成货物运输任务而进行的基本作业，主要是在车站进行的。铁路货运作业按其作业环节可分承运、装车、运送、卸车和交付作业；按作业流程可分为发送作业、途中作业和到达作业。

货物在发站所进行的各项货运作业，统称货物的发送作业。它是铁路货物运输技术作业过程的开始阶段，包括承运和装车两大环节。

一、整车发送计划管理

铁道部根据各铁路局建议和当前运输能力、运输任务完成情况及各项客观因素，每月下旬下达各铁路局次月货运任务和运输生产技术指标。主要包括：日均装车数，重点品类装车数，通过限制区段装车数，部分到局装车数，国际联运计划、水陆联运和重点物资装车计划，使用车去向，各分界口别交接车和排空车数，各局运用车数和周转时间等。铁道部还可根据当前的运输市场变化，随时调整上述指标。铁路局根据部下达指标作相应分配和安排。

整车按月签运输合同，以铁路货物运输服务订单办理。交运货时提报运单，合同正式成立。

1. 铁路货物运输服务订单提报、审批与下达

办理整车货物（包括以整车形式运输的集装箱）运输手续时，托运人应填写订单一式两份提报铁路部门。与铁路联网的托运人，可通过网络直接向铁路提报。托运人于上旬报下月订单，按发站、品类和到达局填，车站货运计划人员核查营业范围、托运人全称与印章是否一致、填写的特征代码是否正确齐全、车种品名是否相符、货物品名是否规范、车数与重量体积是否匹配、托运的货物是否违反政令限制、货源是否与提报订单车数相符、填写内容是否齐全、能否成组装车或直达运输。

经车站审核后的铁路运输服务订单，汇总形成月度运输计划，上报铁路局，由铁道部审核平衡后下达。

2. 编制旬间计划

旬间计划作为平衡装车和向铁路局请求车依据。编旬计划的依据：批准的月计划；计划外旬要车计划；上旬铁路欠装货源；车站组织的零担、急运物资。

二、发送的详细过程

整车发送作业程序如图 1-2 所示。

（一）货物的托运

托运：托运人向承运人提出运单和运输要求，须完成的工作有：

（1）对货物进行符合运输要求的包装。

（2）在货件上标明清晰明显的标记。

（3）备齐必要的证明文件。

①物资管理，麻醉剂枪支、民用爆炸品，须有药证管理部门或公安证明；

②物资运输归口管理，烟草、酒类，须有关管理部门证明文件；

③国家行政管理，如进出口货物，须有进出口许可证；

④卫生检疫，种子、苗木、动物，须有动植物检疫部门的检疫证明。

（4）向车站提交货物运单。

①运单的概念：托运人和承运人为运输货物签订的一种运输合同（或运输合同的组成部分）。

②运单作用。运单作用主要有确认运输过程中各方的权利、义务与责任；是运输货物的申请书；是承运人承运货物核收运费、填制货票、编制记录的依据。

③运单种类。货物运单按运输种类分为一般货物运单和专用货物运单。一般货物运单（见表1-10）由两部分组成，左边为货物运单，右边为领货凭证。

专用货物运单包括以下几种情况：

A. 集装箱货物专用运单，上端居中的票据名称冠以"中铁集装箱运输有限责任公司集装箱货物运单"。

B. 快运用的货物运单，上端居中的票据名称冠以"快运货物运单"字样。

C. 危险货物中剧毒品使用剧毒品专用货物运单，上端居中的票据名称冠以"货物运单（剧毒品运输专用）"字样，运单中央以底网形式印刷骷髅图案。

运单颜色有：白底黑色印刷，适合于现付；白底红色印刷，适用于到付或后付；黄色纸张印刷，适用于剧毒品运输。

④运单填写。货物运单中粗线左侧"托运人填写"部分和领货凭证各栏由托运人填写；右侧各栏由承运人填写。托、承双方在填写时均应对货物运单所填记的内容负责，并按照《货规》附件三的要求，正确、完备、真实、详细、清楚地填写运单。运单填写各栏有更改时，在更改处，属于托运人填记事项，应由托运人盖章证明；属于承运人记载各项，应由车站加盖站名戳记。承运人对托运人填记事项一般不得更改。

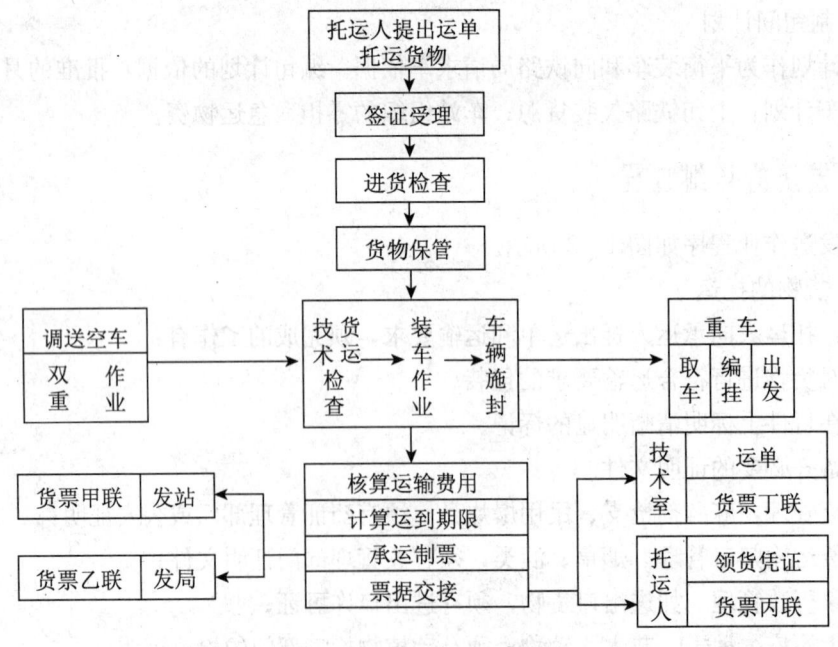

图1-2　整车发送作业程序

表1-10

货物指定于　月　日搬入
货位：
计划号码或运输号码：04N002872126
运到期限　6 日

武汉铁路局
货 物 运 单

托运人→发站→到站→收货人

承运人/托运人装车
承运人/托运人施封
货票第 R018706 号

领货凭证

车种及车号 P₆₂3371353
货票第 R018706 号
运到期限 6 日

发站	到站
汉阳站（武）	丰台西（京）

托运人	货物名称	件数	重量
武汉××汉阳纸业股份有限公司	纸张	68	60 t
收货人 北京××基业储运有限公司			

托运人盖章或签字

发站承运日期戳
（武汉铁路局 2009年4月11日 汉阳站）

注：收货人领货须知见背面

	发站	汉阳站（武）	到站	丰台西（京）
托运人	名称	武汉××汉阳纸业股份有限公司	到站所属省（市）自治区	北京市
	住址	湖北省武汉市经济技术开发区	电话	027-8422××××
收货人	名称	北京××基业储运有限公司		北京市
	住址	北京市大兴永庄经济开发区××× 号	电话	010-8733××××

货物名称	件数	包装	货物价格	承运人确定重量（公斤）	托运人确定重量（公斤）	车种车号	施封号码	经由	运价里程
纸张	68	纸箱	30000元	60000	60000	P₆₂3371353 F500011/500012			1206
合计	68					铁路货车篷布号码 集装箱号码			

					货车标重	计费重量	运价号	运价率	运费
					60 t	60 t	5	10.40 0.0549	4596.60

托运人记载事项：专用线自装卸　保价运输

承运人记载事项：

托运人盖章或签字　　年　月　日

到期站交戳付

发站承运日期戳
（武汉铁路局 2009年4月11日 汉阳站）

注：本单不作为收款凭证，托运人签约须知见背面。

铁路一般条件货运组织

作为托运人在填制货物运单时,具体要求如表 1-11 所示。

表 1-11　　　　　　　　　货物运单托运人填写要求

栏　目	填　写　要　求
"发站" "到站(局)"	分别按《里程表》规定的站名完整填记,不得简称。到达(局)名,填写到达站主管铁路局名的第一个字"哈、沈、京、呼、郑、济、上、南、柳、成、兰、乌、昆、武、西、太、广、青"
"到站所属省(市)自治区"	填写到站所在地的省(市)、自治区名称
"托运人名称" "收货人名称"	填写托运单位和收货单位的完整名称,如托运人或收货人为个人时,则填记托运人或收货人姓名
"托运人地址" "收货人地址"	详细填写托运人和收货人所在省、市、自治区城镇街道和门牌号码或乡、村名称
"电话"	分别填写托运人和收货人单位或个人方便联系的电话号码
"货物名称"	按照《铁路货物运价规则》附件一"铁路货物运输品名分类与代码表"或国家产品目录,危险货物则按"铁路危险货物品名表"所列的货物名称完全、正确填写,并应在品名之后用括号注明危险货物编号。对上述表中未列载的货物应填写生产或贸易上通用的具体名称,但须用《铁路货物运价规则》附件三"铁路货物运输品名检查表"相应类项的品名加括号注明。需要说明货物规格、用途、性质的,在品名之后用括号加以注明 按一批托运的货物,不能逐一将品名在运单内填记时,另填物品清单
"件数"	按货物名称及包装种类,分别记明件数
"包装"	记明包装种类,如"木箱"、"麻袋"、"铁桶"、"绳捆"等。按件承运的货物无包装时,填记"无"字。只按重量承运的货物,可省略不填。使用集装箱运输的货物填记"集装箱"
"货物价格"	填写该项货物的实际价格。全批货物的实际价格为确定货物保价运输保价金额或货物保险运输保险金额的依据
"托运人确定重量"	按货物名称及包装种类分别将货物实际重量(包括包装重量)用 kg 记明
"合计"	分别填写该批货物的合计总件数、总价格、总重量
"托运人记载事项"	填记需要由托运人声明的事项。例如: 1. 货物状态有缺陷,但不致影响货物安全运输,应将其缺陷具体注明 2. 需要凭证明文件运输的货物,应将证明文件名称、号码及填发日期注明;委托铁路代递有关文件和单据,记明名称和页数 3. 托运人派人押运的货物,注明押运人姓名和证件名称及其号码 4. 托运易腐货物或"短寿命"放射性货物时,应记明容许运输期限 5. 整车货物应注明要求使用的车种、吨位、是否需要苫盖篷布。在专用线卸车的,应记明"在××专用线卸车"

续 表

栏 目	填 写 要 求
"托运人记载事项"	6. 使用自备货车或租用铁路货车在营业线上运输货物时，应记明"××单位自备车"或"××单位租用车"。使用自备集装箱托运货物时，应注明"使用×吨自备箱"字样。使用托运人或收货人自备篷布时，应记明"自备篷布×块" 7. 国外进口危险货物，按原包装托运时，应注明"进口原包装" 8. 笨重货件或规格相同的零担货物，应注明货件的长、宽、高度，规格不同的零担货物应注明全批货物的体积 9. 托运人要求按保价运输的货物，应记明"保价运输"。如根据托运人要求单独核收时，应记明"保价费另收" 10. 对投保货物运输险的货物，应记明"已投运输保险，保险凭证××号" 11. 整车货物的货车装备物品和货物加固材料，记明其名称和件数 12. 发站由托运人装车，到站由承运人卸车，托运人要求到站办理交接手续并会同收货人卸车时，声明要求事项 13. 铁路非运用车挂运时，托运单位应记明路用车使用证明书上的批准命令号码 14. 煤矿用轨道衡量煤的重量时，须注明煤炭的矿别、品种、级别、加盖"衡"字章；用检尺测量方法计算重量时，填明实际装载煤炭的长、宽、高度和煤炭的容积比重、矿别、品种、级别 15. 润滑油罐车发运润滑油时，填写"罐车卸后回送××站" 16. 其他需要由托运人声明的事项

作为承运人在填制货物运单时，具体要求如表 1-12 所示。

表 1-12 货物运单承运人填写要求

栏 目	填 写 要 求
"货物指定于×月×日搬入" "货位" "计划号码或运输号码"	发站对托运人提出的运单经检查填写正确、齐全，到站营业办理范围符合规定后，应在"货物指定于×月×日搬入"栏内填写指定搬入日期，在"货位"栏内填写指定搬入货位名称或编号 零担货物并应填记运输号码，由经办人签字或盖章，交还托运人凭以将货物搬入车站，办理托运手续
"运到期限××日"	填写按规定计算的货物运到期限日数
"货票第×号"	根据该批货物所填发的货票号码填写
"承运人/托运人装车" "承运人/托运人施封"	规定由承运人组织装车或施封的，将"托运人"三字划消，规定由托运人组织装车或施封的，将"承运人"三字划消

续表

栏　目	填　写　要　求
"车种车号" "货车标重"	按整车办理的货物必须填写。如运输过程中，货物发生换装时，换装站应将货物运单和货票丁联原记的车种、车号、货车标重划线抹消（使它仍可辨认），填记变化后的车种、车号、货车标重，并在改正处加盖车站戳记
"施封号码"	填写施封锁、环或封饼上的施封号码。施封锁填记F××××××、××××××，施封环填记环×××××、×××××，封饼填记××××、××××，封饼不带施封号码时，则填写封饼个数
"铁路货车篷布号码"	填写该批货物所苫盖的铁路货车篷布号码。使用托运人自备篷布时应记明×符号
"集装箱号码"	填写装运该批货物的集装箱的箱号
"经由"	货物运价里程按最短径路计算时可不填；按绕路经由计算运费时应填记绕路经由的接算站名或线名
"运价里程"	填写发站至到站间最短径路的里程，但绕路运输时，应填写绕路经由的里程
"承运人确定重量" "合计"	货物重量由承运人确定的，应将检斤后的货物重量，按货物名称及包装种类分别用kg填记。"合计重量"栏填记该批货物的总重量
"计费重量"	整车货物填记货车标记载重量或规定的计费重量；零担货物和集装箱货物，填记按规定处理尾数后的重量或起码重量
"运价号"	按《品名分类与代码表》规定的各该货物运价号填写。运单上未印刷类项号码栏的填写"品名代码/运价号"
"运价率"	填记"货物运价率表"中该批货物适用的基价1、基价2。运价率规定有加成或减成时，应记明加成或减成的百分比
"运费"	填记按该批货物适用的运价率、运价里程及计费重量计算出的运费，以元为单位，精确到角，角以下四舍五入 实行核算、制票合并作业的车站，对运单内"经由"、"运价里程"、"计费重量"、"运价号"、"运价率"和"运费"栏，可不填写，而将有关内容直接填记于货票各栏内
"承运人记载事项"	填记需要由承运人记明的事项，例如： 1. 货车代用，记明批准的代用命令 2. 轻重配装，记明有关计费事项 3. 货物运输变更，记明有关变更事项 4. 途中装卸的货物，记明计算运费的起讫站名 5. 需要限速运行的货物和自有动力行驶的机车，记明铁路局承认命令 6. 承运人利用自备集装箱回空捎运货物，记明"免收回空运费" 7. 如根据托运人要求单独核收货物保价费时，应记明"保价费另收" 8. 发生非铁路责任的货物滞留时，滞留站记明滞留时间和原因 9. 其他需要由承运人声明的事项
"领货凭证"	各栏均应与以上所列相应栏内容一致

【例 1-4】 武汉××纸业股份有限公司于 2009 年 4 月 11 日在汉阳站托运 60t（68 件）纸箱包装纸张，（批准号 04N002872126），使用 $P_{62}3371353$ 一辆装运，标重 60t，本企业专用线装车，当日由托运人负责装车完毕，施封号码 F500011/500012，货票号码 R018706，保价金额：30000 元，挂入 45802 次列车发往丰台西车站，收货单位：北京××基业储运有限公司。

假设你是汉阳站货运员，请依据上述案例情况，审核承运人填写部分，完成托运人填写部分，并在适当位置加盖发站承运日期戳记。

解：运单填写样本如表 1-10 所示。

⑤运单传递。

货物运单：托运人→发站→到站→收货人；

领货凭证：托运人→发站→托运人→收货人→到站。

（5）托运要求。

①一般情况：一批一张运单；

②机械冷藏车组：同一到站、同一收货人可数批合提一张运单；

③整车分卸：除提基本运单一份外，每一分卸站另加分卸运单两份；

④为了正确地核收运输费用以及发生灭失、损坏等事故时便于划清承运人与托运人之间的责任，遇下列情况托运人除提出货物运单外还应同时提出物品清单：

A. 按一批托运的货物品名过多不能在运单内逐一填记时。

B. 托运搬家货物时。

C. 同一包装内有两种以上货物时。

D. 以概括名称托运品名、规格、包装不同，不能在货物运单内填记的保价货物。

物品清单（见表 1-13）一式三份。一份由发站存查，一份随同运输票据递交到站，一份退还托运人。

⑤需特殊照料或超过铁路正常管理和防护能力的货物，托运人应派押运人。

（二）受理

1. 概念

托运人提出运单后，经承运人审查，若符合运输条件，则在货物运单上签证货物搬入日期（零担）或装车日期（整车）的作业，称为受理。

2. 程序

（1）审查货物运单

①整车计划号码；

②到站名及到站的办理限制，有无停限装令；

③托运人、收货人名称、地址是否清楚、正确、齐全；

④货物名称、件数、包装、重量是否清楚、正确、齐全；

⑤货物重量、体积、长度是否符合铁路办理条件，车站起重能力；

⑥技术资料、证明文件是否齐全有效；

⑦有无违反按一批托运的限制;
⑧易腐货物的运到期限是否满足;
⑨急运物资(救灾、农用物资、鲜活货物、文艺演出搬家),应优先运输。

表 1-13　　　　　　　　物 品 清 单

发　站_____　　　　　　　　　　　　货票第_____号

货件编号	包装	详细内容			件数或尺寸	重量	价格
		物品名称	材质	新旧程度			

托运人盖章或签字_____　　　年　月　日

注意事项	1. 个人托运的物品(如搬家货物、行李)。分为保价运输和不保价运输两种,由托运人选定。发生货损、货差时,保价运输的,按保价运输有关规定赔偿,不保价运输的,每重10千克(不满10千克按10千克计算),最多赔偿人民币30元,实际损失低于这个标准的,按货物实际损失的价格赔偿。 2. 本清单由托运人填写,一式三份,记载必须真实、正确。 3. "物品名称"栏要详细填写,如衣服应记明外衣、衬衫、男式、女式、童装等,"材质"栏应写明棉、毛、呢、绒、化纤等;"件数"栏如系衣料应记明尺寸。"价格"栏只供按保价运输托运时填写。 4. 个人物品内不得夹带下列物品: 　(1) 金、银、钻石、珠宝、首饰、古玩、文物字画、手表、照相机。 　(2) 有价证卷、货币、各种票证。 　(3) 危险货物。

(2) 签证货物运单

①整车货物:在站内装车者,在货物运单上签证计划号码、货物搬入日期及地点,将货物运单交还托运人,凭此搬入货物;在专用线装车者,在货物运单上签证计划号码和装车日期,将货物运单交指定的包线货运员,按时到装车地点检查货物。

②零担货物和集装箱运输的货物:在货物运单上签证运输号码、搬入日期及地点,将运单交还托运人凭此搬入货物。

③加盖受理章和经办人名章。

（三）进货、验收及保管

1. 进货

托运人凭签证的货物运单按指定的搬入日期，将货物搬入车站，堆放在指定货位，完好地交给承运人的作业。

2. 验收

车站在接受托运人搬入车站的货物时，按运单记载对品名、件数、运输包装、重量检查，确认符合要求并同意货物进入场、库指定货位的作业。

验收时需要检查的内容主要有以下几项：

①货物名称、件数是否与运单记载相符。

②货物的状态是否良好。货物状态有缺陷，但不致影响货物安全，可由托运人在货物运单内具体注明后承运。

③货物的运输包装和标志是否符合规定。货物的运输包装是保证货物运输安全的主要条件，也是托运人应尽的义务之一。因此，托运人托运货物，应根据货物的性质、重量、运输种类、气候以及货车装载等条件，使用符合运输要求、便于装卸和保证货物安全的运输包装。

④托运行李、搬家货物除使用布质、木质、金属等坚韧的货签或书写标记外，还应在货物包装内部放置标记，以防外部标签丢失时，能迅速判明货物的到站。货签不得使用铅笔填写。

⑤货件上的旧标记是否撤除或抹消。

⑥装载整车货物所需的货车装备物品或加固材料是否齐全。装载整车货物所需的货车装备物品或货物加固材料均由托运人准备，并应在货物运单托运人记载事项栏内记明其名称和数量，在到站连同货物一并交付收货人。

3. 保管

托运人将货物搬入车站，经验收完毕后，一般不能立即装车，需在货场内存放，这就产生了保管的问题。整车货物可根据协议进行保管。

（四）货物的件数和重量

1. 铁路运输货物一般按照件数和重量承运

下列货物，按整车运输时，只按重量承运，不计算件数：

①散堆装货物；

②成件货物规格相同（规格在三种以内的视做规格相同），一批数量超过 2000 件；规格不同，一批数量超过 1600 件。

下列整车货物，无论规格是否相同，按一批托运时，每件平均重量在 10 千克以上，托运人能按件点交给车站的，承运人都按重量和件数承运：

①针、纺织品、衣、袜、鞋、帽；

②钟表、中西成药、卷烟、文具、乐器、工艺美术品；

③面粉、肥皂、糖果、橡胶、油漆、染料、轮胎、罐头食品、瓶装酒类、医疗器械、洗衣粉、缝纫机头、空钢瓶、化学试剂、玻璃仪器、214 升空铁桶；

④电视机、收音机、录音机、电唱机、电风扇、计算机、照相机。

以上明定品名的货物与未明定品名的货物作为一批托运时，只按重量承运，不计件数。

托运人组织装车，到站由收货人组织卸车的货物，按托运人在货物运单上填记的件数承运。

2. 检斤

整车和集装箱运输，由托运人确定重量，其中集装箱需要承运人逐箱复核重量。

（五）装车

1. 装（卸）车作业责任范围的划分

①货场：一般由承运人负责。

②专用铁路和铁路专用线：由托运人或收货人负责。

③特殊设备、工具或技术物品，因其需要特殊装备和技术，所以由托运人或收货人负责。

2. 货车的调拨与检查

（1）编制"货运工作日况报告附表"，请求配车

日要车数（请求车）是编日班计划依据，货运值班员（计划员）据当日10点前已进货，编"货运工作日况报告表"，请求配车。

（2）调拨的原则

货车调拨的原则是车种适合货种，车吨适合货吨。

①承运人应调配适合车辆；

②经货主同意，能保货物安全、货车完整和装卸作业方便的基础上可代用（需符合代用规定）；

③保密物资、涉外物资、精密仪器、展览品一般用棚车，不能代用；

④活鱼、家禽、家畜不能用无窗棚车，牛、马、驴、骡等大牲畜不能用铁地板货车；

⑤特殊货物应使用规定的货车。

（3）检查的内容

车体、门窗、罐车阀盖是否能关严，开启是否灵活，插销是否有效、卤盖及锁闭装置是否齐全有效、有无扣修通知和通行限制、卫生及味道。

3. 装载要求

①充分利用货车的载重量和容积，但不得超过货车的容许载重量；

②货物的装载宽度和高度，除超限货物和特殊规定者外，不得超过机车车辆限界和特殊区段装载限界；

③到站的起重能力检查；

④大不压小、重不压轻、不偏载、不超载、不误装、不漏装；

⑤巧装满载。

4. 装车作业

（1）装车前的检查

①运单检查：检查货物运单的记载内容是否符合运输要求，有无漏填和误填。

②货物检查：按照货物运单记载内容认真核对待装货物的品名、件数，检查标志、标

签和货物状态是否符合要求。

③车辆检查：主要检查货车是否符合使用条件；货运状态是否良好，包括车体、车门、车窗、盖、阀是否完整良好，车内是否干净，是否被毒物污染；货车定检是否过期，有无扣修通知、色票、货车洗刷回送标签或通行限制。货车检查时，发现有不符合使用的情况，应采取适当措施，必要时应更换车辆。

（2）货物的装车

货物的装车应做到安全、迅速、满载，这是对装车作业的基本要求。在装车过程中，无论是谁负责装车都应遵守装载加固技术条件。装车根据货物的性质装车、巧装满载、注意安全、件数、防止误装。

（3）装车后的检查

①检查装载：主要检查有无超重、偏重、超限现象，装载是否稳妥，捆绑是否牢固，施封是否符合要求，表示牌插挂是否正确。对装载货物的敞车，要检查车门插销、底开门搭扣和篷布苫盖、捆绑情况。对超限、超长、集重货物还要检查是否按规定的装载加固方案进行装载加固，对超限货物还应按装载方案测量装车后的尺寸。

②检查运单：检查运单有无误填和漏填，车种、车号和运单、货运票据封套记载是否相符。

③检查货位：检查货位有无误装或漏装的情况。

经检查符合要求后，即可将票据移交货运室，同时将装车完毕时间通知运转室或货运调度员，以便取车、挂运。至此，装车作业全部完成。

（六）制票和承运

整车装车后、零担集装箱验货后，托运人交付运费，并办理制票和承运业务。

1. 填制货票

（1）货票

货票是铁路运输凭证，是一种财务性质的货运票据；是清算运输费用，确定货物运到期限，统计铁路所完成的工作量和计算货运工作指标的依据，因此必须正确填制。货票是有价证券并带有号码，须妥善包藏，不得遗失。

（2）组成及作用

货票有现付和后付两种，其中现付货票（见表1-14和表1-15）一式四联。甲联为发站存查联；乙联为报告联，由发站每日按顺序订好，定期上报发局；丙联为承运证，交托运人凭以报销；丁联为运输凭证，随货物递交到站存查。除丁联下部外货票各联正面内容完全相同。

（3）制票

填制货票由货运室使用微机制票。整车货物是先装车后制票或平行进行，零担和集装箱是先制票后装车。货票应根据货物运单记载的内容填写，填写错误时按作废处理。货票各栏填写要求与运单类同。

（4）核收运费

车站在货物运单和货票上加盖车站日期戳并收清费用后，即将领货凭证和货票丙联一

并交给托运人。

2. 承运

集装箱在发站验货后，整车装车完毕，并核收运费，发站在运单上加盖承运日期戳，即为承运。

①集装箱先承运后装车，整车先装车后承运；

②承运意味着运输合同的生效，铁路开始对货物负责任。

从承运时起承托双方就要分别履行运输合同的义务和责任。因此，承运意味着铁路负责运输的开始，是承运人与托运人双方划分责任的时间界线。同时，承运标志着货物正式进入运输过程。

表 1-14

现付货票

××铁路局

计划号码或运输号码				货 票				丁 联			
货物运到期限　日				运输凭证：		发站→到站存查		A00001			
发　站			到站（局）		车种车号		货车标重		承运人/托运人装车		
托运人	名　称				施封号码				承运人/托运人施封		
	住　址			电话		铁路货车篷布号码					
收货人	名　称				集装箱号码						
	住　址			电话		经由			运价里程		
货物名称	件数	包装	货物重量（千克）		计费重量	运价号	运价率	现　付			
			托运人确定	承运人确定				费别	金额	费别	金额
合　计											
记　事							合计				

　　卸货时间　月　日　时　　　　收货人盖章或签字　　到站交付期戳　　发站承运日期戳

　　催领通知方法：

　　催领通知时间：月　日　时

　　到站收费的收据号码：　　　　　　　　　　　　经办人盖章　　　经办人盖章

表 1-15　　　　　　　　　　　　　货票丁联背面

1. 货物运输变更事项

受理站	电报号	变更事项	运杂费收据号码
处理日期站戳	经办人盖章 _____		

2. 关于记录事项

编制站	记录号	记录内容

3. 交接站日期戳

(1)	(2)	(3)	(4)	(5)	(6)

4. 货车在中途站摘车事项

车种、车号车次、时间	摘车原因	货物发出时间车次、车种、车号	车种、车号车次、时间	摘车原因	货物发出时间车次、车种、车号

摘车站日戳　　　　经办人盖章　　　　摘车站日戳　　　　经办人盖章

知识点八　途中作业

货物在运输途中发生的各项货运作业，均称为途中作业。货物的途中作业包括货运交接检查、特殊作业及异常情况的处理。

货运交接检查是途中必须进行的正常作业。

特殊作业包括：整车分卸货物在分卸站的分卸作业，活动物途中的上水作业，托运人或收货人提出的货物运输变更的处理等。

异常情况的处理是指货车运行有碍运输安全或货物完整时须作出的处理，如货车装载偏重、超载或货物装载移位须进行的换装或整理及对运输阻碍的处理。

一、货运交接检查

为了保证行车安全和货物安全,划清运输责任,对运输中的货物(车)和运输票据,要进行交接检查,并按规定处理。

施封的货物凭封印交接,对已施封而未在货物运单或票据封套上注明的货车,按不施封货车交接,对油罐车上部封印,交接时不检查。

不施封的货物,可分为苫盖篷布和未苫盖篷布两种。前者凭篷布现状交接,后者凭货车现状、货物装载状态或规定的标记交接。

(一) 货运检查站

货运检查站分为路网性和区域性货运检查站。路网性货运检查站是指铁道部公布的编组站。区域性货运检查站是指除路网性货运检查站外,铁路局管内行货运检查作业的技术作业站。区域性货运检查站由铁路局自定,报铁道部备案、公布。

铁路局间交接货运检查站的撤销应报铁道部批准、公布。铁路货运检查员主要承担铁路运输过程中的货物(车)交接检查工作,是铁路行车的主要工种。

铁路货运检查实行区段负责制,即指在对货物列车的交接检查中,按列车运行区段划分货运检查站责任的制度。

中间站停车及甩挂作业的货物列车,由车站负责看护,保证货物安全,发生问题要及时处理。中间站应保证货物列车安全继运到下一货运检查站。

货运检查站应设置货运检查值班员岗位,负责货运检查的现场组织工作,并按照每列车双人双面检查作业的要求配齐货运检查员。

货运检查站应有货运检查工作日志、收发文件电报登记簿、普通记录和施封锁的发放、使用和销号登记簿、换装整理登记簿、加固材料使用登记簿、交接班簿等报表和台账。

(二) 货运检查的内容

1. 装载加固

①货物是否倾斜、移位、窜动、坠落、倒塌和撒漏。

②在设有超偏载仪的车站,还应检查货车是否超、偏载。

③加固材料、装置是否完好无损。

④货物超限装载和特定区段装载限制是否符合有关规定。

⑤加固绳索、铁线捆绑拴结是否符合规定。

2. 篷布苫盖

检查篷布苫盖是否符合规定。

3. 货车门、窗、盖、阀和集装箱

①货车门、窗、盖、阀是否关闭良好。

②使用平车(含专用平车)装集装箱时,箱门是否关闭良好。

③专用平车装载集装箱是否落槽,普通平车装载集装箱是否按加固方案进行加固。

4. 施封及其他

①施封货车按《管规》和有关规定进行检查。

②对无列检作业的车站，货运检查人员还应检查自动制动机的空重位置，不符合要求时应进行调整。

5. 危险货物押运人押运情况

（具体要求见该系列教材中《铁路特殊条件货运组织》中的"危险货物运输组织"部分）

6. 规定需要检查的其他项目

铁道部规定的其他事项。

（三）货运检查程序

货运检查作业的基本程序主要分四个阶段十二个步骤，具体流程图如图 1-3 所示。

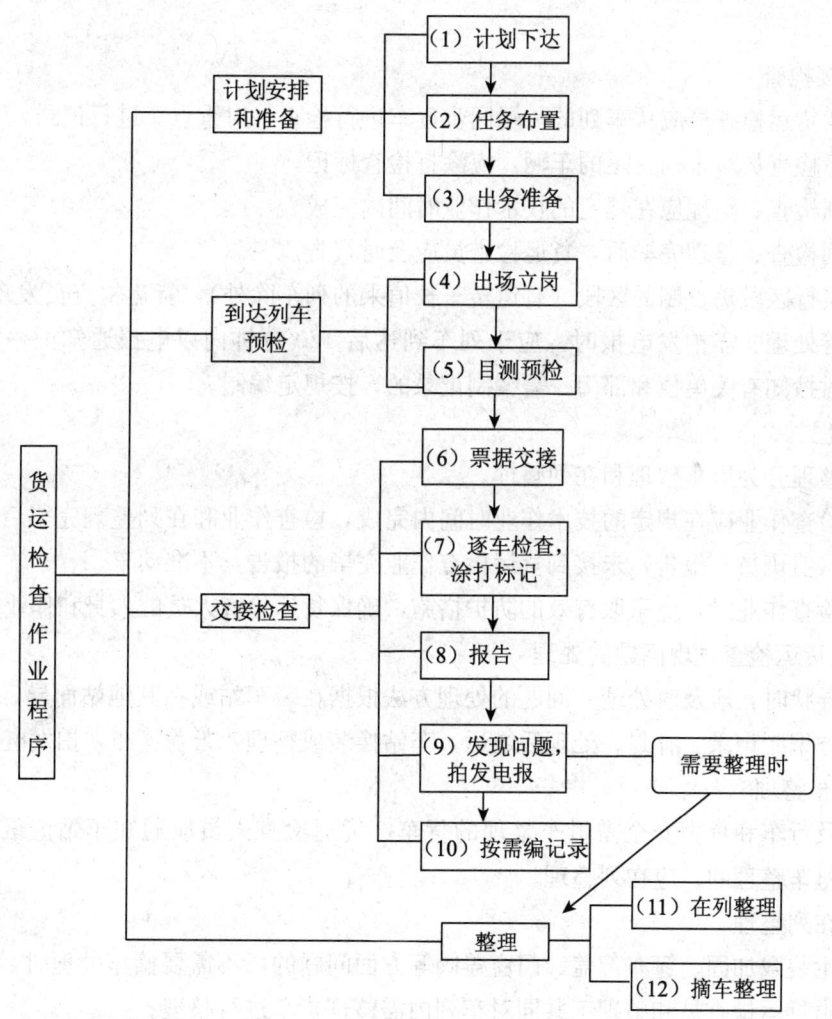

图 1-3 货运检查作业基本程序

铁路一般条件货运组织

货运检查基本程序为计划安排和准备、到达列车预检、检查、整理。《货运检查作业》(TB/T2116.5－2005)标准规定的关于铁路车站货运检查作业的基本程序具体要求如下。

1. 计划安排和准备

车站调度员（值班员）应及时将班计划、阶段计划、变更计划下达给货运检查人员。

车站调度员（值班员）或有关人员应在列车到达前或出发列车编组完毕，按接发列车作业标准，将到发车次、股道、时刻、编组辆数等有关信息通知货运检查人员。

货运检查员接到作业任务后，应掌握到达（出发）列车车次、股道、时刻、编组内容及施封、重点车情况。作业时，应携带作业工具和作业手册。

2. 到达列车预检

在列车到达前5分钟，货运检查员应出场立岗，在列车到达、通过时，对列车进行目测预检。

3. 交接检查

①两侧货运检查员应从车列的一端同步逐车进行检查，对重点车进行记录。

②货运检查员对车列首尾的车辆，应涂打检查标记。

③车列检查、整理应在规定的技术作业时间内完成。

④车列检查、整理完毕后，货运检查员应及时报告。

⑤在实行区段负责制的区段（有运转车长值乘的列车除外），货运检查员发现的问题，应及时妥善处理。需拍发电报时，应于列车到达后120分钟内以电报通知上一货运检查站，必要时抄知有关单位和部门。需编制记录的，按规定编制。

4. 整理

货车整理分为甩车整理和在列整理。

货运检查作业应在规定的技术作业时间内完成，检查作业和在列整理完毕后及时向车站调度员（值班员）报告，未接到货运检查作业完毕的报告，不准动车。

货运检查作业时，应采取有效的防护措施，确保货运检查人员的人身和作业安全。

(四) 货运检查发现问题的处理

发现异状时，应及时处理。问题的处理方法根据在装车站或在其他站而异，包括不接收，由交方编制记录、补封、处理后继运，车站换装或整理，苫盖篷布，拍发电报等。

1. 货车整理

对危及行车和货物安全需甩车整理的货车，货运检查人员应通知车站值班员甩车处理。可不甩车整理的，应在列整理。

(1) 在列整理

对发生装载加固、篷布苫盖、门窗盖阀等方面问题的，不需要摘车处理时，应在设置好防护后由货运检查员和整理工共同对车列内需整理货车进行整理。

预计整理时间超过技术作业时间时，货运检查员应及时向车站值班员报告。

在列整理时，货运检查员应按有关规定进行作业，确保人身安全。

学习情境一 散装货物运输组织

(2) 摘车整理

对危及行车安全,又不能在列整理的车辆,货运检查员应报告车站值班员摘车整理。摘车整理时,应做好防护工作。不允许在挂有接触网的线路(设有隔离开关的线路除外)整理车辆。

摘车整理的范围如下:

①篷布苫盖不整或缺少腰绳。

②货物发生严重倾斜、偏载、移位、窜动、坠落、倒塌和撒漏。

③超限货物按普通货物办理。

④加固支柱折断。

⑤棚车车门脱槽,油罐车上盖张开。

⑥液化气体泄漏,三酸罐车溢出。

⑦火灾。

⑧货物明显被盗丢失。

⑨发生其他危及行车安全情况不能在列整理时。

2. 货物换装

在运输中发生甩车处理的货车,不能原列安全继运的,以及因车辆技术状态不良,经车辆部门扣留需要换车时,应进行换装处理。

进行换装时,应选用与原车类型和标记载重相同的货车,并按照货票检查货物现状,如数量不符或状态有异,应编制货运记录。对因换装整理卸下的部分货物,应予以及时补送。

3. 换装整理的处理

①选择与原车类型和标重相同的货车;

②根据货票核对现货;

③所进行的换装或整理需在货票上记载;

④换装后,应把货物运单、货票或票据封套上的车种、车号等订正。

换装整理的时间不应超过 2 天,如 2 天内未整理完毕时,应由换装站以电报通知到站,以便收货人查询。

换装整理的费用,属于铁路责任时,由铁路内部清算;属于托运人责任的,应由到站向收货人核收。

经过换装整理的货车,不论是否摘车,均应编制普通记录,证明换装整理情况和责任单位,并在货票丁联背面记明有关事项。

(五) 普通记录及交接电报

普通记录是货物在运输过程中,发生换装、整理或在交接中需要划分责任以及依照其他规定需要编制时,当日按批(车)所编制的一种凭证。

【例 1-5】普通记录的编制(见表 1-16)。

表 1-16　　　　　　　　　　　货物的普通记录
　　　　　　　　　　　　　　　成 都 铁 路 局

　　　　　　　　　　　　　　　　普 通 记 录

　　　　　　　　　　　　　　　　　　　　　　　　　　　　　　　　№ 000121

第_____次列车_____站与_____站间※   发站 __贵阳东__ 发局 __成__ 托运人 __张 三__   到站 __郑州东__ 到局 __郑__ 收货人 __李 四__   货票号码 __086342__ 车种车号 __P₆₁/3168452__   货物名称 __百 货__   于 __2011__ 年 __6__ 月 __21__ 日 __7__ 时 __38__ 分第 __85840__ 次列车到达
发生的事实情况或车辆技术状态：   　　该车到达，货检发现列进左侧无封，车门被打开约 600mm，视内货表层零乱，容未满。 　　特此扣车处理。

厂修		
段修		
辅检	轴检	

参加人员：姓名	单位戳记
车站　　成局 　　　王小二（人名） 列车段　赶水站 车辆段 其他	（印） 2011年6月21日

注：①带号码的普通记录每组一式两页，第一页为编制单位存查页，第二页为证明页，交给接方（包括收货人）。不带号码的普通记录只限作抄件用。
②普通记录号码由铁路局编印掌握。
③如换装整理或其他需要调查时，应作抄件送查责任单位。
④※表示车长在列车内编制时填写。

无运转车长值乘的列车，接方进行货运检查发现问题后，按规定拍发的电报作为有车长值乘时交方出具的普通记录。

电报的内容应包括列车的车次、到达时分、车种、车号、发站、到站、品名、发现问题及简要处理情况，需编制记录时按规定要求编制，并将记录粘贴在货票丁联背面或封套背面，无法粘贴的随封票交接。

【例 1-6】无封交接电报

主送：（上一货检站）南宫山站

抄送：贵阳东，郑州东站

7 时 38 分 85840 次列车到达，检查发现贵阳东发郑州东 $P_{61}/3168452$ 百货车左侧无封，车门打开 600mm，视表层货物零乱，车容不满，我站编记甩车清点。

特电

赶水站（发现站）

2011 年 6 月 21 日

二、货物运输合同的变更或解除

1. 运输合同变更

托运人或收货人由于特殊原因，对承运后的货物提出办理变更到站、变更收货人的书面请求。

2. 变更内容

按批在货物所在的中途站或到站。

①变更到站；

②变更收货人。

3. 铁路不办理下列情况的货物运输变更

①违反国家法律、行政法规、物资流向、运输限制的变更及密封的变更；

②变更后货物运到期限大于货物允许运输期限的变更；

③变更一批中的一部分；

④第二次变更到站。

4. 货物运输合同的解除

货物承运后发送前，托运人可向发站提出取消托运，经承运人同意，运输合同即告解除。

解除时机：整车货物和大型集装箱在承运后挂运前，零担和其他型集装箱在承运后装车前。

5. 变更和解除合同的程序

托运人要求变更和解除运输合同时，应提出领货凭证和货物运输变更要求书（见表 1-17），提不出领货凭证时，应提出其他有效证明文件，并在货物运输变更要求书内注明。

货物运输变更由车站受理，但整车货物变更到站受理站应报主管局同意。车站在处理变更时应在货票记事栏内记明变更的根据，改正运输票据、标记（货签）等有关记载事项，并加盖车站日期戳或带有站名的名章。变更到站时，并应电知新到站及其主管局收入检查室和发站。办理货物运输变更或取消托运，托运人或收货人应按规定支付费用。

表1-17　　　　　　　　　　货物运输变更要求书

受理变更顺序号	第　号
年　月　日	

提出变更单位名称和住址　　　　（印章）

变更事项						
原票据记载事项	运单号码	发　站	到　站	托运人	收货人	办理种别
	车种车号	货物名称	件数	重量	承运日期	
	记　事					
承运人记载事项						经办人

三、整车分卸作业

分卸站在接受重车时，检查货车状态，核对货运票据，卸车时要认真对票卸货，防止漏卸和误卸，卸车后要整理车内货物。

四、运输障碍的处理

1. 原因

因不可抗力致使行车中断，货物运输发生阻碍。

2. 处理办法

①绕路运输；

②先将货物卸下，妥善保管，待恢复运输时再行装车继续运输；

③因货物性质特殊绕路运输或卸下再装，可造成货物损失时，车站应联系托运人或收货人在要求的时间内提出处理办法。

知识点九　到达作业

货物在到站进行的各种货运作业，称为到达作业。货物经过到达作业后，货物运输技术作业过程即告结束，至此，运输合同即告终止。整车货物到达作业程序如图1-4所示。

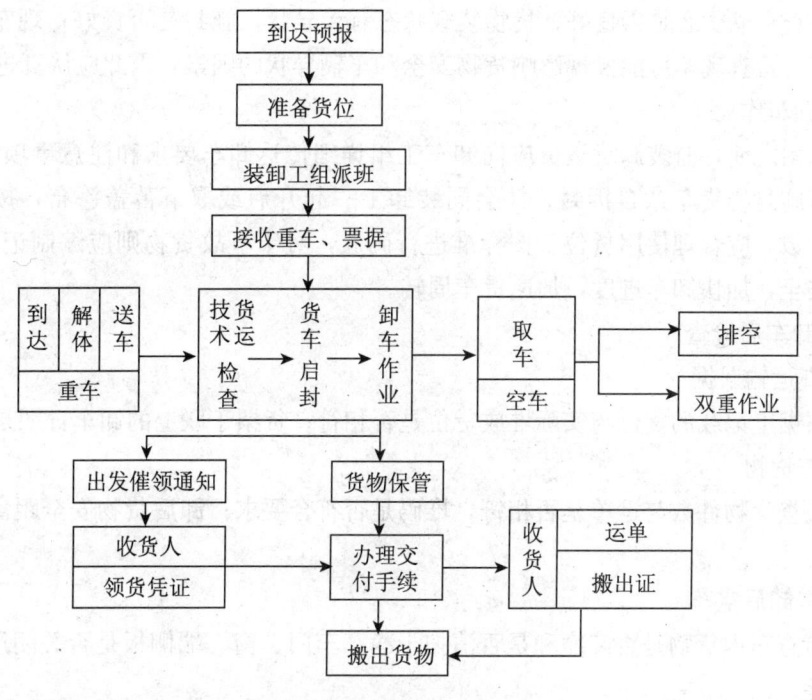

图1-4　整车到达作业程序

一、重车到达与票据交接

主要工作：车站核对现车、进行货运检查，办理重车及运送票据的交接签证。

具体做法：列车到达后，车站应派人接收重车。交接货车时，应详细进行票据与现车的核对，对现车的装载状态进行检查，并与车长或列车乘务员办理重车及货运票据的交接签证。运转室将到达本站卸车的重车票据登记后，移交货运室。

二、货物的卸车

车站必须认真贯彻"一卸、二排、三装"的运输组织原则，认真做好卸车工作。

（一）卸车前检查

为使卸车作业顺利进行，防止误卸并确认货物在运输过程中的完整状态，便于划分责任，卸车货运员应根据货调下达的卸车计划，在卸车前认真做好以下三方面的检查。

1. 检查货位

主要检查货位能否容纳下待卸的货物，货位的清洁状态，相邻货位上的货物与卸下货物性质有无抵触。

2. 检查运输票据

主要检查票据记载的到站与货物实际到站是否相符，了解待卸货物的情况。

3. 检查现车

主要检查车辆状态是否良好；货物装载状态有无异状；施封是否良好；现车与运输票据是否相符。检查现车可能发现影响货物安全和车辆异状的因素，因此应认真进行。

(二) 卸车作业

作业开始之前，监装卸货运员应向卸车工组详细传达卸车要求和注意事项。卸车时，货运员应对施封的货车亲自拆封，并会同装卸工一起开启或取下苫盖篷布，按批核对货物、清点件数，应合理使用货位、按标准进行码放，对于事故货物则应编制记录。此外，注意作业安全，加快卸车进度，加速货车周转。

(三) 卸车后检查

1. 检查运输票据

检查票据上记载的货位与实际堆放货位是否相符；货票丁联上的卸车日期是否填写。

2. 检查货物

主要检查货物件数与运单是否相符，堆码是否符合要求；卸后货物安全距离是否符合规定。

3. 检查卸后空车

主要检查车内货物是否卸净和是否清扫干净；车门、窗、端侧板是否关闭严密；表示牌是否撤除。

卸车后将卸入货位，时间写入货票丁联，填"卸货簿"（见表1-18）。并报告货调，以便取车。

表 1-18　　　　　　　　卸　货　簿

货车卸妥日期	车种车号	货票号码	发站（局）	货物名称	件数	重量（千克）	收货人	堆放地点	搬出时间	搬出证号码	铁路标记	记事

三、货物的交付和搬出

(一) 发出催领通知

货物到达后,承运人应及时向收货人发出催领通知,这是承运人履行运输合同应尽的义务,同时也是为了使货物尽快搬出货场,提高场库使用效率,加速货物流转。

发出催领通知的时间,由铁路组织卸车的货物,应不迟于卸车完了的次日;通知的方式可采用电话、书信、电报、广告等,也可与收货人商定其他通知方式。

(二) 货物的保管

对到达的货物,收货人有义务及时将货物搬出,铁路也有义务提供一定的免费保管期间。免费保管期间规定为:由承运人组织卸车的货物应于承运人发出催领通知的次日起算,不能实行催领通知或会同收货人卸车的从卸车次日起算,2天内将货物搬出,不收取保管费。超过此期限未将货物搬出,对超过的核收货物暂存费。规定免费保管期间的目的是避免收货人长期占用货场,保持货场畅通。

根据具体情况,铁路局可以缩短免费保管期间1天,也可以提高货物暂存费率,但提高部分不得超过规定费率的3倍,并应报告当地人民政府和铁道部备案,车站站长可以适当延长货物免费暂存期限。

货物运抵到站,收货人应及时领取。拒绝领取时,应出具书面说明,自拒领之日起,3天内到站应及时通知托运人和发站,征求处理意见。托运人自接到通知次日起30天内提出处理意见答复到站。满30天仍无人领取货物,按无法交付处理。

(三) 内勤交付(窗口交付)

收货人提出领货凭证,交清费用,在货票上签章,到站在运单和货票上加盖交付日期戳,将领货凭证收回并将货物运单交收货人。

收货人为个人的,还须本人身份证;收货人为单位的还须有该单位出具所领货物和领货人姓名的证明文件及领货人本人身份证。不能提出领货凭证的,可凭车站同意的有经济担保能力的企业出具担保书取货。收货人以证明文件领取货物时,必须注明货物的发站、托运人、收货人、货票号码、品名、件数和重量,并且与运输票据的记载完全相符,否则,不予交付。证明文件上还应注明领货人身份证号码。

(四) 外勤交付

交付货运员凭收货人提出的货物运单向收货人点交货物,然后在货物运单上加盖"货物交讫"戳记,并记明交付完毕的时间,将运单交还收货人,凭此将货物搬出货场。

由承运人组织卸车或发站由承运人组织装车到站由收货人组织卸车的货物,在向收货人点交货物或办理交接手续后,即为交付完毕;发站由托运人组织装车,到站收货人组织卸车的货物,在货车交接地点交接完毕,即为交付完毕。

货物运输合同的履行是从承运开始至货物交付完毕时止。因此交付完毕意味着铁路履行运输合同就此终止,铁路负责运输就此结束。

收货人持有加盖"货物交讫"的运单将货物搬出货场,门卫对搬出的货物应认真检查

品名、件数、交付日期与运单记载是否相符，经确认无误后放行。

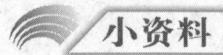

货场管理

车站货场是铁路运输企业的营业窗口，是铁路办理货物运输的场所。铁路运输的货物，在货场进行承运、保管、装卸和交付作业。货场内不仅有很多不同工种的铁路内部工作人员协同工作，而且有托运人、收货人等路外作业人员及各种短途运输工具参加货场的运输活动。搞好货场管理，不仅对合理利用货场设备，充分发挥货场作业能力，提高服务质量，安全、迅速、经济、便利地运输货物有着重要意义，而且对提高铁路经济效益和社会效益也有着深远的意义。

加强货场建设，要重视和加大铁路货场建设，配备质量良好的仓库、雨棚、装卸机具和装卸场地，完善服务设施，健全服务功能，为招揽货源、服务货主提供必要的物质条件。

货场管理的基本要求是：应用现代化管理方法和新的技术设备，提高工作质量，最大限度满足货主需求，充分尊重货主意愿，全方位提高服务质量。完成货物运送任务，保证货物安全，努力做到服务文明化，管理科学化，作业标准化，不断提高运输集装化和装卸机械化水平。货场应建立必要的工作制度和良好的工作秩序，经常保持安全、文明、整洁、畅通。

货场管理的主要内容有：货运计划管理、设备管理，作业管理、安全管理和专用线、专用铁路管理等。现就其中的设备管理和作业管理内容展开介绍。

一、货场设备管理

（一）货场分类

按办理货物品类不同，货场可分为两类：

1. 综合性货场

综合性货场指办理整车、零担、集装箱运输和货车洗刷、加冰等两项以上作业的货场。根据其年办理货运量大小又分为大型货场（年货运量100万吨以上）、中型货场（年货运量30万吨以上不满100万吨）、小型货场（年货运量不满30万吨）。

2. 专业性货场

专业性货场指专门办理单项运输种类或单一货物品类的货场。有整车货场、零担货场、危险品货场、粗杂品货场、集装箱场等。其设置应根据货物性质及业务繁简、设备条件等实际情况确定。

货运量大，发到货物品类多的车站，为避免作业过于集中和便于管理，可分设几个货场。当在同一车站设有几个货场时，各货场间可按货物运输种类或办理货物的品类、方向进行合理分工。

(二)货场配置类型

基本上可分为尽头式、通过式和混合式三类。

1. 尽头式货场

尽头式货场是由一组以上尽头式装卸线组成的货场。其装卸线一端连接车站的站线,另一端是设置车挡的终端,如下图所示。

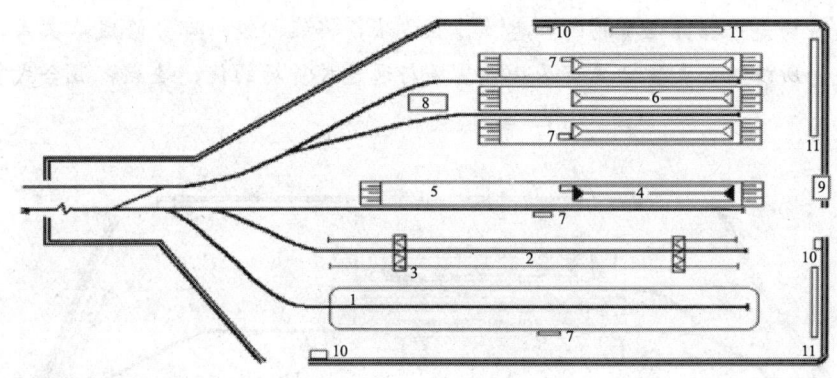

尽头式货场布置图

1—货物线;2—笨重货物及集装箱场地;3—门吊;4—仓库;5—普通货物站台;6—雨棚;7—货运员办公室;8—中转货运办公室;9—货运营业室;10—门卫室;11—货场其他办公用房

此类货场的优点是:①布局紧凑。货场线路和通道都较短,车辆取送和货物搬运距离相对较短;②线路呈扇形分布,线路与通道交叉少,因而进出货的搬运车辆和取送车作业干扰少,有利于作业安全;③运量增加时,货场欲扩建比较方便。

缺点:①车辆取送作业只能在货场一端进行,使作业车辆的取送受到较大限制;②取送车作业与装卸作业有干扰。

2. 通过式货场

通过式货场是由一组以上贯通两端的装卸线组成的货场,其装卸线两端均连接车站站线,如下图所示。

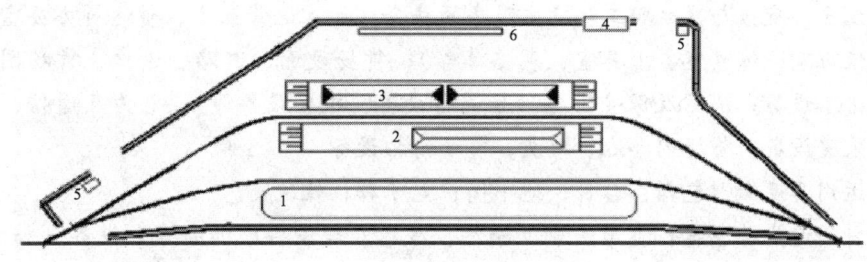

通过式货场布置图

1—堆放场;2—雨棚、站台;3—仓库;4—货运办公室;5—门卫室;6—其他办公用房

此类货场的优点是：①货场两端均可进行取送车作业，这对无配置调车机的中间站，利用本务机车取送时，上、下行方向均可作业，十分方便；②取送车与装卸作业干扰少；③利于办理成组、整列的装卸作业。

缺点：①货场线路较长，建设投资相对较大；②取送零星车辆时走行距离较长；③货场通道和装卸线交叉较多，取送车与搬运作业易产生干扰。

3. 混合式货场

混合式货场是根据办理货物的种类、作业方法，将装卸线一部分修成尽头式，一部分修成通过式。所以混合式货场具有尽头式货场与通过式货场的优、缺点，混合式货场如下图所示。

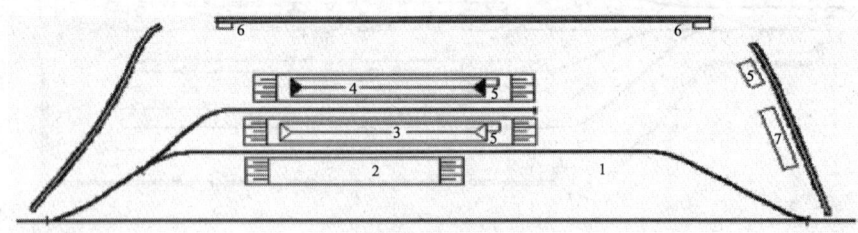

混合式货场布置图
1—堆放场；2—站台；3—雨棚；4—仓库；5—货运办公室；6—门卫室；7—其他办公用房

对混合式货场的布局和使用，应根据货物品类和运量大小来确定。一般地，对运量较小的货物，在尽头式装卸线作业；对较大运量的货物，在通过式装卸线作业。

（三）货运设备及其管理

货运设备是指在车站或货车上直接用于货物装卸、运送、保管作业以及其他为办理货运业务服务的设备。

1. 货运设备分类

①基本设备包括：货场用地；线路（指装卸货物用的线路，或为货运服务的线路，如货场内的调车线、牵出线、留置线、加冰线、货车洗刷线、轨道衡线、换装线、危险品货车停留线等）；货物仓库及雨棚；各种货物站台、低货位、高架线、各种滑坡仓、漏斗仓；货物照明设备；直接与货运职工和货主服务的房舍（如货运营业室、货运员办公室、门卫室、工人值班室、休息室、工具室、表格库等）；货场硬面、道路、道口、货场围墙；上水管路及排水设备；消防及保安设备（如避雷设备、报警设备等）；电力及通信、信号设备；通风采暖设备；货场内港池、码头；货场清扫设备。

②货运用具及衡器包括：台秤；地中衡；电子秤；轨道衡。

③特种用途设备包括：货车洗刷、除污、污水处理设备；加温冷却设备（如加冰台、加冰机械、制冰设备、储冰库等）；危险货物专用设备（如经常办理危险货物的车站，应建有具备通风、洗刷、避雷、报警等安全设施的专门仓库）；牲畜专用设备（如饮水栓）；军用装卸设备；罐车装卸设备；篷布及维修设备。

④集装箱及其他集装用具。
⑤各种装卸机械。
⑥用于维修、制造、鉴定货运用具的有关设备。
⑦监测设备包括：工业闭路电视；辐射仪；其他监测设备（如轮重监测仪等）。

2. 货运设备的编号

(1) 货场编号

只有一个货场时，即以站名命名；有两个以上货场时，以车站为中心按方位命名，如东货场、南货场。

(2) 货场线路的编号

一般以车站线路为基准向外顺序编号，如货1、货2；如果划分货区的货场，可按货区作业性质顺序编号，如零1、零2、零3等。

(3) 货物站台的编号

以邻近线路名称命名，如货1站台、零2站台。当一般线路上有两座以上站台时，应按线路号顺序编排，如货5一号站台、货5二号站台等。

(4) 货物仓库及雨棚的编号

按顺序以数字编号，如1号库、2号库。也可冠以用途按顺序编号，如到达1、到达2、危1、危2、危3库等。

(5) 货位的编号

一般用三位数字，以单双号区别一侧。

3. 货运设备的管理

为了加强货运设备管理，车站要设专职或兼职人员管理货运设备。货运营业站，必须建立货运设备履历簿。

车站应按铁道部的有关规定正确填制和保管技术设备履历簿，每年初应将上年设备变动情况，填写货运设备变动情况报告表，年度运营报告表和货运设备年度报告表，逐级上报，以此逐级修改保管的货运设备履历簿。

车站应有专人负责货场内电子计算机的管理和维修工作。货场应建立电子计算机设备管理、维护保养、使用操作制度和硬件、软件台账。

(四) 场库设备及能力计算

1. 仓库、雨棚、雨搭

①仓库是为存放怕受自然条件影响的货物、危险货物和贵重货物而修建在普通站台的封闭式建筑物。

仓库一般设计成库外布置装卸线路。但在雨雪多、风沙大、气候严寒的地区，作业量大时，也可设计为跨线仓库。其优点是货车在库内作业，不仅改善了装卸工人的劳动条件，而且可保证雨雪天不中断作业，避免货物遭受湿损。

②雨棚是为避免货物受自然条件影响而修建在普通站台上的带有顶棚的建筑物。雨棚主要用于存放怕湿、怕晒货物。在多雨雪地区，作业量大的货物可根据需要采用跨线

雨棚。

③雨搭是仓库、雨棚的辅助防雨设备。为避免货物在装卸和搬运作业时遭受湿损，雨搭一般应伸至站台边缘。多雨地区且作业繁忙的，装卸线一侧雨搭可伸至线路中心线以远；搬运站台一侧的雨搭一般应伸出站台边缘3m为宜。

2. 货物站台

货物站台是为了便于装卸车作业，主要用以存放不受自然条件影响的货物而修建的建筑物。货物站台按其结构及高度可分为普通站台和高站台两种。

（1）普通站台

普通货物站台是指站台面距轨面高度1.1m的站台，与普通货车底板高度接近。普通货物站台按其与装卸线的配置形式可分为：侧式站台和尽端式站台。

尽端式站台是用来装卸能自行移动的带轮子货物，如汽车、坦克、拖拉机等。尽端式站台可以单独设置，也可以与普通货物站台合并设置如图（a）、（b）、（c）所示

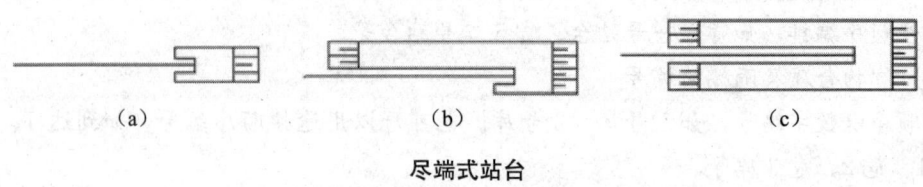

尽端式站台

（2）高站台

凡站台面距轨面的高度大于1.1m的站台，统称为高站台。高站台分平顶式、滑坡式和跨线漏斗式三种（后两种一般在企业内采用）。

3. 堆放场

堆放场是主要用来装卸并短期存放煤炭、砂石、木材等散堆装货物、长大笨重货物的场所。按其与装卸线的水平位置分为平货位和低货位两种。

（1）平货位堆放场

平货位堆放场即一般常见的堆放场。地面用块石、沥青或混凝土筑成，地面与路基相平。

（2）低货位堆放场

货物堆放场的地面低于线路路肩的，称为低货位堆放场，即低货位。低货位适用于散堆装货物的卸车作业。利用低货位卸车，可以减轻劳动强度，提高劳动效率。

4. 场库设备能力的计算

（1）场库面积需要量计算

场库的面积，分有效面积和辅助面积两部分。有效面积是指直接用于堆放货物的面积；辅助面积是指用以搬运、装卸和检查货物的走行通道、货位间隔以及设置衡器等所需要的面积。场库面积可按下式计算其需要量（F）：

$$F=\frac{Q\alpha \cdot t}{365p} \text{ (m}^2\text{)}$$

式中：Q——仓库、雨棚、货物站台或堆货场年度货运量，t。

α——货物发送或到达的月度不均衡系数。大、中型货场一般可采用 1.2～1.3；小型货场一般可采用 1.5～2.0；季节性特别显著和有特殊情况的货场按实际情况计算。

t——货物保管期限，以昼夜计，一般可采用下表的数值。

p——仓库、雨棚、货物站台或堆货场单位面积堆货量，t/m²，一般可采用下表的数值。

货场设备使用面积计算中的有关技术参数

货运设备名称		单位面积堆货量 p（t/m²）	货物保管期间 t（d）	
			发送前	到达后
整车仓库		0.50	2	3
零担仓库	到达	0.20	—	3
	发送	0.25	2	—
危险货物仓库		0.50	2	3
混合仓库		0.30	2	3
货物站台		0.40	2	3
笨重货物堆货场	整车	1.00	2	4
	零担	0.40		
散堆装货物堆货场		1.00	2	3

注：求算堆货量的总面积时，棚内包括纯堆货面积、叉车或人行通道、货盘间作业和堆货间隔等面积；笨重货物和散堆装货物包括纯堆货面积和堆货箱位间隔面积，但不包括汽车通道和辅助机械走行场地面积。

仓库、雨棚、站台、堆放场的一般设计宽度为：大中型仓库、雨棚不小于 24m，小型仓库、雨棚 12～18m；站台不小于 12m；平顶高站台 12～18m；双向站台 19～28m；整车货位 6～8m。

(2) 货场既有场库设备年办理能力计算

货场既有仓库、雨棚、站台及堆货场年办理能力（N）可按下式计算：

$$N=\frac{365Fpk}{t\alpha}$$

式中：F——使用面积，m²；

p——单位面积堆货量，t/m²；

k——货位有效利用系数；

t——货物保管期限，d；

　　α——货物发到月度不均衡系数。

（五）装卸机械

装卸作业是货物运输过程的重要组成部分。装卸作业的机械化，是完成装卸作业任务的重要手段。合理配置装卸机械，做好装卸机械的"管、修、用"，对提高货场装卸能力和装卸效率，减轻劳动强度，保证货物安全，加速车辆周转有着极重要的作用。

1. 装卸机械分类

根据技术特征和使用特点可分为以下两类。

（1）间歇作业的装卸机械

常见的有：手推车、叉式车、铲车、门式起重机、轨道起重机、桥式起重机、轮胎起重机、履带式起重机、汽车起重机等。

（2）连续作业的装卸机械

此类机械能不间断地进行装卸作业。常见的有斗式联合卸煤机、螺旋卸煤机、装砂机、皮带运输机等。

2. 包装成件货物的装卸机械

包装成件货物品种繁多，如家电产品、日用百货、食品、五金类等。这类货物一般价值高，对装卸搬运的质量要求高，具有大小形状不同、单件重量不大的特点。装卸作业一般在仓库、雨棚、货物站台及棚车内进行。根据这些特点，广泛采用叉式车作为装卸包装成件货物的机械。

叉式车种类多，按起重能力可分为：0.5t、1t、1.5t、…、5t；按动力不同可分为：电瓶式叉车（具有操作简便、无杂音、无污染的特点，但每天需充电，对作业路面要求平坦）、内燃式叉车（具有起升、走行速度快、不需充电的特点，利用率相对较高，但操作复杂、杂音大、污染作业环境）。

3. 长大笨重货物装卸机械

长大笨重货物一般是单件货物重量、体积比较大，如大型机电产品、铸件、混凝土构件及成捆原木等，因而对装卸机械的要求应坚固、稳定、起重能力大，并配备必要的索具，以扩大作业范围，做到一机多能，提高机械使用效率。

目前货场采用的长大笨重货物装卸机械一般有门式起重机、桥式起重机等。运量较小的货场，则采用轮胎式起重机、汽车式起重机等。

4. 散堆装货物装卸机械

散堆装货物运输在铁路总运量中占有很大比重。对散堆装货物的装卸利用机械作业具有现实意义。

在专用线、专用铁路内的散堆装货物的装卸，大量采用漏斗仓、滑坡仓。部分车站，砂、石一般采用装砂机，煤炭采用各式卸煤机。

（六）货场作业能力及计算

货场作业能力是指货场一昼夜能办理的最大装车数和卸车数。货场作业能力取决于货场取送车作业能力、装卸作业能力、货位能力和搬运能力（进货、出货）。上述几项中某项限制货场能力时，该项能力即是货场最终作业能力。

1. 取送车能力

取送车能力是指调车机一昼夜能完成货物作业车的取送车数，可按下式计算：

$$N_{取送}=cN_{车}\alpha$$

式中：$N_{取送}$——货场取送能力，车/天；

C——每昼夜取送车次数；

$N_{车}$——一次最大取送车辆数；

α——货场双重作业系数。

每昼夜取送车次数，取决于调车机作业能力、每次取送作业时间等；中间站由摘挂列车本务机担当取送作业时，则与列车运行图规定的摘挂列车开行计划相关。

2. 装卸作业能力

装卸作业能力指一昼夜内货场能完成的装卸车数，可按下式计算：

$$N_{装卸}=N_{机}+N_{人}$$

式中：$N_{装卸}$——货场装卸作业能力，车/天；

$N_{机}$——各种装卸机械完成的装卸车数，车/天；

$N_{人}$——人力作业完成的装卸车数，车/天。

货场装卸作业能力的大小，由实际作业的机械数量、装卸工组数量和作业效率决定。

3. 货位能力

货位能力是指货场的货位每昼夜可以装卸的车数，可用下式计算：

$$N_{货位}=\frac{M_{货位}K}{T_{货位}}+N_{直}$$

式中：$N_{货位}$——货位能力，车/天；

$M_{货位}$——货场现有货位数；

K——货位有效利用系数；

$T_{货位}$——货位周转时间，天；

$N_{直}$——每昼夜直装直卸不占用货位的车数。

4. 搬运能力（进货、出货）

搬运能力指利用搬运机械、工具和人力，一昼夜内从货场搬出、搬进货物的车数或吨数，即：

$$N_{搬运}=N_{出}+N_{进}$$

式中：$N_{搬运}$——货位搬运能力，车/天；

$N_{出}$——每昼夜能搬出货物的车数；

$N_{进}$——每昼夜能搬进货物的车数。

提高货场进出货的搬运能力，是保证货场畅通的重要条件。为了提高货场搬运能力，除加强日常进出货组织，加强货场与其他运输单位的协作配合外，铁路货场搞好"一条龙"运输服务，是保证货场畅通的重要途径。

(七) 货区、货位的管理

1. 货区管理

为了提高货场作业能力和货场管理水平，在货运量较大的货场内，可以根据办理运输种别、作业量和作业性质，将一条或若干条装卸作业线及相关的货运设备合并一起划分为若干作业区进行管理，这样的作业区简称货区。划分货区，主要考虑下列因素：

①在综合性货场，由于不同货物品类的运输，对货运设备有不同的要求，因此可划分为包装成件货区、长大笨重货区、集装箱货区、散堆装货区、危险货物货区等。

②在专业性货场，可根据货运作业程序和性质划分货区。如零担货场应按普零、笨零、危零各集中在一个货区；在运量较大的零担货场又可划分普零到达货区、普零发送货区。

做好货区的组织和管理工作对提高货场作业能力和管理水平有重要意义。车站应设专人负责货区的管理及货运组织工作。在货区内，根据运量、作业性质和设备状况，可实行货运员包线、包库员责任制。

2. 货位管理

货位是暂时存放待装、卸后待搬货物的地方。整车货位，它的大小原则上以能容纳一车货物的面积为准，一般为货车面积的1.2~2.5倍，宽约4.5m，长约11~14m。零担货位则以集结一个去向或一个到站的货物为一个货位。集装箱货位适当增大。

货位的布局与线路的配列形式，通常有平行式和垂直式两种。平行式的配列，即货位长的一边与线路平行，一般在堆货场中划分货位使用；垂直式的配列，即货位长的一边与线路垂直，短的一边与线路平行，一辆车长内可有几个货位，一般适用于仓库、雨棚、站台划分货位时采用。

划分货位时，应考虑其用途。在同一线路上，装车和卸车货位如何排列应结合以下几个因素：是否有利于卸后车辆的利用，提高双重作业比重；是否有利于货物的搬出和搬进，进出货作业互不干扰；是否有利于调车作业，组织按运输方案成组挂线装车，减少取送车调车作业勾数。

对货位的掌握和管理，可用货位示意板、挂牌显示其使用情况。有的车站，在重货位的显示牌上注明货物名称、卸货时间、收货人名称等相关内容，使货位使用情况一目了然。加强货位管理，提高货位使用效率，是货场组织和管理工作好坏的重要内容。考核货位使用效率的主要指标，就是货位周转时间。

二、货场作业管理

(一) 货场作业

货场作业主要由货场内部作业、取送车作业、进出货搬运作业三方面组成。

1. 货场内部作业

发送的货物，从托运人向铁路提出运货要求，车站货场提供各种发送运输服务开始，除由托运人参与完成的货物交接工作外，从验货检斤、制票结算到装车完毕，均为货场内部作业。到达货物，从车辆送到卸货地点开始，组织卸车，为收货人提供各种到达服务，

直至货物交付完毕,均为货场内部作业。中转货物的中转组织工作,均为货场内部作业。

货场内部作业由货运、装卸及提供运输服务的单位共同来完成。货场内部作业,应在认真执行铁路货物运输规章制度的前提下,有效地利用各种设备、工具、经济合理使用货车,不断改进劳动组织。不仅应为托运人、收货人提供优质服务,而且应从铁路生产特点和高效要求下出发,加强货运组织。比如组织成组挂线装车,组织开行"五定班列",以不断提高铁路运输效率和效益。

加强各环节间的内部衔接,实行一个窗口办理、一次收取费用、一张支票结算。开办货运信息服务项目,利用电话、电传、计算机网络等现代化手段,为货主提供进货、到货、运费等信息咨询。

2. 取送车作业

对货场作业车辆的及时、均衡取送是保证货场均衡作业、提高货场能力的重要保证。取送车作业由货运、运转部门共同配合、共同完成。车站应根据货场作业量和装卸能力及调车机取送能力的大小,制定货场取送车作业制度。货运、装卸部门应保证在计划时间内,完成装卸车工作(含关好车门,保证货位距离)。特别对按列车编组计划和日班计划确定的挂线装车,应重点掌握保证按时装车完毕。运转部门应做到按时、按量取送车辆,对好货位。为了保证货场内交接班后立即可以作业,上一个班交班前应向货场内送好待装、待卸的"基础车"。

3. 进出货搬运作业

做好货场进出货搬运工作,对保证发送货物及时装车、保证货物畅通有重要意义。铁路开展运输全过程服务,即把货物从托运人的仓库运抵收货人指定的接收(存放)地点的全过程的服务,货场的进出货作业是完成铁路货物运输产品的重要组成部分。从这一概念出发,进出货作业的完成,不仅由托运人、收货人的交通运输工具及交通运输部门的各种工具车辆来完成,而且铁路货场也应积极参与进出货作业。通过接取送达、送货上门等方式,为托运人、收货人提供全方位的服务,使货主达到"人在家中坐、收发全国货"。

(二)车站货运管理细则

根据《管规》规定,为顺利执行日常货运作业计划,正确组织货物运输,落实各项货运规章制度,保证安全生产,明确和协调货场内各种工作关系,车站(车务段)应根据实际情况编制车站货运管理细则。具体应包括以下内容:

(1)车站货场概况。

①货场的位置、占地面积、作业性质、设计能力、实际运量(标明年度)、大宗货物品类。

②各种货运设备,装卸机具,消防设施的数量、分布及能力(包括货场、专用线等平面图)。

③货区、货位的数量、面积、分布及分工。

(2)货运、装卸组织管理系统。

①组织机构、指挥系统以及货装职责分工。

②人员配备及分工。

(3) 货运计划管理。

①整车、零担、集装箱运输计划编制方法、步骤，计划的受理和审批制度。

②装卸车方案、日班计划的编制、审核与执行。

(4) 各项基本作业制度。

(5) 货场内各种单项管理办法。

货场内各种单项管理办法包括：安全、防火、设备、规章、文电、业务教育、篷布、军运、票据、施封用具、加冰上水、货车洗刷除污、专用线、竞赛奖励以及其他需要单独明确的办法。

(6) 岗位责任制。

(7) 各项作业基本程序、内容和质量标准。

(8) 检查及考核办法。

(三) 货场作业基本管理制度

1. 包区、包库或包线责任制

货场内的货区、仓库或作业线路，实行货运员包保责任制，做到分工清楚，责任明确，保证安全，完成任务。货运员对负责包保的区、库、线，应做到：

①掌握线路内作业车停留及货位使用情况；

②货场内做好监装卸工作，专用线内做好装卸指导工作，完成装卸车任务；

③认真执行规章制度，保证货物安全；

④认真填记有关表、簿，编制记录。

2. 货物承运交付检查制

货物承运和交付，是铁路运输运营工作的起点和终点，是铁路运营与托运人、收货人或其代理人，在履行权利和义务时，划清责任的关键环节。因此，在铁路运输中，必须对货物进行认真检查，把好承运、交付关，避免由于办理人的错误而造成损失。

3. 货物堆码、货位管理制

为了保证货物安全和调车作业安全，便于货物的清点交接，货场内的货物堆码，应符合铁道部颁发的货物堆码标准及有关规定。货物堆码要做到稳固整齐。整车货物要定型堆码，保持一定高度；零担货物要分批堆码，标签向外，留有通路；危险货物要按《危规》规定隔离存放；线路两侧堆放货物距钢轨头部外侧不得少于1.5m；站台上码放的货物距站台边缘不得少于1m。

货物堆码制还必须与货位管理制相结合，才能保证货物安全和良好的作业秩序。货位管理制要求：整车货物以一车货物占用一个货位为原则，不得一车货物占用两个货位，一车货物不得在线路两侧卸车，除了集中收货统一分配的货外，不准把不同的货物混卸在一起。要全面掌握货位的运用情况，缩短货位周转时间。对长期积压待搬待装的货物，应与有关部门及时联系，采取措施，及时装出或搬出，加快货位周转，保持货场畅通。

4. 运输票据、货物检查交接制

交接检查是货运部门工作的基本内容之一。各种运输票据在各作业环节中的传递，应建立登记簿，签字交接。对货物、货车，在承运、装车、卸车、保管、交付以及在中转作业中各作业班组间，都应认真核对，办理签证交接。企业与铁路之间也应按规定办理交接。交接检查制的目的，是为了划清双方责任界限，保证货物安全。

5. 站车交接检查制

为保证行车安全和货物安全，对运输中的货物（车）和运转票据，要进行交接检查。有运转车长值乘的列车，车站与运转车长或运转车站相互间，要进行交接检查。无守列车货运票据实行封票交接，由车站负责捆绑加封后，交机车乘务员。机车乘务员负责将货运票据带到下一个编组站、区段站或到站，并保证票据完好。到站接车人员向机车乘务员办理交接，并填好交接记录。无守列车的货物（车）检查，应在列车的始发站、终到站、甩挂站及其经过的编组站、区段站进行。货物（车）的检查工作，由货物（车）检查员（商检员）负责。

6. 货运员和装卸工组分工负责制

装卸车作业是铁路货运工作的主要生产环节。它是由货运员、装卸工组共同完成的。为了保证货运质量，提高效率，必须建立装卸车作业中货运员、装卸工组的分工负责制。货运员应按货运规章的规定，立岗对作业进行监装卸；装卸工组应在货运员的指导下进行装卸工作，保证货物装卸质量，提高工作效率。

7. 保价运输管理制

车站应贯彻《中华人民共和国铁路法》，切实执行《铁路货物保价运输办法》，根据铁路货物保价运输管理办法，建立保价运输管理制。由专人负责组织货运保价工作，完成保价收入任务。

（四）货运作业标准化

货运作业标准化是铁路标准化管理体系的重要组成部分，也是货场作业管理的一项重要内容。是为达到和提高货运质量而采取的生产、技术手段，是落实各项规章制度的有效措施。实现货运作业标准化，对加强货场作业管理，提高货运质量起着重要作用。

货运作业标准一般有单项作业标准和作业程序标准两种基本形式。作业程序标准是单项标准的有机组合与发展。

货运作业标准由铁道部运输局提出，并由铁道部标准计量研究所归口。TB/T2116《铁路车站货运作业》标准有六部分，第1部分《通用作业》、第2部分《整车货物作业》、第3部分《零担货物作业》、第4部分《专用线作业》、第5部分《货运检查作业》、第6部分《超限货物作业》。

学习任务三 煤炭运输组织

任务描述

本次任务需要学生熟练掌握整车货物运输的作业程序及作业标准,能通过角色扮演进一步明晰铁路货运相关主要工种间的衔接关系,明确在哪个作业环节该做什么事,如何按标准作业。特别注意需要在案例所示背景条件下处理好固态散装货物载重量控制问题。具体任务见任务单所示。

任 务 单

请利用本学习单元所学知识,按案例条件与任务要求处理以下案例。

【案例情况】位于河南省平顶山市矿工中路×号的平顶山××煤业股份有限公司(邮编:467000,联系电话:0375—274××××),9月7日在平顶山东车站托运原煤(批准计划号为09N00388103),分别使用C_{62A}、C_{62B}型敞车各1辆装运,当日由承运人负责装车,车号分别为C_{62A}4664623、C_{62B}4117617,均未苫盖篷布,货票号码05319、05320。挂入45403次货运列车发往广西玉林车站(收货单位:广西××企业集团股份有限公司,邮编:530023,联系电话:0775—622××××)。于9月18日到达玉林车站。(其他未尽事宜自行假设)

【任务要求】请按上述案例情况制订该货物运输工作计划,包括发站的发送作业、途中检查作业、到站的到达作业所涉及的各作业环节组织,并按步骤将实施过程简要记录在学生工作页上。在完成这一任务时,请特别注意以下问题:

(1) 货车容许载重量的含义及其确定方法;
(2) 铁路货车增载规定的应用;
(3) 铁路货车相关技术参数的查定方法;
(4) 固态散装货物划线装车的计算及操作步骤。

另外,以学习小组为单位确定观察者一名负责本组成员任务实施情况的汇报,每组派代表从教师处领取学习资料及实训工具,模拟工作情境完成案例所示的货物运输工作。

注意:每位同学最后都必须上交一份填写完整的"学生工作页"以供考核。

请学生按要求认真领会题意,做好充足准备,课堂训练将采用案例情境模拟的方法实施教学,任务完成严格按工作过程六步法:资讯—计划—决策—实施—检查—评价步骤进行。

知识点十 货车容许载重量

一、货车容许载重量的含义及公式

1. 含义

货车容许载重量是货车所能装载货物的最大重量，包括以下三部分：

(1) 货车的标记载重量（$P_{标}$）：标记在货车车体上的载重量。

(2) 特殊情况下可以多装的重量（$P_{特}$）：《货规》规定，货物包装、防护物重量影响货物净重或机械装载不易计算件数的货物，装车后减吨有困难时可以多装，但不得超过货车标记载重量的2%。

(3) 货车的增载量（$P_{增}$）：为做好货车满载工作，在条件允许情况下多装的重量，具体增载规定按《铁路货车增载规定》（铁运〔2007〕218号）执行。

2. 公式：$P_{容}=P_{标}+P_{特}+P_{增}$

二、$P_{标}$ 查定方法及货车容许载重量的确定

在货车容许载重量的确定过程中，必须以货车型号、货物条件为依据，严格按照《铁路货车增载规定》的要求，并结合货车技术参数共同确定。

1. 货车标重的查定

按照货车型号查"铁路货车技术参数表"（《加规》或《超规》附录），可知货车的标记载重量。如 C_{62} 型敞车"载重"栏显示为60t，即该型号货车标重为60t；C_{61}型敞车"载重"栏显示61t，则其标重为61t；C_{16A}型敞车"载重"栏显示64.5t，则其标重为64.5t。

2. 货车容许载重量的确定

【例1-7】使用60tC_{62A}型敞车装载货物，$P_{容}$有两种情况。

(1) 装载特殊情况下可以多装的货物（如糖）时，

$P_{容}=60+60×2\%+2=63.2$（t）

(2) 装载其他货物（如机械零件）时，

$P_{容}=60+2=62$（t）

【例1-8】使用60tC_{62B}型敞车装载货物，$P_{容}$有三种情况。

(1) 装载煤、泥土、石料等品类货物时，

$P_{容}=60+60×2\%+3=64.2$（t）

(2) 装载上述品类以外的，但却是特殊情况下可以多装的货物（如散装果冻）时，

$P_{容}=60+60×2\%+2=63.2$（t）

(3) 装载其他货物（如短木材）时，

$P_容 = 60+2 = 62$（t）

【例 1-9】使用 60t 禁增敞车装载货物时，其容许载重量有两种情况。

(1) 装载特殊情况可以多装的货物时，

$P_容 = 60+60×2‰ = 61.2$（t）

(2) 装载其他货物时，

$P_容 = 60$（t）

知识点十一　固态散装货物划线装车

"散装"是指直接将货物置于货车内，不加任何其他包装。散装适用于大宗的不易碰损的货物，这些货物一般不容易包装或不值得包装，如煤炭、矿砂、油类等。散装要求有特定的运输工具、特定的装卸设备和特定的仓储条件。在具备这一切条件的情况下，散装运输可以加快装卸速度，节省运费和包装费用，从而降低成本；反之，不具备条件而又要散装运输，则容易引起货损货差。

一、划线装车的由来

散堆装货物如煤、碎石、砂子、焦炭等货物，单位体积重量比较大，使用敞车装运都能达到货车标重或货车容许载重量。但是这些货物如果装载超载，就会严重威胁行车安全，会使运行中的车辆发生燃轴、切轴、颠覆等行车事故；而货物装载亏吨，又会浪费货车载重能力。为了正确测定货物的重量，最好使用衡器设备，如轨道衡、电子秤等。但不可能在所有装车地点都设置这种设备，所以划线装车成了一种普遍采用的方法。即利用体积确定货物装载重量，首先要正确测定货物的单位体积重量，再按公式计算货物应装载的高度。

二、划线装车的计算公式

因为

$$\gamma = \frac{P_容}{LBH_货}$$

所以

$$H_货 = \frac{P_容}{LB\gamma} \text{（m）}$$

式中：$H_货$——货物应装载高度，m；

$P_容$——货车容许载重量，t；

L——货车内长，m；

B——货车内宽，m；

γ——货物单位体积重量，t/m^3。

货物的单位体积重量应由托运人定期测定，每季度至少应测定一次。测量时要注意货物的湿度（即含水量）和块粒大小，同一品种的货物要采用抽样多批测量，以求得较符合实际的平均值。

三、划线装车的操作步骤

1. 确定货物的单位体积重量，即比重（γ）

货物密度的测定办法，由铁路局统一制定。

2. 计算出货物应装载的高度（$H_{货}$）

按所装车辆的容积和货物密度，量尺划线，确定装载高度。具体计算公式参见本节"划线装车的计算公式"内容。

3. 在车辆侧板上或车厢内四周用粉笔标出应装载的高度

由组织装车单位根据货车容许载重量和确定的货物装载高度，在车内标划应装高度线。其中：两侧各划 6 道，两端各划 2 道，每道长度不少于 200mm。划线要均匀、平直。

4. 把货物装到车内标记高度，然后整平

《加规》规定，散堆装货物装车后必须平顶。装车后由装车单位负责对货物顶面进行平整，平整要达到：不压线、不超线、四角满、顶面平。

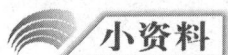

货车载重量利用

货车满载工作是在安全运输的前提下，提高货物的载重量利用率。其意义在于铁路能以同样数量的货车完成更多的货运量，为国民经济持续、高速、稳定的发展提供必需的运能。做好货车满载工作可以降低铁路运输成本，加速商品流通，节省运输支出，提高社会经济效益，缓和铁路紧张区段的通过能力，并减少车辆使用数量。满载工作的主要方法是：整车货物轻重配装，轻浮货物超定额装载，集装化增载，自备箱（车）回空利用，散堆装货物减少亏吨，固定大型车装重质货物循环使用，按规定组织货车增载等。

提高货车使用效率，一方面要加速货车周转，另一方面要提高货车载重量。

一、货车静载重

货车静载重是指车站、铁路局或全路在一定时期内平均每车装载货物吨数。

货车静载重反映了货车在静止状态下载重量的利用程度。它是铁路衡量装车质量的主要指标之一，也铁路运营工作的主要指标之一。其计算公式如下：

$$P_{静}=\frac{\sum P_{发}}{\sum U_{装}} \quad (t/车)$$

式中：$P_{静}$——货车静载重，t/车；

$\sum P_{发}$——一定时期内发送货物总吨数，t；

$\sum U_{装}$——一定时期内总装车数，车。

货车静载重有平均静载重和品类别静载重。影响货车静载重的因素很多，其中主要有运用车大小型车所占比重、货车使用情况、货物性质、货物包装和货物装载方法等。

二、货车载重力利用率

货车载重力利用率是指车站、铁路局或全路在一定时期内全部所装货车的载重能力被利用的百分率。它是检查货车标记载重量是否充分利用的一项重要指标。其计算公式如下：

$$\lambda = \frac{P_{静}}{P_{标}} \times 100\% \quad 或 \quad \lambda = \frac{\sum P_{发}}{\sum P_{标}} \times 100\%$$

式中：λ——货车载重力利用率；

$P_{标}$——货车平均标重，t/车，其计算公式为：

$$P_{标} = \frac{\sum P_{标}}{\sum U_{装}}$$

式中：$\sum P_{标}$——一定时期、一定范围内的货车标记载重量总吨数。

货车载重力利用率指标无论运用车中大、小型车比重如何变动，都可以正确反映货车载重力利用程度。

铁道部运输局发铁运〔2007〕218号电报公布
《铁路货车增载暂行规定》

一、货车增载规定。

(1) 允许增载货车车型、适装货物品类及允许增载重量（见附件一）。对符合《铁路货物运输规程》第26条特定情况的货物，还可以多装，多装部分不得超过货车标记载重量的2%。

(2) 使用60吨平车装运军运特殊货物，允许增载10%。

(3) 国际联运的中、朝、越铁路货车，以标记载重量加5%为货车容许载重量。

二、以下车种车型不允许增载。

(1) 企业自备车中标记载重60吨级以上敞车外的其他车种车型；

(2) P_{13}、P_{60}、P_{61}、P_{62}（含P_{62K}、P_{62T}）、P_{70}等型棚车；

(3) N_6、N_{15}、N_{16}、N_{17}（含N_{17A}、N_{17K}、N_{17AK}、N_{17AT}、N_{17G}、N_{17GK}、N_{17GT}、N_{17T}）、N_{60}等型平车；

(4) 罐车（G）、矿石车（K）、家畜车（J）、水泥车（U）、粮食车（L）、保温车（B）、集装箱车（X）、共用车（NX）、毒品车（W）、长大货物车（D）以及长钢轨运输车（T）；

(5) 涂打有禁增标记的货车。

三、危险货物按照《铁路危险货物运输管理规则》的规定办理，严禁增载。

四、在允许增载规定范围内的货物重量超过标记载重量的，按货物实际重量计费。

五、未经铁道部批准，任何单位不得擅自扩大增载范围。

六、本规定自发文之日起施行，超偏载检测监控系统判定标准同时按此调整。前发

《关于在全路开展多拉满载挖潜提效活动的通知》(铁运函〔2004〕432号)中"附件:铁路货车增载暂行规定"、《关于加强货车增载工作的安全措施和管理要求的通知》(铁运电〔2004〕150号)中"一、货车增载规定"、《对(铁运电〔2004〕150号)中货车增载规定之5解释》(铁运电〔2005〕104号)、《关于进一步明确货车增载有关事项的通知》(运营货管电〔2005〕1886号)同时废止。

增载货车车型、适装货物品类及允许增载重量表

序号	增载货车车型	适于增载货物品类	最大允许增载
1	C_{61}(含C_{61T}、C_{61K})、C_{62B}(含C_{62BK}、C_{62BT})、C_{63}(含C_{63A})、C_{64}(含C_{64A}、C_{64H}、C_{64K}、C_{64T})型敞车	《铁路货物运价规则》附件一中01类煤,03类焦炭,04类金属矿石中0410铁矿石、0490其他金属矿石,05类0510生铁,06类非金属矿石中0610硫铁矿、0620石灰石、0630铝矾土、0640石膏,07类磷矿石,08类矿物性建筑材料中0811中泥土、0812砂、0813石料、0898灰渣等中的散堆装货物	3t
2	C_{61}(含C_{61T}、C_{61K})、C_{62B}(含C_{62BK}、C_{62BT})、C_{64}(含C_{64A}、C_{64H}、C_{64K}、C_{64T})型敞车	除序号1所述品类外的其他适合敞车装运的货物	2t
3	C_{62A}、(含C_{62AK}、C_{62AT})型敞车	适合敞车装运的货物	2t
4	C_{16}(含C_{16A})、C_{5D}、C_{61Y}(C_{61YK})、C_{62}(含C_{62M})、C_{65}、CF型敞车;企业自备车中标记载重60吨级以上的敞车	《铁路货物运价规则》附件一中01类煤	2t
5	P_{62N}(含P_{62NK}、P_{62NT})、P_{63}(含P_{63K})、P_{64}(含P_{64A}、P_{64AK}、P_{64AT}、P_{64GH}、P_{64GK}、P_{64GT}、P_{64K}、P_{64T})、P_{65}(含P_{65S})型棚车	适合棚车装运的货物	1t(行包专列中P_{65}的装载重量按有关规定执行)

学习任务四 散装水泥运输组织

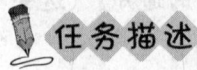

本次任务需要学生在熟练掌握整车货物运输的作业程序、作业标准及主要工种衔接关系基础上，拓展粉末状散装货物运输组织相关知识，明确罐车装卸作业标准及要求，专用线作业相关知识等。需要学生在案例所示背景条件下处理好粉末状散装货物载重量控制问题。具体任务见任务单所示。

任 务 单

请利用本学习单元所学知识，按案例条件与任务要求处理以下案例。

【案例情况】 湖北××水泥厂于2009年5月7日在南仓站托运水泥105t，（计划号04N00300311），用罐车装运，标重62t，在专用线装车，当日由托运人负责装车完毕并施封，货票号码R018920、R018921。每车保价金额：50000元，挂入4806次发往白浪站，收货人为：××建筑公司（其他未尽事宜自行假设）。

【任务要求】 请按上述案例情况制订该货物运输工作计划，包括发站的发送作业、途中检查作业、到站的到达作业所涉及的各作业环节组织，并按步骤将实施过程简要记录在学生工作页上。在完成这一任务时，请特别注意以下问题：

(1) 粉末状散装货物与固态散装货物在装载车辆选择上的区别；
(2) 粉末状散装货物载重量的控制方法；
(3) 铁路罐车的常见型号及其试装货物种类；
(4) 专用线作业要求；
(5) 填写《货车调送单》的具体要求（范例见表1-19所示）。

另外，以学习小组为单位确定观察者一名负责本组成员任务实施情况的汇报，每组派代表从教师处领取学习资料及实训工具，模拟工作情境完成案例所示的货物运输工作。

注意： 每位同学最后都必须上交一份填写完整的"学生工作页"以供考核。

请学生按要求认真领会题意，做好充足准备，课堂训练将采用案例情境模拟的方法实施教学，任务完成严格按工作过程六步法：资讯—计划—决策—实施—检查—评价步骤进行。

知识点十二 罐 车

罐车是装运液体、液化气体和粉状货物的专用车辆。

罐车类型虽多，但其结构形式和主要部件基本相同，车体为圆筒形罐状体，其两端用卡带紧固在枕梁上，货物装在罐体内。为了便于货物的装卸及检修人员进入罐体内，在罐体顶部设有进入孔（旧型罐车顶部设有空气包，作为温度变化时罐内液体膨胀的附加容器）。在进入孔的一侧设有进排气兼用的呼吸式安全阀。

罐体顶部设有走板、工作台和安全栏杆，罐体上还设有卸油装置以及内外扶梯。根据所运货物性质不同罐车分为：轻油罐车、黏油罐车、酸碱类罐车、液化气体罐车、粉状货物罐车；按其结构特点又可分为有空气包的罐车和无空气包的罐车、有底架罐车和无底架罐车、上卸式罐车和下卸式罐车等。

一、各类罐车的特点

（一）轻油罐车

轻油罐车用于运送汽油、煤油等黏度较小的油类。由于轻油的渗透能力很强，容易渗漏，故一般利用虹吸原理采用上卸方式卸油。轻油罐车罐体均涂成银灰色，以减少阳光照射产生的液体挥发。由于轻油罐车所运石油产品密度较小（约 $0.69\sim0.88t/m^3$），所以 50t 车实际载重 42t 左右，60t 车实际载重 52t 左右。

所谓虹吸原理就是连通器的原理。虹吸管里灌满水，没有气，来水端水位高，出水口用手掌或其他物体封闭住。此时管内压强处处相等。一切安置好后，打开出水口，虽然两边的大气压相等，但是来水端的水位高，压强大，推动来水不断流出出水口。

（二）黏油罐车

黏油罐车用于运送原油、润滑油等黏度较大的油类。黏油在冬季或寒冷地区容易凝固，卸货不便，为此，在罐体下半部设有夹层式加温套，两侧设进气管。卸货时将蒸汽从进气管送入整个加温套，使油融化，然后用下卸式排油装置排油。运送原油的罐车，罐体外表涂成黑色，运送成品油涂成黄色。

（三）酸碱类罐车

酸碱类罐车专门用于运送浓硫酸、浓硝酸、液碱（氢氧化钠）等货物。由于酸碱类化工产品具有较强的腐蚀作用且比重较大，所以罐体的容积比较小，而且要有耐腐蚀性。一般要求在罐体内壁衬以橡胶、铅、塑料等抗腐蚀材料，也有一些罐体采用铝合金、不锈钢及玻璃钢等耐酸碱腐蚀的材料制作。酸碱类罐车一般也设有加温套，当酸碱凝结时，可加温使其融化以便从上部卸出。

(四) 液化气体罐车

液化气体罐车用于运输液氨，液氯及丙烷等液化气体。

GQ 型液化气体罐车用于运输压力不超过 1.96MPa 的常温液化气体。罐体总容积 110m³，载重量为 50t，罐体用强度较高的 18mm 厚钢板制成。灌顶两端设有两个开启压力为 2.06MPa 的安全阀，中部设装卸液化气体的排灌装置。为减少阳光的辐射热，在灌顶设有包角为 120°的遮阳罩。

GH40 等新型液化气体罐车的一端还设有押运室，室内部设有双层卧铺、应急灯及消防设备，两侧设侧门及可开关的窗户，为用户押运货物提供了方便。

(五) 粉状货物罐车

粉状货物罐车用于运输粉状货物。该类车一般在卸货地点以压缩空气为动力，将粉状货物流态化，并以小风量将粉状货物从罐内通过卸货管道输送到储仓内，可密闭装载和运输各种能实现流态化的粉状货物。常见的水泥车有 U_{60}，U_{60W} 型，其中 U_{60} 型罐车有 3 个立式罐，气卸式卸货，如图 1-5 (a) 所示；U_{60W} 是卧式气卸水泥罐车，罐体底部有三个锥和气室，如图 1-5 (b) 所示。

图 1-5　水泥罐车实物图

U_{60wk} 参数：载重 59t，自重 24.3t，如图 1-5（c）所示；U_{61wk}（8030***）参数：载重 61t，自重 22.3t，如图 1-5（d）所示；U_{60wkb} 参数：载重 59t，自重 24.3t。

水泥罐车可以通过在装车处安装轨道衡，根据数字显示，用气动阀对装载质量进行控制。

二、罐车作业注意事项

（1）在罐车附近作业时注意防火。

（2）对酸碱类罐车进行作业时应特别注意防止冲击力过大，以免罐内酸碱溢出伤人。

（3）卸空的罐车罐内经常有残留的有毒气体，未经化验不得进入罐内作业，以免中毒。

（4）黏油罐车在用蒸汽加温卸油时，进入罐体加温层的蒸汽压力不应超过 490MPa。

（5）不准用明火烘烤加温卸油。

（6）取送罐车的机车，不得进入洗灌库内，以免发生火灾等。

知识点十三　散装水泥铁路运输专用车辆管理办法

为贯彻落实"限制袋装，鼓励散装"的方针，根据《国务院对进一步加快发展散装水泥意见的批复》（国函〔1997〕8 号）中明确提出的"铁路部门要加强调度，提高散装水泥铁路运输车辆的运输效率，实行计划、配车、运输'三优先'"的要求，特制定本办法。本办法适用于散装水泥铁路运输专用车辆生产、维修、使用单位和管理部门。

一、车辆管理

凡具备铁路部门认可的铁路专用线和完备的散装水泥铁路运输专用车辆装卸设施的水泥生产、运输、中转、使用等单位，均可申请购车。铁道部补贴的散装水泥铁路运输专用车辆为铁道部属车辆，产权归铁道部所有，使用权属购买车辆企业。

散装水泥铁路运输专用车辆原则上不得跨局运输。

全国散装水泥办公室根据供需情况，商铁道部运输局，综合平衡，进行新购散装水泥铁路运输专用车辆计划分配，由铁道部运输局负责招标采购。

各省（区、市）散装水泥办公室于每年 10 月月底前，将本地区下一年购置散装水泥铁路运输专用车辆计划按要求报全国散装水泥办公室。申报前应对需要车辆单位设施条件、购车资金、运输任务等方面进行核实。

散装水泥铁路运输专用车辆申报内容包括：购车单位名称、地址、运行区段和基本情况。运行区段要写明车站名称（卸车站最多不超过 3 个），特别是起迄地要注明专用线名称。

按照全国散装水泥办公室的分配意见，散装水泥专用车辆使用单位与车辆生产企业签订供销合同。

车辆生产完毕后,生产企业应及时向全国散装水泥办公室报请下达空车回送命令。全国散装水泥办公室对购车单位、运行区段、起迄车站及专用线名称等基本情况进行审核,提请铁道部下达空车回送命令。

企业购买自备散装水泥铁路运输专用车辆情况,应报所在省(区、市)散装水泥办公室备案,各省(区、市)散装水泥办公室汇总后报全国散装水泥办公室备案。

铁道部属散装水泥铁路运输专用车辆的报废,必须经铁道部批准。

改变车辆技术结构和零部件规格时须经铁道部批准。

二、运输管理

为加速车辆周转,提高车辆的使用效率,各省(区、市)散装水泥办公室和有关铁路运输部门应建立散装水泥铁路运输专用车辆管理联系机制,相互配合,加强管理。

各省(区、市)散装水泥办公室和车辆使用单位对所属的散装水泥铁路运输专用车辆应确定管理责任人,并设立完备的管理台账(包括:车号、车号标记,运行区段,厂修、段修时间等)。

托运单位根据散装水泥营销计划和接收库能力,及时向铁路运输部门提供"货物运输订单",优先供应散装水泥。铁路运输部门优先批准计划,优先承认装车,优先挂车。散装水泥铁路运输专用车辆以成组挂运和直达列车运输为主。

散装水泥装卸车作业点须有相应的设备,并保持技术状态良好。应配备足够的经过技术培训合格的专业人员。装卸人员要严格按照操作规程进行装卸作业,坚持文明作业,爱护车辆的一切设备,严禁拆卸挪作它用。如发现损坏由责任单位负责赔偿。

托运单位在装车前后和收货单位在卸车前后,要进行以下项目检查。一要检查罐内有无结块、杂物(此项检查只限装车前和卸车后)和车体外部清洁状况;二要对进风、卸灰管口盖、销是否齐全、盖严进行检查;三要对各类阀门是否完好,并就其关闭状态进行检查。

三、车辆检修

严格按铁道部有关规定定期进行轴检、辅修、段修和厂修。

散装水泥铁路运输专用车辆辅修、轴检和段修由各铁路局指定的车辆段施修,厂修由铁道部指定的定点单位施修,铁道部属车辆维修费用由铁路部门负责。

进行厂修车辆,使用单位负责协助铁路有关部门将车辆回送到铁道部指定的定点单位进行修理。修毕后,修理单位负责按回送站办理回送手续。

各修程完成后,车辆状况应达到铁道部规定的有关标准。

为避免国有资产的浪费,充分发挥散装水泥铁路运输专用车辆的效率,对由铁道部出资配属的车辆,闲置时间达到一年的,全国散装水泥办公室可协商铁道部予以重新配属。本办法由铁道部负责解释。(该办法摘自原国家内贸局、铁道部2000年3月7日,原国家内贸局联发散字〔2000〕第5号文)

知识点十四 散装货物装卸车要求

一、装车后的检查

散装货物装车后,为了保证正确运送货物和行车安全,要从以下三个方面进行检查:

1. 检查装载

主要检查有没有超重、偏重现象,施封是否符合要求,对装载货物的敞车,要检查车门插销、底开门搭扣和篷布苫盖情况。此外还要认真检查车门、窗、盖、阀、端侧板是否关闭严密。对于装载散装货物的车辆,要注意车辆门缝的封堵问题。

2. 检查运单

检查运单有无漏填和误填,车种、车号与运单和货运票据封套记载是否相符。

3. 检查残留物

对于运送散装货物的车辆,装车后应有专人上车将货物顶部整平,避免偏载。并且要检查车体外侧的残留货物,及时清理干净,避免运行途中产生不安全因素。

二、卸车后的检查

1. 检查运输票据

主要是检查票据上记载货物与实际堆放货物是否相符,货票丁联上的卸车日期是否填写。

2. 检查货物

主要检查货物与运单记载是否相符;堆码是否符合要求;卸后安全距离是否符合规定。

3. 检查车辆

检查车体是否被损坏,车内货物是否卸净并清扫干净;车门、窗及端、侧板是否已关严;罐车盖是否已盖好等。

三、散装水泥的装卸作业要求

装车前对罐车进行检查,确认罐内无杂物(防止杂物导致管道堵塞,造成卸车困难)及罐体部件齐全(防止水泥漏出)后方可装车,装车时两口须均匀,防止造成偏载。对好位后将放散斗放入第一口,依顺序开启斜槽风机、收尘器、气动阀,放至45t左右,余下由第二个口子灌入。卸车前将气管、罐口(盖子用销轴固定)、出灰管连接密封,确认后将出灰阀关闭,打开气阀,让罐体内水泥经空气进行雾化,五分钟左右将出灰阀打开,让雾化后的水泥流出,卸完后需将罐体空气排净后方可开启罐口顶盖,防止伤人。

四、水泥罐车的专用线交接规定及办法

装好的水泥罐车经过磅确认重量符合要求后,对顶部进行检查,如有杂物须清除,无

误后到车站货运室进行起票,按车站值班员要求将车送至指定股道。

为了提高作业效率,加速车辆周转,专用线专用铁路运输协议里关于交接的规定中提到:铁路和企业使用货车调送单按《铁路货物运输规程》的规定办理交接。若超过作业时间,需核收货车延期使用费。《货车调送单》填写范例如表 1-19(a)和表 1-19(b)所示。

表 1-19(a)　　　　　　　　　　货车调送交接单　　　　　　　　　　货统—46

汉阳　站　汉钢　专用线(专用铁道)　　　　　　　　　　2009 年 4 月 2 日

发到站	车种车号	货票号码	货物			装卸(停留)时间				缩短时分	延长时分	装卸作业类别	篷布号码	记事
			品名	重量	件数	调到	开始(交出)	完了(接入)	实际					
1	2	3	4	5	6	7	8	9	10	11	12	13	14	15
贵阳南	C 4901482	R18753	钢板	60	12	9:20	9:30	10:35				机械		
成都东	P₆₄ 3413390	R08254	精密带钢	60	60	9:20	9:30	10:45				机械	F19205/19206	
文安	C₆₄K 4842124	R08256	纤维板	60	17	9:20	9:30	10:55				机械	5008281/5009496	

专用线(专用铁道)经办人:　　　　　　　　　　车站经办人:

表 1-19(b)　　　　　　　　　　货车调送交接单　　　　　　　　　　货统—46

汉阳　站　省建材　专用线(专用铁道)　　　　　　　　　　2009 年 4 月 2 日

发到站	车种车号	货票号码	货物			装卸(停留)时间				缩短时分	延长时分	装卸作业类别	篷布号码	记事
			品名	重量	件数	调到	开始(交出)	完了(接入)	实际					
1	2	3	4	5	6	7	8	9	10	11	12	13	14	15
黄石	U₆₀ 8045009	R18920	水泥	53	散	8:20	8:30	9:35				机械	环 14635/14636/14637	

续　表

发到站	车种车号	货票号码	货物品名	重量	件数	装卸（停留）时间 调到	开始（交出）	完了（接入）	实际	缩短时分	延长时分	装卸作业类别	篷布号码	记事
1	2	3	4	5	6	7	8	9	10	11	12	13	14	15
黄石	U₆₀8045015	R18921	水泥	52	散	8:20	9:30	10:45				机械		环14674/14675/14676

专用线（专用铁道）经办人：　　　　　　　　　　　　　　车站经办人：

知识点十五　专用线专用铁路运输

一、专用线（专用铁路）的概念

专用线是指厂矿企业自有的线路，与铁路营业网相衔接，并由铁路负责车辆取送作业的企业铁路。

专用铁路是指货运量较大的厂矿企业自有的线路，与铁路营业网相衔接，具有相应的运输组织管理系统，以自备机车动力办理车辆取送作业的专用线。

对专用线、专用铁路一般统称为专用线。

铁路局和站段应设有专人管理。铁路局对专用线应加强规划、监督和指导，要搞好专用线运输组织和协调。车站应根据管理细则制定具体的管理制度和作业标准，落实保证安全的措施，完成专用线运输组织工作。专用线的运输组织工作和安全管理，要在站长的领导下统一进行。专用线产权单位要为专用线货运员提供必要的工作条件。

二、专用线管理

（一）运输管理

（1）车站专用线货运员和企业运输员（即企业办理运输的人员），均应经过铁路的专业培训，合格后持证上岗，并应保持人员相对稳定。

（2）专用线办理的货物运输品类，应符合《铁路专用线专用铁路名称表》的规定。需要变更时，要经铁路局批准，由铁道部公布。专用线办理铁路集装箱的运输时，须经铁道部批准。办理自备集装箱的运输时，按《铁路集装箱运输规则》和《铁路集装箱运输管理规则》的规定执行。

(3) 专用线内应有足够的装卸车能力，设有专人值班，做到随到随卸，随到随装，专用线货位要专用化，不得随意变更和挪用。

(4) 专用线产权单位使用专用线进行铁路运输要与车站签订运输协议。专用线产权单位不得发到与本单位生产、经营无关的货物。企业租用路产专用线须经铁路局批准，由企业、车站及专用线产权单位三方签订协议，报铁路局备案。企业专用线产权变更后的铁路运输，须重新签订协议。路产专用线产权变更，要逐级上报，由铁路局批准。

(二) 制度管理

1. 岗位责任制

车站与专用线产权单位分别对进入专用线工作的铁路调车人员、货运员和企业运输员、装卸工等制定岗位责任制，明确工作内容、分工和责任。

2. 分区、分线、分库使用制

股道较多、作业量大的专用线，可根据设备的特点和作业性质，实行划分货位、线路固定使用及仓库分库管理负责制。

3. 检查交接制

对在专用线内作业的货物、车辆、篷布等，路企双方必须制定检查交接制度，明确内容和责任。铁路和企业双方应正确填写货车调送单，按规定办理交接。

4. 预确报制度

车站与企业应制定预确报制度，双方指定专人负责。车站向企业通报装车计划、到货情况和取送车预确报。企业向车站通知装卸车完了时间。

5. 统计分析制度

各级铁路货运管理部门和人员，要认真编制和填写报表，建立设备和统计台账。铁路局在每年1月将上一年度的"专用线运用情况表"报铁道部。

三、专用线作业

(一) 送车作业

车站应按企业使用车要求拨配状态良好的货车。车站在向专用线送车前，按协议规定时间，向专用线发出送车预、确报。内容包括：空、重车数，车种，货物品名，收货人，去向，编组顺序，送车时间。专用线接到预报后，应立即确定装、卸车地点，并做好接车准备。专用线运输员接到确报后，应及时打开门栏，提前到线路旁准备接车。货车送进后向调车人员指定停车位置，调车人员按其指定股道、货位停车。

货车送到后，企业应对货车上部设备进行检查，检查门、窗、底板、端侧板是否完好，门鼻、门搭扣是否齐全，车内是否干净，有无异味及回送洗刷、消毒标志等，确定是否适合所装货物。如不适用应采取改善措施，必要时，可向车站提出调换。

(二) 装车作业

装车时，应充分利用货车的载重力和容积，但不得超过货车容许载重量。货物的装载必须防止超载、偏载、集重、亏吨、倒塌、超限和途中坠落。企业运输员要负责监装，向

装车人员说明注意事项，随时检查装载加固是否符合规定。

装车后，企业运输员负责检查车门、窗、盖、阀是否关闭妥当，需要施封的货车按规定施封，需苫盖篷布的货物，按规定苫盖好篷布。填写装车登记簿，通知车站装车完毕的时间。

（三）卸车作业

卸车时，企业运输员要向卸车人员说明注意事项。提示卸车重点。检查安全防护设施，并负责监卸。

卸车后，企业应负责将车辆清扫干净。需要洗刷、消毒、除污的应按规定及时处理，如果有困难可向车站提出协助处理，费用由委托方承担。关好车门、窗、盖、阀。拆除车辆上的支柱、挡板、三角木、铁线等，恢复车辆原来状态。检查货物堆码状态及与线路的安全距离。卸下的篷布应检查是否完整良好。需晾晒的要晾晒，并按规定将铁路货车篷布送回车站指定地点。企业运输员要正确填写卸车登记簿，通知车站卸车完毕的时间。

（四）交接作业

铁路专用线货运员会同企业运输员，在运输协议规定的地点，使用货车调送单按铁路规定办理交接。施封的货车凭封印交接；不施封的货车、棚车、冷藏车凭车门、窗关闭状态交接；敞车、平车、砂石车不苫盖篷布的，凭货物装载状态或规定标记交接；苫盖篷布的，凭篷布现状交接。

铁路货车篷布、企业自备篷布及需要回送的货车装备物品和加固装置，应在货车（物）交接的同时一并办理交接。上列物品，企业按有关规定或协议妥善保管或回送。上述物品丢失、短少、破损时，应于交接时向车站提出，由车站专用线货运员核实后，按规定编制记录。

专用线内装车的货物，车站发现有下列状况之一时，应加以改善，达到标准后接收：

（1）凭封印交接的货车，发现封印脱落、损坏、不符、印文不清或未按施封技术要求进行施封；

（2）凭现状交接的货物，发现货物装载加固状态或所作的标记有异状或有灭失、损坏痕迹；

（3）规定应苫盖篷布的货物而未苫盖、苫盖不严、使用破损篷布或篷布绳索捆绑不牢固；

（4）车门、车窗未关严（需要通风运输的货物除外），车门插销未插牢固；

（5）使用敞车、平车或砂石车装载的货物，违反《铁路货物装载加固规则》的要求；

（6）违反铁路规定的货车使用限制或特定区段装载限制。

四、专用线共用

专用线共用是指在保证专用线产权单位运输需要和专用线既有设备能力富余的前提下，与其吸引范围内的单位，共同使用该专用线办理铁路货物发到业务。开展专用线共用是为了缓解铁路货场能力不足，保证货场畅通，挖掘专用线潜力，满足国民经济发展的需要。

开展专用线共用应坚持自愿互利、有偿共用和就地、就近、方便货主的原则。在保证专用线产权单位运输的条件下，由共用单位、产权单位、车站三方签订共用协议。铁路车站在签订协议前应征得铁路局的同意。专用线产权单位要向当地经贸委（经委、计经委、交委、交办）申报。临时性共用要签订临时共用协议。协议签订后，必须严格执行，各负其责，组织实施。专用线产权单位或其他单位未与车站签订共用协议，不得借出借用或租出租用专用线办理铁路货物发到业务。

在专用线办理共用的货物运输品类和业务范围，原则上不应与其原设计时办理的内容有别。如企业生产性质改变或铁路货场能力不足，专用线又具有与货物相适应的作业条件，可办理其他品类货物的专用线共用，具体内容在协议中明确。严格控制专用线办理危险货物，超限、超长和集重货物的共用。

实行共用的专用线，车站与专用线产权单位、共用单位间取送车作业和货物（车）交接，同于专用线运输的各项要求，专用线共用管理要逐步走向货场化、规范化、制度化。

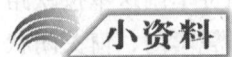

专用线运输协议

车站与其接轨的专用线产权单位，于每年12月月底以前，签订下年度专用线运输协议。专用线运输协议的基本内容包括：设备状况，交接地点和方法，一次（批）作业车数，装卸作业时间，预确报制度，货车清扫、洗刷、消毒工作，运输生产安全措施及费用清算等。车站在与企业签订运输协议前应征得铁路局同意，站企双方签字盖章后生效，并报铁路局备案。

专用线、专用铁路运输协议

为加强专用线、专用铁路（以下简称专用线）管理，提高货运工作质量，保证货物运输和行车安全，根据《中华人民共和国铁路法》和《铁路货物运输规程》的规定，××铁路局××站（以下简称铁路）与××单位（以下简称企业）签订××年度铁路专用线运输协议如下：

一、专用线运输设备状况

专用线运输设备状况表

专用线名称		简称	
产权单位		装卸线（条）	
专用线总延长（米）	有效长（米）	可容纳货车（辆）	

续 表

站台（座）		使用面积（平方米）		货位（个）	
仓库（座）		使用面积（平方米）		货位（个）	
雨棚（座）		使用面积（平方米）		货位（个）	
露天货位（个）		货位总计			
装卸机械	名称			小计	
	起重能力				
装卸人力				机车型号及台数	
储油罐体积（立方米）	汽油				
	煤油				
	柴油				
企业自备车				其中罐车	
租用货车				其中罐车	
专用线设计运量					
自车站中心线与专用线末端、专用铁路交接点里程			千米		

二、专用线运输品类设计年运量

发 送		到 达	
品名	运量（t）	品名	运量（t）

三、预确报及交接

1. 预确报方法
2. 交接地点
3. 交接内容及要求

铁路和企业使用货车调送单按《铁路货物运输规程》的规定办理交接。

四、装卸车组织及作业时间

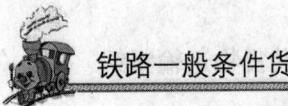

货物品名	一次（批）作业车数	装车作业时间（小时）	卸车作业时间（小时）

五、货车清扫、洗刷、消毒工作

六、运输生产安全措施

七、专用线共用

八、费用清算办法

九、其他协议事项

十、本协议未尽事宜按《中华人民共和国铁路法》、《铁路货物运输规程》等铁路法规执行

十一、本协议自　　年　　月　　日起生效。任何一方提出修改应在两个月前通知对方

十二、本协议书正本签字方各一份，副本上报车务段、铁路局

　　　　铁路车站（公章）　　　　　　　　负责人
　　　　专用线产权单位（公章）　　　　　负责人

学习情境二　裸装货物运输组织

知识目标

1. 裸装货物特点及装载加固定型方案的运用（包括方案的种类、作用、内容及执行要求等）。
2. 避免货物集重的相关知识。
3. 货物运价的计算。

能力目标

1. 依据《加规》相关规定，参照《铁路货物装载加固定型方案》（以下简称《定型方案》），选择经济合理的裸装货物装载加固方案。
2. 按照车站整车货物作业（TB/T2116.2）中的规定程序、作业内容及质量要求，合理使用货位、货车等设备以及防滑衬垫、支柱等加固材料，进行裸装货物的装载加固监装卸作业，分工种协作办理裸装货物的发送、途中、到达作业。
3. 能依据《价规》相关规定，准确计算整车货物运输费用，并正确填记相关票据。

学习任务引导书

本学习情境学生的任务是在假定场景下，作为办理整车货物作业的货运工作人员，能按照整车货物作业要求（TB/T 2116.2—2005）中的规定程序、作业内容及质量要求，分工协作办理裸装货物运输的相关作业。对此，学生需要理论与实践的练习，在练习过程中，学生会逐步掌握本学习情境任务要求中需要的所有技能，包括相关的背景知识。

为达到真正的学习效果，并最终能独立完成任务，学生应该在准备阶段多渠道、全方位的了解相关知识，并做出必要的书面记录。特别对 TB/T 2116.2—2005 中规定的每一个作业程序、作业项目、作业内容及质量要求都必须完全理解。对于不能理解的问题应该及时解决，不要拖到下一次。在完成这一任务时，请特别注意以下问题：

（1）完成作业所必备的表格、戳记、封套、票据等资料备品包括哪些？它们分别被哪些工种的工作人员使用？

（2）各作业项目的次序与各工种的衔接问题如何解决？

（3）作业中涉及哪些货运规章及作业标准，如何保证这些规章、标准能正确地成为学生们工作的依据？

（4）各种台账、表格、票据的正确填记方法和修改规定是怎样的？

（5）哪些表格在什么情况下需要加盖必要的戳记，戳记加盖的正确位置在哪儿？

（6）完整的作业过程中，学生需要检查哪些票据？怎样检查？还需要检查货物的哪些状态？怎样检查？

（7）不同种类的裸装货物其装载加固要点是什么？

请学生细心地计划你完成每一阶段任务所需要的时间，必要时与你的指导教师讨论你的想法，时间的把握非常重要。并请学生始终以书面形式记录关于任务的相关信息！此外，要特别注意：有错误没关系，但其前提是学生必须坦率、认真地对待错误，并从错误中学习。那么，当出现错误时，学生就能正确对待错误、修正错误。正确对待错误非常重要，这在评价中也具有同样重要的作用！

学习任务一　卷钢运输组织

任务描述

本次任务需要学生依据案例背景计划裸装货物各作业环节的工作重点，分组做好货运各工种的人员分工，确保在规定时间内按整车作业流程与要求采取角色扮演的方式，完成卷钢的运输组织工作。重点需要学生能根据卷钢特点选择合适的装载加固定型方案，严守规章，组织并监督装卸工组按方案装卸车。

任 务 单

请利用本学习单元所学知识，按案例条件与任务要求处理以下案例。

【案例情况】武汉××（集团）公司储运公司于2012年3月1日在武昌东站托运卷钢总重60t，6件，卷径1200mm（计划号：03N00960552），使用C_{64}4942244一辆装载，标重61t，当日由承运人装车完毕，货票号码：N078385，保价20000元，苫盖自备篷布一张，篷布号：+D71213916，挂入86186次列车发往柳州北站，收货单位：广州柳州××储运贸易总公司776号库。（其他未尽事宜自行假设）

【任务要求】请按上述案例情况制定该货物装载加固方案，并在"学生工作页"上按

学习情境二 裸装货物运输组织

步骤简要计划货物各作业环节的工作重点，按要求填写相关票据、表格及台账，分小组做好货运各工种的人员分工，确保在规定时间内按整车作业流程与要求采取角色扮演的方式完成货物的运输组织工作。在完成这一任务时，请特别注意以下问题：

(1) 裸装货物的特点及其装载注意事项；

(2) 票据、表格、台账的填记方法（其中"小资料"中的《装载加固质量签认卡》的填写是重点）；

(3) 分工种协作作业的衔接问题；

(4) 训练时间的合理安排与准确把握。

另外，以学习小组为单位确定观察者一名负责本组成员任务实施情况的汇报，每组派代表从教师处领取学习资料及实训工具，模拟工作情境完成案例所示的货物运输工作。

注意：每位学生最后都必须上交一份填写完整的"学生工作页"以供考核。

请学生按要求认真领会题意，做好充足准备，课堂训练将采用案例情境模拟的方法实施教学，任务完成严格按工作过程六步法：资讯—计划—决策—实施—检查—评价步骤进行。

知识点一　装载加固定型方案

"裸装"是指将货物用铁丝、绳索等加以捆扎或以其自身捆扎成捆、堆或束，不加任何额外的包装物料。裸装适用于品质比较稳定、可以自成件数、能抵抗外界影响、难于包装或不需要包装的货物，如钢材、橡胶、铜锭及各种车辆等。

采用裸装形式包装的货物即为裸装货物，通常使用平车或敞车装载，如装载需要加固的货物时，已有定型方案的，必须按定型方案加固；无定型方案的，车站应会同托运人制订暂行方案或试运加固方案，报上级批准后组织试运。需进行加固的货物，其加固方案应按《加规》的规定办理。

货物装载加固是保证运行安全和货物安全的重要措施。列车运行是在动态状态下的，如装载加固不良则会产生货物移动、滚动、倾覆或者坠落、倒塌现象，甚至导致列车颠覆。因此，装载后的货物一般还需采取适当的加固措施，才能保证货物在正常的运输过程中不发生上述现象。货物装载加固工作技术性强，是铁路运输工作的重要组成部分。其主要任务是：保证货物、货车的完整和行车安全，充分利用货车载重力和容积，安全、迅速、合理、经济地运输货物。

一、货物装载加固的基本要求

货物装载加固的基本技术要求是：使货物均衡、稳定、合理地分布在货车上，不超载，不偏载，不偏重，不集重；能够经受正常调车作业以及列车运行中所产生各种力的作用，在运输全过程中，不发生移动、滚动、倾覆、倒塌或坠落等情况。

铁路局（含专业运输公司）要高度重视货物装载加固工作，配备专人负责，积极运用先进、成熟、经济、适用、可靠的技术和设备，不断改进和完善技术管理手段，提高货物装载加固工作质量。

铁路局及其直属货运站段应成立装载加固技术领导小组，建立工作制度。装载加固技术领导小组具体负责本部门货物装载加固方案的审核、申报、实施工作，组织落实按方案装车、装车质量签认制度和货车满载措施，以及有关技术业务指导、监督、检查工作。合资铁路、地方铁路和专用铁路、铁路专用线企业应按本规则规定做好装载加固有关工作。

各装车单位应建立健全装车岗位责任制，坚持装车从严、发站从严的原则，严格按装载加固方案装车。

二、装载加固方案的种类和作用

铁路货物装载加固方案分为装载加固定型方案（以下简称定型方案）、装载加固暂行方案（以下简称暂行方案）和装载加固试运方案（以下简称试运方案）。

部定型方案系《加规》附件一，所列方案是铁道部明定品名与规格的货物装载加固定型方案，此方案系列化程度较强、覆盖范围也比较广，是一个规范性的文件，与《加规》具有同等效力，是执行"按方案装车"和"装车质量签认"制度的基本依据。托运人和承运人都应该严格遵守和执行。

局定型方案是经铁道部审查通过的铁路局明定的货物装载加固定型方案及试运方案，是对部定型方案的有效补充，这些方案很可能在适当时机被纳入部定型方案。同时，局定型方案不应与部定型方案相抵触，也不应重复。

不管部定型方案还是局定型方案，对现场来讲都具有较强的实用性和可操作性。

三、装载加固定型方案的内容

装载加固定型方案包括11类52项货物，涉及货物装载品类千余种。具体分为：01类成件包装货物，02类集装箱、集装件及箱装设备，03类水泥制品、料石及箱装玻璃，04类木材、竹子，05类起重机梁及钢结构梁、柱、架，06类轧辊、轮对、电缆、钢丝绳、变压器及卧式锅炉，07类金属材料及制品，08类轮式、履带式货物，09类圆柱形、球形货物，10类大型机电设备，11类国际联运进口设备。

每个货物用一个编号来编码。编号由6位阿拉伯数字组成。从左至右，第1、2位为类别代码，第3、4位为项别代码，第5、6位为顺序码。

如：编号 020304

02表示第二类集装箱、集装件及箱装设备；03表示第三项箱装设备；04表示第一个品名吊架。

每个品名的定型方案都包括以下内容：

（1）货物装载加固定型方案示意图。

(2) 货物规格，指明了货物的重量范围、外形尺寸情况及货物性质。在此内容中，还应指明对货物的包装要求。

(3) 准用货车，指明了车辆的使用限制情况。

(4) 加固材料位置，指出所用加固材料的种类。

(5) 装载方法，确定出了合理、具体的装车方案。

(6) 加固方法，确定了装车后具体的加固措施，按方案加固即是严格按此条规定进行加固。

(7) 其他要求。本条规定的是一些有关装载加固的特殊规定或强调装载加固后的附属工作。

四、装载加固方案的执行

凡使用铁路敞车、平车、长大货物车及敞、平车类专用货车装运的成件货物，有定型方案、暂行方案和试运方案的，一律严格按方案装车。

无方案的，由托运人在托运货物之前向装车站申报计划装载加固方案（以下简称计划方案，含方案比照申请）和相关资料，装车站按规定报批。装车单位按批准的方案组织装车。

与定型方案和暂行方案中货物规格（包括单件重量、重心位置、外形尺寸、支重面长度和宽度等）相近，装载加固方法相同并且使用相同车辆装载的货物，托运人可向装车站申请比照该定型方案或暂行方案，经发送铁路局审查批准后方可实施。

试运方案和超过有效期的暂行方案不得比照。

五、装载加固方案的申报和批准

(一) 申报计划方案应提供的资料

托运人向装车站申报计划方案时，应详细提供货物的外形尺寸、单件重量、重心位置、支重面长度及宽度、货物运输安全的特殊要求等相关资料。

申报暂行方案时，还应同时提出装载加固计算说明书。

申报试运方案时，还应同时提出由铁道部认定的方案论证、技术检测机构出具的方案论证和试验报告。

托运人应在计划方案上盖章或签字，并对内容的真实性负完全责任。对货物的活动部位（部件）、货物的装载加固特殊要求以及涉及货物和运输安全方面的其他重要情况，托运人须提出书面说明。

(二) 试运方案的论证和试验程序

论证和试验单位会同托运人、承运人提出试验大纲，并报铁道部运输局核准；按核准的试验大纲进行论证、试验；提出方案论证和试验报告。

试验大纲内容应包括：试运事项名称、目的、技术经济可行性研究结论，拟采用的装载加固方法或装载加固材料及装置设计方案，静、动强度试验和运行试验方案，试验方法与手段，评断依据与标准，试运承担单位安全责任划分，安全应急预案等。

重大的试运事项由铁道部运输局组织专题研究，充分论证。

（三）受理试运方案

装车站收到托运人提出的计划试运方案、方案论证和试验报告后，逐级审核上报铁道部运输局。

（四）组织试运

铁路局按批准的试运方案组织试运。试运工作要精心组织，根据实际情况进行押运或跟踪监测。试运结束后铁路局应按要求及时提出试运总结报告报铁道部运输局。

（五）试运方案的管理

装车站要建立试运方案管理台账，对试运方案从严掌握，在货物运单"承运人记载事项"栏和货票"记事"栏内记明方案编号。

到站要对按试运方案装车的货物装载加固状况进行重点检查和确认。

到站、中途站发现问题时，除按规定处理外，同时向铁道部运输局及发送铁路局、发站拍发电报，电报中应记明以下事项：发站、到站、装车单位、承运日期、方案编号、存在的问题、处理情况等。

六、装载加固方案的有效期

定型方案长期有效。试运方案不跨年度，连续试运期限一般不应超过 3 年。

暂行方案有效期及比照方案有效期由铁路局规定。凡需继续执行的暂行方案（比照方案）和试运方案，方案执行单位须在有效期结束前一个月将方案执行情况（试运方案为试运总结）和下一步运用请求逐级审核上报方案批准单位，经审查批准后方可继续实施。

逾期未申报者，原暂行方案（比照方案）和试运方案自行废止。

知识点二　货物重量在车地板上的分布

一、集重货物的定义

集重货物系指货物重量大于所装车辆负重面长度的最大容许载重量的货物。

集重货物的特点是货物重量大，支重面小，货车负重面长度承载重量大。

是否属于集重货物应考虑货物的长度、重量和使用的车辆三个因素。不同的车辆根据其车底架所用材质及结构确定了一定负重面长度的最大容许载重量。根据所装货物的重量、支重面长度，不超过负重面长度的最大容许载重量时，就不集重；超过时，则集重。

支重面长度（$l_支$）系指支撑货物重量的货物底面长度。如图 2-1 所示。

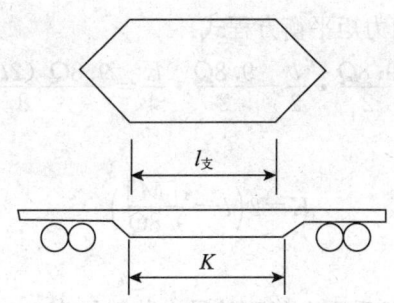

图 2-1 支重面长与负重面长

负重面长度（K）系指承担货物重量的货车地板长度。

当货物直接装在货车地板上时，支重面长度等于负重面长度；当货物使用横垫木时，负重面长度等于两横垫木中心线距离的 2 倍；当货物使用纵垫木时，负重面长度等于纵垫木长度。

二、货物装载条件

（一）平车负重面最小长度的确定

1. 货车负重面最小长度 K 的计算

在平车上装载集重货物时，货车最大容许载重量是根据平车底架最大弯曲力矩确定的。所谓平车底架的最大弯曲力矩，系指作用于车底架某一截面上的所有外力对于该截面中心的力矩代数和。此项代数和称为该截面的弯曲力矩。弯曲力矩的大小，与货车负重面长度有关，当车型、货物重量一定时，负重面越长，所产生的弯曲力矩越小；反之，负重面越短，所产生的弯曲力矩越大。为防止集重物装车后产生的弯曲力矩大于车辆最大容许弯曲力矩，就必须对一定重量的集重货物负重面长度有一个最小限值；反之，对有一定支重面长度的集重货物其重量应有一个最大容许值。

平车最大弯曲力矩位于车辆横中心线所在截面。设 $[M]$ 为平车最大弯曲力矩，Q 为货物重量，K 为平车负重面长度，l 为两转向架中心销间距，如图 2-2 所示。

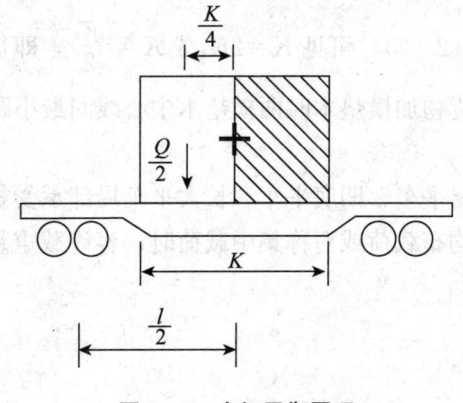

图 2-2 力矩平衡原理

根据力矩平衡原理得弯曲力矩平衡方程式：

$$[M] = \frac{9.8Q}{2} \cdot \frac{l}{2} - \frac{9.8Q}{2} \cdot \frac{K}{4} = \frac{9.8Q(2l-K)}{8}$$

整理得

$$K = 2\left(l - \frac{4[M]}{9.8Q}\right) \tag{2-1}$$

2. 货车最大容许载重量

根据式（2-1），在一定负重面上货物的最大装载量为：

$$Q_{max} = \frac{8[M]}{9.8(2l-K)}$$

3. 两横垫木中心线间最小距离 K_1 的计算

将货物放置于铺在平车底板上的两横垫木上，如图 2-3 所示，使货物重量通过横垫木均匀地传到平车底架上，两横垫木间的最小距离，同理可得：

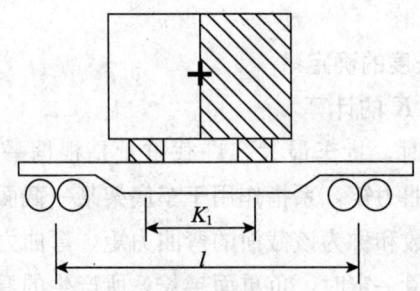

图 2-3　加横垫木力矩平衡原理

$$[M] = \frac{9.8Q}{2} \cdot \frac{l}{2} - \frac{9.8Q}{2} \cdot \frac{K_1}{2} = \frac{9.8Q(l-K_1)}{4}$$

整理得

$$K_1 = l - \frac{4[M]}{9.8Q} \tag{2-2}$$

比较式（2-1）与式（2-2），可见 $K = 2K_1$ 或 $K_1 = \frac{K}{2}$，即货物直接装在车地板上车辆负重面的最小长度，是货物加横垫木时两横垫木中心线间最小距离的 2 倍。

（二）货物装载条件

根据以上推导，可得出平车、凹底平车、长大平车局部承受货物重量时，车辆横中心线两侧等距离范围内承受均布载荷或对称集中载荷时，容许载重量，如表 2-1、表 2-2、表 2-3 所示。

表2-1　平车局部地板面承受均布载荷或对称集中载荷时容许载重量表

平车地板负重面长度（mm）	两横垫木中心线间最小距离（mm）	最大容许载重量（t）					
		N_6、N_{17*}、NX_{17*}	N_{60}	N_{16}	NX_{17B*}	NX_{70}、NX_{70H}	
1000	500	25	25	25	25	30	
2000	1000	30	27.5	27.5	30	35	
3000	1500	40	30	30	40	45	
4000	2000	45	33	32	45	50	
5000	2500	50	35	35	50	55	
6000	3000	53	40	37	53	57	
7000	3500	55	45	40	55	60	
8000	4000	57	50	44	57	63	
9000	4500	60	55	49	61	65	
10000	5000		60	55		70	
11000	5500			60			

表2-2　凹底平车局部地板面承受均布载荷或对称集中载荷时容许载重量表

平车地板负重面长度（mm）	两横垫木中心线间最小距离（mm）	最大容许载重量（t）							
		D_2 210t	D_5 60t	D_6 110t	D_7 150t	D_8 180t	D_{10} 90t	D_{15} 150t	D_{32} 320t
1000	500	175.0	33.0	87.0	120.0	150.0	60.0		
1500	750	176.5	35.0	88.5	121.0	151.5	65.0	12.9	
2000	1000	178.0	37.0	90.0	123.0	153.0	67.0		
3000	1500	180.0	40.0	93.0	126.0	156.0	70.0	13.1	
3500	1750	181.5	42.0	95.0	128.0	158.0	72.0		
4000	2000	183.0	43.5	97.0	130.0	160.0	73.5		
4500	2250	185.0	45.0	99.0	131.5	161.5	75.0	13.4	
5000	2500	187.0	47.0	101.0	133.0	163.0	77.0		
5500	2750	188.5	48.5	103.0	135.0	165.0	78.5		
6000	3000	190.0	50.0	105.0	137.0	167.0	80.0	13.7	
7000	3500	196.0	55.0	110.0	141.0	171.0	83.5		30.0
7500	3750	198.0	60.0		143.0	173.0	85.0	14.2	
8000	4000	200.0			145.0	176.0	87.0		
9000	4500	210.0			150.0	180.0	90.0	15.0	31.5
10000									32.0

表2-3　　长大平车局部地板面承受均布载荷或对称集中载荷时容许载重量表

平车地板负重面长度（mm）	两横垫木中心线间最小距离（mm）	最大容许载重量（t）				
		D_{22} 210t	D_{26A} 260t	D_{22} 120t	D_{27} 150t	D_{70} 70t
2000	1000	30		42	42	30
4000	2000	48		48	48	36
6000	3000	55		55	55	40
8000	4000	60	260	60	60	44
10000	5000	65		65	65	46
12000	6000	70		70	70	48
14000	7000	75		75	75	50
15000	7500					
16000	8000			80	80	70
16500			260			
17000	8500					
18000	9000	85		85	85	
20400	10200	120				

【例2-1】 使用 N_{16} 装载货物一件，货物重量26t，支重面长2000mm。判断该货物是否集重货物？

解：查表2-1，货物支重面长2000mm，直接装载在车地板上，车辆负重面长度为2000mm时，可承载货物27.5t，货物重量26t，未超过所装平车地板负重面长度的最大容许载重量，所以该货物不集重。

【例2-2】 使用 N_{16} 装载货物一件，货物重量28t，支重面长2000mm。判断该货物是否集重货物？

解：查表2-1，货物支重面长2000mm，直接装在车地板上，车辆负重面长度为2000mm时，可承载货物27.5t，货物重量28t，超过所装平车地板负重面长度的最大容许载重量，所以该货物为集重货物。

当货物被确定为集重货物时，发站必须采取具体措施，根据货车最大容许载重量表，选用适合的货车。只有当货物的重量小于或等于货车负重面长度的最大容许载重量时，才能运送，也就是说在铁路运输过程中实际并不存在的集重货物。对于集重货物如装载不当，就有可能酿成事故，造成车毁货损。因此，根据货物的外形、重量和特点，结合使用车辆的类型，正确的选择集重货物的装载方案，是保证行安全、货物完整的重要条件。

三、平车装载货物免于集重的方法

当车型一定、货物重量一定时，货物支重面长度大于等于平车地板负重面长度时，货物可直接装在车底板上，如图2-2所示。

(一) 加横垫木

当货物支重面长度小于车辆负重面长度的最小长度大于规定的两横垫木之间的最小距离时（$K > l_支 > K_1$），需要使用横垫木，如图2-3所示，使横垫木中心线间最小距离符合表2-1、表2-2和表2-3。

【例2-3】 一件货物重50t，货物支重面长度为3400mm，使用N_{17}应如何装载？

解：查表2-1，货物重50t，车辆负重面长度应为5000mm，不符合装载要求，若在货物底部加两根横垫木，其中心线距离为3000mm，是符合两横垫木中心线间最小距离应为2500mm要求的。

(二) 加纵横垫木

当车型一定、货物重量一定，货物支重面长度小于规定的两横垫木中心线之间的最小距离时（$l_支 \leq K_1$），需要使用纵、横垫木，如图2-4所示，应使横垫木中心线间最小距离符合表2-2、表2-3和表2-4。

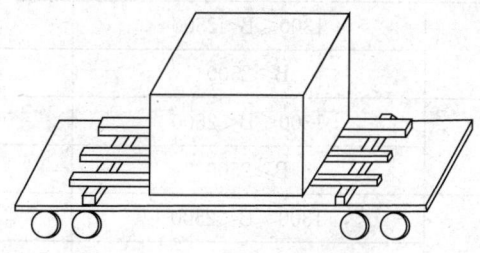

图2-4 使用纵横垫木装载货物

【例2-4】 一件货物重50t，货物支重面长度为2400mm，使用N_{17}，应如何装载？

解：查表2-1，货物重50t，车辆负重面长度应为5000mm，不符合装载要求，在货物底部加横垫木，两横垫木中心线间最小距离应为2500mm，而货物支重面长度仅为2400mm，还需在货物与横垫木间加纵垫木才能符合装载要求。

四、敞车装载免于集重装载的条件

(一) C_{62A}、C_{62A*}、C_{62A*K}、C_{62AK}、C_{62A*T}、C_{62AT}、C_{62B}、C_{62BK}、C_{62BT}、C_{64}、C_{64K}，C_{64H}及C_{64T}型敞车装载应符合的规定

(1) 仅在车辆两枕梁之间、横中心线两侧等距离范围内承受均布载荷（如图2-5所示）或对称集中载荷（如图2-6所示）时，容许载重量如表2-4和表2-5。

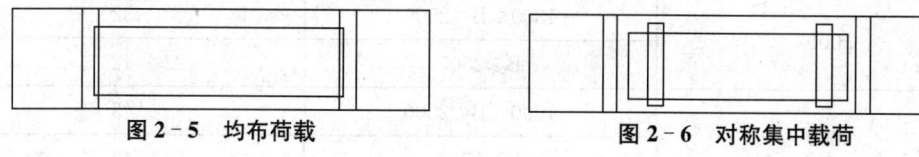

图2-5 均布荷载　　　　图2-6 对称集中载荷

表 2-4　　60、61t 敞车两枕梁间承受均布载荷时最大容许载重量表

车辆负重面长度（mm）	车辆负重面宽度（mm）	最大容许载重量（t）
2000	1300≤B＜2500	15
	B≥2500	20
3000	1300≤B＜2500	16
	B≥2500	23
4000	1300≤B＜2500	17
	B≥2500	26
5000	1300≤B＜2500	18.5
	B≥2500	29
6000	1300≤B＜2500	20
	B≥2500	32
7000	1300≤B＜2500	23.5
	B≥2500	35.5
8000	1300≤B＜2500	27
	B≥2500	39
9000	1300≤B＜2500	30
	B≥2500	43

表 2-5　　60、61t 敞车两枕梁间承受对称集中载荷时最大容许载重量表

两横垫木中心线间距离（mm）	横垫木长度（mm）	最大容许载重量（t）
1000	1300≤B＜2500	13
	B≥2500	17
2000	1300≤B＜2500	14
	B≥2500	20
3000	1300≤B＜2500	17
	B≥2500	21
4000	1300≤B＜2500	24
	B≥2500	30
5000	1300≤B＜2500	32
	B≥2500	42
6000	1300≤B＜2500	43
	B≥2500	49

续表

两横垫木中心线间距离（mm）	横垫木长度（mm）	最大容许载重量（t）
7000	1300≤B<2500	46
	B≥2500	55
8000	1300≤B<2500	50
	B≥2500	60（61）
8700		60（61）

（2）两枕梁直接承受货物重量且两枕梁承受的货物重量相等时，全车装载重量可以达到车辆容许载重量。

（3）在车辆两枕梁内外等距离（装载长度不超过3.8m）、宽度不小于1.3m范围内（小于1.3m时加垫长度不小于1.3m的横垫木）承受均布载荷时，全车装载重量可以达到车辆标记载重量。

如果需要在货物下加垫横垫木或条形草支垫（稻草绳把）时，应分别加垫在枕梁上及其内外各1m处，如图2-7所示。

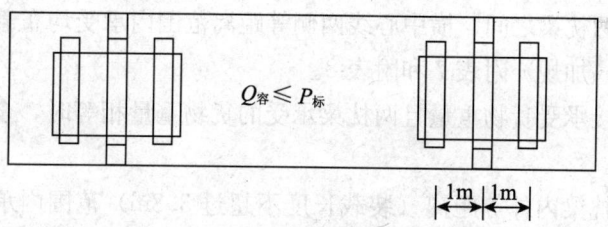

图2-7 长度≤3.8m加垫横垫木装载

（4）靠车辆两端墙向中部连续装载货物，每端装载长度超过3.8m时（如图2-8所示），应遵守下列规定：

①装载宽度B≥2.5m时，全车装载重量可以达到车辆标记载重量；

②装载宽度1.3m≤B<2.5m时，全车装载重量不得超过55t。

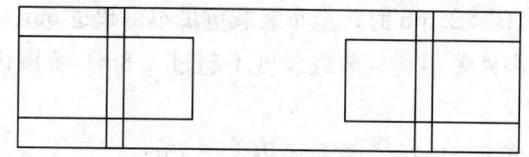

图2-8 长度>3.8m时的装载

（5）在车辆两枕梁内外等距离（装载长度不超过3.8m）、宽度不小于1.3m范围内和车辆中部三处承载时,中部货物重量不得大于 13t(如图 2-9 所示),全车装载重量不得超过 57t。

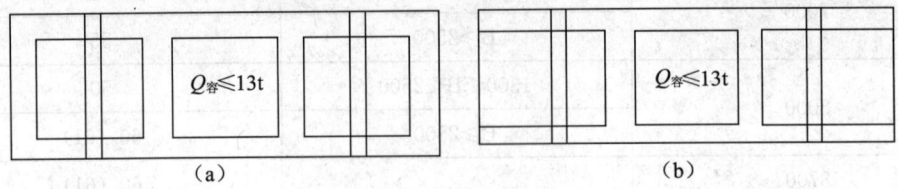

图 2-9 三处承载示意

(6) 靠车辆两端墙向中部连续装载,每端装载长度超过 3.8m,且在车辆中部装载货物时,应遵守下列规定:

①中部所装货物的重量不得超过 13t;

②当两端货物的装载宽度 B≥2.5m 时,全车装载重量不得超过 57t;

③当两端货物的装载宽度 1.3m≤B<2.5m 时,全车装载重量不得超过 55t。

(7) 仅靠防滑衬垫防止货物移动时,全车装载重量不得超过 55t。

(二) 70t C_{70}、C_{70H*} 型敞车局部地板面承受货物重量时应遵守的规定

(1) 仅在车辆两枕梁之间、横中心线两侧等距离范围内承受均布载荷或对称集中载荷时,容许载重量见《加规》附表 7 和附表 8。

(2) 两枕梁直接承受货物重量且两枕梁承受的货物重量相等时,全车装载重量可以达到车辆标记载重量。

(3) 在车辆两枕梁内外等距离(装载长度不超过 3.8m)范围内承受均布载荷时,应遵守下列规定:

①装载宽度 B≥2.5m 时,全车装载重量可以达到车辆标记载重量;

②装载宽度 1.2m≤B<2.5m 时,全车装载重量不得超过 65t。

如果需要在货物下加垫横垫木或条形草支垫(稻草绳把)时,应分别加垫在枕梁上及其内外各 1m 处。

(4) 靠车辆两端墙向中部连续装载,每端装载长度超过 3.8m 时,应遵守下列规定:

①装载宽度 B≥2.5m 时,全车装载重量可以达到车辆标记载重量;

②装载宽度 1.2m≤B<2.5m 时,全车装载重量不得超过 65t。

(5) 在车辆两枕梁内外等距离(装载长度不超过 3.8m)范围内和车辆中部三处承载时,应遵守下列规定:

①中部货物装载宽度 B≥1.2m,重量不得大于 25t;

②当两端货物的装载宽度 B≥2.5m 时,全车装载重量可以达到车辆标记载重量;

③当两端货物的装载宽度 1.2m≤B<2.5m 时,全车装载重量不得超过 65t。

(6) 货物的装载宽度 B≥1.2m 时,可双排装载或加垫长度不小于 1.2m 的横垫木。

知识点三　卷钢的装载加固

一、铁路运输装载卷钢（板）的要求

卷钢（板）应使用平车和 C_{62A}、C_{62A*}、C_{62A*K}、C_{62AK}、C_{62A*T}、C_{62AT}、C_{62B}、C_{62BK}、C_{62BT}、C_{64}、C_{64K}、C_{64H}、C_{64T}、C_{70} 及 C_{70H} 等敞车装载。

卷钢（板）可立装、卧装或集束立装。立装时，卷钢（板）的直径须大于本身高度；卧装时，可使用钢座架（座架须与车体加固），用木地板平车卧装时，可将相邻卷钢（板）用夹具或镀锌铁线（盘条）捆在一起，并用三角挡掩紧钉固；集束立装时，集束端最短距离应大于集束高度，卷钢（板）中部用镀锌铁线（盘条）捆绑在一起，并采取防止镀锌铁线（盘条）下滑措施。

卷钢（板）无论立装、卧装或集束立装，均应采取有效的防滑措施，卷钢（板）本身应用镀锌铁线、盘条或钢丝绳等与车体捆绑加固（装载在座架上的除外）。

二、卷钢装载加固方案的应用

【例 2-5】 武汉××（集团）公司储运公司于 2012 年 3 月 1 日在武昌东站托运卷钢总重 50t，2 件，（计划号：03N00960552），使用 C_{64} 4942233 一辆装载，标重 61t，当日由承运人装车完毕，货票号码：N078384，保价 20000 元，苫盖自备篷布一张，篷布号：+D71213915，挂入 86186 次列车发往柳州北站，收货单位：广州柳州××储运贸易总公司 776 号库。

适用定型方案　敞车立装，编号 070302。

(1) 货物规格：件重 25t～30t。

(2) 准用货车：60t、61t 通用敞车（C_{62}、C_{62m}、C_{65} 除外）。

(3) 加固材料：公称直径为 6.5mm 的盘条，挂钩，稻草垫。

(4) 装载方法：每车装载 2 件，货物重心分别落在车辆转向架中心销上。（如图 2-10 所示）

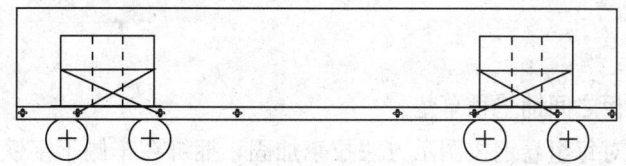

图 2-10　装载加固方法示意

(5) 加固方法：

①卷钢和车地板之间铺垫稻草垫。

②用 8 股盘条对每件卷钢反又字形拉牵，捆绑在车侧丁字铁上，拉牵高度不小于卷钢板宽的 1/2。

③为防止松脱,每件卷钢上至少在对称的两处用挂钩将盘条吊挂牢固。

【例2-6】武汉××(集团)公司储运公司于2012年3月1日武昌东站托运卷钢55t,8件,货物卷径1200mm,(计划号:03N00960110),使用C_{64} 4917904一辆装载,标重61t,当日由承运人装车完毕,货票号码:N078383,保价20000元,苫盖自备篷布一张,篷布号:+111098799,挂入86184次列车发往大亚湾站,收货单位:深圳市××汽车有限公司。

适用定型方案 敞车立装,编号070306。

(1) 货物规格:件重6.8t~7.5t,卷径<1300mm。

(2) 准用货车:60t、61t通用敞车(C_{62}、C_{62m}、C_{65}除外)。

(3) 加固材料:公称直径为6.5mm的盘条,挂钩,稻草垫。

(4) 装载方法:每车装载8件,分为2组(每组4件),两组重心分别落在车辆转向架中心销上(如图2-11所示)。

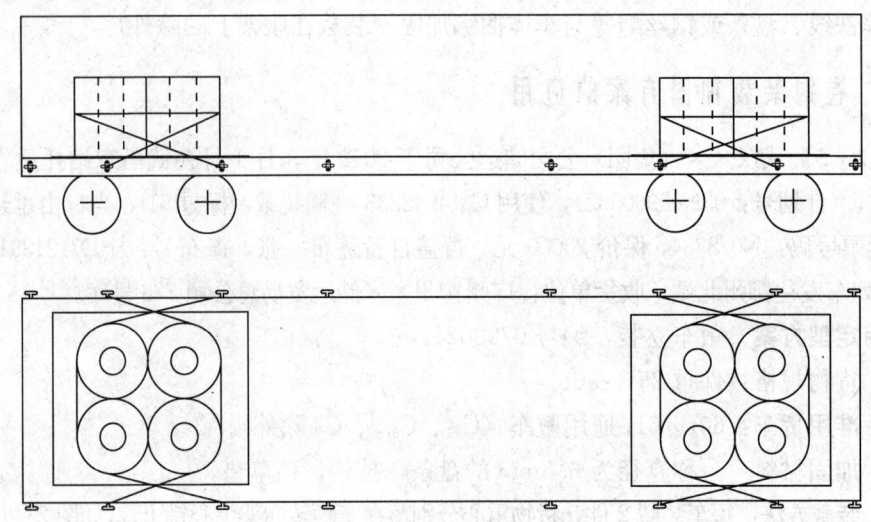

图2-11 装载加固方法示意

(5) 加固方法:

①卷钢和车地板之间铺垫稻草垫。

②用盘条8股对每组卷钢按图示方法拉牵加固,捆绑在车侧丁字铁上,拉牵高度不得小于卷钢板宽的1/2。

③为防止松脱,每件卷钢上至少在对称的两处用挂钩将盘条吊挂牢固。

【例2-7】武汉××(集团)公司储运公司于2012年3月1日武昌东站托运卷钢50t,10件,货物卷径1200mm,板宽1200mm(计划号:03N00960119),使用N_{16} 5020491一辆装载,标重60t,当日由承运人装车完毕,货票号码:N078382,保价20000元,苫盖铁路篷布一张,篷布号:8025532挂入47972次列车发往烟台站,收货单位:烟台××钢材加工公司。

适用定型方案 平车卧装，编号 070308。

（1）货物规格：件重 4t～6t，卷径 1100～1300mm，板宽 1100～1400mm。

（2）准用货车：木地板平车。

（3）加固材料：公称直径为 6.5mm 的盘条，扒锯钉或圆钢钉，三角挡。

（4）装载方法（如图 2-12 所示）：

①单排横向卧装。

②偶数件时沿车辆横中心线两侧对称装载相同卷数。

③奇数件时，中间 1 卷的纵中心线应与车辆横中心线重合。

④无论装载奇数或偶数时，两端卷钢距车辆端梁不小于 500mm。

（5）加固方法：

①用盘条 4 股通过相邻两卷中心孔，将卷钢两两捆绑牢固，形成一个整体。

②在货物两端外方各用 2 块三角挡掩紧钉牢，中间货物每隔 2 或 3 卷各甩 4 块三角挡对向掩紧钉牢。

③每 2 卷用盘条 6 股穿过卷钢中心孔反又字形拉牵捆绑在车侧丁字铁或支柱槽上。

（6）其他要求：可用铁塑轮挡代替三角挡。

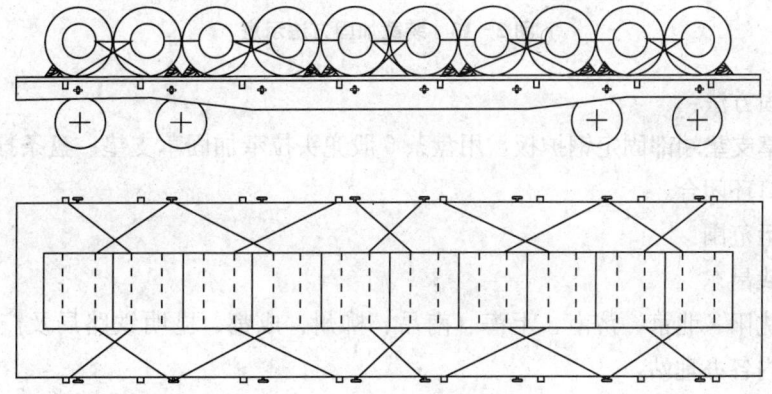

图 2-12 装载加固方法示意

【例 2-8】 武汉××（集团）公司储运公司于 2012 年 3 月 1 日武昌东站托运卷钢 48t，4 件，板宽 1450mm，货物卷径 1600mm，（计划号：03N00960110），使用 C_{64} 4912508 一辆装载，标重 61t，当日由承运人装车完毕，货票号码：N078461，保价 20000 元，苫盖自备篷布一张，篷布号：8098799，挂入 86184 次列车发往大亚湾站，收货单位：深圳市××汽车有限公司。

适用部批试运方案 敞车卧装，编号：SY2012—07

（1）货物规格：件重 9t～21t，板宽不小于 1300mm，卷径与板宽之比不大于 1.5。

（2）准用货车：60t、61t 通用敞车（C_{62}、C_{62M} 除外）。

（3）加固材料：凹形草支垫、公称直径 6.5mm 盘条，钢护板。

(4) 装载方法（如图 2-13 所示）：

①将 4 件卷钢分为重量接近的两组，每组两件，两组卷钢重量之差不得大于 1t。

②将两组卷钢分别靠车端向中部连续装载，卷钢重心落在车辆纵中心线上。

③车辆横中心线两侧对称位置的 2 件卷钢重量之差不得大于 1t。

④全车装载重量不得超过货车标记载重量。

⑤根据卷钢的卷径选用对应型号的凹形草支垫；每件卷钢下加垫 2 个凹形草支垫，卷径与两草支垫外侧距离之比不大于 1.5；相邻卷钢的凹形草支垫应对齐靠紧；同一卷钢下的两凹形草支垫凹部压实后的高度差不大于 10mm。

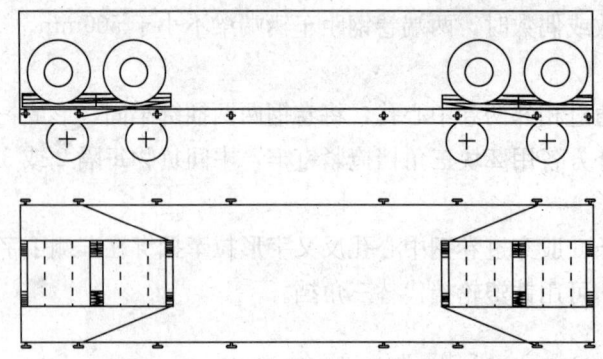

图 2-13　装载加固方法示意

(5) 加固方法：

在凹形草支垫端部固定钢护板，用盘条 6 股兜头拉牵加固草支垫；盘条拧紧后，将钢护板上的开口环闭合。

(6) 试运范围：

发站：武昌东

到站：沈阳、北京、济南、上海、南昌、柳州、成都、昆明铁路局及广州××（集团）公司管内各办理站。

(7) 装载加固材料规格：

①凹形草支垫采用三种规格，具体尺寸如表 2-6 所示。

表 2-6　　凹形草支垫尺寸及适应卷径　　　　　　　　　单位：mm

型号	长度	宽度	端部高度	凹部高度	凹口上部长度	凹口下部长度	适应卷径范围
Ⅰ	1660	300	330	100	1000	500	1190～1450
Ⅱ	1880	300	370	110	1180	580	1450～1700
Ⅲ	2180	300	420	120	1380	660	1700～2050

Ⅰ型、Ⅱ型、Ⅲ型草支垫的外形尺寸如图 2-14（a）、（b）、（c）所示。

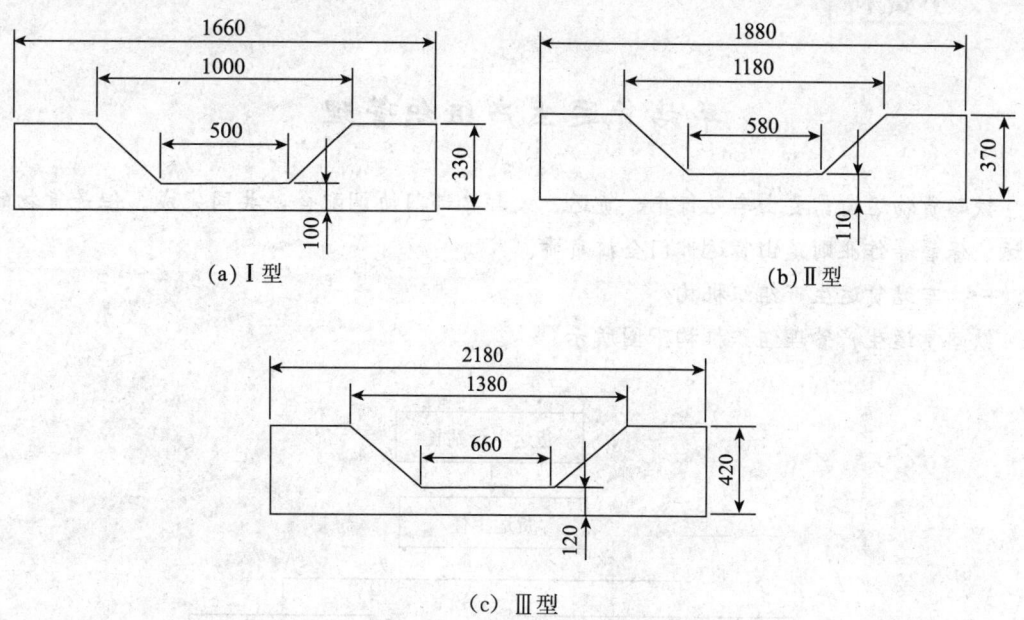

图 2-14 凹形草支垫外形尺寸（单位：mm）

②钢护板由厚度为 3mm 的钢板制作。其外形尺寸如图 2-15 所示。

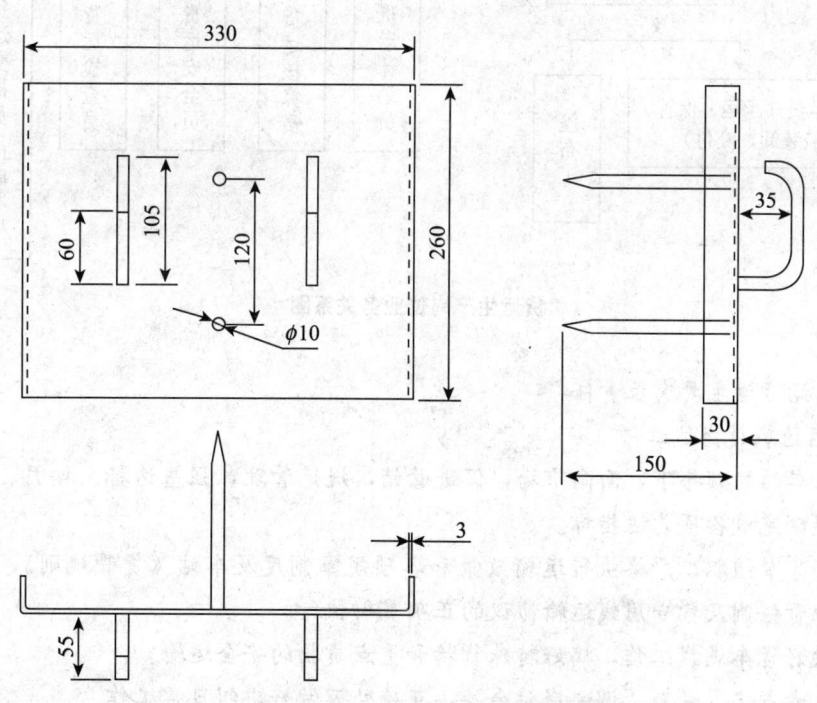

图 2-15 钢护板外形尺寸（单位：mm）

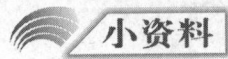

车站货运生产组织管理

铁路货物运输需要由车站行车、货运、装卸等部门协调配合,共同完成。但是货物的承运、保管等作业则是由货运部门全权负责。

一、车站货运生产组织机构

铁路货运生产管理组织机构下图所示。

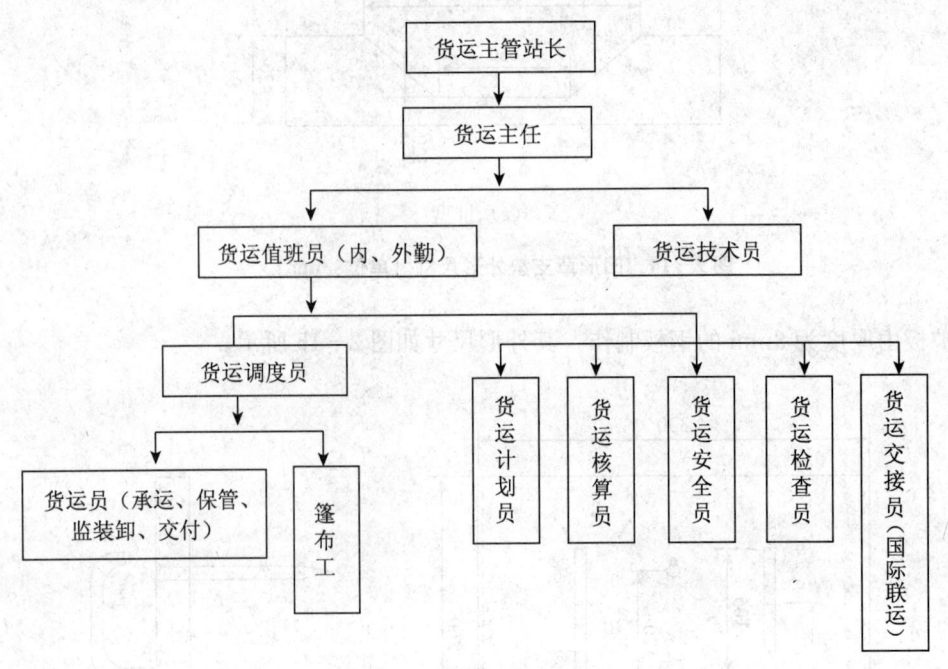

货运生产岗位业务关系图

二、车站货运主要岗位责任

1. 货运值班员岗位责任

(1) 在车站的领导下,面向市场,促进营销,规范管理,强基达标。按月、旬、日组织完成、超额完成各项货运指标。

(2) 领导本组职工严格执行运输政策和各项规章制度及车站《货管规则》,督促检查各工种岗位责任制及各专用线运输协议的正确贯彻执行。

(3) 做好货车满载工作,搞好特殊货物和重点货物的安全运输。

(4) 负责点名、考勤、调配岗位余缺,正确处理做好班组日常工作。

(5) 搞好现场作业控制及基础交班工作。健全班组台账,做好"货物装载加固签认卡"(格式见下表)及"货车调送交接单"(格式见表1-19)的收集审查,按时交货运有关部门。

(6) 负责有关规章、文电指示的学习、落实、修改和保管工作。

(7) 根据货调分配到各作业区(专用线)的装卸车票据,逐栏登记装卸作业大表;并根据站调下达的送卸计划向专用线货运员通知所送的卸车的发站、收货人、品名、件数、施封、篷布等内容。

(8) 掌握各区(专用线)装卸作业进度,卸车及时销号,做好转表工作。

(9) 负责管理卸车货票,按规定与调车区长或专用线共用办公室办理签认交接,站内卸车票据与站内货运员办理签认交接。

(10) 统计十八点装卸车完成情况,填写"货报一、二"。

××铁路局
_____站货物装载加固质量签认卡

	车种车号			货物品名			货物重量		
	装载方案号			件数		承运日期		到站	
加固材料及加固装置	名称								
	规格								
	数量								
	来源								
散堆装货物	货车标记长宽		货物密度				轮重测重仪检测情况		
	货车实测长宽		装载高度						
货物规格及装载加固情况									
填制人			填制时间			复验人		复验时间	

注:①本卡一式两份,一份填制人存查,一份由复验人签认后交车站,由专人负责按日顺序装订成册。

②专用线、专用铁路填制人应对所填内容的真实性及货物的装载加固负完全责任,承运人复验签认只是对交接检查规定的内容及方案执行情况进行检查复验,不表示对本卡所有内容的全面验核,发生涉及双方责任的问题时,依据《铁路货物运输规程》第59条、60条及相关办理。

2. 货运调度员岗位责任

(1) 严格执行运输政策和有关规章制度，遵守调度纪律，坚持"一卸、二排、三装车"的运输原则，组织均衡作业，提高货运能力，安全、迅速、全面完成货调任务。

(2) 严格执行"请求承认车"、停限装命令。根据到达发送计划和现场劳力、机械、设备等实际情况，正确编制本班当日及阶段生产计划，及时提出装卸车取送计划，并督促实施。

(3) 指导各种货物（特别是特殊条件运输的货物）的装载加固标准作业，收集作业中的"三次汇报"，及时帮助解决发生的疑难问题。

(4) 正确办理货物运输变更及换装整理。

(5) 认真审查承认车的运单填记标准，装车制票后，与核算员、车号员办理接交手续。

(6) 正确填制日、班工作资料。按标准完成其础交班条件。

3. 货运计划员岗位责任

(1) 认真执行国家政策和铁路规章，停限装命令，自觉遵守计划纪律，做好经济调查，组织落实货源工作，保证重点、兼顾一般，坚持均衡运输，组织成组装车，协助企业改善包装，巧装满载，提高运输质量。保证年、月度计划的完成。

(2) 坚持"铁路车站货运服务通用标准"，以优质服务水平，树立服务窗口良好形象。

(3) 积极搞好货源调查和组织工作，正确提报货运建议计划，编制月计划、旬计划、日计划。

(4) 按月作好要车计划，按照承运日期表和专用线月度要车计划，均衡安排日历进货和专用线装车，优先安排个人物品，重点物资，根据货流，最大限度地组织集装箱运输。

(5) 按日下达受理计划单，掌握计划兑现情况，受理承运计划应严格审查运单，按批登记承运簿。

(6) 熟悉本职业务，掌握车站的业务范围及各主要办理站的营业办理限制和起重能力。

(7) 负责审查"铁路货物运输服务订单"、货物运单和凭证文件，在运单上加盖有关戳记，须加固的货物应提出装载加固方案；散堆装货物应提出货物比重；保价保险应足额；在受理需派押运人的货物时，填发"货车押运人须知"。

(8) 认真受理军运计划，并与部队商定有关装车事宜，组织日计划、旬计划、月计划兑现。

(9) 建立健全各种计划台账，认真填写各种报表，分析考核货物品类、发送吨、静载重及日、旬、月计划完成情况，并及时上报，积累历史资料。

4. 货运核算员岗位责任

(1) 严格执行铁路运价政策、规章、办法，做好运、杂费的核收工作。

(2) 正确填制货票、单据，填制票据字迹清晰，不得简化和涂改，核收运杂费正确，做到不多收、少收、漏收，账款相符。正确办理军用制票和计费。加盖戳记，清晰易辨，核收现金的票据，应加盖"现金收讫"戳记。

(3) 制完的货票，按车号、票号登记票据交接本后，与货调办理签认交接。

(4) 将每日填制的货票、票据收入，按顺号正确填写"财收-4"和票据交接单，做到账款相符，并交进款员签收。

(5) 做好发送、到达货票及其他票据的自核、互核工作，办理票据的请领、登记、保管并按票号交接。

(6) 妥善保管现金和支票，对物资单位发生的待办、待交的款额及时催缴。

(7) 负责有关规章的修改。

(8) 热情接待货主，耐心解答询问，提高服务质量。

5. 货运检查员岗位责任

(1) 认真执行有关规章制度和《铁路货检作业标准》，掌握到发列车编组内容及时间，做好货运检查及外勤车号工作。

(2) 严格标准化作业，工作时，要时刻注意机车车辆动态，确保人身安全。

(3) 负责对到、发列车及中转保留车辆的装载、捆绑加固，篷布苫盖、门窗、阀盖关闭、封印状态等情况的检查。到达及中转、保留车，发现问题及时报告货调，发出列车发现问题及时采取措施进行整理或甩车整装。

(4) 对到达的军用列车（车辆）的装载、捆绑、加固、施封状态，除认真检查外，还应及时向车站报告。

(5) 对危险货物列车到达和出发前，应按规定对货车现状进行检查，检查完毕涂打标记，分别将情况及时上报，并在商检手册和工作日志上记载。

(6) 负责对编制记录的车辆进行登记，对交方的记录和自编的记录存查页及时交安全室。

(7) 认真填记《货运商检人员工作日志》、《货检员检车手册》等工作台账（各车站的规定不同，参照各站站细），填写清楚、齐全、正确，及时修改和装订有关规章和专刊文电。

(8) 货运检查员必须于小运转列车到达前，在接车线等候，待列车停稳后与司机办理交接，交接内容为列车编组顺序表（运统一）、货运票据、现车一并交接，具体交接时机、地点按车站管理细则的规定执行。

(9) 将站内各股道存车的车号及时抄回并与毛玻璃板核对。

(10) 编发集结车辆时，货检员出动抄录现车车号，做到随编随抄，发现问题查明原因，及时向站调汇报处理。

(11) 保管好各种设备、备品及作业用具，认真执行交接班制度对口交接，对本班已检（未检）待发的列车，在交班簿上登记交班，接班班组接班后，在规定的时间予以复检，不得影响开车。

6. 货运安全员岗位责任

(1) 熟悉本职业务，认真执行《事规》及有关规定，正确编制货运记录。发生货运事故深入现场调查研究，查清事实，及时发出事故速报，同时会同有关部门找出原因，妥善处理现场，避免扩大损失。

（2）及时正确处理事故查询。对索赔案件，要严格掌握赔偿案件的受理程序，坚持原则，实事清楚，手续齐全，积极慎重，应及时赔偿或上报赔偿，不得推、拖、赖。按章处理。

（3）货运记录及有关查询文电及时登记立卷保管，按月如实汇报自站责任一般事故及违章情况。对自站责任的千元以上事故及重大、大事故，应及时汇报提供有关情况，以便处理。

（4）负责无法交付货物的登记、上报并妥善保管。对长期无人认领的货物，积极查找线索，尽力做到物归原主。

（5）发现事故、违章，及时按"三不放过"的原则，召集有关人员开分析会，对规学习，列责处罚，或按章处理。找出事故、违章发生的原因，改进防范措施。

（6）坚持"安全第一、预防为主"的方针，经常深入现场，检查指导安全生产联控作业，并对职工进行安全业务教育。发现违章作业，危及货物安全等情况应立即制止、纠正，并提出具体改进措施。

（7）负责按规定内容填记"事故、违章登记簿"，做好统计工作、按时上报。

（8）负责"货物装载加固签认卡"的收集、审查和管理工作，提高"签认卡"填记质量，促进现场作业标准化。

（9）加强保价运输管理，提高保价运输水平，按规定作好统计上报工作。

7. 站线货运员岗位责任

（1）在货运值班员的领导下认真执行装卸车作业标准，努力完成本线装卸车作业计划，以优质服务，树立良好形象。

（2）认真执行"车站货运服务通用作业标准"，对口交接班，及时向货调汇报线路存车、货位、及待卸、待装情况，提出建议作业计划。

（3）验收发送货物，检查包装、加固材料是否符合货物运输条件或托运人的要求，装载加固对照"定型方案"，按标准作业。

（4）接到取送车计划后，提前到现场检查线路有无障碍物，对准货位，检查车辆状态，作业过程中做好"三次汇报"和安全防护工作。

（5）作业前向装卸工组传达有关注意事项，提出装载加固和堆码要求，认真监装卸并给予技术指导。

（6）装车后，按规定检查车门窗关闭状态、货物装载加固、篷布苫盖情况，需施封的车辆按规定施封；卸车后，检查车门关闭、空车车内残留物、闸台、车帮上的杂物是否清除、清道、卸货距离及货物堆码等情况，处理好余货，验收后签发"装卸作业单"，填记"承运簿"和"卸货簿"，按标准填写"货物装载加固签认卡"。

（7）负责军用装卸车的技术指导和装备物品装载、捆绑、加固状态的检查工作。

（8）做好货物的现场交付，填发"货物搬出证"。

（9）按规定编制普通记录，发现有事故迹象，保护现场及时通知安全室处理。

（10）加强线路、货位巡守，做好"货场治安保卫和防火工作"。交接班清楚。

8. 统计货运员岗位责任

（1）严格执行《铁路统计规则》及其他有关规章制度，真实反映货运工作质量和效率，为车站运输组织工作提供科学依据。

(2) 根据作业大表、精确填制"货报二"，按规定内容于18点前报局。

(3) 按班组向货运大班提出日、旬、月分析资料。

(4) 根据"货车调送交接单"，正确统计各单位使用货车作业时间，及时核算货车使用费，填报"专报一、二"。

(5) 负责核查班组有关生产资料，制止弄虚作假、违反统计规定的行为，并及时向领导汇报情况。

(6) 负责有关工作资料及台账、报表的收集、整理、上报并妥善保管。

9. 复核货运员岗位责任

(1) 熟悉本职业务，及时修改规章，负责核算员的业务指导，保证运杂费的正确计算，建立核算员制票台账。

(2) 正确办理票据的请领、登记、保管和交接，及时修改有关规章。

(3) 严格执行铁路运价政策，坚持逐票复核，防止重号、跳号；核对运价号、运价里程，发到基价、运行基价及杂费，发生差错及时补退。防止错收、漏收。

(4) 严格检查到达货票的里程，运价号、发到基价、运行基价等是否正确，核对计费重量，检查到达通知，交付日期等事项，复核运杂费是否核收正确。

(5) 按日、旬、月正确填报"票据整理报告"（财收-4），及时上报。对已复核的票据、原始单据、报表，负责顺号装订整齐，按图书式保管妥当。

(6) 及时补退误收、漏收的运杂费用，将复核完毕的货票、杂费收据，加盖"复核"戳记，并整理装订成册，归库存查。

(7) 统计分析各班标准制票情况，组织开展制票标准化活动。

(8) 正确提出旬、月分析资料。

10. 专用线货运员岗位责任

(1) 掌握专用线内待装卸货物、货位和装卸劳动力情况。根据日班计划确定的本线装卸车任务和取送作业计划，通知企业做好准备工作，严格执行"铁路车站专用线货运作业标准"。

(2) 核对上线货物，按规定对待装货物的包装、加固材料、存放货物的安全距离以及卸后货车清扫、门窗阀盖的关闭、车内残留物、闸台、车帮上的杂物的清理、篷布使用（回送、保管）等情况进行检查。

(3) 宣传铁路规章制度和安全注意事项，根据"货物装载加固定型方案"和有关规定，负责对专用线进行业务技术指导，搞好装载加固安全和货物安全。

(4) 凭"货车调送交接单"，按规定同企业运输员进行货车交接。

(5) 负责向货调做好作业过程中的"三次汇报"工作。

(6) 按规定填写"承运簿"、"卸货簿"、"篷布登记簿"，认真审核签认"货物装载加固质量签认卡"。

(7) 主动掌握专用线（共用）发到运量，及时向车站反映运输信息。

学习任务二　原木运输组织

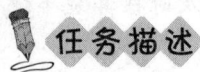任务描述

本次任务需要学生依据案例背景所列原木特点，参照《定型方案》制定经济合理的原木装载加固定型方案。制定方案时，必须在充分理解相关规章内涵基础上，合理使用加固材料，采用正确的加固方法，保证原木运输全过程的安全。具体任务要求见任务单所示。

任 务 单

请利用本学习单元所学知识，按案例条件与任务要求处理以下案例。

【案例情况】小兴安岭××木材公司4月15日在佳木斯站托运原木180t，（计划号：04N00302814），使用标重60t的 C_{62BK}4600929、C_{62BK}4673826、C_{62BK}4654206，三辆车装运（车内长宽高12500mm×2890mm×2000mm），专用线装车，当日由托运人负责装车完毕，每车保价金额：50000元，货票号码：R019155、R019156、R019157，挂入4623次列车发往汉阳站，收货单位：××木材一级站。（其他未尽事宜自行假设）

【任务要求】请按上述案例情况制定该货物装载加固方案，并在"学生工作页"任务实施阶段按步骤简要记录货物装载加固各环节的工作重点，按要求填写相关票据、表格及台账，分小组在图书馆借阅《定型方案》上册，以确保制定的原木装载加固方案经济合理。在完成这一任务时，请特别注意以下问题：

(1) 原木的特点，运输原木与运输卷钢在作业侧重点上有哪些不同；
(2)《加规》相关条文的理解与应用；
(3) 支柱的种类、制作要求、使用方法和注意事项；
(4) 不同长度木材的装载加固方法有何区别。

注意：每位学生最后都必须上交一份填写完整的"学生工作页"以供考核。

请学生按要求认真领会题意，做好充足准备，课堂训练将采用小组讨论的方法实施教学，要求每位学生独立完成方案的记录工作并上交针对案例的货物运输装载加固方案一份。

知识点四　常用装载加固材料

与运输散装货物不同，裸装货物和包装货物在运输过程中常常需要使用必要的装载加固材料和装置，以保证货物装车后，在运输全过程中，不发生移动、滚动、倾覆、倒塌或坠落从而危及货物及行车安全等情况。

货物装载加固材料及装置由托运人自备。常用装载加固材料和装置的技术条件及运用管理要求，在《加规》附件五《常用装载加固材料与装置》中有明确规定。该规定按照拉牵捆绑材料、衬垫材料、掩挡类材料、其他材料，对不同种类常用装载加固材料和装置的性能指标、使用方法、注意事项等内容给出了具体要求。

一、常用加固材料的分类

（一）按加固方式分类

1. 拉牵捆绑材料

拉牵捆绑材料包括镀锌铁线、盘条、钢丝绳和钢丝绳夹、固定捆绑铁索、绳索、螺旋式紧线器、84型紧固器、腰箍。

2. 衬垫材料

衬垫材料包括垫木和隔木、条形草支垫、稻草绳把、稻草垫、橡胶垫。

3. 掩挡类材料

掩挡类材料包括支柱、挡木、钢挡、锅炉挡铁、掩挡、铁泥塑料挡、围挡及挡板（壁）。

4. 其他材料

其他材料包括绳网、焦炭网、绞棍、圆钢钉、扒锔钉、U形钉、U形夹、钢板夹。

（二）按材质分类

1. 木质类

木质类主要用来垫或挡货物，如支柱、垫木、挡木等。

2. 钢铁制品类

钢铁制品类主要用来拉牵、捆绑、焊接加固货物，如铁线、钢丝绳、型钢等。

3. 其他材质类

其他材质类主要用来防滑，如橡胶垫、草支垫等。

二、常用加固材料的用途、规格及使用方法

（一）拉牵捆绑材料

1. 镀锌铁线

镀锌铁线是一种适应性比较强，应用广泛的加固材料。它主要用于拉牵加固捆绑货物，可防止货物产生倾覆、水平移动和滚动。

镀锌铁线使用时，一般应数股拧成一根，绞紧时不得损伤镀锌铁线，禁止使用已受损、捆绑过货物的铁线。拉牵用镀锌铁线直径不得小于4mm（8号），捆绑用镀锌铁线直径不得小于2.6mm（12号），镀锌铁线不得用作腰箍下压式加固，一般不用作整体捆绑。加固货物常用的镀锌铁线破断拉力和许用应力值如表2-7所示。

表2-7　　　　　　　　　常用镀锌铁线的破断拉力和许用应力

线　号	6	7	8	9	10	11	12
直径（mm）	5.0	4.5	4.0	3.5	3.2	2.9	2.6
破断拉力（KN）	6.7	5.4	4.3	3.29	2.75	2.26	1.82
许用拉力（KN）	3.35	2.7	2.15	1.64	1.37	1.13	0.91

使用方法：

（1）使用镀锌铁线拉牵加固的方式主要有：八字形、倒八字形、交叉、又字形或反又字形等。各种拉牵方式可单独使用，也可两种或两种以上组合使用。拉牵应尽可能对称。

（2）拉牵加固时，将单股或双股镀锌铁线在货物和车辆的两拴结点间往返缠绕，并应拽紧镀锌铁线使各股松紧度尽量一致，剩余部分穿插缠绕于自身绳杆后，使用绞棍绞紧，余尾朝向车内。

（3）应合理选择货物上的拉牵位置。用于防止货物水平移动时，拉牵位置应尽量低些；用于防止货物倾覆时，拉牵位置可适当高些。

2. 盘条

盘条主要用于拉牵加固货物，可防止货物产生倾覆、水平移动和滚动，不得用作腰箍下压式加固，可用作整体捆绑。禁止使用受损、使用过的和表面有裂纹、折叠、结疤、耳子、分层、夹杂的盘条。绞紧时不得损伤盘条，拉牵时禁止盘条两端头相互搭接缠绕。

常用盘条公称直径为：5.5mm、6.0mm、6.5mm。盘条的破断拉力应以产品标签上的数据为准，许用拉力取其破断拉力的1/2。常用盘条的破断拉力和许用拉力如表2-8所示。

表 2-8 常用盘条的破断拉力和许用应力

直径（mm）	5.5	6.0	6.5
破断拉力（KN）	7.96	9.47	11.12
许用拉力（KN）	3.98	4.73	5.56

使用方法：

(1) 使用盘条拉牵加固的方式主要有：八字形、倒八字形、交叉、又字形或反又字形等。各种拉牵方式可单独使用，也可两种或两种以上组合使用。拉牵应尽可能对称。

(2) 拉牵加固时，将单股或双股盘条在货物和车辆的两拴结点间往返缠绕，并应拽紧盘条使各股松紧度尽量一致，剩余部分穿插缠绕于自身绳杆后，使用绞棍绞紧，余尾朝向车内。

(3) 应合理选择货物上的拉牵位置。用于防止货物水平移动时，拉牵位置应尽量低些；用于防止货物倾覆时，拉牵位置可适当高些。

(4) 盘条还可用于整体捆绑。

3. 钢丝绳和钢丝绳夹

钢丝绳可用于拉牵加固，还可作腰箍下压式加固和整体捆绑。加固货物用的钢丝绳应选用柔性较好的起重、提升和牵引用钢丝绳。推荐公称抗拉强度 1670MPa（N/mm²）的 $6\times19_{(b)}$（1+6+12）型钢丝绳，其规格及破断拉力如表 2-9 所示。

表 2-9 公称抗拉强度 1670N/mm² 规格 $6\times19_{(b)}$ 钢丝绳的最小破断拉力和许用拉力

钢丝绳直径（mm）	6	7	7.7	8	9	9.3	10	11	12	12.5	13
最小破断拉力（KN）	18.5	25.1	31.7	32.8	41.6	45.6	51.3	62	73.8	81.04	86.6
许用拉力（KN）	9.25	12.55	15.85	16.4	20.8	22.8	25.65	31	36.9	40.52	43.3
钢丝绳直径（mm）	14	15.5	16	17	18	18.5	20	22	24	26	28
最小破断拉力（KN）	100	126.6	131	153.27	166	182.37	205	248	295	346	402
许用拉力（KN）	50	63.3	65.5	76.63	83	91.18	102.5	124	147.5	173	201

紧固捆绑钢丝绳的装置为钢丝绳夹头，应按钢丝绳的直径选用相应公称尺寸的钢丝绳夹头。钢丝绳夹使用如图 2-16 所示。

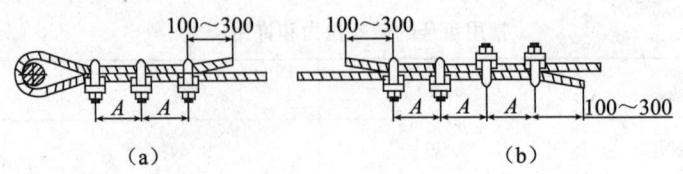

图 2-16 钢丝绳夹使用示意（单位：mm）

使用方法：

(1) 使用钢丝绳拉牵加固的方式主要有：八字形、倒八字形、交叉、又字形或反又字形等。各种拉牵方式可单独使用，也可两种和两种以上组合使用。拉牵应尽可能对称。

(2) 应合理选择货物上的拉牵位置。用于防止货物水平移动时，拉牵位置应尽量低些；用于防止货物倾覆时，拉牵位置可适当高些。

(3) 拉牵加固时，将钢丝绳穿过紧线器或绕过拴结点后，绳头折回与主绳并列，使用与之匹配的钢丝绳夹固定。

(4) 钢丝绳还可用于腰箍下压式加固和整体捆绑。

(5) 固定单股钢丝绳端头时，使用钢丝绳夹的数量不得少于 3 个，并按图 2-16（a）所示进行布置；两根钢丝绳搭接时，并列绳头应拉紧，用不少于 4 个钢丝绳夹正反扣装并紧固，如图 2-16（b）所示。钢丝绳夹间的距离 A 等于 6~7 倍钢丝直径，绳头余尾长度应控制在 100~300mm。

(6) 应先紧固离拴结点最近的钢丝绳夹。

(7) 加固时钢丝绳应松紧适度。

(8) 搭接钢丝绳时，钢丝绳的底板必须扣装在主绳一侧。

4. 固定捆绑铁索

固定捆绑铁索是配合支柱作腰线拦护货物，可以重复使用的加固材料，由 8 号镀锌铁线 4 股制作，其两端的环状铁线必须拼齐缠绕。手工制作结构示意图见图 2-17（a）；机械制作结构示意图见图 2-17（b）；各部分截面形状如图 2-17（c）所示。其规格尺寸如表 2-10 所示。破断拉力不得小于 12KN。

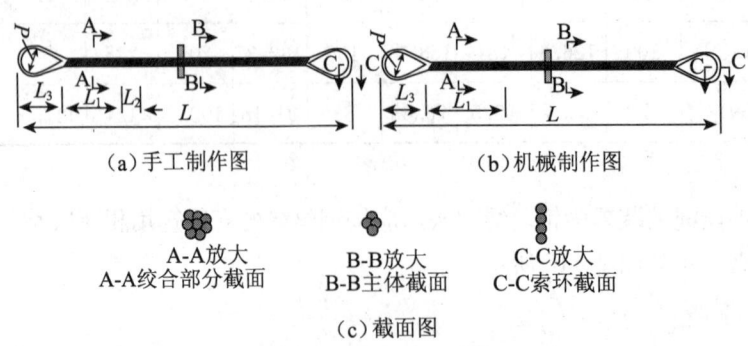

图 2-17 固定捆绑铁索结构

表 2-10　　固定捆绑铁索规格尺寸

项　目	尺寸及公差（mm）
索环直径 d	20±5
铁索长度 L	2450～2600
绞合部分长度 L_1	90±10（手工制作时）
	120±10（机械制作时）
缠绕部分长度 L_2	30+5
索环长度 L_3	≤60

使用方法：

(1) 加固木材使用固定捆绑铁索作腰线时，应分别用 3 股游线穿入固定捆绑铁索环内，各缠绕支柱 2 周、拧固 3 周，捆绑松紧适度，固定捆绑铁索应与木材密贴。

(2) 用一固定捆绑铁索允许使用一个游线环。

(3) 固定捆绑铁索可以反复使用。

5. 绳索

绳索应使用优质棕、麻或尼龙丝制作。绳索的破断拉力不得小于 7.84KN，加固轻浮货物其时破断拉力不得小于 2.94KN，80%破断拉力时的伸长率不大于 15%。

绳索可采用下压捆绑、交叉捆绑等形式（如图 2-18 所示）。

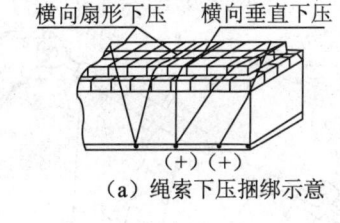
(a) 绳索下压捆绑示意

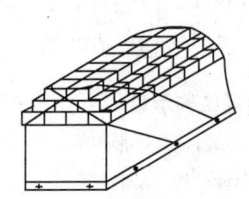
(b) 绳索单交叉捆绑示意

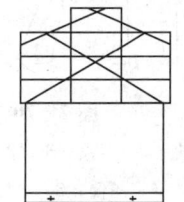
(c) 绳索双交叉捆绑示意

图 2-18　绳索捆绑示意

6. 螺旋式紧线器

螺旋式紧线器与钢丝绳配合使用时，抗拉强度应匹配。

螺旋式紧线器又称花兰螺栓，分 OO 型、OC 型、CC 型、OU 型，如图 2-19 所示。

加固货物时，应优先使用 OO 型和 OU 型。

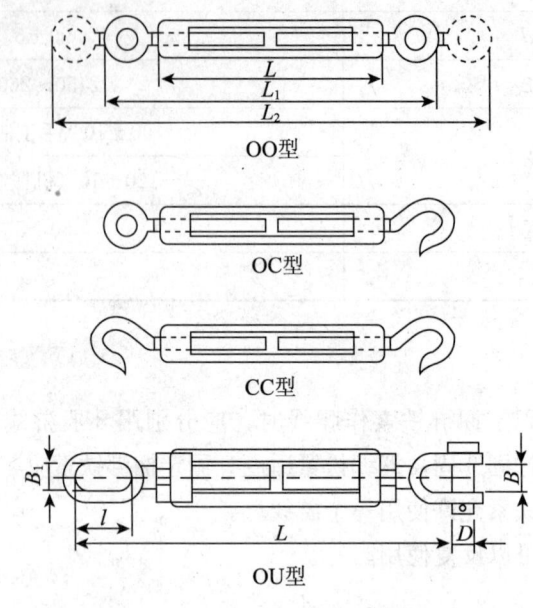

图 2-19　螺旋式紧线器结构示意

7. 84 型紧固器

84 型紧固器主要用于加固轮式货物，其结构如图 2-20 所示。

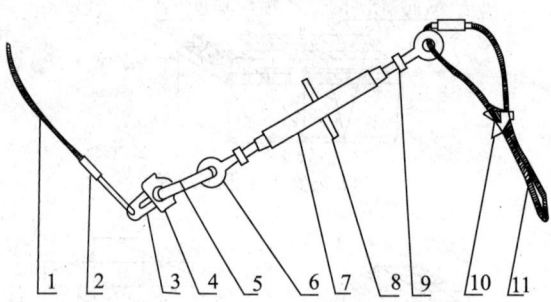

图 2-20　84 型紧固器结构示意

1,11—钢丝绳；2—卡箍；3—紧定楔；4—紧定套；5—U 形拉柄；6—调节螺杆；
7—螺筒；8—力杆；9—锁定螺母；10—耐磨衬垫

使用方法：

（1）将调节螺杆拧出螺筒至最长。

（2）钢丝绳 11 挂于车侧丁字铁上，另一钢丝绳 1 经轮轴或其他部位穿入斜楔锁紧机构 3、4、5。

（3）移动耐磨衬垫 10，使其垫入钢丝绳转弯处。

(4) 抽动穿过斜楔紧机构的钢丝绳头,使紧固器张紧。

(5) 旋转力杆 8,使紧固器松紧适宜。

(6) 将锁紧螺母 9 与螺筒 7 拧紧。

8. 腰箍

所谓腰箍是指将货物捆绑(箍)在车辆上的加固材料。

腰箍可用钢丝绳制成,也可用扁钢带制成,腰箍加固主要是通过下压捆绑增大货物与车底板或垫木间的摩擦力,以达到防止货物滚动或移动的目的。主要用于加固顺装的圆柱体货物,也可用于加固箱型货物。但木箱包装的货物、外壳较薄易于损坏的货物不宜采用腰箍进行加固。

扁钢截面尺寸、钢丝绳规格尺寸应根据腰箍强度计算结果确定。禁止使用镀锌铁线、盘条制作腰箍。禁止使用仅一端有紧固装置的扁钢腰箍。

使用方法:

(1) 腰箍两端应分别与车辆拴结点或钢座架相连,其预紧力应达到设计要求。

(2) 通过螺栓张紧腰箍时须用双螺母紧固。

(3) 腰箍可与螺旋式紧线器配合使用。

(4) 腰箍与货物接触处可加垫橡胶垫等。

(二) 衬垫材料

1. 垫木和隔木

装运货物时,为增大货物支重面的长度和宽度、降低超限等级或避免超长货物突出部分底部与游车车底板接触,必要时需使用纵、横垫木;在分层装载货物时,特别是金属制品,为防止层间货物滑动,必须使用隔木。

垫木和隔木必须使用无削弱强度的木节和无裂纹、坚实、纹理清晰、无腐烂的整块木材制作。

横垫木和隔木的长度一般不应小于货物装载宽度,但不大于车辆的宽度。垫木的宽度不得小于高度。垫木与隔木规格如表 2-11 所示。

表 2-11　　　　　　　　　垫木和隔木的常用规格尺寸

名 称	规格尺寸 (mm)			要 求
	长	宽	高 (厚)	
横垫木	2700~3000	150	140	装载超长货物时横垫木的高度根据突出车端长度计算确定
纵垫木	—	150	140	
隔木	—	100	35	长度不得小于货物的装载宽度

注:本表规定的规格,如不能适应所装货物需要,应在具体装载加固方案中明确。

2. 条形草支垫、稻草绳把、稻草垫、橡胶垫

条形草支垫、稻草绳把用于支撑货物并起防滑作用,既可置于车地板之上,也可置于货物层间,同层货物下衬垫规格应相同。稻草垫一般铺垫于货物与车地板间或货物层间用作防滑衬垫材料。橡胶垫用作衬垫、防滑材料时,一般置于货物与车地板间或货物层间;用作防磨材料时,置于拉牵加固材料与货物、车辆棱角接触处;作为缓冲材料,一般置于货物与阻挡加固材料间。

条形草支垫、稻草绳把、稻草垫均限一次使用。常用条形草支垫规格尺寸如表 2-12 所示。

表 2-12　　　　　　　　　　条形草支垫规格尺寸　　　　　　　　　　单位:mm

型号	D30	D70	D100	D120
长度	1450±10	1450±10	1450±10	1450±10
宽度	160+5	160+5	160+5	160+5
高度	30+10	70+10	100+10	120+10

注:①长度可根据实际需要确定,装车后每端露出货物边缘不小于100mm(货物装载宽度与货车内宽接近时除外);
②本表规定的规格,如不能适应所装货物需要,应在具体装载加固方案中明确。

橡胶垫在安放、使用过程中,应避免与油脂等油类物质以及其他对橡胶有害的物质接触,不得使用再生橡胶制作。

(三) 掩挡类材料

1. 支柱

一般分为木支柱、钢管支柱和竹支柱三种,常用支柱的材质和规格参如表 2-13 所示。

表 2-13　　　　　　　　　　常用支柱的材质及规格

类型	材质或树种	规格 (mm)		
		长度	大头直径	小头直径
木支柱	榆、柞、槐、楸、桦、栗、栎、榉、水曲柳等各种硬木	不大于2800	不大于85 不大于160	不小于65
	落叶松、黄菠萝		不大于105 不大于160	不小于85
	杉木、樟松		不大于180	不小于100
钢管支柱	普通碳素钢或其他钢种的无缝钢管或焊接钢管		不小于65	不小于65
竹支柱	毛竹		不小于80	不小于80

注:各种材质木支柱的直径均不含树皮的厚度。

木支柱应以坚实圆直的木材制成，不允许有腐朽、死节和虫眼（表皮虫沟除外），活节不超过 2 个。桦木作支柱必须剥皮或蹚平。钢管支柱须圆直，无裂纹，壁厚不小于 4mm，禁止使用铸钢管制作支柱。竹支柱需用节密、瓤实、圆直的竹子制成，不得有腐朽、虫眼和裂缝。安插支柱不得超限，支柱折断时必须更换。

使用方法：

(1) 敞车使用木、竹支柱时必须倒插。使用平车时，不得使用竹支柱，木支柱不得倒插。

(2) 木支柱外插时应将其大头加工成四方形，紧插在支柱槽内，并适当露出支柱槽下，露出的长度不得超过 200mm。

(3) 钢管支柱外插使用时，其插入端应焊有挡铁。钢管支柱也可用 8kg/m 以上的轻轨代用。

(4) 竹支柱仅限装运竹子及轻浮货物时使用。

(5) 使用敞车装载木材、竹子时，支柱的使用数量按《加规》有关规定办理。

2. 挡木、钢挡

挡木主要用来加固平支重面货物，防止货物移动或倾覆。挡木的宽度与高度应相等，常用规格为 400mm×100mm×100mm（长×宽×高）。钢挡的结构、尺寸可根据实际使用需要确定。

挡木应采用材质良好，文理清晰、无腐朽、无木节、无裂纹的木材制作。钢挡可用型钢或钢板制作。为防止挡木或钢挡受力后翻倒，挡木钢挡不宜过高。挡木不得拼接。

使用方法：

(1) 装载平支撑面货物时，可以在货物两端和两侧加挡木或钢挡，如图 2-21 所示。

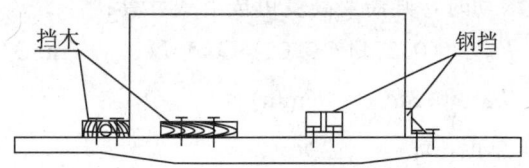

图 2-21 挡木、钢挡与车地板钉固

(2) 挡木、钢挡一般采用钉固或螺栓连接的方式固定，钢挡还可通过直接焊接的方式固定。

(3) 固定挡木或钢挡的圆钢钉应垂直钉进，圆钢钉的长度应接近于将车地板钉穿。

3. 锅炉挡铁

装载锅炉时使用锅炉挡铁。锅炉挡铁采用厚度 8mm 及以上钢板焊接而成，使用圆钉固定。

使用方法：

(1) 使用时，挡铁斜坡（面）应与锅炉翘角低部相吻合，将挡铁横向与锅炉翘角边缘贴紧，纵向挡板与锅炉翘角端部留有 20~30mm 的间隙，每块挡铁各用直径 10mm 的圆钢钉 6~8 个钉固在车地板上。

（2）锅炉翘角长度超过 120mm 时，可取消挡铁纵向挡板，锅炉挡铁使用示意如图 2-22 所示。

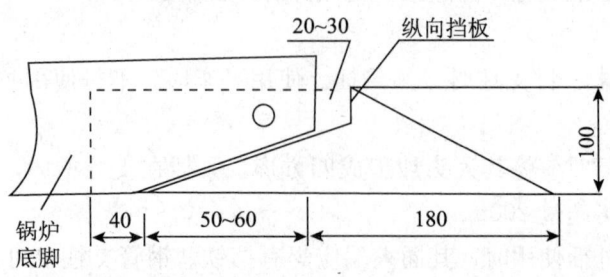

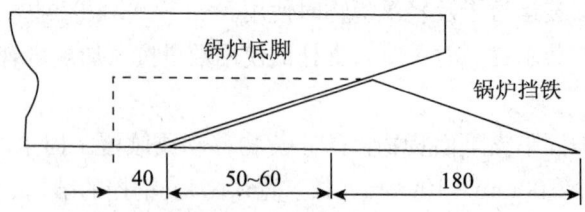

图 2-22　锅炉挡铁使用示意（单位：mm）

4. 掩挡

三角挡、掩木、方木、凹木用来加固圆柱形货物及轮式货物。其规格应根据货物的重量、直径（轮径）等确定。

单独使用掩挡防止滚动时，其需要高度可按下式计算：

纵向　　　　　　　$h_{掩} \geq (0.3744 - 0.0018Q_{总})D$　　（mm）　　　　　　（2-3）

横向　　　　　　　$h_{掩} \geq 0.8D$　　（mm）　　　　　　　　　　　　　　（2-4）

式中：$Q_{总}$——重车总重，t；

　　　D——货物的直径或轮径，mm。

它们通常和铁钉、扒锔钉配合使用，以增强货物在车底板上的稳定性。掩挡与车地板或垫木的联结强度必须足以防止其自身移动或倾覆。

三角挡的底宽不得小于高度的 1.5 倍，其高度不足 100mm 时，按 100mm 取用。使用三角挡或掩木掩挡轮式货物时，其一侧斜面应与货物贴实，底面与车地板接触处应平整。

常用方木的规格为 500mm×200mm×160mm（长×宽×高）。

凹木可用坚实的横垫木与掩木配合制作，必要时，掩木的斜面应尽可能按被掩圆柱体半径制作成弧面，并用螺栓与横垫木牢固连接，每块掩木使用的螺栓数不得少于 2 个。凹木的宽度不小于凹木底面至凹部最低点高度的 1.2 倍。

5. 铁泥塑料挡

铁泥塑料挡分为铁塑轮挡、铁塑三角挡和铁塑侧挡三种。单独使用时，铁塑轮挡和铁塑三角挡的有效高度可按公式（2-3）、（2-4）计算确定。

铁塑轮挡可掩挡轮式货物；铁塑三角挡可掩挡轮式货物及圆柱形货物；跨装汽车应在其前轮外侧或内侧50mm处钉固侧挡。

6. 围挡及挡板（壁）

围挡用于挡固敞车装载焦炭的起脊部分，有竹笆、竹板、箭竹、钢网、木板围挡等。板、方材挡板（壁）、竹篱挡壁装在敞车两端。挡板长度2850～2900mm（不小于车辆内侧宽度），高度以板、方材装载高度为限，不得超限，用硬杂木制作。木板厚度不小于25mm，木支柱直径为80～100mm。

挡板木支柱必须小头朝上，在车端部均匀分布，最外侧两根木支柱距车辆侧墙内侧的距离（从木支柱中心线算起）不大于200mm，其他三根木支柱均匀分布，每块木板与木支柱必须用2个及以上圆钢钉钉固。板、方材挡板结构如图2-23所示。

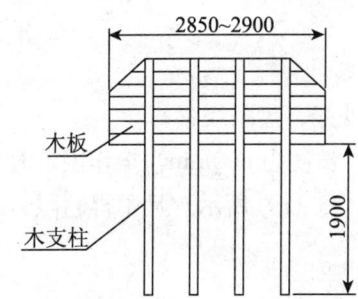

图2-23 板、方材挡板结构（单位：mm）

使用方法：

（1）板、方材挡板安插在敞车两端墙上方，木板下沿与车侧墙上沿密贴，木支柱朝外。

（2）在挡板上方的木支柱上用2股8号镀锌铁线进行拦护，铁线两端在车端起第一个支柱腰线下缠绕支柱2周后拧固3周，余尾折向车内，拦护铁线用不少于10个U形钉与挡板钉固。

（3）装车时，挡板的每根木支柱与车门钩环间各用8号镀锌铁线2股拉牵加固，车侧各拉2道。加固完毕后，将车侧8号镀锌铁线用2个以上U形钉钉固在接触的木支柱或板、方材上。

（四）其他材料

1. 绳网、焦炭网

绳网一般用于加固起脊装运的成件包装货物或袋装货物。绳网分上封式和下捆式两种，由网筋、围筋和系绳组成，如图2-24所示。采用优质棕、熟麻和丙纶等材料制成。

上封式绳网使用时，需预埋在未超出敞车端侧墙的货物下，继续装载货物至规定的层数，向上翻起绳网，拉紧系绳，将起脊货物通过绳网上的系绳捆绑成一体。下捆式绳网通常用于加固空铁桶。当空铁桶起脊装载至规定的高度后，先按要求捆绑绳索，然后苫盖下捆式绳网，拉紧系绳并将其捆绑拴结在敞车下门挂钩或丁字铁上。

焦炭网为运输防坠落的下捆式苫盖网。一般采用尼龙等聚合料绳编制制成。敞车起脊装载焦炭后，可用焦炭网苫盖并将其系绳拴结在敞车下门挂钩或车侧丁字铁上，不得拴结在制动杆或提钩杆上。

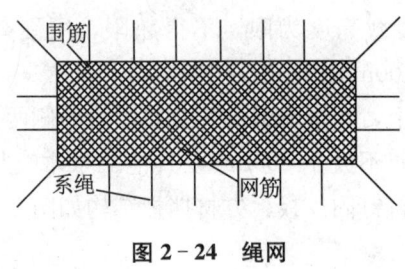

图 2-24 绳网

2. 绞棍

绞棍用于将缠绕后的镀锌铁线、盘条绞紧。

绞棍的直径一般为 50mm，长度为 600mm，操作困难时，可根据具体情况确定。绞棍留用时必须予以固定（如图 2-25（a）所示）且不得超限；绞棍不留用时可以采取防松措施（如图 2-25（b）所示）。

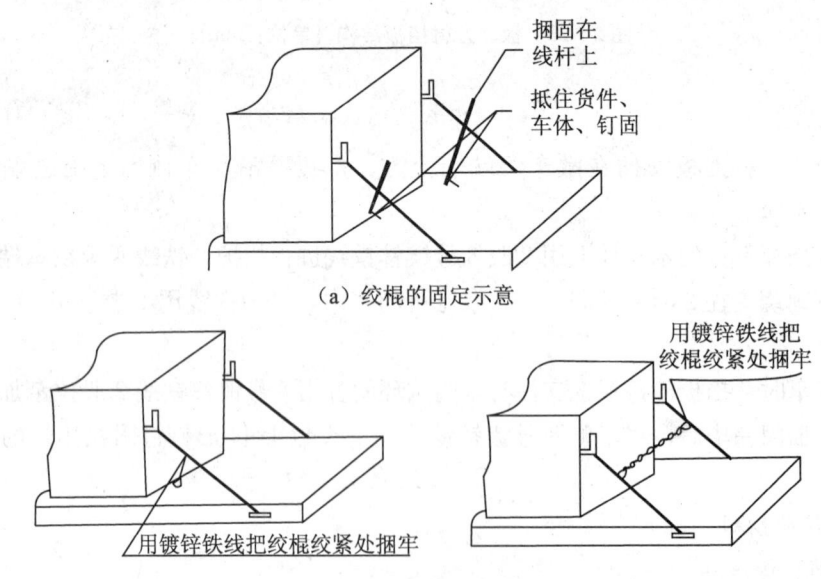

图 2-25 绞棍使用示意

3. 圆钢钉、扒锔钉

圆钢钉、扒锔钉用于钉固挡木、三角挡、垫木、轮挡等加固材料。主要利用它与车底板之间的剪切应力和与木材之间的握裹力来加固货物的,钉子的规格及数量应根据货物所受到外力的大小而确定。

常用圆钢钉的规格尺寸如表 2-14 所示。扒锔钉常用圆钢或螺纹钢制作,如图 2-26。常用扒锔钉规格为 200mm×10mm×(50～60)mm(长×直径×钉脚长度)。

表 2-14　　　　　　　　常用圆钢钉的规格尺寸　　　　　　　　单位：mm

直径	5	5.5	6	6.5
长度	100～130	120～175	150～200	160～220

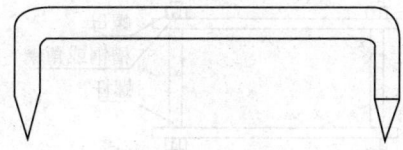

图 2-26　扒锔钉

4. U 形钉、U 形夹、钢板夹

U 形钉通常骑跨在整体捆绑线(封顶线、腰线、拦护线等)上,并钉固在木材或木质加固材料上,限一次性使用。常用规格尺寸：d×L 为 (2.5～4.0)mm×(30～60)mm,钉肩宽 B 为 15～35mm,钉尖角不大于 30°。具体结构尺寸也可根据实际需要确定,U 形钉的结构如图 2-27 所示。

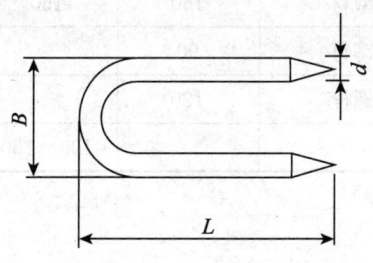

图 2-27　U 形钉结构示意

U 形夹结构如图 2-28 所示,将 U 形夹开口端从货物端部插入至圆环(孔)位置,加固线穿过圆环(孔)紧固。

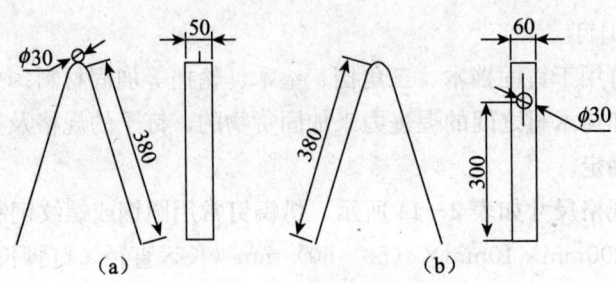

图2-28　U形夹结构示意

钢板夹主要用于钢板的整体加固。钢板夹结构如图2-29。规格根据钢板的具体尺寸确定。

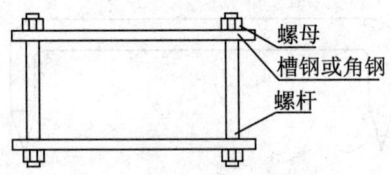

图2-29　钢板夹结构示意

常用钢制加固材料许用应力如表2-15所示。

表2-15　　　　　　　　　　钢制加固材料的许用应力

加固材料种类		许用应力数值（MPa）			
		拉应力	压应力	剪切应力	弯曲应力
低碳钢制品	各种型材	160	160	100	160
	各种铆钉	90		100	
	各种螺栓	120		80	
铸铁制品		100~160			

知识点五　原木的装载加固

一、铁路装载原木的要求

装载原木（包括坑木、小径木）时，应对每垛起脊部分做整体捆绑，整体捆绑线使用直径不小于7mm的钢丝绳或破断拉力不小于21KN的专用捆绑加固器材；腰线使用专用捆绑加固器材时，整体捆绑线可使用直径6.5mm盘条2股。每道整体捆绑线的铺设位置距车辆端、侧墙顶面向下不小于 100mm。材长大于 4m 的，每垛整体捆绑 5 道，4m 及以下的每垛整体捆绑 3 道。整体捆绑线的余尾部分折向车内，并用 U 形钉钉固。车辆两端安装挡板时，应使用 8 号镀锌铁线对挡板进行拦护；不使用挡板时，靠车辆两端的起脊部分的顶层，应使用 8 号镀锌铁线 2 股对原木端部向支柱方向兜头拦护，镀锌铁线与每根原木端部接触处用 U 形钉钉固。

敞车装载板、方材时，货物高度超出车辆端侧墙的，应在车辆两端安装挡板（围装除外），并使用 8 号镀锌铁线对挡板进行拦护。

每对支柱捆绑腰线的道数，视敞车侧墙高度而定，高度小于 1600mm 的不少于 3 道，1600～1900mm 的为 2 道，大于 1900mm 的为 1 道。腰线间距适当，不得卡侧墙，捆绑松紧适度，应使上层木材与下层木材密贴。每对支柱使用封顶线 1 道。

使用 8 号镀锌铁线（直径 4mm）做腰线及封顶线时，腰线捆绑 3 周（装载杉木时捆绑 2 周），封顶线捆绑 2 周。

二、原木装载加固定型方案

【例 2-9】同长度原木装载：编号 040103，4000～6000mm 原木的装载加固定型方案。

(1) 货物规格：4000～6000mm 原木。

(2) 准用货车：60t、61t 通用敞车。

(3) 加固材料：8 号镀锌铁线，公称直径为 6.5mm 的盘条，直径不小于 7mm 的钢丝绳，固定捆绑铁索，U 形钉，木支柱。

(4) 装载方法（如图 2-30 所示）：

①4000mm 材每车装 3 垛，每垛使用 3 对支柱，5000mm、6000mm 材每车装 2 垛，每垛使用 4 对支柱。

②装车时应做到大小头颠倒，紧密排摆，紧靠支柱，压缝挤齐，两端原木向货车中部倾斜，不得形成向外溜坡。

③紧靠支柱顶部原木不得超过支柱。

④紧靠支柱原木两端超出支柱的长度（由支柱中心线算起）不得小于 200mm。

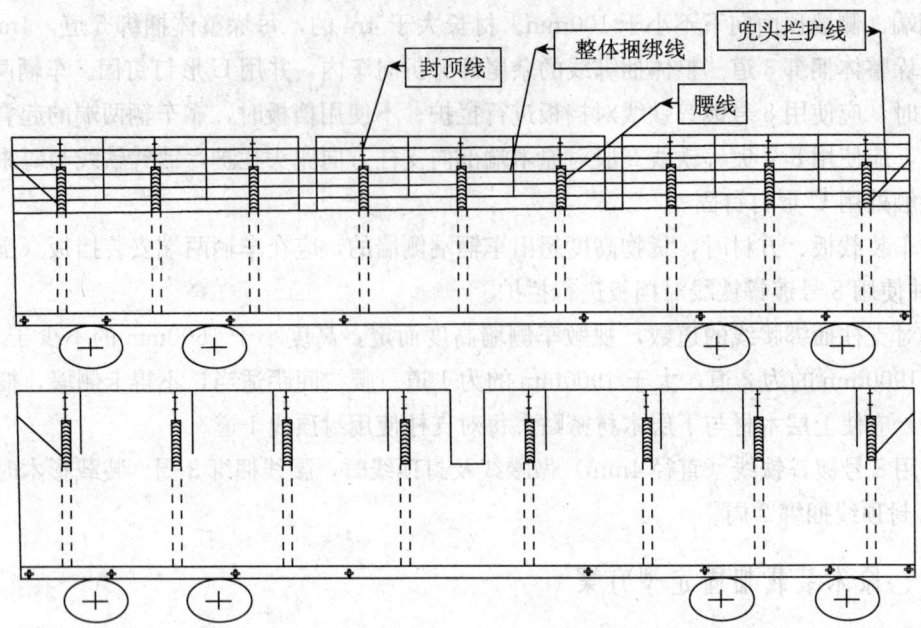

图 2-30 4000~6000mm 原木装载示意

(5) 加固方法：

①支柱必须选用坚实圆直木材，长度不得超过 2800mm，大头直径不大于 160mm，小头直径不小于 65mm。

②每对支柱捆绑 1 道腰线，松紧适度，使上层与下层木材密贴，不得卡住车辆侧墙，腰线距支柱顶端距离不小于 100mm。

③腰线均用镀锌铁线 6 股拧成 1 根，两端各 3 股交叉缠绕支柱 2 周后，拧固 3 周。使用固定捆绑铁索时，用游线 3 股穿入固定捆绑铁索环内，缠绕支柱 2 周，拧固 3 周，腰线及游线余尾折向车内。

④每对支柱上部捆绑封顶线 4 股（2 周），在腰线下部缠绕支柱 2 周后拧紧。

⑤对每垛起脊部分做整体捆绑，整体捆绑线使用直径不小于 7mm 的钢丝绳或破断拉力不小于 21KN 的专用捆绑加固器材；腰线使用专用捆绑加固器材时，整体捆绑线可使用盘条 2 股。材长 4000mm 的每垛整体捆绑 3 道，材长大于 4000mm 的每垛整体捆绑 5 道。

⑥靠车辆两端的起脊部分的顶层，应使用镀锌铁线 2 股对原木端部兜头向支柱方向拉牵捆固。

⑦封顶线、整体捆绑盘条及其余尾与顶层每根原木接触处以及拦护线与顶层每根原木端部接触处使用 2 个 U 形钉钉固（原木直径小于 100mm 时可钉 1 个 U 形钉）。

(6) 其他要求：

装运腐朽或有腐朽面及腐朽洞眼木材时，应按规定喷涂防火剂。

【例 2-10】不同长度原木叠装：编号 040105，4000mm、6000mm 原木叠装加固定型方案。

(1) 货物规格：4000mm、6000mm 原木。
(2) 准用货车：60t、61t 通用敞车。
(3) 加固材料：8号镀锌铁线，公称直径为 6.5mm 的盘条，直径不小于 7mm 的钢丝绳，固定捆绑铁索，U 形钉，木支柱。
(4) 装载方法（如图 2-31 所示）：

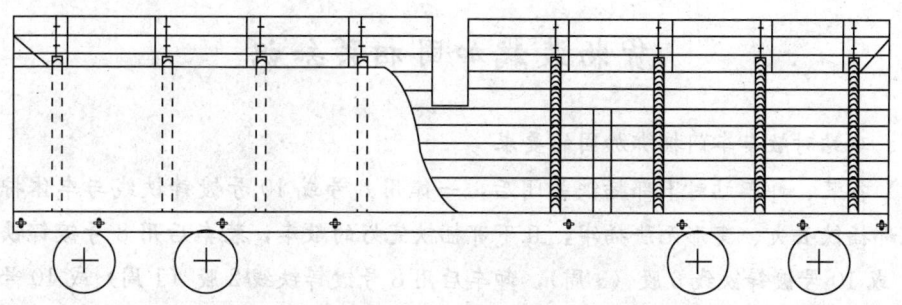

图 2-31　4000mm、6000mm 原木叠装示意

①4000mm 原木分 3 垛装在下部，3 垛装平；6000mm 原木分 2 垛装在上部压顶，每垛使用 4 对支柱。

②装车时应做到大小头颠倒，紧密排摆，紧靠支柱，压缝挤齐，两端原木向货车中部倾斜，不得形成向外溜坡。

③紧靠支柱顶部原木不得超过支柱。

④紧靠支柱原木两端超出支柱的长度（由支柱中心线算起）不得小于 200mm。

(5) 加固方法：

①支柱必须选用坚实圆直木材，长度不得超过 2800mm，大头直径不大于 160mm，小头直径不小于 65mm。

②每对支柱捆绑 1 道腰线，松紧适度，使上层与下层木材密贴，不得卡住车辆侧墙，腰线距支柱顶端距离不小于 100mm。

③腰线均用镀锌铁线 6 股拧成 1 根，两端各 3 股交叉缠绕支柱 2 周后，拧固 3 周。使用固定捆绑铁索时，用游线 3 股穿入固定捆绑铁索环内，缠绕支柱 2 周，拧固 3 周，腰线及游线余尾折向车内。

④每对支柱上部捆绑封顶线 4 股（2 周），在腰线下部缠绕支柱 2 周后拧紧。

⑤对每垛起脊部分做整体捆绑，整体捆绑线使用直径不小于 7mm 的钢丝绳或破断拉力不小于 21KN 的专用捆绑加固器材；腰线使用专用捆绑加固器材时，整体捆绑线可使用盘条 2 股。每垛整体捆绑 5 道。

⑥靠车辆两端的起脊部分的顶层，应使用镀锌铁线 2 股对原木端部兜头向支柱方向拉牵捆固。

⑦封顶线、整体捆绑盘条及其余尾与顶层每根原木接触处以及拦护线与顶层每根原木

端部接触处使用2个U形钉钉固（原木直径小于100mm时可钉1个U形钉）。

(6) 其他要求：

装运腐朽或有腐朽面及腐朽洞眼木材时，应按规定喷涂防火剂。

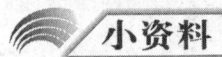

货物装载加固相关知识

一、车站对敞车车门捆绑加固的要求

(1) 各装、卸车站对下部插铁关闭后，一律用8号或10号镀锌铁线与车体拧固。对中门上部插铁丢失、变形无法插牢，且下部插铁完好的敞车，装车后用8号镀锌铁线4股（2周）或10号镀锌铁线6股（3周），卸车后用8号镀锌铁线2股（1周）或10号镀锌铁线4股（2周），分别将中门上部与车体拧固。

(2) 各货检站发现中门下部插铁完好，且上部插铁丢失、变形无法插牢时，只对中门下部插铁用8号或10号镀锌铁线与车体拧固。

(3) 各站对两侧的小门搭扣，除规定装车后必须进行加固的外（如：装运废钢铁、生铁等货物），对扣铁变形不能完全落槽，必须用8号或10号镀锌铁线拧固。

(4) 对C_{70}中门捆绑加固时，应用8号或10号镀锌铁线两股从右侧中门锁挡座后部孔内穿过后，将开闭横杆捆绑拧固，并剪除余尾。

二、木材装载要达到的四个标准化

木材装载要达到的四个标准化是：加固材料标准化、装载排摆标准化、捆绑加固标准化、防火喷涂标准化。

三、货物装载加固有关名词术语的含义

(1) 车辆纵向：指平行于车辆纵中心线方向。

(2) 车辆横向：指平行于车辆横中心线方向。

(3) 车辆中部：指车辆横中心线两侧对称的车地板范围。

(4) 枕梁上方：指车辆枕梁中心线两侧对称的车地板范围。

(5) 顺装：货物长边沿车辆纵向，高垂直于车地板装载。

(6) 横装：货物长边沿车辆横向，高垂直于车地板装载。

(7) 立装：货物的长边垂直于车地板的装载；对于圆柱形货物，则以其两端的圆面平行于车地板为立装。

(8) 侧立装：货物宽垂直于车地板装载。

(9) 股：使用铁线、盘条加固货物的计数单位，以在两拴结点间单独出现一次为一股。

(10) 根：使用绳索、钢丝绳加固货物的计数单位，以在两拴结点间单独出现一次为一根。

(11) 周：使用铁线、盘条、钢丝绳、绳索捆扎或加固货物时，单股（根）缠绕货物一圈，或在两拴结点间绕拴结点往返一次为一周。周与股（根）的关系是2∶1。

(12) 道：对同一加固对象进行捆扎或下压加固处数的计数单位。对于从货件上同一拴结点拉牵捆绑在车辆上的处数可用道计数。一道可由数股（或数根、数周）组成。

(13) 垛：货件在车内几处有序重叠装载所形成的单元。

(14) 八字形捆绑：用铁线、盘条、钢丝绳或绳索从货件的拴结点上向其两侧拉牵，并拴结在车辆两拴结点上的捆绑。

(15) 倒八字形捆绑：从货件的拴结点上向其内侧拉牵，并拴结在车辆的同一拴结点或两个相近拴结点上的捆绑。

(16) 小八字形捆绑：货件上的拴结点是同一点或相距很近的两个拴结点。

(17) 大八字形捆绑：货件上的拴结点是相距较远的两个拴结点。

(18) 又字形捆绑：绕货件一周后，其两端交叉向前继续拉牵，并拴结在车辆两个拴结点上的捆绑。

(19) 反又字形捆绑：绕货件一周后，其两端头顺缠绕方向拉牵，并拴结在车辆两个拴结点上的捆绑。

(20) 下压捆绑：从车辆一侧或一端的拴结点起，压过货件后，拴结在车辆另一侧或另一端拴结点上的捆绑。

学习任务三　电缆运输组织

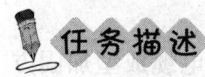

本次任务需要学生依据案例背景，正确核算货物运输费用，填写货票，并根据案例所列电缆特点，参照《定型方案》选择合适的电缆装载加固定型方案，完成货物监装卸工作。具体任务要求见任务单所示。

任 务 单

请利用本学习单元所学知识，按案例条件与任务要求处理以下案例。

【案例情况】武汉××物资有限责任公司4月2日在汉阳站托运通信电缆6件，每件重10t（计划号04N00287152），使用标重61t的C_{64K}4900482车装运，专用线装车，当日由托运人负责装车完毕，保价金额：100000元，货票号码：R018753，挂入4804次列车发往贵阳东站，收货单位：贵州××电力线路器材有限公司。（其他未尽事宜自行假设）

【任务要求】请按上述案例情况正确核算货物运输费用，填制货票，并根据货物特点，参照《定型方案》选择合适的货物装载加固方案，并在学生工作页任务实施阶段按步骤简要记录货物装载加固各环节的工作重点，分工合作完成货物监装卸工作。在完成这一任务时，请特别注意以下问题：

(1) 整车货物运输费用包括哪几部分，分别如何计算
(2) 货票如何正确填制
(3) 电缆的特点，运输电缆主要需要使用哪些加固材料
(4)《加规》《定型方案》相关条文的理解与应用

注意：每位学生最后都必须上交一份填写完整的"学生工作页"以供考核。

请学生按要求认真领会题意，做好充足准备，课堂训练将采用分组讨论、独立作业、角色扮演的方法实施教学，要求每位学生独立完成货物运输费用核算、票据填写工作；分角色合作完成货物监装卸工作，并按时提交书面记录。

知识点六　电缆的装载加固

一、铁路装载电缆的要求

电缆可使用敞、平车装载。卧装时，可使用钢、木座架，并采取加固措施。使用敞车立装时，每个轮盘下部垫横垫木（条形草支垫）或稻草垫。

二、电缆装载加固定型方案

【例2-11】通信电缆装载：编号060301，外径1800～2200mm通信电缆成型加固方案（如图2-32所示）。

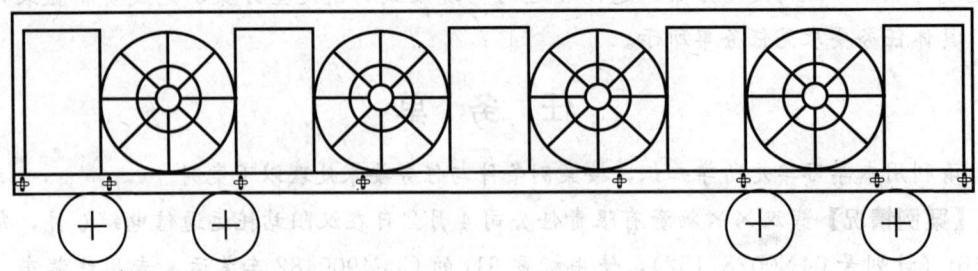

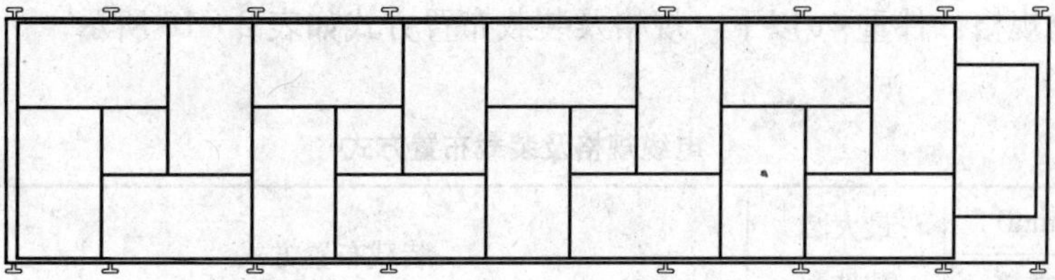

图 2-32 通信电缆装载加固定型

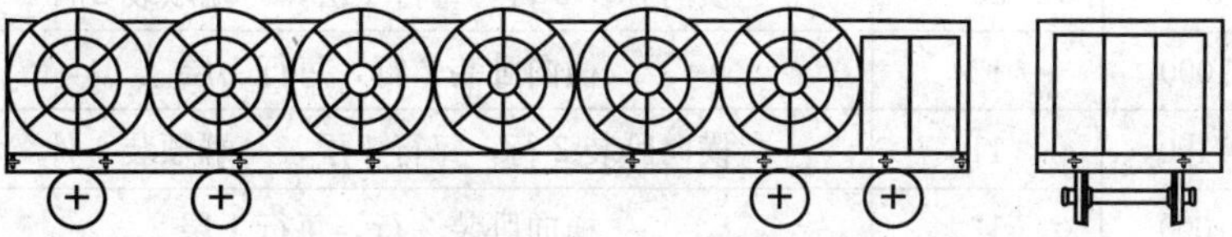

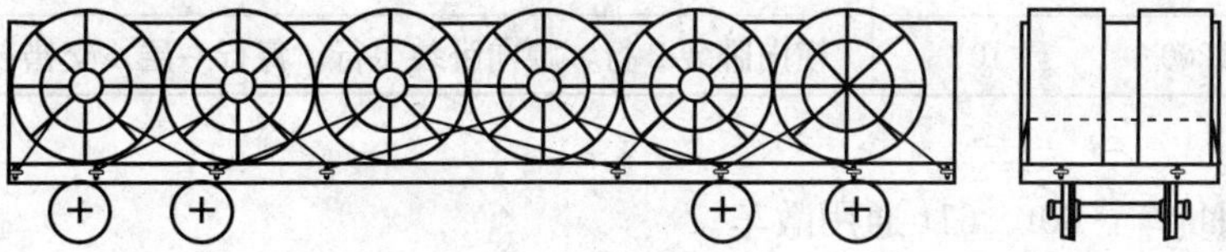

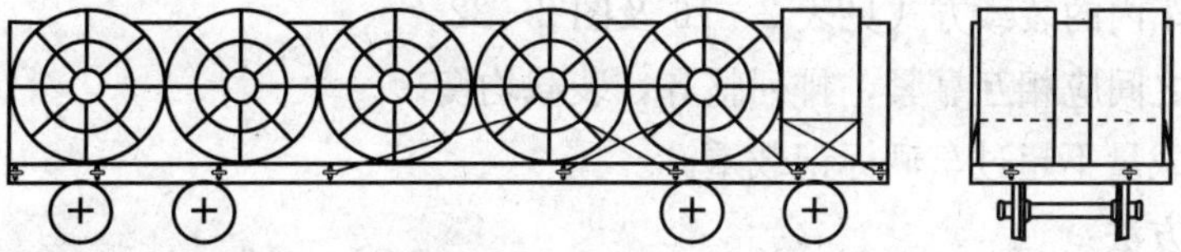

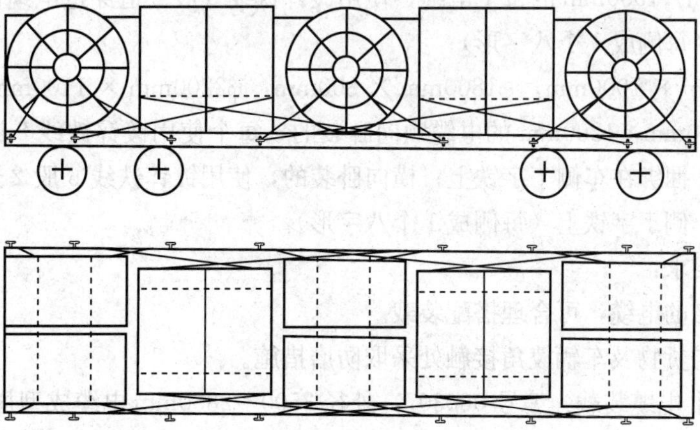

(1) 货物规格：件重4t以下，规格及装载布置方式如表2-16所示。

表2-16　　　　　　　　　电缆规格及装载布置方式

规格尺寸（mm）		最大装载件数	装载布置方式	图号
外径φ	高度			
1800	1000	17	横、顺向交错卧装1层	(a)
1800	800	20	横向卧装3行，每行1层，一端顺装2件	(b)
2000	1000	12	横向卧装2行，每行1层	(c)
2200	1100	11	横向卧装2行，每行1层，一端顺装1件	(d)
2200	1000	12	横向卧装2行，每行1层	(c)
2200	1200	11	横向卧装2行，每行1层，一端顺装1件	(d)
2200	1000	11	横向卧装2行，每行1层，一端顺装1件	(d)
2200	1200	10	横向卧装2行，顺向卧装1行，每行一层，交错装载	(e)

(2) 准用货车：60t、61t通用敞车。

(3) 加固材料：8号镀锌铁线，稻草垫。

(4) 装载方法：

①电缆在车内的装载方式见表2-16及图2-32。

②件与件之间应相互靠紧，排列整齐，装载均衡。

③全车装载量不超过车辆标记载重。

(5) 加固方法：

①车地板上满铺稻草垫。

②φ2000mm×1000mm的每个电缆，使用镀锌铁线6股2道穿过电缆筒体拉牵捆绑在车侧丁字铁上（每侧成1个八字形）。

③φ1800mm×1000mm，φ1800mm×800mm，φ2200mm×1100mm，φ2200mm×1000mm，φ2200mm×1200mm的电缆顺向卧装的，每个使用镀锌铁线8股在靠车辆的两侧又字形拉牵，捆绑在车侧丁字铁上；横向卧装的，使用镀锌铁线6股2道穿过电缆筒体后拉牵捆绑在车侧丁字铁上（每侧成1个八字形）。

(6) 其他要求：

①不同规格的电缆，可合理搭配装载。

②加固线与货物及车辆棱角接触处采取防磨措施。

【例2-12】电缆装载：编号060307，外径2500～2850mm电缆成型加固方案。

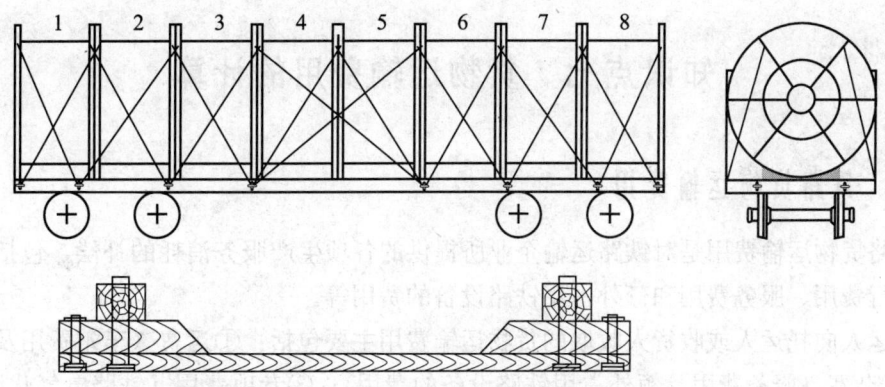

图 2-33 电缆装载加固定型

(1) 货物规格：φ2500mm～2850mm，高 1460～1780mm，件重小于 14 t。
(2) 准用货车：60t、61t 通用敞车（C_{62}、C_{62M}、C_{65} 除外）。
(3) 加固装置：木座架。
(4) 加固材料：8 号镀锌铁线。
(5) 装载方法：
①顺向卧装，全车装载件数按表 2-17 及图 2-33 执行。

表 2-17　　　　　　　　　顺向卧装布置方式

件重（t）	每车装载件数（件）	装载布置方式
11～14	5～4	按 1，2，中，7，8 位或 1，2，7，8 位装
9～11	6～5	按 1，2，3，6，7，8 位或 1，2，中，6，7 位装
7～9	7～6	按 1，2，3，中，6，7，8 位或 1，2，3，6，7，8 位装
7 以下	8	按 1，2，3，4，5，6，7，8 位装

②从车辆两端墙起向车辆中部装载，两端成组的相互靠紧，中部的单件装载对称，重量不超过 13t。

(6) 加固方法：
①用镀锌铁线 4 股，通过电缆轴心孔将相邻电缆捆为一体。
②车辆两端成组的电缆，分别用镀锌铁丝 10 股八字形或倒八字形拉牵，捆绑在车侧丁字铁上。
③车辆中部单件电缆的两侧各用镀锌铁丝 8 股又字形拉牵，捆绑在车侧丁字铁上。

(7) 其他要求：
①规格不同的电缆，可搭配装载。
②加固线与货物及车辆棱角接触处采取防磨措施。

知识点七 货物运输费用的计算

一、铁路货物运输费用

铁路货物运输费用是对铁路运输企业所提供的各项生产服务消耗的补偿，包括车站费用、运行费用、服务费用和额外占用铁路设备的费用等。

承运人向托运人或收货人收取的货物运输费用主要包括：①运费（车站费用及运行费用）；②杂费（服务费用及额外占用铁路设备的费用）；③专项费用（铁路电气化附近费、新路新价均摊运费及铁路建设基金）；④代收费用（印花税）。

二、计算运费的程序及基本条件

（一）运费计算程序

运费包括车站费用及运行费用。将图 2-34 中所示参数代入运费计算公式中，即可确定货物发、到站间的运费：

$$运费 = （基价1 + 基价2 \times 运价里程） \times 计费重量（集装箱为箱数）$$
$$= 运价率 \times 计费重量（集装箱为箱数）$$

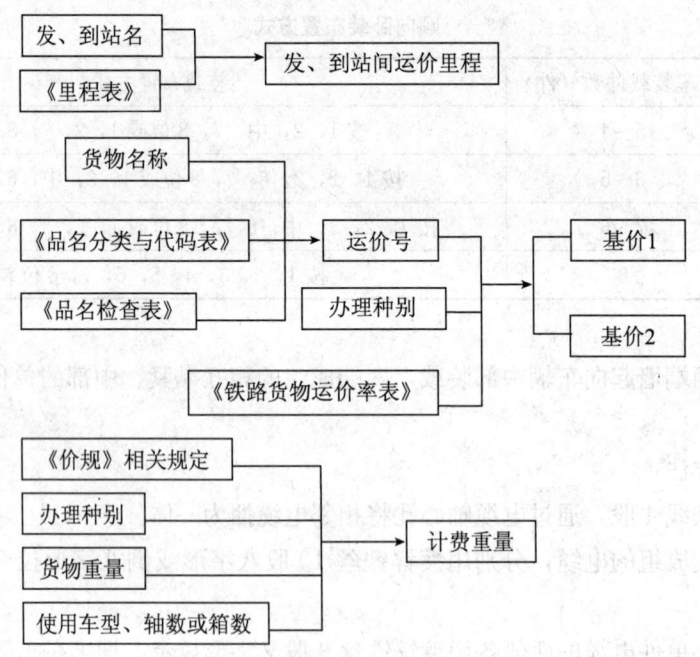

图 2-34 运费计算程序

(二) 运费基本条件

1. 运价里程的确定

(1) 查《货物运价里程表》(以下简称《里程表》),一般按发站至到站最短径路确定,绕路时按实际经由里程确定(因货物性质,如鲜活、超限;自然灾害或非铁路责任托运人要求时;五定班列按班列经路运输时)。承运后绕路仍按原运单记载经路的里程计算。实行统一运价的营业铁路与特价营业铁路直通运输时,运价里程分别计算。

(2) 运价里程不包括专用线、货物支线的里程;通过轮渡应将规定的轮渡里程加入运价里程内;水陆联运应将换装站至交接点里程加入运价里程内;国际联运应将国境站至国境线里程加入运价里程内。

(3) 查找车站及里程的方法如图 2-35 所示。

发站→到站在同一线内,里程相减;发站→到站不在同一线上,首先确定发到站间的最短径路,在此径路上再以发站至接算站和到站至接算站的里程相加得出运价里程,若不能确定最短径路,则分别按几条径路,以发站至接算站和到站至接算站的里程相加,比较得出最短里程,即为所求运价里程。

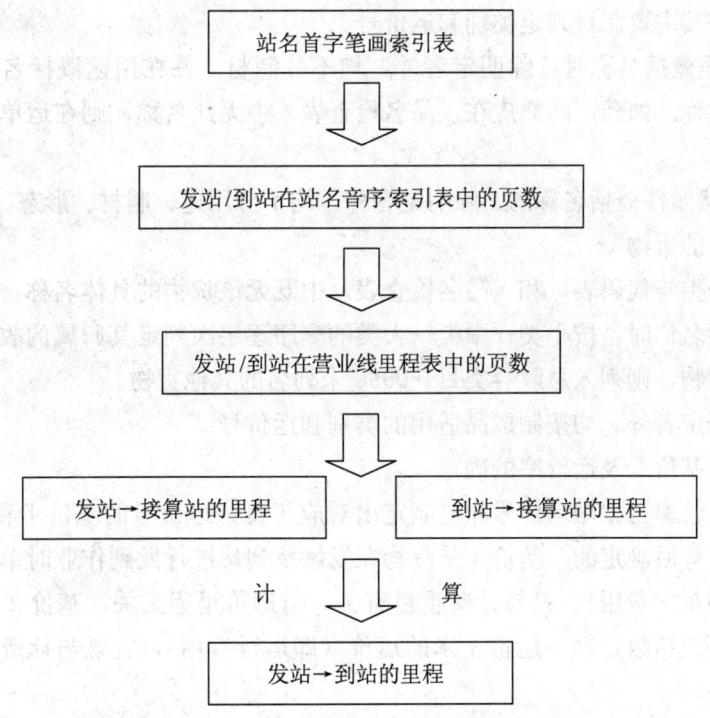

图 2-35 使用《里程表》查找车站及里程的方法

2. 运价号的确定

我国现行铁路货物运价实行分号运价制。整车货物运价分为 7 个 (1~7 号),再加上机械冷藏车运价,相当于共有 8 个运价号;零担货物运价分为 2 个 (21、22 号);集装箱按箱型不同进行区分（1吨箱、20英尺箱、40英尺箱），相当于3个运价号。

按照货物运单上填写的货物品名，查找《品名分类与代码表》和《品名检查表》，确定该批货物适用的运价号。

(1) 列名的货物

所谓列名的货物，即在《品名分类与代码表》和《品名检查表》中列载了货物具体名称或概括名称的货物。

①先查《品名检查表》。从"品名首字汉语拼音索引表"或"品名首字笔画索引表"中，查出该品名在"货物运输品名检查表"中的页数，再据其查出该品名的拼音码、代码和运价号。

②《品名分类与代码表》和《品名检查表》中有具体名称时，按具体名称判定类别和运价号，不属该具体名称的不能比照。但由于货物的别名、俗名、地方名称等不同，而实际属于该具体名称的，仍应按该具体名称适用的类别和运价号。

③《品名分类与代码表》和《品名检查表》中无该具体名称时，则按概括名称判定类别和运价号，并须遵守以下规定：

A. 适用制材或加工工艺概括名称的，除明定者外，均不分用途。当货物具有两种以上制材时，则按其主要制材判定类别和运价号。

B. 适用用途概括名称时，除明定者外，均不分制材。并在用途概括名称后加括号注明该货物具体名称。如药用的桑皮在《品名检查表》中无此名称，则在运单上写成中药材（桑皮）。

C. 适用自然属性概括名称的，除明定者外，均不分用途、制材、形态、品种。

(2) 未列名的货物

在《品名分类与代码表》和《品名检查表》中既无该货物的具体名称，又无概括名称或难以判定概括名称时，按小类→中类→大类的顺序逐层次判定其归属的收容类目。各类均不能归属的货物，则列入总收容类目→9990未列名的其他货物。

半成品除明定者外，均按制成品适用的类别和运价号。

3. 基价1、基价2及运价率的确定

铁路货物运价率是根据运价号相应制定出对应于每一运价号的基价1和基价2，并与运价里程经过运算后确定的。基价1是货物在发站及到站进行发到作业时单位重量（或箱数）的运价（即车站费用），只与计费重量有关，与运价里程无关。基价2是指货物在途期间单位重量（或箱数）每一运价千米的运价（即运行费用），它既与计费重量有关，又与运价里程有关。

将查定的货物适用的运价号结合办理种别（整车、零担、集装箱），在《价规》附件二"铁路货物运价率表"中查定该批货物适用的基价1和基价2。再与运价里程一同代入下式中，可以确定该批货物的运价率。

$$运价率 = 基价1 + 基价2 \times 运价里程$$

一批或一项货物，运价率适用两种以上减成率计算运费时，只适用其中较大的一种减成率;适用两种以上加成率时,应将不同的加成率相加之和作为适用的加成率;同时适用加成率和减成率时,应以加成率和减成率相抵后的差额作为适用的加(减)成率。

例如:使用自备机车牵引按规定可减成 20%,机械冷藏车途中不需要制冷也可以减成 20%,但如果使用自备机车牵引铁路机械冷藏车装运货物,途中不需要制冷,则其运价率应在原适用运价率基础上乘以 (1−20%),而并非乘以 (1−20%−20%)。使用罐式集装箱装运一级毒害品,其运价率应在原适用运价率基础上乘以 (1+30%+100%)。使用自备货车装运一级毒害品,其运价率应在原适用运价率基础上乘以 (1−20%+100%)。

4. 计费重量的确定

计费重量是根据货物重量、轴数、箱数确定的,货物种类不同,其单位也不同,如表 2−18 所示:

表 2−18　　　　　　　　　　　货物计费重量单位

货物种类	整车运输	冷藏车运输	零担运输	集装箱运输
计费重量单位	吨(吨以下四舍五入)、轴	吨	10kg(不足 10kg 进整为 10kg)	箱

5. 尾数处理

运费的尾数不足一角时按四舍五入处理。

三、一般整车货物运费

(一) 计费重量

整车货物的计费重量,一般情况下,按货车标记载重量(简称标重)计费。货物重量超过标重时,按货物重量计费。计费重量以吨为单位,吨以下四舍五入。特殊情况下按表 2−19 中规定的计费重量计费。

表 2−19　　　　　　　　　　　整车货物的计费重量

	项　　目	计费重量(t)
1	使用矿石车、平车、砂石车,经铁路局批准装运 01(煤)、0310(焦炭)、04(金属矿石)、06(非金属矿石)、081(土、砂、石、石灰)、14(盐)类货物	40
2	使用标重不足 30t 的家畜车	30
3	使用标重低于 50t,车辆换长小于 1.5t 的自备罐车	50
4	QD_3(凹底平车)	70

续 表

	项　目	计费重量（t）
5	GY_{95S}、GY_{95}、GH_{40}、GY_{40}、$GH_{95/22}$、$GY_{95/22}$（石油液化气罐车）	65
6	GY_{100S}、GY_{100}、GY_{100-I}、GY_{100-II}（石油液化气罐车）	70
7	米、准轨间换装运输	发站的原计费重量
8	使用车辆换长超过1.5的货车（D型长大货物车除外），以上未明定重量的	其超过部分以每米（不足1m不计）折合5t与60t相加之和计费

表2-18所列特殊情况下的货物重量超过规定计费重量时，按货物重量四舍五入计费。

承运人提供的D型长大货物车的车辆标重大于托运人要求的货车吨位时，经中铁特货公司批准可根据实际使用车辆的标重减少计费重量，但减吨量最多不得超过60t。

（二）确定运价率基本原则

按一批办理的整车货物，运价率不同时，按其中高的运价率计费。

说明：本教材案例中的运价率均按铁运电〔2011〕53号公布的运价率查定计算（2011年4月1日执行，具体参考本学习情境后的"小资料"），《价规》附件二"铁路货物运价率表"更新频率较快，但并不影响计算方法的掌握。技能训练中也可以最新公布的运价率计算。

【例2-13】某托运人从包头东托运一台机床，重35t，使用标重为60t的N_6型平车装运至石家庄，计算其运费。

解：

1. 确定发、到站间的运价里程

查《里程表》，可知包头东至石家庄的最短径路是经大同、太原北到达石家庄，即：包头东→大同（432km），大同→太原北（347km），太原北→石家庄（251km），故发、到站间运价里程为1030km。

2. 确定该批货物适用的基价1、基价2

根据货物名称"机床"查《品名分类与代码表》及《品名检查表》，确定该批货物适用运价号为整车6号，再查《铁路货物运价率表》，确定该批货物的基价1为17.10元/t，基价2为0.0869元/t·km。

3. 确定该批货物适用的运价率

根据运价率的公式，其运价率的计算如下：

运价率＝17.10＋0.0869×1030＝106.607（元/t）

4. 确定该批货物的计费重量

货物重35t，N_6型平车标重60t，货重未超过标重，按平车标重计费，即该批货物适用的计费重量为60t。

5. 确定该批货物的运费

将以上所列该批货物适用的运价率及计费重量等参数代入运费计算公式中，可得：

运费＝运价率×计费重量

＝106.607×60＝6396.42≈6396.40（元）

【例2-14】某托运人从汉西发郑州北金属脚手架一捆，重25t，长5.3m，另有挖掘机一台，重25t，长5.5m，使用N_{60}一辆按一批托运，计算其运费。

解：

1. 确定发、到站间的运价里程

查《里程表》，确定汉西→郑州北，运价里程为527km。

2. 确定该批货物适用的基价1、基价2

根据《品名分类与代码表》及《品名检查表》查"金属脚手架"运价号为整车5号；再查"挖掘机"运价号为整车6号。因其按一批托运，故应按其中高的确定，即该批货物适用运价号为整车6号。

查《铁路货物运价率表》，确定该批货物的基价1为17.10元/t，基价2为0.0869元/t·km。

3. 确定该批货物适用的运价率

运价率＝17.10+0.0869×527＝62.8963（元/t）

4. 确定该批货物的计费重量

金属脚手架重25t，挖掘机重25t，则货物总重50t，未超过货车标重60t，即该批货物适用的计费重量为60t。

5. 确定该批货物的运费

将以上所列该批货物适用的运价率及计费重量等参数代入运费计算公式中，可得：

运费＝运价率×计费重量（集装箱为箱数）

＝62.8963×60＝3773.778≈3773.80（元）

（三）自备、租用车运价率

托运人自备或租用铁路机车车辆运输货物时，其运价率按表2-20中规定计算。

表2-20　　　　　　不同归属的机车车辆计费方法

机车车辆归属		计费办法
机车	货车	
自备、租用	自备、租用（不论重、空车）	全部列车（包括机车、守车）轴数×7号运价率
铁路	自备、租用（重车）	所装货物运价率×(1－20%)
自备、租用	铁路（重车）	
铁路	自备、租用（空车）	货车轴数×7号运价率

续 表

机车车辆归属		计费办法	
机车	货车		
自备、租用铁路的客车、餐车、行李车、邮政车、专用工作车挂运于货物列车时		空车	7号运价率×(1+100%) (换长1.5以下的专用工作车不加100%)
		装运货物	所装货物运价率×(1+100%)×货车标重
		随车人员	按押运人乘车费收费

【例2-15】南京南站发一批石灰石到古雄站，重1200t，托运人以自备6轴机车一台，自备4轴标重60t敞车20辆载货，成列运输，试计算其运费。

解：

1. 查《里程表》

南京南→古雄，运价里程为16km

2. 计费方法

因该批货物用自备货车装运、自备机车牵引，故应按整车7号运价率：0.2876元/轴km计费

3. 全部列车轴数

6+4×20=86（轴）

4. 该批货物运费

运费=0.2876×16×86=395.7376≈395.70（元）

【例2-16】吉林北站发哈尔滨一批化工原料，重50t，用一辆60t自备罐车装运，计算其运费。

解：

1. 查《里程表》

吉林北→哈尔滨，运价里程为267km

2. 查"化工原料"

运价号为整车5号，基价1为11.70元/t，基价2为0.063元/t·km

3. 计费方法

该批货物用自备货车装运，使用铁路机车牵引，故其运价率为该批货物"化工原料"适用的运价率减成20%

4. 计费重量

货重50t，货车标重60t，计费重量取标重为60t

— 136 —

5. 该批货物运费

运费＝（11.70＋0.063×267）×（1－20%）×60
　　　＝1369.008≈1369.00（元）

【例 2-17】沈阳站卸后回送辽阳石油化学纤维厂自备 4 轴空罐车 3 辆，计算其运费。

解：沈阳→辽阳，运价里程 64km；由于是自备货车空车挂运，所以应按整车 7 号运价率计费；轴数 4×3＝12（轴）。故其运费为：

运费＝0.2876×64×12＝220.8768≈220.90（元）

（四）站界内搬运、途中装卸、整车分卸货物运费

这三种形式为整车运输的特殊形式，其运费计算规定如下：

（1）站界内搬运的货物，按实际运输里程（不足 1km 的尾数进整为 1km）和该货物适用的运价率计算运费，不另收取送车费。

（2）途中装卸货物，不论托运人、收货人要求在途中装卸地点的前方或后方货运站办理托运或领取手续，途中装车按后方货运站计算运价里程；途中卸车按前方货运站计算运价里程，不另收取送车费。

（3）整车分卸的货物，按照发站至最终到站的运价里程计算全车运费和押运人乘车费；途中每分卸一次，另行核收分卸作业费 80 元（不包括卸车费）。

（五）运输变更及运输阻碍运费

托运人或收货人要求货物运输变更时，应提出领货凭证和货物运输变更要求书（如表 2-21 所示）办理运输变更。

表 2-21　　　　　　　　货物运输变更要求书

受理变更顺序号	第　号

提出变更单位名称和住址＿＿＿＿　印章＿＿＿＿　　　年　月　日

变更事项						
原票据记载事项	运单号码	发站	到站	托运人	收货人	办理种别
	车种车号	货物名称	件数	重量	承运日期	
	记事					
承运人记载事项				经办人		

发生货物运输变更、运输阻碍变更，由变更处理站在承运人记载事项栏记载有关变更事宜，根据收货人提出的"货物变更要求书"，在货物运单和货票上代为更正"到站（局）"、"收货人名称"、"收货人地址"栏填记的内容，并加盖站名戳记。如：到站"石家庄（京）"改为保定时，应改为"石家庄（京）保定（京）"，再加盖处理站戳记。

费用按表 2-22 规定清算。

由于处理变更所发生的杂费，应按实际发生分别核收。

表 2-22　　　　　　　　　货物运输变更后费用清算

项目	清算费用单位	里程核定	变更手续费		费用清算
			整车货物和20、40英尺集装箱货物	零担货物和其他集装箱货物	
发送前取消托运	发站	无里程	100元/批	10元/批	扣除变更手续费，再退还全部运费和按里程计算的杂费（当运费低于变更手续费时，免收手续费但不退运费）
发送后变更收货人	到站	按原运价里程	300元/批	20元/批	加收变更手续费
发送后变更到站（含同时变更收货人）	新到站	发站至处理站，处理站至新到站，分别计算	300元/批	20元/批	发站原收取运费与新到站重新核定变更后的运费对比，多退少补，另加收变更手续费
自然灾害发生运输阻碍变更到站（含同时变更收货人）	新到站	发站至处理站，处理站至新到站合并通算，并扣减原径路回程	免收		发站原收取运费与新到站重新核定变更后的运费对比，多退少补

【例 2-18】石家庄发长沙东一批电缆，重 58t，用 C_{64k} 型敞车 1 辆装运，发送前托运人取消托运，费用如何清算？

解：

1. 变更前，发站向托运人收取的费用

石家庄→长沙东，运价里程为 1312km；电缆运价率整车 6 号，即基价 1 为 17.10 元/t，基价 2 为 0.0869 元/t·km；C_{64k} 型敞车计费重量为 61t；故其原收取费用为：

原收运费 =（17.10＋0.0869×1312）×61＝7997.8808≈7997.90（元）

2. 变更后，发站向托运人清算的费用

整车运输发送前取消托运，按表 2-21 规定可知，应收取变更手续费 100 元，故发站应退还托运人的费用为：7997.90－100＝7897.90（元）。

【例2-19】石家庄发往汉西站毛巾一批，重50t，用60t篷车装运，货车运行至孟庙站时，托运人要求变更到徐州北站，费用如何清算？

解：清算运费的差额应为：变更后运费－原收运费＋变更手续费，得数为"正"表明应向收货人补收相应款额；得数为"负"则应退还收货人相应款额。

1. 变更前，发站向托运人收取的运费

石家庄→汉西，运价里程为933km；"毛巾"运价号整车5号，基价1为11.70元/t，基价2为0.063元/t·km；计费重量取棚车标重60t；故原收取运费为：

原收运费＝（11.70＋0.063×933）×60＝4228.74≈4228.70（元）

2. 变更后应收取的运费

发站（石家庄）→处理站（孟庙），里程545km

处理站（孟庙）→新到站（徐州北），里程139＋374＝513km（如图2-36所示）

"毛巾"基价1为11.70元/t，基价2为0.063元/t.km；计费重量60t均不变；故变更后应收取的运费为：

变更后运费＝发站至处理站运费＋处理站至新到站运费

＝（11.70＋0.063×545）×60＋（11.70＋0.063×513）×60

＝2762.1＋2641.14＝5403.24≈5403.20（元）

3. 变更手续费

按表2-22规定可知，应收取300元

4. 新到站向收货人清算的费用

差额＝变更后运费－原收运费＋变更手续费

＝5403.20－4228.70＋300＝1474.50（元）

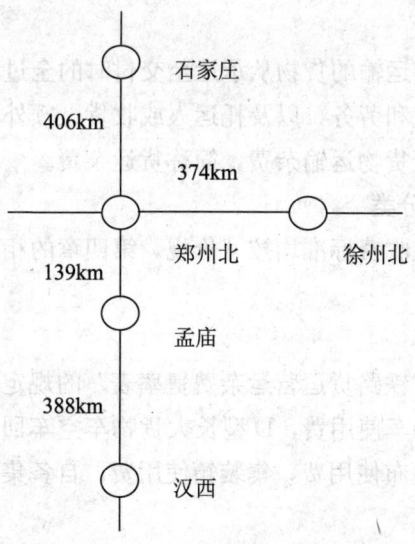

图2-36 运输变更与运输阻碍清算例题路径

因此，新到站应向收货人补收 1474.50 元。

【例 2 - 20】石家庄发往汉西站童车一批，重 50t，用 60t 棚车装运，货车运行至孟庙站，前方发生水灾，中断行车，承运人根据托运人要求变更到徐州北站，费用如何清算？

解：清算运费的差额应为：变更后运费－原收运费＋变更手续费，得数为"正"表明应向收货人补收相应款额；得数为"负"则应退还收货人相应款额。

1. 变更前，发站向托运人收取的运费

石家庄 → 汉西，运价里程为 933km；"童车"整车 5 号，基价 1 为 11.70 元/t，基价 2 为 0.063 元/t·km；计费重量取棚车标重 60t；故原收取运费为：

原收运费＝（11.70＋0.063×933）×60＝4228.74≈4228.70（元）

2. 变更后应收取的运费

因是水灾发生运输阻碍变更到站，变更后的运价里程应按发站至处理站，处理站至新到站合并通算，并扣减原径路回程。即变更后里程＝（石家庄→孟庙）＋（孟庙→徐州北）－（孟庙→郑州北）＝545＋513－139＝919km；"童车"基价 1 为 11.70 元/t，基价 2 为 0.063 元/t·km；计费重量 60t 均不变；故变更后应收取的费用为：

变更后运费＝（11.70＋0.063×919）×60＝4175.82≈4175.80（元）

3. 变更手续费

按表 2 - 21 规定可知应免收。

4. 新到站向收货人清算的费用

差额＝变更后运费－原收运费＋变更手续费
　　＝4175.80－4228.70＋0＝－52.90（元）

因此，新到站应退还收货人 52.90 元。

四、杂费的核收办法

铁路货运杂费是以铁路运输的货物从承运至交付时的全过程中，铁路运输企业向托运人、收货人提供的辅助作业和劳务，以及托运人或收货人额外占用铁路设备、使用用具和备品所发生的费用，均属于货物运输杂费，简称货运杂费。

（一）核收依据及项目分类

货运杂费的收费项目及收费标准均按《价规》第四章的相关规定办理。具体包括以下三大类费用。

1. 货运营运杂费

按实际发生的项目和"铁路货运营运杂费费率表"的规定核收。其中包括：表格材料费，冷却费，D 型长大货物车使用费，D 型长大货物车空车回送费，取送车费，机车作业费，押运人乘车费，货车篷布使用费，集装箱使用费，自备集装箱管理费，货物装卸作业费，货物保价费 12 项。

2. 延期使用运输设备、违约及委托服务费用

按实际发生的项目和"延期使用运输设备、违约及委托服务杂费费率表"的规定核

收。其中包括：过秤费，货物暂存费，专用线、专用铁路货车使用费，D型长大货物车延期使用费，货车篷布延期使用费，集装箱延期使用费，冷藏车（取消托运时）空车回送费，机械冷藏车制冷费，货物运输变更手续费，清扫除污费10项。

3. 租、占用运输设备费用

按实际发生的项目和"租、占用运输设备杂费费率表"的规定核收。其中包括：合资、地方铁路及在建线货车占用费，合资、地方铁路货车篷布占用费，自备车或租用铁路货车停放费，车辆租用费，铁路码头使用费，路产专用线租用费6项。

表2-23中所列为不同办理种别的货物主要需核收的杂费项目，可供参考。

表2-23　　　　　　　　不同办理种别的货物需核收的杂费项目

办理种别		杂费主要核收项目
整车运输	一般整车	表格材料费，取送车费，押运人乘车费，货车篷布使用费，货物装卸作业费，货物保价费，过秤费（由铁路抽查重量不符时），货物暂存费，专用线、专用铁路货车使用费，清扫除污费等
	冷藏车（特有）	冷却费，货车回送费（加冰冷藏车），冷藏车空车回送费（取消托运时），机械冷藏车制冷费
	超长、超限（特有）	D型长大货物车使用费，D型长大货物车空车回送费，D型长大货物车延期使用费
	整车分卸（特有）	分卸作业费80元/分卸一次（不包括卸车费），押运人乘车费
	自备、租用车（特有）	自备车或租用铁路货车停放费，车辆租用费
零担运输		表格材料费，货物装卸作业费，货物保价费，过秤费，货物暂存费等
集装箱运输		表格材料费，集装箱使用费（用铁路集装箱），自备集装箱管理费（用自备集装箱），货物装卸作业费，货物保价费，过秤费，货物暂存费，集装箱延期使用费，清扫除污费等

（二）杂费计算及尾数处理

杂费计算公式：杂费＝杂费费率×杂费计费单位

各项杂费均按照发生当日实行的费率核收，不满一个计算单位的均按一个计算单位计算（另定者除外），未发生的项目不准核收。

杂费的尾数不足1角时按四舍五入处理。

核收货运杂费的票据为货票、运费杂费收据和铁道部规定的专用、定额收据。

（三）货物装卸搬运费

铁路货物装卸搬运作业费收费项目分整车、零担、集装箱、杂项作业4种。各地区、各车站按其实际发生的项目和铁道部规定的费率标准（如表2-24所示）核收。

表 2-24　　　　　　　铁路整车货物装卸搬运作业费率表　　　　　　　单位：元/吨

货物名称＼项目	费率号	装卸费率	站内搬运费率 基距内	站内搬运费率 每超基距 1～30m	备注
普通成件包装（不属于下列各项货物）	1	4.3	2.60	1.30	（1）散装沙（砂）减 20% 计费。（2）煤泥、焦炭、铝矾土、片石、料石、方石、条石、石荒料、生铁锭、钢铁边角料（切头）和易碎货物加 20% 计费。（3）无包装鲜蔬菜、甜菜、马铃薯、甘蔗、冻鱼、冻肉、冻禽加 50% 计费。（4）无包装果类瓜和南瓜、冬瓜加 100% 计费
只按重量承运、不计件数的货物	1	4.3	2.60	1.30	
鲜活货物 易碎货物	1	4.3	2.60	1.30	
污秽货物 危险货物	2	5.80	3.50	1.75	（1）爆炸品、易燃液体、剧毒品、放射性物品、一级酸、碱性物品和石墨（粉）、炭黑、炭白和散装沥青、生石灰加 100% 计费。（2）浸过沥青的电杆、枕木和铸铁管、废钢铁按 4 号费率计费
竹、木材水泥制品	3	6.60	4.00	2.00	（1）钢材均按 5 号费率计费。（2）组成的汽车、摩托车、拖斗车、控制屏、船舶、金属制箱（罐）加 20% 计费。（3）货物单重量超过车站最大起重能力的，由货主与装卸单位协议定价
重件货物 每件重量 201～1000kg 的货物	4	7.60	4.60	2.30	
重件货物 每件重量 1001～5000kg 的货物	5	11.30	6.80	3.40	
重件货物 每件重量 5001kg 以上的货物	6	15.60	9.40	4.70	

注：①鲜活货物：指《铁路货物运输品名分类与代码表》第 20 类"鲜活货物"所含全部品名。②易碎货物：指铸铁锅、暖气片、玻璃、辅助玻璃仪器、灯泡、灯管（含高压汞灯）、灯具、玻璃器皿及其他玻璃制品、琉璃砖、耐火、耐酸砖、建筑陶瓷（不含马赛克）、琉璃瓦、石棉瓦、石棉水泥管、陶瓷制品、缸砂制品、用玻璃制品、陶瓷制品、缸砂制品作容器的货物和其他货物包装上带有易碎标志的货物。③危险货物：指按《铁路危险货物运输规则》之规定按危险货物运输条件运输的货物和空容器。④污秽货物：指散装或用纸袋、麻袋、塑料编织袋作运输包装的下列货物：焦炭粉、沥青焦、石油焦、各种金属矿粉、磷矿粉、石粉、立得粉、耐火土（粉）、色土、陶瓷土、玻璃纤维、石棉纤维、石棉（粉）、纯碱、土碱、泡花碱、芒硝、盐卤、氯化镁、沥青（油）、炭黑、炭白、木炭、电（阳）极糊、石灰、水泥、水泥熟料、毛、绒毛、羽绒、生毛皮、生（熟）皮张、动物的骨（粉）、渣、有机肥料、废钢铁、碎玻璃、废胶、废棉、废旧水泥袋、垃圾。⑤木材：指《铁路货物运输品名分类与代码表》中"10"类木材所含全部品名。⑥竹材：指《铁路货物运输品名分类与代码表》代码"2111"的竹材。⑦水泥制品：指水泥电杆、水泥桩、水泥坑柱支架、水泥预制构件、水泥管。⑧重件货物：指单件重量为 201 千克以上的货物。

计算装卸搬运费重量：整车货物以吨为单位，吨以下四舍五入；零担货物以 10kg 为单位，不足 10kg 进为 10kg；集装箱货物以箱为单位。

货物堆放地点与车辆的最大距离：整车、零担货物为 30m，集装箱货物为 50m。人力装卸堆放于仓库和雨棚以外的货物、整车包装成件货物的装车距离为 20m，散堆装货物除木材、毛竹、草秸类货物重复装车为 20m 外，其他货物均为 6m。

凡超过上述规定的装卸距离，其超过部分按搬运处理。

货物装卸，搬运费用，按各铁路局规定收取。

（四）货物保价费

《中华人民共和国铁路法》规定，铁路实行限额赔偿和保价运输。限额赔偿即行包、货物在运输过程中发生损失，由铁路运输企业在铁路主管部门规定的限额内进行赔偿。但托运人在托运时声明了行包、货物的实际价格，办理了保价运输，铁路运输企业则在声明的价格内，按实际损失进行赔偿。

1. 保价运输办理条件

保价运输贯彻自愿原则，办不办理由托运人自主决定。托运人办理保价运输时，须在货物运单"托运人记载事项"栏内注明"保价运输"字样，在"货物价格"栏内注明全批货物的实际价格，在交纳运输费用的同时，交纳货物保价费。

必须全批保价，不能只保一批货物中的一部分。

保价率不同的货物，作一批托运时，在货物运单上须分别填写货物品名和实际价格，保价费分别计算。保价率不同的货物合并填写时，适用于其中最高的保价费率。

必须足额投保，只有足额投保才能得到足额的赔偿。

2. 保价费率

$$\text{保价费} = \text{声明的货物实际价格} \times \text{适用的货物保价率}$$

货物保价费率如表 2-25 所示。

表 2-25　　　　　　货物保价费率表

保价率	货物品类
1‰	煤、焦炭、金属矿石（放射性矿石除外）、生铁、非金属矿石（云母、石墨、石棉、金刚石（砂）、刚玉、油石除外）、磷矿石、土、沙、石、石灰、泥土、色土、石料、水泥制品、煤矸石、灰渣、矿渣、炉渣、水渣、原木、木材（人造板材、装饰加工板除外）、锯材、板材、方材、枕木、木片、盐、金属制品、金属结构及其构件、钢、铁丝、金属紧固件、农业机具（养蜂器具及农业机械零配件除外）、农副产品（干花朵、花瓣、竹、藤、棕、草、芦苇、树条等类似材料制品、其他农副产品除外）。纸浆、课本、家具、日用杂品、衣箱、冰、水、动植物、残余物、饲料、特定集装化运输工具

续 表

保价率	货物品类
2‰	钢锭、钢坯、钢材等及其制品，铁合金、云母、石墨、石棉、金刚石（砂）、刚玉、油石、其他水泥制品、耐火、耐酸、砖管、陶管、缸管、石棉制品、油毡、人造板材、粮食、化学肥料、铸铁管、瓦楞铁、金属街头、弯头、拆解的运输工具、工业机械、农业机械零配件、竹藤、棕草等类似材料制品、其他木材加工地副产品、油料、糖料、烟草、植物种子、实用植物油、其他材料制的衣箱、家具、动物油脂、油渣
3‰	原油、放射性矿石、有色金属粉、石油套管、油管、其他有色金属、石制品、玻璃纤维及其制品、建筑陶瓷、耐火、耐酸制品、玻璃砖、瓦、棉花、化学农药、化工品（爆炸品、放射性物品、压缩气体和液化气体除外）、硫酸、盐酸、硝酸、树脂、塑料及其制品、油漆、涂料、颜料、燃料、金属制品、医疗器械、组成的各种运输工具、仪器、仪表元器件、衡器、量具、通信广播电视设备、洗衣机、其他日用电器、其他农业机具、养蜂器具、蚕、蚕子、蚕茧、干花朵、花瓣、糖料、食品、酱腌菜、调味品及其他食品、其他饮料、其他烟草制品、纺织品、皮革、毛皮及其制品、纸及纸制品、医药品、搬家货物、行李、其他陶瓷制品及日用杂品、蒸馏水、鬃、马尾、茧壳、茧蛹、蚕沙
4‰	汽油、煤油、柴油、重油、润滑油、脂、有色金属及其合金、半导体材料、水泥、仪器仪表、量具、钟表、定时器、食糖、干蔬菜、酒、卷烟、磁带、软磁带、唱片、暖水瓶、保温瓶（胆）、眼镜、陶瓷制的缸、钵、坛、瓦、盆、缸盆及缸砂制品、工艺品、展览品
6‰	爆炸品、放射性物品、压缩气体和液化气体、乐器、特定音像机器、特定调温电器、电子计算机及其外部设备、其他电子（电气）及器材、活禽、鲜冻肉及其部分产品、鲜冻水产品、其他鲜活货物（除盆景盆花外）、干果、子实、子仁、果核、肉、蛋、奶制品、水产加工品、乐器、玻璃器皿及其他玻璃制品
10‰	活动物（蜜蜂除外）、鲜瓜果、盆景、盆花
15‰	玻璃、蜜蜂

注：①保价费率分为五个基本级，两个特定级。一级为1‰、二级为2‰、三级为3‰、四级4‰、五级为6‰，特六级为10‰、特七级为15‰。

②集装箱装运的货物及本表所列品名以外的货物均按3‰计算。

③冷藏车装运的需要制冷的货物，按该货物保价费率的50%计费。

④超限货物均按该货物的保价费加收50%计费。

五、专项费用的核收办法

运输费用除运杂费外，还包括一些专项费用，主要有以下三类：铁路电气化附加费，新路新价均摊运费，铁路建设基金。

学习情境二 裸装货物运输组织

(一) 计算公式

1. 电气化附加费计算公式

电气化附加费＝费率×计费重量（箱数或轴数）×电气化里程

式中：费率——电气化附加费费率表，见《价规》附录一中附表1；

   计费重量——整车、零担货物按该批货物运费的计费单位计算，集装箱货物按箱计算，货物运单内分项填记重量的货物，按运费计费重量合并计算；

   电气化里程——按该批货物经由国铁正式营业线和实行统一运价的运营临管线电气化区段（《价规》附录一中附表2）的运价里程合并计算。

2. 新路新价均摊运费计算公式

新路新价均摊运费＝均摊运价率×计费重量（箱数或轴数）×运价里程

由于目前新路新价均摊运费费率为零，故此项费用暂不收取。

3. 铁路建设基金计算公式

建设基金＝费率×计费重量（箱数或轴数）×运价里程

式中：费率——铁路建设基金费率，见《价规》附录三中附表；

   计费重量——整车、零担货物按该批货物运费的计费单位计算，集装箱货物按箱计算，货物运单内分项填记重量的货物，按运费计费重量合并计算；

   运价里程——按国铁正式营业线和实行统一运价运营临管线的运价里程计算。

(二) 其他说明

(1) 费用由发站一次核收，尾数不足1角按四舍五入处理；

(2) 水陆联运、国际联运、军事运输均需核收；

(3) 免收运费的货物、站界内搬运的货物免收；

(4) 承运后发生运输变更时，按《价规》处理运费方法处理；

(5) 集装箱货物超过集装箱标记总重量，对其超过部分：1吨箱每10kg；10吨箱、20英尺、40英尺箱每100kg按该箱型费率的1.5%核收违约金；

(6) 承运后发现托运人匿报、错报货物品名或货物重量不符，致使铁路电气化附加费及铁路新路新价均摊运费少收时，到站应按正当费用补收；

(7) 承运后发现托运人匿报、错报货物品名或货物重量不符，致使铁路建设基金少收时，到站除按正当铁路建设基金补收差额外，另核收该差额等额的违约金；

(8) 以上专项费用在货票上均需另行填记，在收入报表内以"电化费"、"新路运费"、"基金"列报。

【例2－21】包头东站发往广安门站一批铝锭，重55t，用60t敞车装运，试计算其专项费用。

解：

1. 查《里程表》

包头东→广安门，运价里程796km；结合"铁路电气化区段表"（《价规》附录一中附表2）可知其中电气化里程有（大同→沙城）252km，（沙城→丰台）104km，合计总电气

化里程为356km。

2. 分别查各专项费用的费率表

《价规》附录一中附表1"电气化附件费费率表"和附录三中附表"铁路建设基金费率表"可知，其适用的电气化附加费费率为0.012元/t·km，铁路建设基金费率为0.033元/t·km。

3. 该批货物计费重量

敞车标重60t。

4. 该批货物的专项费用

电气化附加费＝0.012×60×356＝256.32≈256.30（元）

铁路建设基金＝0.033×60×796＝1576.08≈1576.10（元）

六、代收费用的核收办法

印花税属铁路代收费用，印花税按运费的万分之五核收。印花税以元为单位，精确至分，分以下四舍五入。印花税起码价为1角，运费不足200元的货物免收印花税。

综上所述，承运人向托运人或收货人收取的货物运输费用主要包括：A. 运费、B. 杂费、C. 专项费用、D. 代收费用。

【例2-22】某托运人在包头东站托运一台机床至石家庄站，机床重55t，为二级超限货物，使用标重为60t的N_6型平车，在专用线装车（专用线里程5.2km），托运人要求保价运输，保价金额10万元（保价费率2‰），试计算该批货物的运输费用。

解：

1. 确定发、到站间运价里程及电气化里程

包头东→石家庄，运价里程为1030km；其中电气化里程有（大同→太原北）347km，（太原北→石家庄）251km，总电气化里程为598km。

2. 确定该批货物的基价及适用的运价率加减成

整车运输"机床"，其运价号为整车6号，基价1为17.10元/t，基金2为0.0869元/t·km；由于货物二级超限，故其运价率需加成100%。

3. 确定该批货物的计费重量

货物重55t，平车标重60t，计费重量为60t。

4. 确定专项费用的费率

整车"机床"电气化附加费费率为0.012元/t·km，铁路建设基金费率为0.033元/t·km。

5. 计算该批货物的运输费用

①运费＝（17.10＋0.0869×1030）×（1＋100%）×60＝12792.84≈12792.80（元）

②杂费：表格材料费＝0.10×1＝0.10（元）

取送车费＝9.00×1×11＝99.00元（《价规》规定取送车里程应往返合计，不足1km的尾数进整为1km，故其里程为：5.2×2＝10.4，进整后为11km）

保价费＝100000×2‰＝200.00（元）

③专项费用：电气化附加费＝0.012×60×598＝430.56≈430.60（元）

铁路建设基金＝0.033×60×1030＝2039.40（元）

④代收费用：印花税＝12792.80×0.0005＝6.3964≈6.40（元）

合计：15368.30元

七、填制货票

整车货物装车后，零担货物过秤完了，集装箱货物装箱后或接收重箱后，货运员将签收的运单移交货运室填制货票，核收运杂费。

货票是铁路运输货物的凭证，是一种具有财务性质的票据。它是清算运输费用，确定货物运到期限，统计铁路所完成的工作量和计算货运工作指标的依据，因此必须正确填制。

货票一式四联。甲联为发站存查联；乙联为报告联，由发站每日按顺序订好，定期上报发局；丙联为承运凭证，交托运人凭以报销；丁联为运输凭证，随货物递交到站存查。货票各联正面内容完全相同，仅丁联背面格式有差异。

填制货票由货运室进行，可手工也可计算机制票。零担、集装箱货物是先制票后装车，整车货物是先装车后制票或平行作业。

（一）计算机制票

随着铁路运量不断增长，货运制票量也日益加大，计算项目繁多，大大增加了制票的工作量。采用计算机制票已成为货运发展的必须，也是实现货运管理现代化的重要内容。

货票系统可执行信息输入、信息修改、径路确定、运输费用计算，打印货票，存储货票信息等操作。

使用制票系统时，首先需确认制票时间、键入制票人、复核人、受理人代号，选择货票种类，进行制票。

1. 整车制票操作过程

（1）输入计划号码

输入与运单上相同的号码。

（2）输入到站

到站一般可选用电报略码输入或汉语拼音输入。

（3）输入车种车号

此时可单车输入，当一批多车时，也可多车输入。

（4）输入施封或篷布

根据车种和票种确定输入施封号和篷布号。

（5）输入发货人、托运人

根据运单内容输入托运人、收货人名称、地址、邮编、电话等内容。

（6）输入货物品名

当品名输入完后，系统会自动在"运价号、运价率"栏填记运价号、运价率。

(7) 输入件数、重量

当件数及重量输入后，系统可根据规章自动求出计费重量并显示出来。

(8) 输入保险/报价金额

当重量信息输完后，光标停留在"保价"处。如货物参加保险，需切换至保险状态，此时根据实际输入保险或保价金额。

(9) 输入记事

按屏幕提示的各项记事内容选择输入。

当输入完以上各项内容后，即可显示整张货票的信息，包括已计算出的运费经检查无误后，即可打印货票。

2. 零担及集装箱制票操作过程

零担、集装箱货票与整车货票输入内容大部分相同，不同点如下：

(1) 输入计划或运输号码

对零担货物与集装箱货物输入的是运输号码，此号码应与运单一致。

(2) 输入集装箱箱型

当输入集装箱箱型后，系统自动进行箱型正确性检查及到站办理限制检查。

(3) 输入箱号和施封号

输入的箱号及施封号顺序需保持一致。

(二) 手工制票

当计算机制票因故无法完成时，可用手工制票。

手工制票和填制货物运单类似，也应严格依据《铁路货物运输规程》附件三"货物运单和货票填制办法"填制。应根据运单记载的内容填写，字迹必须清晰、金额不准涂改，填写错误时按作废处理，其他事项如有更改，必须盖章证明。

货票"记事"栏应填写需要记明的其他事项，如：集装箱运输一口价注明"集装箱一口价"。

货票丁联"收货人盖章或签字"栏，由收货人在领取货物时，盖章或签字。

货票丁联"卸货时间"由到站按卸车完毕的日期填写；"催货通知时间"按发出到货催领通知的时间填写。

车站在货物运单和货票上加盖车站日期戳并收清费用后，即将领货凭证和货票丙联一并交给托运人。

【例2-23】武汉××物流有限公司汉阳经营部于2009年4月11日在武汉铁路局汉阳车站托运汽车一批，重9t，使用50ft双层汽车集装箱装运在NX_{70}型平车内，车号5451394，集装箱号 TBQU8011963，集装箱施封号码 F12675/12676，计划号码04N00287193，由托收人负责装卸车，发往成都铁路局贵阳西站，收货单位贵州××物流有限公司。

假设你是汉阳站货运核算员，请依据上述案例情况，准确填记货票，并在适当位置加盖相关戳记。

解：货票填写样本如表2-26所示。

表 2-26 铁 路 货 票

								50 英尺集装箱

计划号码或运输号码 04N00287193　　　　武 汉 铁 路 局　　　　禁止溜放

货物运到期限　7 日　　　　　　　　　　　　货　票

运输凭证：发站→到站存查　　　　　　　　　　　　　　L011125

发　站	汉阳站（武）	到站（局）	贵阳西站（成）	车种车号	NX₇₀ 5451394		货车标重	70	承运人/托运人装车
托运人	名称	武汉××物流有限公司汉阳经营部			施封号码	F12675　12676			承运人/托运人施封
	住址	汉阳区汉阳大道五里××货场		电话	路电 051-32602 市电 027-8483××××	铁路货车篷布号码			
收货人	名称	贵州××物流有限公司			集装箱号码		TBQU8011963		
	住址	贵州省贵阳市东站路		电话	0851-550××××	经由		运价里程	1296

货物名称	件数	包装	货物重量（千克）		计费重量	运价号	运价率	现　付	
			托运人确定	承运人确定				费别	金额
汽车	1		9000				429.80 1.6374	运费	2551.90
								电化费	528.80
								取送车费	216.00
								京九分流	85.30
								印花税	1.60
								铁建基金	1454.10
								铁路箱使用费	936.00
合　计									
记　事		50 英尺双层汽车箱　自装卸：沌口 依部令原车原箱返回汉阳站　内装 6 台						合计	5773.70

卸货时间　月　日　时　　　收货人盖章或签字　　　到站交付期戳　　　发站承运日期戳

催领通知方法：　　　　　　　　　　　　　　　　　　　　　　　　2009 年 4 月 11 日　汉阳站

催领通知时间：月　日　时

到站收费的收据号码：　　　　　　经办人盖章　　　经办人盖章　李　四

铁道货物运价率及车站货运营业办理限制符号含义

一、铁道货物运价率（见下表）

铁路货物运价率表（2011年4月1日执行）

办理类别	运价号	基价1		基价2	
		单位	标准	单位	标准
整车	1	元/吨	6.40	元/吨千米	0.0370
	2	元/吨	7.00	元/吨千米	0.0444
	3	元/吨	8.70	元/吨千米	0.0498
	4	元/吨	10.80	元/吨千米	0.0553
	5	元/吨	11.70	元/吨千米	0.0630
	6	元/吨	17.10	元/吨千米	0.0869
	7			元/轴千米	0.2876
	机械冷藏车	元/吨	12.90	元/吨千米	0.0875
零担	21	元/10千克	0.126	元/10千克千米	0.00062
	22	元/10千克	0.176	元/10千克千米	0.00090
集装箱	1吨箱	元/箱	10.80	元/箱千米	0.0426
	20英尺箱	元/箱	259.00	元/箱千米	1.2080
	40英尺箱	元/箱	438.60	元/箱千米	1.8904
整车农用化肥		元/吨	4.40	元/吨千米	0.0726

二、车站货运营业办理限制符号含义

⟨货⟩——不办理货运营业，没有专用线、专用铁路货运作业。

⟨专⟩——仅办理专用线、专用铁路货运作业，具体办理内容另查《铁路专用线专用铁路名称表》。

⟨路⟩——站内仅办理路用货物发到。

⟨牲⟩——站内不办理活牲畜到达。

湿——站内不办理怕湿货物发到。

散——站内不办理散堆装货物发到。

蜂——站内不办理蜜蜂发到。

危——站内办理危险货物运输，具体办理内容另查《铁路危险货物运输办理站（专用线、专用铁路）办理规定》。

以上符号中，货和专是对车站货运营业范围的总体描述，适用于零担、集装箱和整车。

最大起重能力栏：

叉——该站配属叉车。

×t——该站最大最大起重能力为×t。

学习情境三　包装货物运输组织

1. 包装货物特点、包装储运标志及货物安全码放的规定。
2. 货车施封与篷布苫盖。
3. 货运事故处理。

能力目标

1. 严格按照车站整车货物作业（TB/T2116.2）中的规定程序、作业内容及质量要求，正确识别各种包装储运标志，组织货物安全码放和装卸车，按规定进行货车的施封与篷布苫盖，分工种协作完成包装货物运输组织工作。
2. 能够按《事规》相关规定妥善处理货运事故，并正确填记相关记录。

学习任务引导书

学生，目前应该已经能够做到：①准确确定货物基本运送条件；②明确货运各工种岗位职责及整车货物作业流程；③按要求做好散装货物的载重量控制、裸装货物的装载加固等工作；④基本熟悉车站整车作业标准及质量要求。

本学习情境学生的任务是假设某托运人来汉阳车站货运营业厅，托运一批有计划号码的包装货物，如果学生作为汉阳车站货运工作人员，能借助《货规》《管规》等货运规章、铁路车站货运作业标准（TB/T2116.2—2005）等资料，分工协作完成包装货物的码放、装车、施封、苫盖篷布等运输组织工作。对此，学生需要理论与实践的练习，在练习过程中，学生会逐步掌握本学习情境任务要求中需要的所有技能，包括相关的背景知识。

学生仍然需要在"学生工作活页手册"的引导下多渠道、全方位的了解相关知识，并做出必要的书面记录。本次任务的实施过程还需要学生能熟练掌握 TB/T2116.2—2005 中的每一个作业程序、作业项目、作业内容及质量要求，做到脱稿完成。在完成这一任务时，请特别注意以下问题：

(1) 如何实现工种间的紧密配合，保证作业环节完整有序？

(2) 票据填写的责任人是谁，他们之间的交接工作是怎样进行的？

(3) 货物包装储运图示标志与货物堆码、装卸有着怎样的联系？我们依据什么完成货物的安全堆码、装卸车和防盗工作？

(4) 什么情况下需要进行货车施封，施封工具有哪些？如何使用不同种类的施封工具规范施封？

(5) 什么情况下需要苫盖篷布，篷布的规格与货物的关联性，苫盖篷布的技术条件是什么？

请细心地计划学习小组完成每一阶段任务所需要的时间，必要时与指导教师共同讨论小组成员的想法，时间的把握非常重要！尤其在任务实施过程中的时间意识需要足够强，小组成员间的默契配合很关键，否则很难按时完成任务。

学习任务一 袋装粮食运输组织

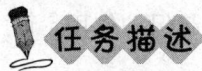

本次任务需要你依据案例背景计划袋装货物各作业环节的工作重点，分组做好货运各工种的人员分工，确保在规定时间内按整车作业流程与要求采取角色扮演的方式，完成袋装货物的运输组织工作。特别注意袋装货物的包装、堆码问题，包装货物轻重配装方案的确定，棚车施封时机、方法及责任人，严守规章，组织并监督装卸工组按方案装卸车。具体任务见任务单所示。

任 务 单

请利用本学习单元所学知识，按案例条件与任务要求处理以下案例。

【案例情况】10月18日河南省××实业有限公司（邮编：462000，联系电话：0395—670××××），在漯河车站托运袋装小麦粉（密度 $0.6t/m^3$），塑钢带包装棉花密度（$0.1 t/m^3$），批准计划号为09N00381510，使用P64型棚车（标重58吨、容积116m^3）2辆装运，安排当日搬入货场，货位号L15号，粮3线装车，次日由承运人负责装车完毕，车号分别为P643413390/3480082，货票号码08254/08255。挂入59688次货运列车发往成都东车站。10月26日到达成都东站，当日9：30由车站组织卸车，于14：10卸车完毕，通知收货人李××（邮编：610021，联系电话：138860×××××）前来领取货物。（其他未尽事宜自行假设）

【任务要求】请按上述情况制订该货物运输工作计划，重点列明轻重配装方案、施封注意事项、货物堆码注意事项。以学习小组为单位做出决策后，每组派代表从教师处领取学习道具，然后分角色模拟工作情境完成案例所示的货物运输组织全过程。任务完成后，小组成员分别在"学生工作页"上记录自己的分工，并按步骤记录自己在本次任务中承担的任务要点、困难及解决措施、实施结果和耗费的时间。

【重点注意事项】
（1）重质货物与轻质货物的轻重配装问题。
（2）棚车施封问题。
（3）袋装货物的包装、堆码问题。
（4）中华人民共和国铁路运输货物堆码标准 TB/T1937—87 内容参考网址：http://www.doc88.com/p-5490421741.html

请学生按要求认真领会题意，做好充足准备，课堂训练将采用工作情境模拟、角色扮演的方法实施教学，任务完成严格按工作过程六步法：资讯—计划—决策—实施—检查—评价步骤进行。

"包装"是指针对货物的特性选择适当的物料、采用特定的方法对货物进行覆盖、包裹、捆绑等处理，以达到在流转过程中保护货物的目的。包装对货物不仅起保护作用，而且能够减少储存、运输过程中的货损，节约仓租和节省运费。

知识点一　　整车货物轻重配装

一、相关概念

（一）轻重配装

以整车托运的重质货物和轻质货物，由铁路组织配合装载，称为整车货物轻重配装。装车时应先装重质货物然后装轻质货物。

（二）重质货物

重质货物是指未装满货车容积，但已达到货车标记载重量的货物。如：大米、生铁块等。

（三）轻质货物

轻质货物是指装满货车容积，但未达到货车标记载重量的货物。如：棉花、包装编织袋等。

轻重配装是为了充分利用货车标重和容积，节约货车吨位。

二、轻重配装的方法

【例3-1】某站有生铁块和棉花均为待运货物，如何组织能提高货车载重量利用效率？

(以标重 50t 的 P_{50} 型货车装载，其车内有效容积为 100m³；生铁块密度 7.3t/m³，棉花密度 0.1t/m³）

方法一：将重质货物生铁块装一车，将轻质货物棉花装另一车，计算两车的货物发送吨数如下：（密度 v＝重量 P/体积 V）

(1) $P_{重}=V_{有效}\times v_{重}=100\times 7.3=730$ (t) ＞标重 50t，

只能装满标重 50t，则 $P_{重}=50t$。

(2) $P_{轻}=V_{有效}\times v_{轻}=100\times 0.1=10$ (t) ＜标重 50t，

但已装满车容，则 $P_{轻}=10t$。

故两车共装货物吨数为：50＋10＝60t。

方法二：将重质货物和轻质货物按一定比例配装，计算两车的货物发送吨数如下：

若每车的重质货物装 40.5t，轻质货物装 9.5t，即每车共装 40.5＋9.5＝50 (t)。

故两车共装货物吨数为：50＋50＝100 (t)。

通过上例可知，轻重配装的方法能使货车载重量利用效率得到提高。要使轻重配装得到最大效果，必须使所装货物的加权平均单位体积重量等于货车的比载重，并定出重质货物和轻浮货物的正确比例。

整车轻重配装计算轻重货物重量比例的关系式如下：

$$P_{标}=P_{重}+P_{轻} \quad (t)$$

$$V_{有效}=V_{重}+V_{轻}$$

$$=P_{重}/v_{重}+P_{轻}/v_{轻} \quad (m^3)$$

将上式变形：

$$P_{重}=P_{标}-P_{轻}=P_{标}-\gamma_{轻}(V_{有效}-\frac{P_{重}}{\gamma_{重}})$$

$$=P_{标}-\gamma_{轻}\cdot V_{有效}+\frac{\gamma_{轻}}{\gamma_{重}}\cdot P_{重}$$

故：

$$P_{重}=\frac{\gamma_{重}(P_{标}-V_{有效}\cdot \gamma_{轻})}{\gamma_{重}-\gamma_{轻}}(t)$$

$$P_{轻}=P_{标}-P_{重} \quad (t)$$

式中：$P_{标}$——货车标记载重量，t；

$V_{有效}$——货车有效容积，m³；

$P_{重}$——应装的重质货物吨数，t；

$P_{轻}$——应装的轻浮货物吨数，t；

$v_{重}$——重质货物单位体积重量，t/m³；

$v_{轻}$——轻浮货物单位体积重量，t/m³。

三、轻重货物配装要求

轻重货物具体的配装要求有：

(1) 必须有计划地事先组织，根据批准的月度货物运输计划，把能配装的货物安排在

同一旬内装车。配装于一车的货物应指定在同一天进货，堆放在同一货位或相邻货位上。装车时应先装重质货物，后装轻浮货物

(2) 最好是同一到站的货物，或同一径路上相距不太远的两个到站，且不影响发站执行列车编组计划和实现运输方案，即两个到站应该在同一个列车编组组号范围内

轻重配装两到站间的合理距离，用下式表示：

$$S_2 \leqslant \frac{\Delta P_1}{\Delta P_2} S_1 \text{ (km)}$$

式中：S_2——两到站间的合理距离，km；

S_1——发站至第一到站的距离，km；

ΔP_1——配装节省的车辆吨位；

ΔP_2——第一到站卸后浪费的车辆吨位。

【例 3-2】某站有袋装食盐和袋装草粉均为待运货物，两货物到站在同一径路上，可同列编组，发站至食盐到站的距离为 1236km，发站至草粉到站的距离为 1098km。问该站能组织这两种货物的配装吗？如果可以，如何配装能提高货车载重量利用效率？（以标重 60t 的 P_{60} 型货车装载，其车内有效容积为 120m³；食盐密度 2.1t/m³，草粉密度 0.3t/m³）

解：

(1) 对比配装前后货物的发送吨数。

不配装：$P_{食盐} = V_{有效} \times \upsilon_{食盐} = 120 \times 2.1 = 252$ (t) ＞标重 60t，

只能装满标重 60t，则 $P_{食盐} = 60$t。

$P_{草粉} = V_{有效} \times \upsilon_{草粉} = 120 \times 0.3 = 36$ (t) ＜标重 60t，

但已装满车容，则 $P_{草粉} = 36$t。

故两车共装货物吨数为：$P' = 60 + 36 = 96$t。

配装：$P_{重} = \frac{\gamma_{重}(P_{标} - V_{有效} \cdot \gamma_{轻})}{\gamma_{重} - \gamma_{轻}} = \frac{2.1 \times (60 - 120 \times 0.3)}{2.1 - 0.3} = 28$ (t)

$p_{轻} = p_{标} - p_{重}$
$= 60 - 28$
$= 32$ (t)

故两车共装货物吨数为：$P' = 2 \times (28 + 32) = 120$ (t)

对比结果：配装后两车共多装了 $\Delta P_1 = P' - P = 120 - 96 = 24$ (t)

(2) 确定两到站间距离是否合理。

$S_2 = \frac{\Delta P_1}{\Delta P_2} S_1 = \frac{24}{32 \times 2} \times 1098 = 411.75$ (km)

因为 $S = 1236 - 1098 = 138 < S_2$

所以两到站间距离是合理的，可以组织轻重配装。

(3) 轻重配装方案。依据题意及以上计算结果可知，两车货物的轻重配装方案如表 3-1 所示。

表 3-1　　　　　　　　　两车货物的轻重配装方案

车　辆	食盐装载吨数	草粉装载吨数
第一辆棚车	28	32
第二辆棚车	28	32
总计发送吨数	120	

(4) 注意事项。须有计划地事先组织，根据批准的月度货物运输计划，把食盐和草粉安排在同一旬内装车，指定在同一天进货，堆放在同一货位或相邻货位上。装车时应先装重质货物食盐，后装轻浮货物草粉。

知识点二　棚车施封及篷布苫盖

一、施封基本规定

(一) 施封目的

其目的主要是：划分责任，保证运输安全。

货车施封是货物（车）交接，划分运输责任的一项手段，是贯彻责任制，保证货物运输安全的重要措施。

(二) 施封条件

使用棚车、冷藏车、罐车、集装箱运输的货物都应施封，但派有押运人的货物，需要通风运输的货物和组织装车单位认为不需施封的货物（集装箱运输的货物除外）以及托运的空集装箱可以不施封。

(三) 施封单位

一般由组织装车或装箱单位负责，托运人可委托承运人施封，但必须在运单上注明"委托承运人施封"最后核收施封费。

二、施封基本方法

施封的货车应使用粗铁线将两侧车门上部门扣和门鼻拧固并剪断燕尾，在每个车门下部门扣处各施施封锁一枚。施封后须对施封锁的锁闭状态进行检查，确认落锁有效，车门不能拉开。在货物运单或者货车装载清单和货运票据封套上记明下部施封号码（如F125355、125356）。

发现施封锁有下列情况时按无效封处理：

(1) 钢丝绳的任何一端可以自由拔出，锁芯可以从锁套中自由拔出。

(2) 钢丝绳断开后再接，重新使用。

(3) 锁套上无站名、号码和站名或号码不清、被破坏。

施封及拆封的技术要求，应按《货规》附件二《货车和集装箱施封拆封的规定》办理。

三、篷布苫盖

（一）车站篷布工作的主要职责

（1）掌握篷布到发登记及中转篷布的出入统计，对到发的篷布应填写"货车篷布到发登记簿"，做到账物相符，并于每日18时前填写"货车篷布报告"，按要求向路局篷调报告。

（2）对达到和回送的篷布及专用线，专用铁路送回的篷布，进行检查、验收。

（3）对破损篷布及时组织回送篷布修理所。包括篷布标记不全、号码不清等所有不符合运用要求的篷布及时送修。

（4）将篷布按规定方法折叠，固定存放地点，妥善保管，并进行日常整理和晾晒。

（5）向路局篷调请求使用篷布命令。

（6）根据篷布使用量和现有数，向路局篷调申请调拨或回送。

（7）加强篷布管理，知道篷布的正确使用，核收有关费用。

（二）货车篷布苫盖技术条件

1. 使用范围

货车篷布在全国铁路营业线、临时营业线、地方铁路上使用，专用于苫盖敞、平车装运的怕湿或易燃货物以及其他需要苫盖篷布的货物，严禁他用。包括不准在货场苫货和垫货。毒害品、腐蚀性物品及污染性物品不得使用铁路篷布。苫盖易于损坏篷布的货物时，装车单位必须采取防护措施，防护材料由托运人提供。

2. 篷布使用前的质量检查

布体完整，无破损，眼圈完好，标记、号码完整清晰。绳索齐全、完整、无接头、插接牢固，与篷布连接正确。

篷布的质量、状态，直接影响到行车和货物的安全。因此，篷布破损或绳索不齐全，应进行更换。铁路篷布损坏、丢失时，由责任单位赔偿，具体规定见《铁路篷布损坏丢失处理办法》。

3. 苫盖基础

（1）篷布仅限敞车使用。其他车辆和货物装载高度超过敞车端侧墙1米以上或有押运人乘坐的敞车不得苫盖篷布。

（2）需要加固的货物必须在苫盖篷布前捆绑加固完毕。

（3）货物装载高度低于车辆端侧墙时，应牢固安置篷布支架，支架突出部位与篷布接触处应采取防磨措施。

（4）苫盖易于损坏篷布的货物时，在篷布与货物之间应采取防磨或防护措施。

4. 苫盖及捆绑方法

（1）篷布苫盖

①正面（腰绳向外）纵向苫盖，货车两侧篷布下垂高度应一致。货车手制动闸一端篷

布下垂遮盖端墙部分高度 300mm～500mm，另一端下垂遮盖端墙部分高度 600mm。

②D 型篷布：每车苫盖一张，车辆较短时，篷布多余部分可折叠在中部相邻两腰绳处的篷布下方，折叠部分两腰绳对角拉紧拴固。

③9.1m×5.5m 篷布：每车苫盖两块篷布，无端绳的一端须苫在车辆中部，两张篷布搭接处需折叠。折叠时，将上层篷布向上回折不小于 1000mm，下层篷布压住上层篷布（长度为上层篷布回折长度的一半），再将上层篷布向下层篷布方向折回一半，最后将折叠部分再向下层篷布方向折回。

(2) 篷布包角

将篷布角绳拉紧，使篷布角向内侧展开成三角形，布角两面压平后折向货车端墙，在车辆两端严密包角，使压绳压住包角。

(3) 篷布与货车的拴结

①篷布绳应拴结在货车丁字铁上，不得捆绑在其他部位。

②中间折叠处的加固：车辆中部的篷布角（腰）绳分别向相对方向斜拉。

③货车两端篷布角绳沿货车端墙交叉后分别拴结在车辆端部的两丁字铁上。角绳经货车手制动闸台时，应从其上方通过；经闸杆、提钩杆时，应从其内侧穿过。货车两端篷布中间的二根端绳分别垂直向下拉紧拴结在车辆端部的两丁字铁上，经提钩杆时，也应从其内侧穿过。

④篷布每端的压绳，应压住篷布包角拉紧，使篷布紧贴在车辆端墙上，分别捆绑在车辆侧部的第二个丁字铁上，不得拴结在端梁和车侧端部的丁字铁上。

⑤腰绳应直拉拴结在车侧丁字铁上。装车时，弹力腰绳弹力部分的拉伸长度不小于 300mm。使用 D 型篷布时，车辆中间有丁字铁的，中间的腰绳捆绑在车辆中间的丁字铁上；车辆中间无丁字铁的，篷布中间的腰绳分别捆绑在靠近车辆中间的丁字铁上。其他腰绳，从车辆两端开始，朝向车辆中部，顺序捆绑在相应丁字铁上。弹力棒不紧靠眼圈时，应将弹力绳从中间收起，并将中间多余绳索折叠打两个死结后余尾用绳卡或麻绳绑 5 圈与自身绳杆捆紧。

⑥篷布绳采用蝴蝶套结拴结法或回头花结法，拴结后的绳头，应绕在自身绳杆上，至少打两个死结。绳头余尾长度不得超过 300mm，不短于 100mm。

⑦除篷布自带绳索以及和篷布网绳外，不得使用其他绳索捆绑篷布。

⑧篷布绳、篷布网绳系绳余尾须使用绳卡进行固定。

5. 苫盖后检查

(1) 篷布苫盖平坦，货物不外露。顶部起脊，两端包角密贴，两侧线条流畅。各部位不超限。

(2) 篷布绳拴结、捆绑位置正确。绳结牢固，无松弛脱落。

(3) 货车手制动闸盘外露，不影响人力制动机及提钩杆使用。

(4) 车辆两侧篷布下垂高度一致。

(5) 篷布（包括篷布网绳）苫盖捆绑完毕后，装车单位对车辆两侧（包括篷布号码）、两端及中部篷布苫盖状态各拍照一张，留存 3 个月。

（三）铁路篷布回送

铁路篷布凭调度命令回送。车站填制"特殊货车及运送用具回送清单"一式两份，一份随车运送到站，一份留站存查（合资铁路、地方铁路回送铁路篷布时，应增加一份送交接站）。

回送到使用站的篷布必须是状态良好的运用篷布，回送到篷修所的篷布必须是待修或待报废篷布。运用篷布不得与待修或待报废篷布混装。

铁路篷布回送时，"特殊货车及运送用具回送清单"填记回送铁路篷布的总张数，并将铁路篷布号码准确填制在"货车篷布交接单"上。运用篷布填制一式两份，一份留站存查，一份随车运送至到站，待修或待报废篷布增加一份交篷布修理所。

铁路局管内可凭回送清单利用行李车（一批限 10 张以内）免费回送铁路篷布。行李员负责行李车回送篷布的交接。

跨局回送铁路篷布只限整车（每车不少于 100 张）装运，所需车辆应优先调配和挂运，不受停、限装限制。使用敞车回送时，苫盖的铁路篷布按回送铁路篷布统计。

铁路篷布回送，途中变更到站时，原到站与变更后到站不属同一铁路局的由铁道部篷布调度批准，其他情况由铁路局篷布调度批准。

铁路篷布回送，到站货运员应核对数量和号码，与实际不符时，应于 12 小时内向发站和发到局篷布调度拍发电报。发站无异议时，铁路局篷布调度按到站实收数调整；发站有异议时，应于三日内派人赴到站复查，并将结果通知铁路局篷布调度。

知识点三　货物包装堆码要求

一、货物基本堆码标准

总指导原则：安全、经济、便利、整齐、文明。

(1) 一般货物基本堆码技术要求：稳固整齐、大不压小、重不压轻、箭头向上；卸车货物要好坏分码，破损不入垛。

(2) 怕湿货物基本堆码技术要求：露天堆码，上部起脊，下垫上盖。

(3) 装车货物基本堆码技术要求：距钢轨头部外侧不小于 2m。

(4) 卸车货物基本堆码技术要求：距钢轨头部外侧不小于 1.5m。

(5) 各种货垛基本堆码技术要求：距电源开关，消火栓不小于 2m。

(6) 站台上的货垛基本堆码技术要求：距站台边沿不小于 1m。

二、货场内整车散堆货物堆码标准

(1) 煤、灰、砂石土类货物堆码技术要求：集中堆放，保持自然坡度，不同品种货物不掺不压。

(2) 砖、瓦堆码技术要求：定型堆码，稳固整齐，碎砖、瓦收拢成堆不入垛。

(3) 木杆、毛竹等货物堆码技术要求：理顺不杂乱，不架空，集中垂直线路堆码，需要平行线路堆码要打掩。

(4) 规格石料、条块类货物堆码技术要求：按自然规格堆码，成行成垛，稳固整齐。

三、货场内整车包件货物堆码标准

(1) 袋装货物堆码技术要求：丁字起头，分行码放，边行袋口朝里，垛形整齐。

(2) 箱装货物堆码技术要求：分行码放，顶部压缝，垛形整齐；纸箱、液体货物封口向上，垛高不超过包装标志层高。

(3) 杂木杆等捆状货物堆码技术要求：集中顺码，货垛两头交叉码，垛形整齐。

(4) 棉花、布匹等包状货物堆码技术要求：丁字起头，分行码放，上部压缝，垛形整齐。

(5) 桶装货物堆码技术要求：纵横成行，重高压缝，分行码放，桶口向上。

(6) 空桶及桶状货物堆码技术要求：卧放时骑缝，两侧打掩，垂直于线路码放。

(7) 筐装蔬菜、瓜果堆码技术要求：
①底层立码成行，重高卧码骑缝；
②立码成行，重高压缝对中，筐盖向上；
③方筐分行码放，横竖对正，顶部压缝，筐盖向上。

(8) 罐、坛类货物堆码技术要求：
①双层立码，紧靠压缝，封口向上，稳固整齐；
②卧码时，底层排紧，两侧打掩，重高骑缝，封口朝向一致。

(9) 裸体配件类货物堆码技术要求：分开品类，规格码放，便于清点，垛形稳固整齐。

(10) 各种零担货物堆码技术要求：标签向外，留有通道，按批码放，便于清点。

四、车内货物堆码标准

1. 一般货物堆码技术要求

车内（或车门处）空隙较大时要阶梯码放；各种货物码放应做到不偏重，不集重，不超重。

2. 零担货物装车堆码技术要求

轻重配装，大小套装，挤紧码严，长大不堵门，笨重不上高。

3. 易磨损、污染货物堆码技术要求

易磨损货物要衬垫，易污染货物要隔离，流质、易磨损货物不与易窜动和有尖锐棱角货件码在一起。

4. 高出车帮的货物堆码技术要求

高出车帮的货物要分层压缝，稳固整齐；超出车帮时，两侧突出部分要一致，货物重心倾向车内，不超限。

五、货物包装储运要求

货物的运输包装是保证货物运输安全的主要条件，托运人托运货物，应根据货物的性质、重量、运输种类、气候以及货车装载等条件，使用符合运输要求、便于装卸和保证货物安全的运输包装。

托运的货物，应按国家包装标准或部包装标准（行业标准）进行包装。对没有统一规定包装标准的，车站应会同托运人研究制定货物运输包装暂时标准，共同执行。对于需要试运的货物运输包装，除另定者外，车站可与托运人商定条件组织试运。

货物的运输包装不符合要求时，应由托运人改善后承运。

（一）包装标准有关知识

1. 标准的定义

我国国家标准 GB 3935.1 中定义的标准为：标准是对重复性事物和概念所作的统一规定。它以科学、技术和实践经验的综合成果为基础，经有关方面协商一致，由主管机构批准，以特定形式发布，作为共同遵守的准则和依据。通俗地说，标准是指公众使用的技术规范和技术文件。

包装标准是围绕着具体实现包装的科学、合理化而制定的各类标准。包装标准是整个包装行业应遵守的法规。

2. 标准的分类

一般情况，标准分为国家标准、行业标准、地方标准和企业标准。

目前，国家标准中规定的包装标准包括：包装术语标准、包装标志标准、包装系列尺寸标准、运输包装件试验方法标准、防护包装技术标准、包装材料试验方法标准、包装容器及试验方法标准。

3. 流通环境对包装的影响

包装件在流通中所经历的一切外部因素统称为流通环境条件，其过程主要有：装卸搬运环节、运输环节、储存环节。

在各环节中对包装的影响，主要有装卸时的冲击，运输中冲击、震动、气候条件、化学物品的日光照射等因素。

4. 包装检验

包装检验是指通过包装测量、包装试验等方法，对包装的性能进行全面检查，以判定包装是否能适应流通环境条件和有关规定。从 20 世纪 80 年代至今，国家质量监督检验检疫总局已制定出一套比较完整的包装试验方法标准。

包装检验包括包装材料检验、包装容器检验和运输包装件检验等。

（二）包装储运图示标志

某些在运输和装卸过程中需要特别注意的货物，托运人应根据货物的性质，按照国家标准（GB191），在货物包装上做好包装储运图示标志，如图 3-1 所示。

1. 包装储运图示标志和颜色

图示标志的颜色一般为黑色。如果包装件的颜色使图示标志显得不清晰，则可选用其他颜色印刷，也可在印刷面上选用适当的对比色。一般应避免采用红色和橙色。粘贴的标志采用白底印黑色。

2. 包装储运图示标志的尺寸

标志尺寸为 70mm×50mm，140mm×100mm，210mm×150mm，280mm×200mm 四种。

图 3-1　包装储运图示标志

六、运输包装标志的使用要求

(一) 标志的制作要求

(1) 标志要易于辨认,便于制作。要求正确、明显、牢固。图案要清楚、文字要精练、字迹要清晰。

(2) 制作标志的颜料,应具有耐温、耐晒、耐摩擦和不溶于水的性能,不致发生脱落、褪色或模糊不清的现象。用于制作酸性、碱性、氧化物等危险化学品包装使用的各种标志的颜料,应有相应的抗腐蚀性,以免因受内装物的侵蚀而模糊不清。

(3) 识别标志如采用货签时,应选用坚韧的纸材,对于不宜用纸质货签的运输包装,可采用金属、木质、塑料或布制货签。

(4) 标志的大小要与包装的大小相适应。

(二) 标志的使用要求

(1) 每件货物包装的表面都必须有储运图示标志和货物包装标志。

(2) 标志的文字书写应与底边平行。带棱角的包装,其棱角不得将标志图形或文字说明分开。书写、粘贴标志都应标在显而易见的位置,以利识别。如箱形包装,箱的相对两侧都必须有各种标志;袋形包装袋的两大面,桶形包装的桶盖和桶身的对应侧面必须有必备的标志。总之,每一包装必须有两组以上相同的标志,其位置应在相对的两侧。"由此吊起"和"重心点"两种标志,使用时应根据要求粘贴、涂打或钉附在货物外包装的实际位置。

(3) 如一个集合货物包件内有两种以上不同性质的货物,假如从包件外不能一目了然地看清包件内各包装的标志的话,那么,集合包件外除识别标志外,还必须具有包件内各种货物的性能标志。包件内的各包装必须有齐备的各种标志。

(4) 货物的运输包装上,禁止有广告性、宣传性的文字或图案,以免与包装标志混杂,影响标志的正常使用。包装在重复使用时,应把原有的(废弃的)包装标志痕迹清除干净,以免与新标志混淆不清,造成事故。同时,不准在包装外表乱写乱涂任何与标志无关的文字图案。

铁路篷布损坏丢失处理办法

(1) 铁路篷布损坏、丢失时,由责任者赔偿,因不可抗力、运输途中治安原因造成的除外。

(2) 铁路内部责任划分有分歧时,由有关局协商;不一致时,报铁道部篷布调度裁决。

(3) 铁路篷布损坏、丢失按下列规定核收赔偿费用。

①发生报废、丢失时，按当年篷布购置价格赔偿。

②破损面积每 100cm² 10 元；篷布破损面积达到 40% 时，按当年购置价格赔偿。

③篷布绳损坏或丢失时，赔偿标准由公司提出并定期报部批准。

④铁路篷布因托收货人责任损坏、丢失时，自指定送回车站之日起，至赔偿当日止，按规定核收篷布延期使用费。

(4) 车站收取赔款后，需向铁路局篷布调度拍发电报，抄报铁道部篷布调度。电报内容包括：责任单位、篷布张数、篷布号码、赔偿金额、延期使用费全额、杂费收据号码。

(5) 铁道部篷布调度应及时核减铁路局铁路篷布保有量。

学习任务二　箱桶装货物运输组织工作现场感知

任务描述

通过现场感知，进一步了解箱桶装货物与其他包装货物在运输组织工作中的异同。重点是收集一个包装货物运输事故案例，越详细越好。具体任务见任务单所示。

任 务 单

为达到真正的学习效果，并最终能独立完成任务，在到达车站货场完成本学习单元的任务之前，学生们需要在课前对以下问题进行详尽的解答，并思考这些问题和包装货物运输组织的关联性。

(1) 货物包装和装载车辆对货物装载方案的影响。

(2) 箱装或桶装货物与袋装货物在运输组织工作中的异同。

(3) 《铁路货物装载加固定型方案》中是如何实现箱装、桶装货物装载安全的。

(4) 学生认为包装货物装车作业中最重要的工作是什么？如何尽力避免货运事故的发生。

在现场感知过程中，学生需要做的主要工作是：

(1) 仔细观察用于装载箱桶装货物的车型有哪几种，并详细记录下使用不同车型装载包装货物的侧重点是什么。

(2) 收集一个包装货物运输事故案例，并简要记录下该货物的品名、重量、使用车型、包装种类、事故现状、处理程序及方法等，留待回校整理。

请学生在完成以上案例收集工作后，参照《事规》相关规定，按程序列出其事故处理的具体方法，按"学生工作页"上的要求提交一份以收集案例为背景的作业方案文本记录。

铁路一般条件货运组织

安全生产是铁路运输工作的永恒主题。货运安全管理工作应遵循"预防为主、处理为辅,以事实为依据、以规章为准绳、秉公而断、依法办事,奖惩分明"的原则。

铁路货运事故处理过程中需要依据的重要规章之一是《铁路货运事故处理规则》(以下简称《事规》),它是为加强铁路货运安全管理,明确铁路内部处理货运事故的原则、程序和责任划分等而制定的,不作为承运人与托运人、收货人划分责任的依据。

知识点四 货运事故的种类和等级

一、货运事故的定义

货物在铁路运输过程中(含交付完毕后点回保管)发生灭失、短少、变质、污染、损坏以及严重的办理差错,在铁路内部均属于货运事故。

正确理解"货运事故"的定义,重点要把握"铁路运输过程中"的含义,它是指:铁路对所承运的货物自接受承运时起到交付时止的全过程(含铁路自承运前保管和交付完毕后点回保管),在这个过程中发生的事故都属于货运事故,都要按货运事故处理有关程序去调查处理。

二、货运事故的种类

货运事故分为七类:
(1) 火灾;
(2) 被盗(有被盗痕迹);
(3) 丢失(全批未到或部分短少,没有被盗痕迹的);
(4) 损坏(破裂、变形、磨伤、摔损、部件破损、湿损、漏失);
(5) 变质(腐烂、植物枯死、活动物非中毒死亡);
(6) 污染(污损、染毒、活动物中毒死亡);
(7) 其他(整车、整零车、集装箱车的票货分离和误运送、误交付、误编、伪编记录以及其他造成影响而不属于以上各类的事故)。

"火灾"是指在铁路运输过程中,由于运输物资或运载货物的车辆、集装箱发生失去控制的燃烧,造成货场、仓库、货车、设施、运输物资损失和人员伤亡等后果的灾害。

"被盗"和"丢失",二者的区别在于是否有被盗痕迹,对于包装封条开裂、捆匝脱落、内品短少或被调换,除能证明属于被盗之外,按丢失事故处理。货物全批灭失、件数短少,包破内少的,按丢失事故处理。货车破封不能一概视为被盗,是否被盗还是要看货物有无被盗痕迹。

"票货分离"的"票"是指"运输票据","票货分离"是指全批货物(车)与运输票据(包括运单货票、特殊用具及车辆回送清单和回送事故货物的货运记录)分离又查明了货物(车)下落的。

易腐货物发生冻损,按变质事故处理。

上述第一类至第六类事故属于货损货差事故。货损是指货物状态或质量发生变化,丧失或部分丧失货物原有的使用价值。货差是指货物数量发生变化。第七类事故则属于严重的办理差错和其他事故。此类事故虽然可能造成经济损失,但不一定造成货物本身的直接损失。

三、货运事故等级

货运事故按其性质和损失程度分为三个等级。由于货物染毒或危险货物发生事故,造成人员伤亡或者货物及其他损失款额,构成表3-2所列两种情况之一即可。

表3-2　　　　　　　　　　　货运事故等级划分

损失程度 事故等级	人员伤亡	损失款额
重大事故	死亡3人或死亡重伤合计5人以上	30万元以上
大事故	死亡不足3人或重伤2人以上	10万元以上未满30万元
一般事故	未构成重大、大事故的人员重伤事故	2000元以上未满10万元

铁路运输过程中(含交付完毕后点回保管)发生上述七类事故的情况,但未构成货运重大、大、一般事故规定货运事故条件的货损货差,其管理办法由各铁路局制定。

对于事故等级中的人员死亡或重伤需要强调的是,只有因货物染毒或危险货物发生事故造成人员死亡或重伤才按货运事故统计,并按规定确定事故等级,其他原因造成的人员死亡或重伤不按货运事故统计。

知识点五　货运记录的编制

为了正确及时地处理事故,判明事故真相,分析原因,划清责任,必须根据不同情况,分别编制必要的记录。

一、记录的种类

记录分货运记录和普通记录两种。

（一）定义

1. 货运记录（商务记录）

货物在运输过程中，发生货损、货差、有货无票、有票无货或其他情况，需要证明承运人同托运人或收货人之间责任和铁路内部之间责任时，发现车站当日按批（车）所编制的记录。

2. 普通记录

货物在运输过程中，发生换装、整理或在交接中需要划分责任以及依照其他规定需要编制时，当日按批（车）所编制的一种凭证。

（二）形式及用途

货运记录和普通记录号码均由铁路局编印掌握。

货运记录和普通记录均应建立请领、发放、使用、回收与保管制度。

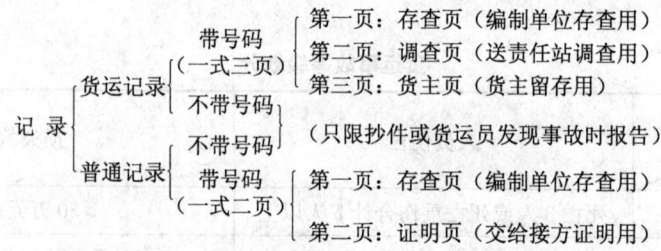

二、货运记录的编制

（一）货运记录的作用

（1）事故划责的原始证明材料：货运记录是分析事故责任的基本原始证明材料；

（2）起法律效用的证明文件：货运记录是承运人与托运人（收货人）双方要求赔偿的依据；

（3）事故档案：货运记录是了解货运工作质量，分析事故规律、原因，提出防范、安全措施的重要资料。

（二）货运记录的适用范围

遇有下列情况之一，须在发现当日按批（车）编制货运记录：

（1）发生《事规》规定的七类货运事故和《管规》、《货规》及其引伸办法中所规定需要编制的情况时。

（2）集装箱封印失效、丢失或封印站名、号码与票据记载不一致或未按规定使用施封锁，集装箱箱体损坏发生货物损失时。

（3）货车装载清单上有记载，或记载被划掉未加盖带有单位名称的人名章，而实际无票据无货物时。

（4）货物运单、货票上记载的内容发生涂改，未按规定加盖戳记时。

（5）集装货件外部状态损坏，货件散落时。

(6) 托运人组织装车、承运人组织卸车或换装，发生货物损失时。
(7) 托运人自备篷布发生丢失时。
(8) 一批货物中的部分货件补送或事故货物回送时。
(9) 发生无票据、无标记事故货物和公安机关查获铁路运输中被盗、被诈骗的货物以及公安机关缴回的赃款移交车站时，沿途拾得的铁路运输货物交给车站处理时。

(三) 货运记录的编制要求

1. 一般要求

编制货运记录要做到：真实、准确、精练、客观。具体的，需如实记载事故货物及有关方面当时现状，不得虚构、臆测，也不得做任何结论，以体现记录的真实性和准确性。记录用词必须准确、简练、明了，不能用揣测、笼统、含糊的词句。记录要能客观地反映出事故发生的原因和责任，使事故处理做到原因明、定责准、结案快。

货运记录各项应逐项填记，具体要求如表3-3所示。

表3-3　　　　　　　　　　货运记录填写要求

栏　目	填　写　要　求
"一般情况"	应根据运单及票据封套记载及到达车次、实际作业时间逐项填记
"票据原记载"	应按事故货物运单记载事项详细填写，如有货无票可填记"无票"字样
"按照实际"	应按货物实际情况填写，凡经检斤的货物应在"重量"栏内加以注明。如有票无货，可填写"无货"字样
"事故详细情况"	应记明以下内容： (1) 车辆来源及货运检查情况（货车车体、门窗、施封、篷布苫盖等情况）； (2) 事故货件的实际状态和损失程度； (3) 货物包装、装载状态、装载位置和周围的情况； (4) 对事故货件的处理情况

2. 重点要求

按《事规》附件一"货运记录和普通记录编制处理的重点要求"填写。

(1) 火灾。应记明货车种类、编挂位置、起火部位和被烧货物装载位置，车辆防火板及技术状态，可能造成起火的各种迹象。

货物在货场内存放时发生火灾，应记明周围情况，货位原来堆放何种货物和火源等。

以上均要记明火灾发生和扑灭的时间。

(2) 被盗丢失。应记明被盗货件装载位置，包装损坏状态，短少货物具体品名、数量（无法判明短少数量时，应记明现有数量或现状），涉及重量时应检斤，应记明现有重量。

棚车装载的应记明是否装满，开启车门能否明显发现。车窗处被盗丢失，应记明货件装于车窗位置（亦可画图表示）以及该车窗锁闭状态。货车两侧或一侧上部施封时，应记明下部门扣是否损坏、封印的站名和号码。

敞车装载的应记明表层货物现状和篷布覆盖状态。篷布有破口时，应记明破口位置、长度和破口处货物的现状。

集装箱装载的应记明是否已装满，有无空隙（及其尺寸），现有数量或短少数，箱号、箱体和箱门状态。

（3）损坏。应记明破损货件的损坏程度，包装状态，衬垫情况，破口大小，新旧痕迹，破损部位，堆码方式，破口处接触何物。

机械设备包装破损，底托带、支架立柱、横梁等有折断或变形，以及围衬材料破损、脱落、丢失，须对该处货物裸露部位表面进行检查，记明现状，不得笼统记载"因技术限制内品是否损坏不详"。

湿损货物在货车或集装箱内的装载位置，湿损数量及程度。

棚车、集装箱装运的，应记明车体或箱体不良部位和尺寸，是否透光，定检修单位和时间。

敞车装运苫盖篷布的，须记明篷布质量和苫盖情况，是否企业自备篷布，货物装载状况。

（4）变质。应记明运单上货物的容许运输期限，货物包装堆码方式。变质货物位置及损失数量和程度。加冰冷藏车车型、车号，车内外温度，中途站加盐情况，冰箱内残存冰量，以及冰箱、排水管等设备的技术状态。机械冷藏车乘务员出具的普通记录证明和车站提交的冷藏车作业单记录。

（5）污染。应记明车内污染物（源）名称、位置、面积、包装情况，污染物（源）与被污染货件距离，被污染货件的数量和程度。

污染源和被污染货件须分别编制货运记录。

（6）票货分离。应记明票据来源、票据记载内容或货物（车）来源，以及标志内容。对无标志的，应记明包装特征或具体货物品名、件数和重量。

（7）集装货件。外部状态发生被盗、丢失、损坏可比照（2）、（3）项内容填记，还应记明集装用具状态，堆码方式。货件散落时，应检查清点并记明现有数量，若无法清点数量的可检斤，并记明全批复查重量。到站无叉车作业时，对集装盘货物可拆盘卸车，但要对每盘件数清点，若交付时发生短少，将货运记录交给收货人，调查页寄出。散盘的集装货件交付正常，记录不交收货人，也不调查。

【例 3-3】根据以下案例编制货运记录（题中未详述条件可自拟）。

西安西站 2006 年 5 月 1 日组织 $P_{64}/3422524$ 成都东站整零，施封锁两枚 66631、66632。5 月 3 日 16 时安康东站接车检查一侧封印为西安西 66632，另一侧封印丢失，补封一枚 05732，并于当日 17 时 40 分向襄樊北站拍发电报，同时抄知发站。成都东站 5 月 7 日 1 时至 2 时卸车作业，卸检两侧封印分别为西安西 66632，另一侧为安康东 05732，卸见西安西站承运成都东站 1 批 1t 箱酒一个，票号 69753，箱号 128628[7]，保价金额人民币 2000 元，箱门关闭，无封，会同有关方面清点箱内已空无货。该箱装于车门处，箱门对车门。

解：根据《事规》第十条及附件一"被盗丢失"记录的重点说明编制"货运记录"，具体编制范例如表 3-4 所示。

表 3-4　　　　　　　　　　　铁路货运记录

成 都 铁 路 局

货 运 记 录

（　　）　　　　　　　　　　　　　　№ 004307

补充编制记录时记入	补充_____局_____站_____年_____月_____日
	所编第 __45679__ 号_____记录

一、一般情况

办理种别　__零担__　货票号码　__69753__　运输号码　__1307__　于　__2006__　年　__4__　月　__30__　日承运

发站　__西安西__　发局　__西__　托运人　__张　三__　装车单位　__承运人__

到站　__成都东__　到局　__成__　收货人　__李　四__　卸车单位　__成都东__

车种车型　__P₆₄__　车号 __3422524__　标重 __58__　吨 __2006__ 年 __5__ 月 __6__ 日 第 __85123__ 次列车到达

__2006__ 年 __5__ 月 __7__ 日 __1__ 时 __0__ 分开始卸车 __5__ 月 __7__ 日 __2__ 时 __0__ 分卸完

封印：施封单位　__西安西、安康东__　施封号码　__封66632、05732__

二、事故情况

项目	货件名称	件数	包装	重量		托运人记载事项
				托运人	承运人	
票据原记载	酒	1	集装箱		820kg	保价：2000元
						箱号：1286287
						封号：666366
按照实际	酒	1			未检	
事故详细情况	西安西发成都东整零，货检好，施封两枚如上记有效，分别为西安西66632号和安康东05732号，较票据封套记载西安西66631、66632号不符；卸见上货1t集装箱体完好，箱门关闭，无封，即会同公安卸检视内空无货；该箱装于列进左侧车门处，箱门紧靠车门。					

三、参加人签章

　　　　　　　　　　　车站负责人　__张　六__　编制人　__王　一__

　　　　　　　　　　　公安人员　__陈　五__　收货人　_____　其他人员　_____

四、附件 1. 普通记录____页　　2. 封印____个　　3. 其他_____

五、交付货物时收货人意见_____

2006 年　5　月　7　日编制　　　　　__成都__　铁路局　__成都东__　车站（公章）印

注：①收货人（或托运人）应在车站交给本记录的次日起180天内提出赔偿要求。

　　②如须同时送一个以上单位调查时，可做成不带号码的抄件。

知识点六　货运事故处理

一、货运事故处理的基本要求

处理货运事故应贯彻《中华人民共和国铁路法》，执行国家法律、行政法规和有关规章制度，坚持"事故原因不查清不放过、事故责任者得不到处理不放过、整改措施不落实不放过、教训不吸收不放过"（简称"四不放过"）的原则。

发现货运事故后，积极抢救，采取保护措施，尽量减少损失，查清事实和原因，秉公处理。

货运事故处理服务质量应符合 TB/T2968 的规定。具体规定是："铁路运输企业应建立事故处理服务体系；事故处理机构的工作必须符合国家铁路主管部门的规定；负责事故处理的工作人员要树立为货主负责的思想，事故处理要坚持依法办事的原则，坚持以事实为依据，以规章为准绳，货运记录编制准确、查复迅速，最大限度减少货主损失；铁路运输企业接到货主赔偿要求后，须在规定时间内做出处理；铁路货物运输过程中对火警、治安及其他紧要情况要有处置预案，发生险情及时处理"。

对属于铁路责任的货运事故，应贯彻"先赔付，后划分内部责任"的原则，及时办理赔偿。

二、货运事故处理作业程序

货运事故处理的常规程序如图 3-2 所示。

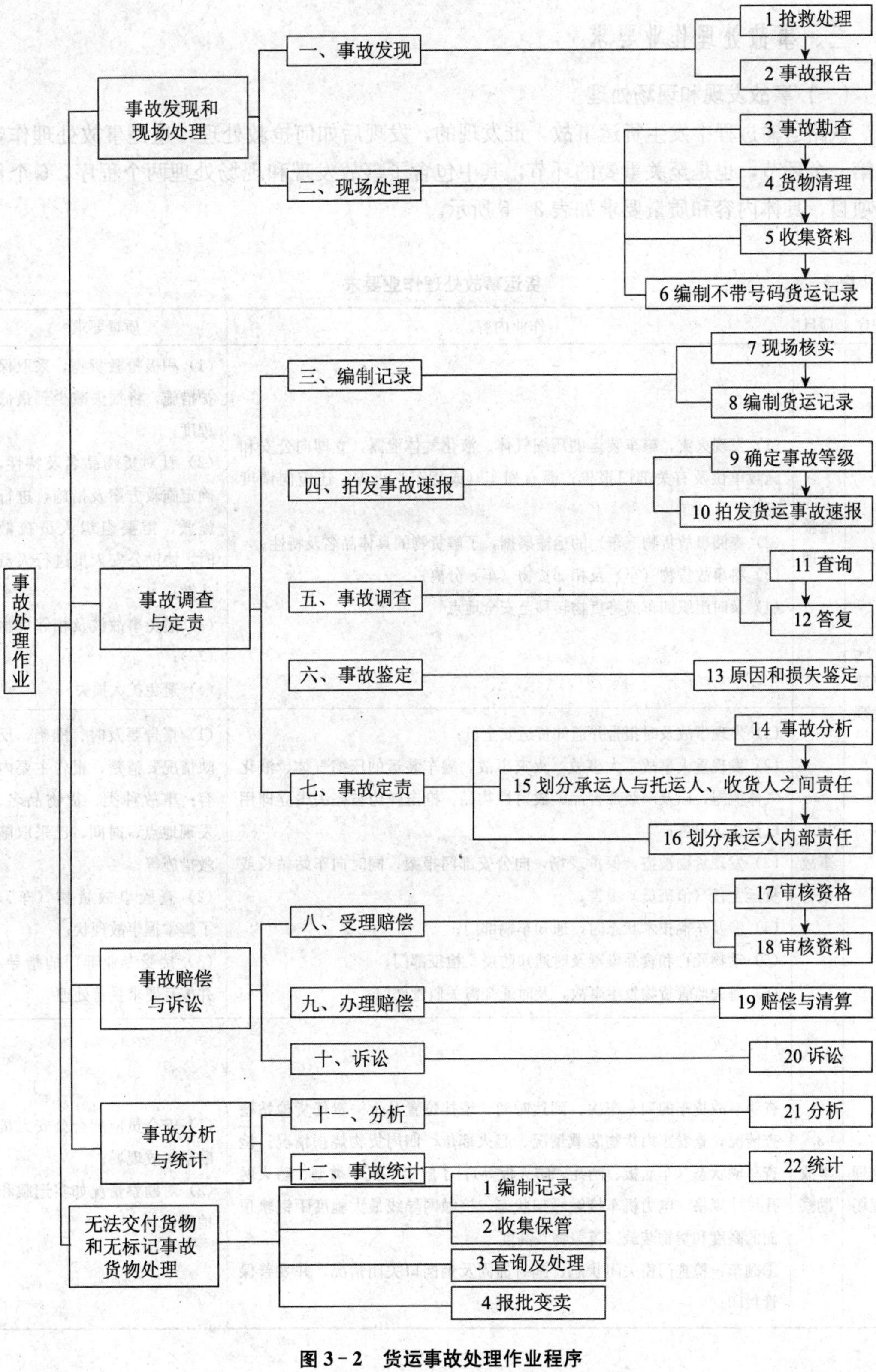

学习情境三　包装货物运输组织

图 3-2　货运事故处理作业程序

三、事故处理作业要求

(一) 事故发现和现场处理

铁路运输过程中发生货运事故,谁发现的,发现后如何抢救处理,这是事故处理作业的第一个环节,也是至关重要的环节,其中包含了事故发现和现场处理两个程序,6 个作业项目,具体内容和质量要求如表 3-5 所示。

表 3-5　　　　　　　　　货运事故处理作业要求

程序	项目	作业内容	质量要求
一、事故发现	1. 抢救处理	(1) 发现火灾,罐车装运的压缩气体、液化气体泄露,立即向公安和施救单位及有关部门报告;遇有列车(或货车)火灾,还应向调度报告; (2) 查阅事故货物(车)的运输票据,了解货物的具体品名及特性; (3) 将事故货物(车)及相邻货物(车)分离; (4) 及时组织卸车或将货物转移至安全地点	(1) 积极抢救货物,采取保护措施,将损失减少到最低程度; (2) 针对货物品名及特性,确定施救方案及措施,进行施救,需要组织人员疏散时,协助公安人员进行人员疏散; (3) 避免事故波及相邻货物(车); (4) 避免扩大损失
	2. 事故报告	(1) 发现事故及时报告并通知货运安全员; (2) 发现重大事故,大事故,火灾事故,罐车装运的压缩气体、液化气体泄露,以及一级毒害品、放射性物品、枪击弹药被盗丢失立即电话逐级报告; (3) 发现货物被盗,保护现场,向公安部门报案;同时向车站站长或货运主任(值班员)报告; (4) 涉及车辆技术状态时,通知车辆部门; (5) 动物死亡和食品染毒及时通知防疫、检疫部门; (6) 海关监管货物发生事故,及时通知海关监管部门	(1) 报告要及时、准确,反映情况要清楚;报告主要内容:事故种类、货物品名、发现地点、时间、已采取施救措施等; (2) 查验事故货物(车),了解掌握事故现状; (3) 接受专业部门的指导,并按其要求妥善处理
二、处理事故现场	3. 事故勘察	(1) 火灾 ——列车: 查明事故货车的列车车次、到达时间、编挂位置及上一责任货检站检查情况;查看车内货物装载情况、起火部位、四周货物烧损情况;检查车辆状态(车底板、闸瓦、防火板等);了解牵引机车类型、防火网孔尺寸规格、电力机车接触弓架状态、接触网导线最大驰度距钢轨顶面的高度和货物装载(苫盖物)高度 ①棚车:检查门窗关闭状态、施封加固及烟囱口关闭情况,并妥善保管封印;	(1) 安全员应配合公安人员勘察事故现场; (2) 对勘察情况如实记载和拍照;

续 表

程序	项目	作业内容	质量要求
二、现场处理	3.事故勘察	②敞车：检查篷布苫盖、绳索捆绑状态，货物装载加固、包装、衬垫材料等情况； ③集装箱：检查箱体状态、箱门关闭、施封加固情况。 ——货场： ①事故货物所处位置； ②着火点货位及周边自然现状； ③货物入库（区）时间和货物交接检查情况； ④仓库电线、灯具情况； ⑤装卸作业用的叉车、吊车等作业机具的防火情况； ⑥有无闲杂人员出入	（3）及时联系公安消防部门取得火灾原因认定书； （4）了解掌握火灾发现（发生）和扑灭的时间
		（2）被盗 ——发现货车内货物被盗时，查明列车车次、到达时间、编挂位置及上一责任货检站检查情况；查看车内货物装载现状 ①棚车、冷藏车、罐车：检查车体、门窗关闭状态、施封加固情况； ②敞车：检查篷布苫盖、绳索捆绑状态，货物装载情况，表层货物现状，篷布有破口时，检查破口位置、尺寸、新旧痕迹和破口处货物状态； ③集装箱：检查箱体、箱门关闭、施封加固及集装箱在车内的装载位置和箱距，箱内货物装载现状及容积，箱体及其配件技术状态，破损部位的尺寸、新旧痕迹和箱门密封情况。 ——发现货场内货物被盗时，查明货物入库（区）时间、作业班组、作业货运员及在库区的交接情况	（1）暂停作业保护现场，立即报告驻站公安会同勘察，协助公安人员找线索，尽早破案； （2）对勘察情况如实记载，损失较大或难以判明责任时应拍照； （3）卸车发现货物被盗的，还应查明开始卸车时间； （4）查明货物搬入或卸车时间、交接检查情况及有无闲杂人员出入
		（3）丢失 ①检查货车施封、门窗关闭加固、车辆状态、货物装载状态、篷布苫盖、集装箱在车内装载和箱体状况； ②货车（箱）内能否容纳短少货件； ③包装破损内品短少时，检查破损货件装载位置，包装损坏状态，短少货物的具体品名、数量（无法判明短少数量时，应记明现有数量或现状），涉及重量时检斤，并记明现有重量； ④查明卸车入库（区）时间，卸车班组、货运员、库区货运员的交接情况； ⑤包装破损内品短少时，查明事故货件在库区堆码情况及周围货物出库情况； ⑥有无闲杂人员出入	对勘察情况如实记载，损失较大或难以判明责任时应拍照

续 表

程序	项目	作业内容	质量要求
二、现场处理	3. 事故勘察	(4) 损坏 ①货物现状，货物在货车（箱）内装载位置、损坏情况，接触货物有无窜动或冲撞痕迹； ②包装损坏状态、破损部位，内货固定及衬垫情况，包装是否符合规定； ③篷布质量和苫盖、捆绑加固状态； ④加固材料质量、加固方案是否符合规定； ⑤包装储运图示标志、起重工具及吊卸方式是否符合规定； ⑥发生湿损检查货车（箱）定检及是否透光和罐体状态、阀门关闭情况； ⑦设计车辆技术状态时，会同车辆部门检查； ⑧货物损坏程度、破损位置、接触何物、码放地点和周边货物现状、有无碰撞痕迹； ⑨查明卸入库（区）时间、库（区）货运员的交接检查情况	(1) 对勘察情况如实记载，损失较大或难以判明责任时应拍照； (2) 涉及车辆技术状态时，参加检查货物车的车辆部门人员，在记录上签字或盖章，同时注明其所属单位名称；遇车辆需扣修等情况时，索取检查记录
		(5) 变质 检查运输票据记载事项及承运、装车、挂运和到达、卸车时间，有无△标记，变质货物位置及损失数量和程度 ——机械冷藏车： ①检测车内外温度、货物温度、车门胶条密封现状、施封情况； ②检查车内货物装载是否符合规定，包装及内部衬垫是否符合要求； ③检查变质货物在车内码放位置； ④了解仓储地点与装车地点的距离和装车情况及机械冷藏车机组检查、运输、操作控温等作业情况。 ——加冰冷藏车： ①检查车内货物装载是否符合规定、包装及内部衬垫是否符合要求； ②检测车内外温度、货物温度； ③确认事故货物在车内装载位置及周围货物情况； ④核实始发站及中途站加冰盐作业情况； ⑤检查冰箱内残存冰量和冰盐浓度，以及冰箱排水管等设备的技术状态。 ——棚车、敞车： ①根据货物性质，检查装载方法、包装及内部衬垫是否符合要求； ②检查是否符合棚车、敞车装运易腐货物条件； ③确认是否按规定采取防寒、加温、保温、通风、隔热措施。 ——活动物死亡： ①检验死亡原因； ②核实运输条件、沿途上水情况、容器质量及装载密度； ③核实发站承运、装车、挂运、到达时间及车辆隔离情况	(1) 对勘察情况如实记载，损失较大或难以判明责任时应拍照； (2) 核实机械冷藏车作业单和机械冷藏车承运报单； (3) 核实加冰冷藏车作业单； (4) 核实货物容许运输期限和计算运到期限及实际运到日数； (5) 复查单件货物重量；

续表

程序	项目	作业内容	质量要求
二、现场处理	3. 事故勘察	——植物枯死 ①核实运输条件； ②发站承运、装车、挂运、到达时间； ③检查装载方法、包装，清点植物枯死数量，了解承运时的质量	(6) 涉及防疫、检疫部门检查的，做出检查记录； (7) 派有押运人的，了解沿途运输情况； (8) 及时联系动植物检验部门协助检验死亡原因； (9) 核实运输票据中是否附有检疫证明
		(6) 污染 ①检查事故货件装载位置、包装情况、周围货件装载情况； ②查明被污染货物和污染源的名称、包装、装载情况和污染数量、程度； ③检查车内外是否贴有"洗刷除污标签"及车内清扫、衬垫情况； ④查明货物性质及车辆来源； ⑤查明事故货物卸车、入库时间及库区货运员交接情况、事故货件堆放位置、原堆放何物和性质及相邻货物情况； ⑥查明事故货件在库区的码放位置、包装及漏失情况； ⑦粮食、食品染毒或人员中毒时，保留原车	(1) 对勘察情况如实记载，损失较大或难以判明责任时应拍照； (2) 及时联系卫生防疫部门，进行检查鉴定，并索取检验记录； (3) 完好货件和被污染货件分批码放； (4) 污染源和被污染货件分别编制货运记录
		(7) 其他 ①票货（车）分离 A. 查明货物（车）或票据来源及去向； B. 与前方站联系寄送票据或凭记录将货物（车）继运到站。 ②误运送 A. 查明货物（车）的正确到站； B. 通知货物（车）的所在车站，向正确到站回送。 ③误办理 A. 查明正确到站、收货人； B. 核实货物运单并与托运人取得联系，取得有效证明文件； C. 通知货物（车）的所在车站，告知正确到站或收货人。 ④误交付 A. 查明货物卸车时间，票据传递、交接情况； B. 核实货票存查联记载的托运人、收货人情况； C. 核实交付手续是否符合规定及领货人提供的证明文件、身份证或领货凭证的真伪情况； D. 追查货物下落； E. 有诈骗嫌疑的及时向公安部门报案。 ⑤误编、伪编记录 查明原因，实事求是向有关站说明情况	(1) 及时查明有关情况，分析原因，落实责任； (2) 及时追查货物（车）或运输票据下落，继运或递送正确到站，交付正当收货人

续 表

程序	项目	作业内容	质量要求
二、现场处理	4. 货物清理	(1) 依据票据、物品清单或箱标记载，清点事故货件，做出物品损失清单或现有物品清单； (2) 事故货件与完整货件分别码放； (3) 事故货物涉及重量的，将发生事故的货件和完整的货件分别检斤，中途站只对货物中的事故货件进行检斤； (4) 妥善处理事故现场的残货、残渣	(1) 认真清理，防止扩大损失； (2) 对损坏货件整修包装，中途站对需要继运的事故货件还应拴挂"事故货物标签"； (3) 避免污染环境
	5. 收集资料	(1) 收集货物运单、货票、封套、装载清单、列车编组顺序表及随票同行的各种原始记录、单据、封印等； (2) 收集事故货车到达时间、货运检查、送入卸车地点、时间、货车作业时间、班组、人员等资料； (3) 涉及车辆技术状态时，收集车辆部门的检查记录； (4) 涉及检疫、防疫、公安、海关等部门时，收集相应的证明材料	(1) 原始资料妥善保管，不应涂改、篡改； (2) 核查站车交接电报或普通记录内容
	6. 编制不带号码货运记录	(1) 货运员根据事故勘查内容，按《事规》要求逐项填写不带号码的货运记录，由货场主任或货运值班员进行审签字后，连同与事故有关的材料、施封锁等在发现当日送交货运安全室； (2) 公安及其他人员会同检查的，应在编制的不带号码的货运记录或普通记录上签字或盖章	(1) 如实记载事故货物及有关方面的当时现状； (2) 在发现当日办理记录及资料实物的交接签认； (3) 不带号码的货运记录或普通记录上的签名与实际参加检查人员相符
	7. 现场核实	(1) 安全员根据货运员编制的不带号码的货运记录，对事故现场和货物进行检查核对； (2) 涉及车辆、集装箱、篷布问题时，要核对保留的事故车、集装箱、篷布等； (3) 对收集的有关资料进行核实	(1) 逐项检查各栏填写内容是否正确，语句是否通顺，发现问题要及时纠正； (2) 核对途中所附普通记录、货运记录及站车交接电报等内容与现车是否相符； (3) 对照记录核实所附资料实物是否正确齐全
三、编制记录	8. 编制货运记录	(1) 根据不带号码的货运记录，编制普通记录； (2) 将不带号码货运记录上的公安或其他人员签名誊写在货运记录相应栏内； (3) 遇附有发站或中途站编制的记录，情况相符时，不再编制记录；情况不符时，重新编制记录； (4) 编制货运记录应加盖单位公章或货运事故处理专用章，还应加盖编制人员带有所属单位名称的人名章，记录有涂改时，在涂改处应加盖编制人员的名章； (5) 按顺序填写自站货运事故（记录、调查、赔偿）登记簿	(1) 货运记录与编制的不带号码的货运记录内容相符； (2) 货运记录编制字迹清晰，用语用词准确、简练、明了，内容完整，实事求是，项目各栏填写齐全； (3) 参加检查货物（车）的有关人员姓名填写齐全，印章齐全； (4) 将已有资料收集归档，编号建卷，做到一案一卷； (5) 不应在记录中作事故责任的结论

续 表

程序	项目	作业内容	质量要求
四、拍发事故速报	9. 确定事故等级	(1) 根据货物损失程度、投保金额估算损失款额; (2) 根据托运人、收货人提供的货物价值测算货物的损失款额; (3) 核定人员伤亡程度	(1) 根据事故现场勘察和货物价格测算货物损失是否构成货运大事故以上等级; (2) 根据医疗机构提供的人员伤亡情况,核定是否构成货运大事故以上等级
	10. 拍发事故速报	(1) 发现重大事故,大事故,火灾事故和罐车装运的压缩气体、液化气体泄漏以及一级毒害品、放射物品被盗丢失,应向有关站、铁路局拍发"货运事故速报",并抄报铁道部、主管铁路局; (2) 拍发货运事故速报前用电话立即逐级报告;情节和后果严重的,铁路局及时向铁道部报告; (3) 货运事故速报要经站长或主管副站长签发	(1) 事故分类认定准确,事故概要叙述清楚; (2) 逐项编写,简明扼要,要求明确; (3) 事故速报在24小时内拍发,内容符合《事规》的格式要求; (4) 主、抄送单位齐全、正确
五、事故调查	11. 查询	(1) 发站编制的货运记录,由发站负责处理,如确实无法联系托运人时,可说明理由并将货运记录的货主页随同运输票据送到站处理; (2) 中途站编制的货运记录,由中途站负责处理; (3) 到站编制的货运记录(包括附有发站和中途站编制的货运记录)由到站负责处理; (4) 一件事故涉及两个以上责任单位时,应作货运记录抄件送有关单位; (5) 货运记录送查时,应附送与事故有关的资料和实物。货运记录送查后,收货人领取货物时表示无意见,及时通知有关站结案。件数不足的货物补送齐全,在向收货人补交时收回记录货主页,及时通知有关站结案	(1) 送查的货运记录,以"货运事故查复书"在编制记录之日起3日内送责任站调查; (2) 附送资料齐全; (3) 事故处理站遇有关单位调查事故时,积极配合,不应以任何理由进行搪塞和阻碍调查; (4) 事故处理站应备存与事故有关的各种资料,以备接受有关单位的调查
	12. 答复	(1) 车站接到调查记录(包括自站编制的记录)、货运事故速报和查询文电后,核实送查记录及附件是否正确、齐全,加盖收文戳记,编号登记在相应登记簿内; (2) 填写查询答复书,向作业人员、班组调查货物承运、装车、挂运等情况,依据调查的情况,按规章进行答复	(1) 编号登记于他站货运事故、货运事故速报登记簿内; (2) 对送查站查询内容认真核实,在规定的期限内答复,保持调查案卷的资料完整; (3) 不应以戳记代查代答,或在他站查复书中签注答复意见; (4) 以事实为依据,以规章为准绳,事故答复用语文明

续 表

程序	项目	作业内容	质量要求
六、事故鉴定	13.原因和损失鉴定	(1) 根据事故性质,鉴定事故发生原因、包装质量和损失程度; (2) 货物发生损坏或部分灭失,不能判明事故发生原因或损坏程度时,在交付之前,联系收货人进行检查或邀请有鉴定能力的第三方进行鉴定; (3) 事故鉴定在发生(发现)站现场就地进行,在现场难以鉴定时,经与收货人或托运人协商同意后,可以移至适当的场地进行鉴定; (4) 由于货物染毒或危险货物发生事故,造成人员伤亡时,应通知劳动保护等有关部门	(1) 事故货物鉴定时,每份货运记录分别编制鉴定书; (2) 事故处理站应积极主动组织事故鉴定,在规定的期限内将事故货物鉴定书送达有关单位; (3) 事故货物鉴定书应加盖鉴定单位的公章,参加人员应签字或盖章
	14.事故分析	(1) 事故发生铁路局对货运重大事故、大事故应立即深入现场组织处理,在规定的时间内组织召开事故分析会; (2) 有关铁路局按处理铁路局的要求派人参加事故分析会,对事故共同分析	认真分析,找出原因,妥善处理
七、事故定责	15.划分承运人与托运人和收货人间责任	(1) 划分承运人与托运人和收货人责任,要依据《中华人民共和国合同法》、《中华人民共和国铁路法》、《货规》等有关规定; (2) 属于承运人责任时,应主动承担责任; (3) 事故涉及托运人、收货人责任和铁路以外其他部门责任时,由到站(铁路局)处理,有关站(铁路局)积极配合	在查明事故情况和原因基础上,按国家有关法律和《货规》及其引申规则、办法的规定,划分承运人与托运人、收货人之间的责任
	16.划分承运人内部责任	(1) 一般事故由到站定责; (2) 大事故、重大事故由发现铁路局定责	(1) 定责公正、准确、合理; (2) 遵守定责程序,尊重定责意见
八、受理赔偿	17.审核赔偿资格	(1) 审核赔偿人是否与货物运单记载的托运人或收货人一致;委托他人代理时应有委托书或委托证明; (2) 确定提出赔偿要求的时间是否在自车站交给货运记录货主页的次日起至提出赔偿要求时止的180天内; (3) 不属于承运人赔偿责任的,说明理由和依据,由处理站答复赔偿要求人	(1) 认真审核,严格把关; (2) 拒赔理由充分,做好解释工作
	18.审核资料	(1) 受理赔偿应审核以下资料: a) 赔偿要求书; b) 货物运单(原件); c) 货运记录货主页(原件); d) 与该事故有关的其他证明文件: ①货票报销联(原件或加盖财务专用章的复印件); ②证明货物价值的有关材料;	(1) 赔偿要求书填记内容准确、清楚,发生涂改应在涂改处加盖赔偿要求人印章;

续 表

程序	项目	作业内容	质量要求
八、受理赔偿	18.审核资料	③物品清单（在发站没有填制的除外）； ④领货凭证（货物全批灭失时应提供）； ⑤事故货物鉴定书（无须鉴定的除外） (2) 审核无误后，向赔偿要求人出具加盖货运事故处理专用章及经办人名章的"赔偿要求书收据"； (3) 按受理日期依次登记于"货运事故赔偿登记簿"内	(2) "提赔单位名称或姓名"、"提赔单位（公章）、姓名（名章）"栏的内容与货物运单记载的收货人或托运人相符； (3) 开户银行名称与账号填写完整，不允许涂改领款地点、通信地址详细； (4) 赔偿材料齐全、完整
九、办理赔偿	19.赔偿与清算	(1) 依照"货运事故赔款通知书"（以下简称"赔通"）记载的赔偿要求人开户银行、账号，以及同意赔偿的金额，通过银行支付给赔偿要求人。除个人及无银行账号的个体经营外，不应以现金支付； (2) 凡由处理站（铁路局）最后确定责任的事故，责任站（铁路局）应尊重其处理意见，及时转账，不允许退回"赔通"； (3) 铁路对托运人或收货人办理赔偿后，事故赔款由处理单位按铁道部有关规定向责任单位清算账	(1) 明确为承运人责任的保价事故可对外先偿付，然后划分铁路内部责任； (2) 办理保价运输的货物，全批货物损失时，按实际损失赔偿，但赔偿金额最高不超过保价金额；部分损失时，赔偿金额按损失货物占全批货物比例乘以保价金额； (3) 未办理保价运输的货物，依照实际损失赔偿，但最高不超过国务院铁路主管部门规定的赔偿限额
十、诉讼	20.诉讼	(1) 赔偿要求人向法院提起的诉讼案，由被告单位出庭答辩； (2) 涉及被告单位以外的铁路其他单位责任时，被告单位应通知有关单位提供答辩意见和相关证据； (3) 法院一审判决后，是否需要上诉，被告单位应与有关单位商定后决定	(1) 应诉单位代表承运人，依据法律，做好应诉； (2) 有关单位应积极配合，提供相关证据； (3) 法院调解处理的案件，被告单位应征求铁路内部责任单位意见
十一、分析	21.分析	(1) 一般事故由责任站召开事故分析会； (2) 大事故、重大事故由责任铁路局召开事故分析会	(1) 按规定的时间召开事故分析会； (2) 查明原因，吸取教训，制定和落实防范措施； (3) 分析事故应坚持"四不放过"的原则，提出事故定责依据和处理意见，落实事故责任班组和责任人，并结合处理情况，进行安全生产教育
十二、事故统计	22.统计	(1) 统计 对于责任事故（不论是否发生赔款）及未构成事故的责任赔款，均应按规定逐件统计； (2) 报告 一般事故由车站，大事故、重大事故由铁路局逐项填写"货运事故报告表"，随货运事故统计报告和货运事故分析报告同时逐级上报	(1) 货运事故统计真实准确，由下而上，按时上报； (2) 货运事故报告表填写齐全，内容简练明了

续 表

程序	项目	作业内容	质量要求
两无货物处理	1. 编制记录	(1) 自车站发出催领通知的次日起（不能实行催领通知时，从卸车完了的次日起），经过查找，满30日（搬家货物满60日）仍无人领取的货物或收货人书面拒绝领取的货物，托运人又未按规定（接到通知之日起30日内）时间提出处理意见的货物，应按无法交付货物处理，按批编制不带号码的货运记录，报告货运安全室； (2) 车站清理货区（库）发现货件上无标记以及铁路沿线拣拾和公安交来的无标记事故货物、已经赔偿后又找回但拒领的货物、车站内散落的零件、货底以及其他无票、无标记事故货物，应按无标记事故货物处理，按批编制不带号码的货运记录，报告货运安全室； (3) 安全室根据编制的不带号码的货运记录，审核无误后按批编制货运记录	(1) 无法交付货物记录编制应重点记载货物到达、卸车时间和催领方式、时间及次数； (2) 无标记事故货物记录编制应重点记载发现的情况，件数、品名、包装及特征，内品数量、规格、尺寸、颜色、生产厂家及每件重量等
	2. 收集保管	(1) 确定为两无货物后，应移至两无货物仓库保管； (2) 根据编制的货运记录，按编号顺序登记于"两无货物登记簿"内； (3) 管理台账的安全员及时登记入账，并与保管两无货物的安全员进行账物核对； (4) 对军运物资、历史文物、珍贵图书、重要资料和违禁物品等在移交前应妥善保管	(1) 不允许以货车、集装箱或作业库区代库； (2) 对每批货物进行编号并拴挂"事故货物标签"，分批码放，堆码整齐； (3) 台账与实物应分别由专人管理，账物相符
	3. 查询及处理	(1) 自货运记录编制之日起3日内送查发站，并填制"无法交付货物通知书"，主送托运人，抄送收货人。托、收货人和发站超过30日仍不答复的，即可上报变卖处理。 (2) 无法交付货物，托、收货人提出领取的，应支付有关费用办理交付后，按批注销。 (3) 对鲜活、易腐等不宜长期保管的货物，由车站口头向铁路局请示后，可先行处理，并补报审批手续。对易燃、易爆、放射性、剧毒物品等按照《铁路危险货物运输管理规则》有关规定及时办理。 (4) 对无标记事故货物，经核实原有丢失、短件案件时，应并卷处理；能判明到站的，凭货运记录货主页向到站回送；能判明装车站的，向装车站回送。 (5) 军运物资、历史文物、珍贵图书、重要资料和违禁物品等，分别向省（军）级的军事、公安、文化等主管部门无价移交，并作好移交记录，不允许交给其他部门或自行处理	(1) 发站接到查询文电或记录应在3日内主动联系托运人，提出处理意见； (2) 在保管期内仍要努力寻找线索，尽力做到物归原主

续 表

程序	项目	作业内容	质量要求
两无货物处理	4. 报批变卖	(1) 报批 车站两无货物处理小组审核后，无法交付货物按规定上报当地有关部门审批，当地有关部门不办理审批的，上报主管铁路局审批；无标记事故货物按规定上报主管铁路局审批； (2) 变卖 车站接到书面批复意见后，按规定将货物移交处理单位处理或变卖； 两无货物变卖所得价款，应先扣除该货物的搬运、劳务等费用后上缴	(1) 报批手续、程序符合规定； (2) 对于报批手续认真审核，按程序批复； (3) 变卖处理应有批复文件，并做到以质论价，价格合理

程序一（事故发现）

在货运事故发现中明确了抢救处理和事故报告两项要求。在事故处理过程中抢救和报告这两项工作基本是同步进行，不分先后。为了分清每项工作的重点，所以在以下条文中分别阐明。

【项目1】抢救处理

在事故抢救处理过程中，一是要查阅货物（车）的运输票据，了解货物的具体品名与特性，确定施救方案及采取相应的措施，特别是危险货物要根据特性对施救人员采取必要的防护，以免在施救过程中造成人员伤亡；二是要积极抢救货物，采取保护措施，将损失减少到最低限度；三是为避免造成其他货物损失，先抢救将波及的相邻货物或及时隔离相邻车辆；四是根据事故性质或有关部门的要求，组织人员疏散，保护好事故现场和必要的物证，如封印、票据等。

【项目2】事故报告

发现事故后，发现人员要按照规定立即向有关部门领导或货运值班员报告，并及时通知货运安全员。货运安全员必须及时到达事故现场，对事故情况进行调查处理。

发现货运重大、大事故，火灾事故，罐车装运的压缩气体、液化气体泄露，以及一级毒害品、放射性物品、枪击弹药被盗丢失时，发现人员要立即向有关部门、有关领导报告，并用电话逐级报告。火灾事故要立即向公安消防部门报警。列车火灾还要及时向行车调度报告，以利列车在就近车站或有施救条件的车站停车及采取列车隔离措施。危险货物具有易燃、易爆、中毒、腐蚀的特性和专业性，在运输过程中一旦发生事故，由于施救不及时，极易扩大蔓延，产生不可预想的后果。对罐车装运的压缩气体、液化气体泄漏要及时通知就近的专业部门会同押运人员妥善处理，并向公安部门报告，保护现场，以免产生不良后果。

发现毒害品、放射性物品及枪支弹药被盗丢失要及时向公安部门报案，保护好现场，由公安部门侦破，以免流入社会造成危害。

发现活动物死亡和食品染毒，无法判明原因时，要及时通知防御部门到现场指导卸车、处理和查明死亡及染毒情况。

对海关监管的货物，《管规》规定："对到达的海关监管货物，车站应按照海关监管的有关规定办理"。《中华人民共和国海关法》规定："海关监管货物，未经海关许可，不得开拆、提取、交付、发运、调换、改装、抵押、质押、留置、转让、更换标记、移作他用或者进行其他处置。海关施加的封志，任何人不得擅自开启或者损毁"。海关监管的货物发生事故，应在海关监管人员的指导下卸车处理。

军事运输的货物发生事故，按照《铁路军事运输管理办法》的规定及时通知军代处共同研究处理。

事故涉及车辆技术状态时，要通知车辆部门到现场对车辆做出检查记录。如活动物死亡或食品染毒，属于车辆原因时要对事故车辆扣留并查明车辆来源及原装过何物及性质，以利于事故的处理。

保险运输的货物在运输途中发生火灾、爆炸，整车货物发生腐烂变质事故，无法继续运输时，要及时通知保险公司到现场勘察处理。

对事故报告要及时准确，反映情况要清楚明了，要报告事故的种类、货物品名、发现地点、时间和已采取的措施及当前事故的现状等。

程序二（现场处理）

现场处理包括事故勘察、货物清理、收集资料和编制不带号码货运记录4个作业项目，是事故处理工作最基础、最重要的环节。没有对事故现场的认真勘察就无法判明事故的原因，没有对货物的认真清理就无法确定事故的具体损失，不认真收集与事故有关的资料就无法明确和判明事故责任，就无法实事求是地编制货运记录。所以，事故处理人员接到报告后要及时深入事故现场，进行认真调查处理，了解和掌握第一手资料，为正确处理事故打下良好基础。

【项目3】事故勘察

发现货运事故，要认真勘察事故现场并如实记载勘察情况。要充分利用现代化的设备处理事故，特别是对于损失较大或难以判明责任的事故，对事故现场进行拍照，有条件地也可以进行摄像，以证明事故现场的真实情况。

事故勘察是按照《事规》规定的7类货运事故分别进行叙述。对每类事故的勘察工作重点进行说明。事故勘察工作是货运记录编制、事故定性、责任划分等工作的基础，不认真做好事故勘察工作，就无法做好事故的善后处理。所以要认真对待事故勘察工作。

（1）火灾

火灾事故是指在铁路运输过程中，由于运输物资或运载货物的车辆、集装箱发生失去控制的燃烧，造成货物、仓库、货车、设施、运输物资损失和人员伤亡等后果的灾害。

发现运行中的列车火灾，首先要通知调度人员，由调度人员采取就近车站停车、隔离火灾车辆并送到有施救条件的地点等措施，同时通知车站和报警，以便及时做好施救前的准备。特别对棚车、集装箱火灾事故要在充分准备好施救的情况下才能打开车门、箱门，

学习情境三 包装货物运输组织

以免进入空气造成更大的火势,给施救工作增加难度。其次要配合公安消防部门做好事故的调查取证工作,查明列车车次、发现火灾时间、列车到达时间、事故车辆编挂位置和隔离情况及上一责任货检站检查情况;检查货物在车(箱)内装载情况、起火部位及四周货物烧损情况、车辆(箱体)状态及车底板、闸瓦、防火板等是否良好和门窗关闭状态、施封加固、烟囱口关闭加固情况,并将封印妥善保管;了解牵引机车类型、防火网孔尺寸规格、电力机车接触弓架状态、接触网导线最大驰度距钢轨顶面的高度和距货物装载(苫盖物)高度等及检查敞车的篷布苫盖、绳索捆绑状态、货物包装加固、包装衬垫等情况。

发现货场火灾时,一是要查明起火部位、仓库电线、灯具等情况;二是了解事故货物所在位置,周边货物现状,卸入库(区)时间和交接检查情况;三是了解货场内的治安状况及装卸机械防火等情况。

(2) 被盗

被盗事故与丢失事故的区别在于是否有被盗痕迹。对于包装封条开裂、捆匝脱落、内品短少或被调换,除能证明被盗外,按丢失事故处理。货物全批灭失、件数短少、包装破损内品短少按丢失事故处理。货车破封不能一概视为被盗,是否属于被盗要确认货物有无被盗痕迹。

按照《事规》对货运事故统计的要求,被盗事故包括货场被盗和其他被盗,其他被盗包括列车货物被盗,不论在什么地方发现货物被盗均要按照规定及时向公安部门报案,会同公安部门勘察事故现场,清点货物,做出记录,并请公安部门签字证明。

①发现货车货物被盗时,要确认列车车次、编挂位置、到达时间、卸车时间和完了时间,并了解上一责任货检站是否有站车交接电报及列车在途中有无保留等情况。

②对棚车、冷藏车要重点检查车体、门窗关闭状态及施封加固等情况。罐车要重点检查罐体状态、下部卸油阀加固及施封状态、上部进人孔盖拧固及施封状态。敞车苫盖篷布的要确认是路用布还是自备布并检查篷布苫盖状态、绳索捆绑状态,篷布有破口时,要确认破口位置、尺寸、站车交接能否发现、检查破口处货物状态,路用布还要确认篷布号码;未苫盖篷布的要检查货物装载和表层货物现状。集装箱装运的货物重点检查箱体、配件、箱门关闭、施封、加固及集装箱在车内装载位置,箱与箱、箱与车辆端侧板间的距离;箱体有破损时要确认破损部位、尺寸、新旧痕迹、破口处货物状态和箱内货物装载现状及所空容积等。

③货场内发现货物被盗时,要查明货物卸入货区、仓库的时间,了解作业班组、货运员当时卸车及货物在库(区)内堆码情况,相邻货物进出库区情况、事故货件的码放位置及库(区)货运员交接签认情况,及货场内的治安状况,有无闲杂人员出入和货场管理现状等。

(3) 丢失

丢失事故是指在铁路运输过程中全批货物未到或部分货物短少,没有被盗痕迹的货运事故。

①发现货车(箱内)货物丢失:首先要查明车辆到达时间、列车车次、开始作业和卸车完了时间,再根据车辆情况进行重点检查。

A. 棚车、冷藏车:车体是否完好,如有破损应确认破损位置和尺寸、新旧痕迹、门

 铁路一般条件货运组织

窗加固、施封状态、车内空隙能否容下所少货件。

B. 罐车：车体是否完好，如有裂缝要记明裂缝位置和尺寸，下部卸油阀加固及施封状态，上部进人孔盖拧固及施封状态。

C. 集装箱：在车内装载位置及箱门朝向、施封、箱门关闭、加固情况、箱体状态，如有破损要确认破损位置、尺寸、新旧痕迹、破损处距车辆端侧板和箱与箱间的距离，确认箱内空隙能否容下所少货件。

D. 敞车：苫盖篷布的要确认苫盖、捆绑情况，路用布要核实号码；未苫盖篷布的要检查货物装载现状，有定型装载加固方案或散堆装货物画线的，要根据定型装载加固方案或原画线测定所少货物。

发现包装破损内品短少时，要确认破件在车（箱）内装载位置，包装状态和破损位置、尺寸及记明现有货物品名、数量或现状，根据货物性质需要检斤的重量。

②货场内发现货物丢失：查明货物卸车入库（区）时间，卸车班组、货运员、库区货运员的交接情况、码放位置及相邻货物进出库情况等。发送货物要查明进站入库时间及货运员签收交接情况。

（4）损坏

按《事规》规定，货物发生破裂、变形、磨伤、摔损、部件破损、湿损、漏失的属于损坏事故。

发现货物损坏，检查货物在货车内或集装箱内的装载位置、高度及所接触货物有无窜动或冲撞痕迹，特别是对机械类货物包装出现破损时，要确认包装状态、破损部位、尺寸、内货固定、衬垫及隔离情况，底托、支架立柱、横梁等有折断或变形，以及周围衬垫材料破损、脱落、丢失情况，要对该处货物裸露部位表面进行检查，记明现状，确认包装上的储运标志，起重工具及吊卸方式是否符合规定。敞车、平车装运的货物要检查篷布质量和苫盖、捆绑加固状态，加固材料质量、规格、加固方案是否符合《铁路货物装载加固规则》的规定。

集装箱装运的货物，发现货物湿损，要确认湿损货物在货车或集装箱内的装载位置、湿损数量及程度。检查车辆、集装箱的定检修单位和时间，并进行透光检查，记录车体或箱体不良部位和尺寸，是否透光，箱门配件及密封条等情况。涉及车辆问题要会同车辆部门检查，并做出检查记录。

货物在库（区）内发生湿损时，要确认卸车时间、仓库是否漏雨，露天存放的货物是否苫盖篷布及篷布质量，有无衬垫。

中途站发现货物损坏，编制记录后仍继续运输时，对事故货件都要拴挂事故货物标签；发现箱装或集装架装玻璃、固体药品（包括中成药）、草捆瓷器、箱装瓷砖、包装完好内品损坏时，可不开装清点，但在货运记录内要记录损坏件数和包装现状，拴挂事故货物标签后继运到站处理，由到站交付时会同收货人共同开箱清点，在交付当日补充编制记录证明损坏情况。到站卸车发现上述货物包装完好内品损坏时，也可不打开包装清点，但要在卸车当日编制货运记录记明损坏件数和现状，交付时会同收货人共同开箱清点，并在

交付当日补充编制记录记明损坏情况。

（5）变质

变质是指由于货物本身属性或环境条件不能满足其特殊要求，而发生的质量变化。按《事规》规定，货物在铁路运输过程中发生腐烂、植物枯死、活动物非中毒死亡属变质事故。

铁路处理的变质事故，通常是指鲜活货物及托运人按鲜活运输条件办理的货物发生的变质事故。

按《铁路鲜活货物运输规则》（以下简称《鲜规》）规定，鲜活货物系指在铁路运输过程中需要采取制冷、加温、通风、上水等特殊措施，以防止腐烂变质或病残死亡的货物；托运人认为须按鲜活货物运输条件办理的货物。鲜活货物分为易腐货物和活动物两大类。

托运人托运易腐货物，应在货运运单"货物名称"栏填记货物名称，并注明其品类、顺号及热状态，同时在"托运人记载事项"栏内注明易腐货物容许运输期限（日数）。易腐货物容许运输期限至少须大于铁路规定的运到期限3日时，发站方可承运。

①发生变质事故后，首先要查明运输条件、到达时间、承运时间、卸车时间和货物运单、货票、封套、列车编组顺序表记载的有关事项是否符合规定，再按照运输条件及运输方式和使用的车辆情况重点检查以下事项。

A. 机械冷藏车：检测车内外温度、检查车门胶条密封现状、车门加固、施封情况，货物温度、货物在车内装载方式、高度，变质货件装载位置、货物包装方式、质量及内部衬垫情况，确认运单、货票、封套、列车编组顺序表上标记有无容许运到期限、易腐货物及标记等，了解乘务人员在发站承运装车过程、时间、装车距离、货物装车前的检查情况和当时车内温度、车外温度及沿途运输等情况，核实车辆控温，"机械冷藏车装车通知单"和"机械冷藏车作业单"、乘务报表等填记情况。

检查车内冷风及循环挡板、通风等通风循环设备，以及测温头、恒温控制感温头、排水孔等设备状况及使用状况。

B. 加冰冷藏车：检查车内外温度，货物温度，施封情况，车门胶条密封现状，冰箱现有冰盐浓度及存量，排水器的阀座是否清洁，橡皮圈是否完好，上排水管是否压紧在阀座上，车下水封是否保持在水平位置，循环挡板和网格板是否完好，4个排水器与冰箱的连通管是否良好及车顶部对角方向第一个、第二个冰箱之间两个通风口是否完好畅通等。

检查货物装载方式、高度、包装及内部衬垫是否符合规定，确认变质货件在车内码放位置及周围货物情况，核实货物运单、"加冰冷藏车作业单"、封套、列车编组顺序表记载的有关内容，装车前加冰盐数量及预冷时间、装车前车内及货物温度，装车后补冰盐数量，到达前一加冰站冰箱内残留冰盐数量及浓度和沿途加冰盐情况等。

C. 棚车、敞车：按《鲜规》附件六的规定，运输易腐货物时，要优先使用冷藏车装运。由于运量集中，冷藏车不能满足需要时，承运人可根据托运人的要求，使用棚车、敞车代替冷藏车装运，但易腐货物的质量是否符合棚车、敞车运输，由托运人负责确定。使用棚车、敞车运输易腐货物，易腐货物质量、包装及装载均须符合"易腐货物使用棚车、敞车运输条件表"的规定。对未规定具体条件的易腐货物，托运人应事先与发站商定运输条件，报铁路局批准。

使用棚车、敞车装运的易腐货物发生变质、火灾事故时，首先要确认是否符合棚车、敞车装运易腐货物的条件和按规定采取防寒、保温、隔热的措施；其次了解货物性质，装车、挂运、到达及卸车时间；再次检查货物装载方法、包装及内部衬垫和加固、苫盖、隔离等情况。

②活动物死亡：发现活动物死亡时，要立即通知防疫部门确认死亡原因，并索取检疫证明。

了解在发站是否给每位押运人发有"押运人须知"，装车挂运情况，并确认在发站托运人托运活动物时，是否按照国家有关规定提出检疫证明和随票据传递及在货物运单上记载有检疫证明名称和号码，确认使用车辆、押运人数量是否符合规定等。

了解押运人沿途上水及护理情况，装运的活鱼、鱼苗使用的容器、加氧等是否符合规定，确认车辆是否插有"禁止溜放"和"限速连挂"表示牌，货物运单、票据封套上是否规定标明隔离标记。

涉及车辆、隔离问题时，要保留原车并查明来源，核实沿途运输车辆隔离情况及发站是否按照规定在货物运单、货票、封套、装载清单内注明有"活动物"字样。

托运人办理蜜蜂托运时，应提出有效的蜜蜂防疫证明和押运人员的养蜂工作证（或居民身份证），并按车填写物品清单一式3份（1份发站留存，1份随票到站，1份交托运人），以证明蜜蜂的空箱数、有蜂箱数、押运人所带生活用品、饲养工作及蜜蜂饲料等。而且，所带的饲料数量要满足大于货物运到期限4日的喂养需要。为放蜂所带的狗必须装入铁笼内，并提交检疫证明。

装蜜蜂的车辆与整车的敌敌畏、1605、1059等农药车不得编挂同一列车内，如因车流不足，分别挂运有困难时，在本次列车全过程内不发生列车折角转向运输的条件下，可编入同一列车内，但应将蜜蜂车挂于农药车的前部，并隔离4辆以上。蜜蜂车和生石灰车编挂在同一列车内时至少应隔离2辆。

③植物枯死：发生植物枯死，一是要确认托运人是否按鲜活易腐货物运输条件办理。托运人托运《鲜规》附件一表内未列明的易腐货物时，要确认托运人是否与发站商定运输条件和铁路局的批准命令。二是要按照运输条件核实货物运单、货票、封套及列车编组顺序表所记载的有关事项是否符合规定。了解发站承运时货物质量、装载方法、包装及装车挂运、到达时间，如需动植物检疫部门确定死因的，要及时通知动植物检疫部门鉴定，索取检疫证明。

(6) 污染

污染事故包括普通货物被污损、染毒，活动物中毒死亡等。

①发现货物污损要查明事故货件在货车（箱）内装载位置、包装状况，周围货件装载情况及有无撒漏情况，查明被污损货物和污染源货物的性质、名称和污损数量、程度，检查车辆内外是否贴有"洗刷除污标签"及车辆清扫、衬垫情况，涉及车辆原因时要查明车辆来源及原装过何种货物。

学习情境三　包装货物运输组织

货物在仓库（区）内发生污损，要查明事故货物卸车入库时间、库区货运员交接情况、周围货物性质、有无撒漏现象和原货区堆放过何种货物等。

②粮食、食品污染或人员中毒，立即将中毒人员送医院抢救，同时通知卫生防疫部门卸车检查并按其指导意见处理，保留原车并查明来源和原装何种货物。车辆如果装有毒害品，首先要查明配装、隔离是否符合规定，再确认危险货物包装是否符合规定和撒漏的情况。

③活动物中毒死亡，要立即通知卫生防疫部门会同卸车检查、化验处理，查明车辆来源和原装何种货物及车辆沿途挂运、隔离情况。

（7）其他

其他事故包括整车、整零车、集装箱车的票货分离和误运送、误办理、误交付、误编、伪编记录以及其他造成影响的事故。

①票货（车）分离。发现货物或车辆无票到达时，要根据货物上的标签或列车编组顺序表上的到站编制货运记录向正确到站继运，并向装车站或编组站调查票据去向。无法确认到站时，要立即编制货运记录向货物装车站或列车编组站调查货物（车）的正确到站；发现有票无货物（车）时，要编制货运记录向装车站或编组站调查货物（车）的去向，属中转的货物（车）要立即将票据寄送正确到站。

②误运送。发现货物（车）误到时，要查明货物（车）的正确到站，并编制货运记录向正确到站回送。

③误办理。通常是指误办到站、违法营业办理限制等情况，要立即向发站拍发电报并编制货运记录查询，发站接到电报或货运记录后，要立即联系托运人查明正确到站或收货人，并取得托运人的有效证明文件，如货物到站有办理限制时，由托运人提出变更，变更要求到最近的车站卸车。

④误交付。发现货物误交付，一要核实票据存查联上记载的托运人、收货人全称和提取货物单位（或个人）的领货凭证及证明文件、担保书、公章和身份证号码；二要查明货物卸车、交付时间和入库、存放及票据、货物交接情况；三要联系发站和托运人查明正确收货人；四要追查货物下落，如有诈骗嫌疑的及时向公安部门报案。

⑤误编、伪编记录。在《事规》责任划分条文中规定了伪编、误编、漏编和迟送查货运记录的责任。"伪编"记录，是从记录编制开始就弄虚作假，嫁祸于人，是故意行为，对"伪编"记录的行为，不但单位要承担事故责任，而且如造成损失严重，一旦触犯法律，个人也要承担法律责任。所以各单位、各级领导对这种问题要认真分析处理，追查责任。"误编"记录，是在编制记录中词不达意，即明显笔误以致不能正确反映现场情况，是无意的，属于业务素质问题，需要加强业务学习，不断提高业务水平。"迟编"记录，即超过《事规》"须在发现当日按批（车）编制记录"的规定时间。"迟送查"记录，即超过《事规》规定的：自编制之日起3日内送责任站调查。

【项目4】货物清理

货物清理工作是货运事故处理工作主要组成部分之一，是认定事故损失的关键，是记录编制工作的基础依据之一。所以，事故发生后要根据事故性质做好善后清理并列出清理

清单。

一是要将事故货件与完整货件分类码放;二是要根据票据、物品清单或装箱单、箱标记载数量逐件清点;三是对涉及数量无法清点的要将事故货件和完整货件分别检斤,但中途站可只对事故货件进行检斤,并分别记载在记录和事故货物标签中;四是要对现场残留的无价值的残货、残渣进行妥善处理,避免污染环境;五是对事故货件进行包装整修或更换包装,防止损失扩大。

【项目5】收集资料

涉及事故的有关资料,对事故处理和案件的诉讼至关重要,它关系到责任的划分和责任认定。所以,事故发生后事故处理人员要根据事故性质,收集相关资料并妥善保管。

与事故有关的基本资料包括货物运单、货票、封印、装载清单、物品清单、列车编组顺序表、站车交接电报、普通记录、上水加冰电报及随票同行的各种原始单据、记录、防疫证明、加冰冷藏车作业单、机械冷藏车作业单和乘务报表、海关有关证明文件、列车到达时间、调送单、作业时间及作业班组、人员的证明材料等有关资料。

涉及车辆问题时,要取得车辆部门的技术检查记录。

涉及检疫、防疫、海关、公安、气象等部门时,要向有关部门收集相应的证明材料。

涉及包装、价格问题时,要取得包装鉴定部门的事故鉴定书及工商、物价部门的价格证明文件等。

【项目6】编制不带号码货运记录

不带号码记录通常是指货运员发现事故的当时对现状的原始记载,是编制带号码货运记录的基本依据。通常也叫事故报告书或草记录。货运人员编制不带号码的货运记录,要依据事故勘察、货物清理和收集资料的情况,如实地逐项填记在记录内,并由值班员审核签字后送交货运安全人员处理,会同公安或车辆部门人员检查卸车的,应由参加检查人员在编制的不带号码货运记录或普通记录上签字或盖章。

《事规》规定:不带号码的货运记录只限作抄件或货运员发现事故时报告用。

(二)事故调查与定责

在事故处理过程中,有些作业内容也许会有一些交叉,也许会同步进行,要根据实际情况处理事故。事故调查为了符合铁道部"快速调查"的要求,必须严格按照事故调查的程序,有异议的站段不得来回退卷。对货运事故发生的原因和责任的认定,必须坚持调查研究,查清事实,根据国家法律和行政法规的有关规定进行处理。划分事故责任应以事实为依据,规章为准绳。在查明事实和原因的基础上,首先,应按国家有关法律法规和《货规》及其引申规则、办法的规定划分承运人和托运人、收货人之间的责任。其次,铁路内部各单位之间的责任划分,按照《事规》附件二规定办理。

事故调查与定责包含5个程序,10个作业项目,其具体内容及质量要求如表3-5所示的程序三到程序七。

程序三(编制记录)

编制货运记录的基本要求:要求实事求是,严肃认真,对事故现场和货物进行检查核对。遇《事规》第九条规定以及其他需要编制货运记录的情况，在发现当日按批（车）编制货运记录。

【项目7】现场核实

货运安全人员接到货运员编制的不带号码的货运记录后，一是要核对所附的事故相关资料是否齐全正确。二是要核实记录各栏填写是否齐全正确。三是货运安全人员要到事故现场核对事故货物。四是要对涉及的车辆、集装箱、篷布问题进行核实。为正确分析事故和事故定责，事故发现站应及时征求有关单位意见，根据有关单位意见决定是否保留车辆、集装箱、篷布。为了避免车辆、集装箱、篷布停留时间过长，有关单位应在第一次查复的电话或电报中说明是否要保留，否则事故发现站视情况排走车辆、集装箱、篷布后，有关单位不得提出异议。五是发现问题要及时纠正。货运员在事故现场编制的不带号码的货运记录，应实事求是，不应漏项或词不达意，货运员对影响事故定责、定损的词句、内容等关键之处不得改动，安全员不得涂改货运员编制的不带号码的货运记录。

【项目8】编制货运记录

货运记录是对事故现状的原始记载，用以划分责任，提出赔偿的依据。所以货运安全人员要根据货运员编制的不带号码的货运记录和中途站编制的货运记录，实事求是地编制货运记录。货运记录要用词准确、内容简练明了，字体工整清晰，项目各栏填写齐全，不得在记录中作事故责任的结论。对参加检查的人员要如实填记于相对栏内，货运记录上除要求加盖单位公章或货运事故处理专用章外，还要求编制人员加盖带有所属单位名称的人名章，同时要求参加检查货物（车）的有关人员签字或盖章，其目的在于证明记录的真实性和了解记录编制的有关情况。遇记录个别处有涂改时，在涂改处加盖编制人员的人名章，但影响事故定责、定损的关键处不允许涂改。一辆货车内两批以上的货物发生事故，编制两批以上不带号码的记录的货运员必须是同一人、编制两批以上货运记录的货运安全员必须是同一人。货运记录的"编制人"为实际誊写记录的货运安全人员。

因记录某一项漏填、误填或事故情况记载不具体，以后做了补充，不应影响事故分析和判定责任。编制货运记录重点要符合《事规》附件一的要求。

编制货运记录的日期为发现事故的当日（自然日）。按《货规》规定：货物的运到期限满期后经过15天，或鲜活货物超过运到期限仍不能在到站交付货物时，车站应于当日编制货运记录交给收货人。因承运人责任，将货物误运到站或误交付，承运人应编制货运记录将货物运到正当到站交给收货人。

遇附有发站或中途站编制的记录，卸车时应按照记录记载的情况，认真核对现货，情况相符时，不再编制记录，货主页交收货人，另作抄件留存；情况不符时，应重新编制记录，调查页送责任站调查，原记录货主页留存。

记录编制后，要按顺序填写在自站货运事故（记录、调查、赔偿）登记簿内（如表3-6所示），并与不带号码货运记录装订在一起，连同有关资料一并妥善保管。

表 3-6　　　　　　　　　　货运事故（记录、调查、赔偿）登记簿

顺序号	记录			发站	到站	运单号码	品名	事故种类	事故等级	送出或到达月日	责任者及处理结果	结案日期	赔偿					记事
	编制月日	编制站	编号码										要求人	要求款额	受理月日	结案月日	核赔款额	赔款通知书号码	
1	2	3	4	5	6	7	8	9	10	11	12	13	14	15	16	17	18	19	20

程序四（拍发货运事故速报）

根据《事规》规定事故等级和范围确定发生货运事故后是否拍发"货运事故速报"，对损失 10 万元以上以及可能造成严重后果或影响较大的事故都需拍发"货运事故速报"。拍发"货运事故速报"是为了使事故有关单位引起足够的重视，及时对事故进行调查处理，采取有效的措施，保证事故得到妥善处理，减少损失。

【项目 9】确定事故等级

确定事故等级是按货物的实际损失及其他直接损失，若车站难以确认货物的实际损失，应及时与托运人、收货人联系。车站发现事故的当时难以确认是否构成大事故时，可以在速报内记明"估计损失在 10 万元以上"。

按照《事规》规定，货运事故分为 3 等：重大事故、大事故、一般事故（判断标准见表 3-2 所示）。

根据事故等级的不同，处理级别的规定也不同。重大事故、大事故由铁路局负责调查处理，一般事故由站段负责调查处理，而且重大、大事故要在 24 小时内拍发"货运事故速报"。由此可见对事故等级的确定十分重要。发生事故后，首先要确定事故等级。等级的确定要根据事故的性质和对事故现场的勘察、事故货物清理情况确定损失数量、程度，按照货物价值的保价、保险金额和托运人或收货人提供的货物价格，测算货物损失款额；造成人员伤亡的根据医疗、劳动部门提供的伤亡情况等确定货运事故等级。

【项目 10】拍发事故速报

发生货运事故有 3 种情况须拍发货运事故速报：①重大事故；②大事故；③一般事故中的特殊事故情况，即：火灾事故和罐车装运的压缩气体、液化气体泄露以及一级毒害品、放射性物品被盗丢失等。货运事故速报要经站长或主管副站长签发，是为了保证货运事故速报的严肃性，及时处理事故。

拍发货运事故速报要依据确定的事故等级，对构成的货运重大、大事故和火灾事故及罐车装运的压缩气体、液化气体泄露以及一级毒害品、放射性物品被盗丢失事故未构成货

运重大、大事故等级,但因情节和后果严重的均应在 24 小时内向有关站段、铁路局拍发"货运事故速报",并抄报铁道部、主管铁路局。同时,在拍发货运事故速报前用电话立即逐级报告。情节和后果严重的,铁路局要及时向铁道部报告。"情节和后果严重的"是指剧毒品、液化气体泄露等有大面积燃烧、爆炸、人员中毒伤亡和严重污染环境的事故,以及铁路局认为其他特殊情况后果严重的事故。对火灾事故和罐车装运的压缩气体、液化气体泄露以及一级毒害品、放射性物品发生被盗丢失时,货运事故速报要抄报有关公安部门。

货运事故速报内容如下:
(1) 事故等级、种类;
(2) 发现事故的时间、地点;
(3) 货物发站、到站、品名、承运日期;
(4) 车种、车型、车号、货票号码、办理种别、保价或保险金额(金额前注明"保价"或"保险"字样);
(5) 事故概要;
(6) 对有关单位的要求。

拍发货运事故速报要按照《事规》规定的格式逐项(1~6 项加括弧作为代号)填写,简明扼要,要求明确,事故概况叙述清楚,事故种类认定准确,同时要注明"保价"或"保险"字样及保价、保险金额。

"货运事故速报"中"对有关单位的要求",应该是拍发电报单位对平级或对下级有关单位的要求,发站或到站接到电报后,涉及需要托运人或收货人会同处理事故的,要立即通知托运人或收货人配合处理。

【例 3-4】根据以下案例拍发货运事故速报(题中未详述条件可自拟)。

砀山站 2007 年 6 月 9 日承运到荆门站(运价里程 883km)鲜梨一车,货票号码 63548,件数 1200 件,纸箱包装,重 30t。托运人在运单"托运人记载事项栏"内注明容许运输期限 9 日,保价金额 8 万元。装 $P_{62}/3536531$,施封两枚,封印号码 F00001、F00002。该车 6 月 20 日 17 时 30 分到达荆门站,到站货检门窗关闭无异状,施封良好,开启车门见车底板有积水,纸箱包装有不同程度受潮,车容未满,卸后清点件数为 1180 件,较运单记载短少 20 件,开箱检查内货全部腐烂,收货人称货物价值 105000 元。

解:由于收货人称货物损失达 105000 元,超过 10 万元,视为大事故,应在 24 小时内向有关站、铁路局拍发"货运事故速报",并抄报铁道部、主管铁路局。具体速报范例如下:

主送:砀山站、济南铁路局
抄送:铁道部运输局、武汉铁路局

货运事故速报

(1) 大事故、变质。
(2) 2007年6月20日、荆门站。
(3) 砀山站、荆门站、鲜梨、070609。
(4) P_{62}/3536531、63548、整车、保价金额80000元。
(5) 砀山站发荆门站整车鲜梨，6月9日承运，6月20日到达。货物运单记载容许运到期限9日，实际运输时间11日，到站卸前货检车况无异。该车实卸1180件，较运单记载1200件不足20件，经检查所卸货物全部腐烂。收货人称损失约10.5万元。
(6) 请发站查复承运详情并顺查该车运行途中编组挂运情况告我。

荆门站第0011号电

程序五（事故调查）

事故调查是针对货运事故的原因和责任进行查询，对于需要调查的内容应一次性提出，答复的内容也应齐全，不能按规定期限答复须说明原因。必须严格按照事故调查的程序，对责任有异议的单位可按《事规》规定上报，不得来回退卷。

【项目11】查询

表3-5中相应栏目明确了对于发站、中途站、到站编制记录及记录送查等事项，下面就此做进一步详细解释。

(1) 发站编制的货运记录，按以下程序处理：

货物承运前（办理承运前保管的货物除外）发生货运事故，不应编制货运记录。货物承运后（包括承运前保管的货物）发生货运事故，应编制货运记录。事故发生后能够联系到托运人，应将货运记录的货主页交给托运人，并与托运人协商处理办法，托运人如果要求事故货件继运到站，对事故货件须拴挂事故货物标签，在运单托运人记载事项栏内注明，并将货运记录的货主页抄件随同运输票据送到站。如确实无法联系托运人时，损坏的货件继运到站前须整修包装，对事故货件须拴挂事故货物标签，并说明理由将货运记录的货主页随同运输票据送到站处理；易腐货物、活动物发生事故，必须在发站处理，不可送到站。

(2) 中途站编制的货运记录，按以下程序处理：

①自站责任的记录调查页留站存查，货主页随同运输票据或货物送到站处理。

②他站责任的记录应自编制记录之日起3日内将调查页连同有关材料送责任站调查，货主页随同运输票据或货物送到站处理。一批货物中部分货件发生事故时，必须拴挂事故货物标签继运到站，以利中转站、卸车站妥善处理，防止损失扩大。损坏的货件继运到站前应整修包装；全批误到的可不拴挂事故货物标签。中途站（包括到站）发现海关关封开启或损毁，应及时通知海关监管部门处理，并报铁路局。

③发生火灾、整车货物变质、活动物死亡、罐车装运的货物漏失，调查页分别按前两项处理。事故能在发现站（铁路局）处理的，应在发现站（铁路局）处理；事故不能在发

现站（铁路局）处理的，货主页随同运输票据送到站处理，但发现站（铁路局）负责明确原因和损失程度。

（3）到站编制的货运记录（包括附有发站和中途站编制的货运记录），按以下程序处理：

①自站责任的记录，调查页留站存查；他站责任的记录，调查页送责任站调查，货主页交收货人。

②遇附有发站或中途站编制的记录（包括普通记录），卸车时应按照记录记载的情况，认真核对现货，情况相符时，不再编制记录，货主页交收货人，另作抄件留存；情况不符时，应重新编制记录，调查页送责任站调查，原记录货主页留存，重新编制记录的货主页交收货人。整车货物变更到站，新到站检查发现货车封印或货物装载状态有异状，货物发生事故时，记录送变更站调查；附有变更站或途中站记录的应送责任单位调查。

③到站交付货运记录的同时，将"铁路运输货物索赔须知"一并交给收货人。保险运输货物发生的事故，告知收货人到保险公司提出赔偿。

（4）送查的货运记录，以"货运事故查复书"（如表3-7所示）在编制记录之日起3日内送责任站调查。

表3-7　　　　　　　　　　　货运事故查复书

主送：　　　　　　　　　　抄送：　　　　　　　　　第　　号

记录编制站		记录编制日期		办理种别	
记录号码		车种车型车号		货票号码	
发　站		到　站		品　名	
事故种类		保价金额		货件损失款额	

　　年　　月　　日第　　号查复书接悉

_____

_____

_____

_____

　　　　　　　　　　　　　　　　　　　　　　（公章）

　　　　　　　　　　　　　　　　　　　　年　月　日

附件：1. 货运记录 原件　　页　　2. 普通记录 原件　　页
　　　　　　　　　抄件　　　　　　　　　　　　抄件

　　　3. 封印　　　　个　　　　4. 其他　　　　页

（5）货运记录送查后，收货人领取货物时表示无意见，应及时通知有关站结案。

（6）货运记录送查后，件数不足的货物补送齐全，在向收货人补交时收回记录货主页，并及时通知有关站结案。

（7）货运记录送查时，按以下情况附送有关资料和实物：

①使用施封环和铅饼施封的货车、集装箱发生货物被盗丢失，须附封印；

②重新编制的记录，须附他站原记录抄件；

③有站车交接记录、电报的，须附站车交接记录、电报抄件；

④个人物品发生被盗、丢失事故，货票未附物品清单时，须附经过车站（包括中途站和到站）检查的现有货件数量和包装特征的清单；

⑤整零车装载的货物发生事故，需要以货运票据封套、装载清单分析责任时，须附抄件或原件；

⑥其他有关资料（可按规定后附），如车辆技术状态检查记录、机车火星网检查证明、事故货物鉴定书以及事故货件的现场照片等。

一辆货车内多批货物发生事故时，上述资料可附于其中损失最严重的货运记录内，其余记录应在附件栏内注明"封印及某某附件已附于第××货运记录内送查××站"。

（8）货物的运到期限满期后经过15天，或鲜活货物超过运到期限仍不能在到站交付货物的，到站除按规定编制货运记录外，还必须负责货物的查询工作，从发站依次顺序查询。

（9）到站确认货物损失不足500元时，调查页暂不送查，待赔偿后连同"货运事故赔偿通知书"（如表3-8所示）一并送查责任站。

表3-8　　　　　　　　　　货运事故赔款通知书

（　　）字第　　号

主送：＿＿＿＿＿＿＿＿

关于　　　年　　月　　日由　　　　　站承运到　　　　　站

办理种别　　　　　货票第　　　号，货物品名

发生　　　　　事故，要求铁路赔偿　　　　　元一案，经审定

同意赔偿　　　　元（大写）。

1. 请将上述赔款汇至＿＿＿＿＿＿＿＿＿＿＿＿＿＿＿＿＿＿＿＿＿＿＿＿＿＿＿＿＿＿＿＿

＿＿＿＿＿＿＿＿＿＿＿＿＿＿＿＿＿＿＿＿＿＿

收款人邮政编码＿＿＿＿＿＿＿＿＿＿＿＿＿＿＿＿＿＿

2. 请持本通知书到＿＿＿＿＿＿＿＿＿＿＿＿＿＿＿＿＿＿＿＿＿＿＿＿＿＿财务领取。

铁路局（站）

年　　月　　日

抄送：＿＿＿＿＿＿＿＿＿＿＿＿＿＿＿＿＿＿＿＿＿＿＿＿＿＿＿＿＿＿＿＿＿＿＿＿

学习情境三　包装货物运输组织

【项目 12】答复

车站对送查站查询的内容须做出答复。

（1）初次接到调查记录，如果核对所附材料不符合规定要求而影响事故调查时，一次提出，自接到记录之日起 3 日内将原卷寄回送查站处理。

（2）调查记录如果有误到情况，自接到之日起 3 日内将原卷转寄应寄送的车站，并抄知误寄站。

（3）属于自站责任的，一般事故自接到记录之日起（自站发生的自发生之日起，以下同）由车站在 10 日内以货运事故报告表报主管铁路局；重大事故、大事故自接到记录之日起由车站在 15 日内以正式文件连同全部调查材料报主管铁路局。以上事故同时以货运事故查复书答复送查站，通知到站和到达铁路局。

（4）对已明确为自站责任，但还需要向有关单位索取补充材料，了解货物损失、下落或到达交付情况时，以货运事故查复书或拍发电报查询，不应将记录寄出。

（5）属于他站责任的，以货运事故查复书说明理由和根据，自收到货运记录之日起 7 日内将全部调查材料送责任站，并抄知到站和有关单位。重大事故、大事故要抄报主管铁路局。

（6）对逾期未到货物的查询，应自接到查询的次日起 2 日内将查询结果电告到站，并向下一作业站（编组、区段或保留站）继续查询。

（7）因情况复杂，责任站不能在规定期限内调查答复（包括要求暂缓赔偿的），需要延期时，应提前提出理由，通知到站（铁路局）。此项延期自收到记录之日起不超过 30 日。

程序六（事故鉴定）

在不能判明事故发生原因货物损坏程度时，才需要鉴定。目的是分析事故发生的原因和确认事故货物损失的程度。

【项目 13】原因和损失鉴定

按照《货规》规定，货物发生损坏或部分灭失以及运输货物发生变质、污染事故，不能判明发生原因和损失程度时，承运人应在交付前，主动联系收货人进行检查或邀请鉴定人进行鉴定。

货物损坏可能有两种后果，一种是货物完全丧失了原来的性能或效用，即全部损坏；另一种是经加工修复后可以完全恢复原有的性能、效用或者丧失部分效用，降低了性能或改变了原来的用途。货物部分灭失，也可能有两种情况：一种是灭失部分在整批货物中并非主要部分，在全批货物的价值中占很小比重；另一种情况相反，灭失部分占很大的价值比重。所以车站必须在交付前对货物进行认真检查，对损失程度进行确认。

货物损失和原因的鉴定一般是采用两种形式进行，一是对货物损失进行确认；二是对货物包装质量和货物性质进行鉴定。

货物损失鉴定，一般不涉及包装等原因的鉴定，铁路内部或会同收货人就可以确定出来货物损失。如一批货物 100 件，品名、价格都相同，运输途中发生少件，铁路内部卸车

或交付当时就能确定；如果规格不同，到站交付要清点现有什么规格、品种多少件，交付时会同收货人按照发票或调拨单、明细表就能确定货物具体损失。

涉及包装问题时，到站（途中无法继运的由中途站）联系收货人或托运人，进行检查或邀请鉴定人进行鉴定。这里所说的鉴定，是指运用技术或科学研究手段进行原因分析和事故损失评估的一种方法。因此，鉴定人必须是通过一定级别的技术权威机构论证，具有技术鉴定资质，并有权威部门颁发的资质证书的专业部门，如国家、省、地（市）级产品质量技术检验局（所）。由于有些技术鉴定需要较高的技术力量来完成，鉴定所用的费用也相当昂贵，所以，铁路部门有关人员对此应有充分的认识。一般情况下，承运人、托运人双方（或有收货人参加的三方）通过密切配合和检查鉴定，能够确定事故原因和损失程度的，可不再通过技术鉴定部门来评定。

"事故货物鉴定书"（如表 3-9 所示），是认定造成货物损失程度和责任的依据，必须由鉴定人填写并加盖鉴定单位公章和鉴定人的签字、盖章。事故货物检查或鉴定一般应在现场就地进行。但中途站对能继运并能保证安全的应继运到站进行鉴定。到站在现场难以检查或鉴定时，经承运人与收货人或托运人协商同意后，可移送到适当的地点进行。鉴定期限一般应自编制货运记录之日起 30 日完成，情况特殊需要延期时，应以"货运事故查复书"或电报说明原因通知有关单位。"事故货物鉴定书"应按每一份货运记录分别编制。"事故货物鉴定书"以"货运事故查复书"补送责任站；如涉及新的责任站时还应补送货运记录抄件。因鉴定所支出的费用（包括整理、化验等附带费用），应在鉴定书中记明。属于托运人或收货人责任的，由承运人向收货人核收（在发站发生的向托运人核收）；属于承运人责任的，由事故处理单位垫付，由责任单位负担。

表 3-9　　　　　　　　　事故货物鉴定书

　　　　　　　　　　　　　_____铁路局

____站　　　　　　　事故货物鉴定书　　　　　　　　第____号

一、编制于　　　年　　月　　日系补充　　　站编第　　号
　　货运记录　　　　站发　　　站运单　　　号品名
　　发生　　　　　　　　情况的鉴定书

二、鉴定分析结论	（1）货物的性质和事故发生前品种、质量、原来价值	
	（2）货物的损坏程度和款额	
	（3）损坏灭失（包括重量短少）货物能否修理或者配换及所需费用，残留价值	
	（4）事故货物是否适用于原来的用途或作他用，对其价值有无影响	
	（5）货物损坏的原因	甲、货物的损坏和包装的关系； 乙、货物的损坏和货物性质的关系； 丙、其他原因

三、鉴定费用

四、参加鉴定人员职务及鉴章	鉴定单位	铁　路	托运人或收货人	其他

本鉴定书共三份：正本送责任站，副本一份交收货人，一份留鉴定站存查。

　　对事故货件需要返回发站叫托运人修复或更换时，属承运人责任的可凭货运记录回送，原因是运输合同还未终结，但由于托运人责任或承运人已经办理赔偿手续，运输合同已履行完毕，应重新办理承运手续。事故货件在往返运输过程中，再造成事故或扩大损失，造成事故或扩大损失的单位应承担责任。

　　由于货物染毒或危险货物发生事故，造成人员伤亡时，应及时通知劳动保护等部门。

程序七（事故定责）

表 3-5 中确定的事故定责包含的基本内容有：

（1）发生事故后，对事故进行分析，找出事故原因；

（2）确定事故责任。

划分事故责任应遵循以下基本原则：

（1）以事实为依据，以规章为准绳；

（2）依据《中华人民共和国合同法》、《中华人民共和国铁路法》和《货规》等有关规定，划分承运人与托运人、收货人之间的责任；

（3）按《事规》附件二和有关规定划分铁路内部责任。

发生货运事故，要深入现场，调查了解，分析原因，确定责任。

【项目 14】事故分析

发生货运重大、大事故的铁路局，当事故涉及其他铁路局责任时，应在拍发事故速报之日起，15 日内邀请有关铁路局参加处理，召开事故分析会，做出会议纪要。

有关铁路局应按时参加事故分析会，以便对事故共同分析，找出原因，妥善处理。有关铁路局拒不参加事故分析会或中途擅离会议，不签署会议纪要的，对事故分析会确定的责任不得提出异议。

【项目 15】划分承运人与托运人、收货人间责任

划分承运人与托运人、收货人间责任，即通常所称的划分路企责任。其具体划责标准如下：

（1）承运人对运输过程中货物的毁损、灭失承担损害赔偿责任，但承运人证明货物的毁损、灭失是因不可抗力、货物本身的自然性质或者合理损耗以及托运人、收货人的过错造成的，不承担损害赔偿责任；

（2）由于托运人、收货人的责任或押运人的过错使铁路运输工具、设备或第三者的货物造成损失时，托运人、收货人应负赔偿责任。

属于承运人责任时，承运人应主动承担责任，并按《事规》附件五《关于保价货运事故先赔付后划分内部责任的规定》主动赔偿。

事故涉及铁路局以外其他铁路部门责任时，处理站（铁路局）代表承运人决定，并要征求有关责任单位的意见，有关责任单位应配合处理。事故原因既有托运人、收货人责任，又有承运人责任时，双方分别承担相应责任。

【项目 16】划分承运人内部责任

铁路内部各单位之间事故责任的划分，按《事规》附件二和有关规定办理。

（1）发生一般事故由到站负责处理

①对事故调查经一次往返不能取得一致意见时，到站接到提出争议一方的调查材料后进行定责处理，其目的在于减少查复，快速处理。

"定责处理"是指到站向责任站发出定责通知。一次往返和到站定责，这些作业程序应自到站编制货运记录（或收到途中站货运记录）之日起 30 日内完成。记录送查中两站间往返调查，后来发现应向另外一个单位送查，如果原来互送案卷的双方每次都没有超过送查和答复期限，另一个单位不应拒绝查复。

②须经铁路局赔偿的，到站应自收到托运人或收货人的赔偿要求书之日起，3 日内将调查材料连同赔偿材料一并报主管铁路局，并抄知有关单位。铁路局收到车站上报材料后，将调查材料送责任铁路局征求定责意见，不能取得一致意见时，由到达铁路局定责。

从到站留存卷到收货人提赔，中间可能有一段间隔时间，责任站不应以"压卷"为借口否

学习情境三 包装货物运输组织

定到站的定责,到站也应抓紧联系收货人处理。上述情况的案卷在铁路局之间不必往返两次。

(2) 大事故、重大事故由铁路局负责处理

大事故、重大事故由到达铁路局处理。但是,运输过程中发生的火灾、整车货物变质、活动物死亡、罐车货物漏失以及其他需要就地处理的大事故、重大事故由发现铁路局及时处理。

发生大事故、重大事故,事故发现局应立即深入现场组织处理。

大事故、重大事故涉及其他铁路局责任时,处理铁路局应自拍发事故速报之日起,15日内邀请有关铁路局参加处理,召开分析会,做出会议纪要。事故分析会由处理铁路局召开,事故分析会的会议纪要由处理铁路局拟稿,各方有不同意见及所提供的事故有关资料,须在会议纪要中反映出来,参加各方均应签字。局间对事故责任划分意见分歧时,由处理铁路局将会议纪要连同现场调查材料等以局文上报铁道部裁定,并抄送有关铁路局。

如果处理铁路局与有关铁路局通过联系,对事故的原因和责任确定意见一致,对外的责任划分又能妥善解决,经双方同意也可以不召开事故分析会。

事故处理工作应自事故发现之日起 60 日内处理完毕。"60 日处理完毕"是指铁路局应做的全部工作时间,其工作内容不仅仅是办理赔偿完毕,也包含事故分析、事故定责。

(三) 事故赔偿与诉讼

事故赔偿工作是政策性很强的工作,是铁路负责运输的具体体现,也是铁路货物运输服务工作的最后一道环节,通过对货物损失的赔偿,挽回铁路运输给货主造成损失的不良影响。对托运人或收货人所提出赔偿要求的审理是一项履行货物运输合同的法律行为,在处理赔偿时,要严格执行国家的法律和有关规章的规定,要重合同、守信用。

1. 货物运输过程中承运人应当承担赔偿责任的规定

(1)《中华人民共和国铁路法》第十七条:"铁路运输企业应当对承运的货物自接受承运时起到交付时止发生的灭失、短少、变质、污染或者损坏,承担赔偿责任。"

(2)《中华人民共和国铁路法》第十六条:"铁路运输企业逾期 30 日仍未将货物、包裹、行李交付收货人或者旅客的,托运人、收货人或者旅客有权按货物、包裹、行李灭失向铁路运输企业要求赔偿。"

《货规》第五十一条:"运到期限满期后,经过 30 天,仍不能在到站交付货物时,托运人、收货人可按货物灭失向到站要求赔偿。在赔偿前,如货物运到时,车站应及时向收货人办理交付并收回货运记录。"

(3)《货规》第五十七条:"因承运人责任使厂矿企业的自备车丢失时,铁路局应先以适当车辆拨给临时使用,超过 60 日仍未找到时,应报铁道部处理。"

2. 货物运输过程中承运人可向托运人或收货人提出赔偿要求的规定

(1)《中华人民共和国铁路法》第二十三条:"因旅客、托运人或者收货人的责任给铁路运输企业造成财产损失的,由旅客、托运人或者收货人承担赔偿责任。"

(2)《货规》第六十条:"由于托运人、收货人的责任或押运人的过错使铁路运输工具、设备或第三者的货物造成损失时,托运人或收货人应负赔偿责任。"

3. 承运人与托运人或收货人间互不赔偿的规定

《货规》第五十五条:"承运人同托运人或收货人间所发生的赔偿或退补费用以及违约金的款额,每批货物不满 5 元(零担货物为每批不满 1 元),互不赔偿、退补、支付或核收费用,不受以上规定款额的限制。"

4. 由于下列原因造成的货物灭失、损坏,承运人可免除赔偿责任的规定

《中华人民共和国铁路法》第十八条:"由于下列原因之一所造成的灭失、损坏,铁路运输企业不承担赔偿责任:①不可抗力;②托运人、收货人的过错;③货物本身的自然属性,或者合理损耗。"

《中华人民共和国铁路法》第三百一十一条也有同样的规定,即:"承运人对于运输过程中货物的毁损、灭失承担损害赔偿责任,但承运人证明货物的毁损、灭失是因不可抗力、货物本身的自然性质或者合理损耗以及托运人、收货人的过错造成的,不承担损害赔偿责任。"

承运人认为货物的损失是由于上述原因之一造成的,不负赔偿责任,如托运人或收货人提出异议时,承运人负有举证的责任。这是因为货物在运输过程中由铁路控制,而且货物的损失也是在货物运输过程中发现的,所以承运人负有举证的责任。举证一般有两部分内容:一是证明货物的损失是上述原因引起的,而上述原因确实存在;二是证明承运人在运输过程中遵章办事,正确履行义务,货物损失的发生承运人无过错。

5. 铁路运输企业承担赔偿的方式及步骤

赔偿案件的处理程序,如图 3-3 所示。

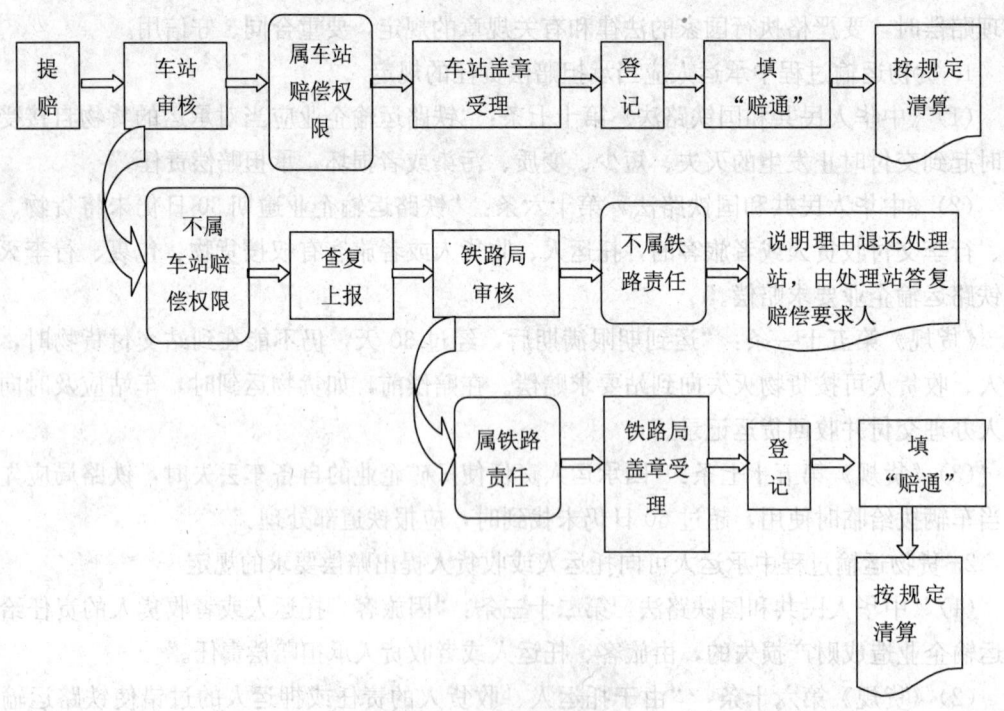

图 3-3 赔偿案件处理程序

(1) 赔偿方式

赔偿方式分为限额赔偿和保价赔偿两种方式。

①限额赔偿。

只适用于未办理保价运输的货物。限额标准是：不按件数只按重量承运的货物，每吨最高赔偿 100 元；按件数和重量承运的货物，每吨最高赔偿 2000 元；个人托运的搬家货物、行李每 10kg 最高赔偿 30 元。

②保价赔偿。

保价赔偿适用于托运人根据约定办理保价的货物。保价运输的货物发生损失时的赔偿额按照实际损失赔偿。全批货物损失时，最高不超过保价金额；一部分损失时，则按损失货物占全批货物的比例乘以保价金额赔偿；赔偿金额高于货物实际价格时，按实际损失赔偿。

托运人向保险公司办理货物运输保险的货物，应按保险合同的约定办理赔偿。

(2) 赔偿步骤

赔偿步骤分为赔偿受理、办理赔偿、赔款支付和内部清算四个步骤。

承运人收到赔偿要求后进行审核，审核的实质是根据货物运输合同的内容，确认货物的损失是否由承运人的过错或违约造成。如果经确认属于承运人的过错或违约造成的货物损失，就应向赔偿要求人支付赔偿金。在实际工作中，审核赔偿要求的结果可能有 3 种：一是承运人全部承认赔偿要求；二是承运人部分承认赔偿要求；三是承运人全部拒绝赔偿要求。前一种赔偿完毕，即铁路货物运输合同也同时履行完毕；后两种赔偿，未能满足赔偿要求人的要求，赔偿要求人为争取自己的利益，有可能通过法律诉讼程序来解决。

事故赔偿与诉讼包含 3 个程序，4 个作业项目，其具体内容及质量要求如表 3-5 所示的程序八到程序十。这几项作业内容在实际工作中也许会有一些交叉，也许会同步进行。

程序八（受理赔偿）

受理赔偿工作由车站负责。无论车站是否具有《事规》规定的赔偿审核权限，在提赔人向车站提出赔偿要求时，车站应进行资格、资料等项的全面审核。车站接受托运人或收货人的赔偿要求，是承运人履行运输合同的义务，也是托运人或收货人享受权利的过程，不论赔偿要求是否合理，车站都应热情接待，做好解释说明工作。拒绝赔偿时，车站应以书面形式答复赔偿要求人。

(1) 赔偿要求人应按批向到站提出赔偿要求

《货规》第五十三条："托运人或收货人向承运人要求赔偿货物损失时，应按批向到站（货物发送前发生的事故向发站）提出赔偿要求书（表 3-10）并附货物运单、货运记录和有关证明文件，按保价运输的个人物品，应同时提出盖有发站日期戳的物品清单；要求退还多收运输费用时，须提出货票丙联或运费杂费收据（表 3-11），直接联系收款站处理；收货人要求承运人支付运到逾期违约金时，应向到站提出货物运单。"

表 3-10　　　　　　　　　　　　赔偿要求书

第　　　号

提赔单位名称或姓名	
发　　站	
到　　站	
货物名称及损失数量	
提赔款额及计算方法	
货运记录编制站及号码	
详细通信地址	电话：
希望领款地点或结算的银行名称与账号	
附件名称及份数：	

提赔单位　　　　　　　　　　　（公章）

姓　　名　　　　　　　　　　　（名章）

年　月　日提出

赔偿要求书收据

第　　　号

兹收到_____于_____年_____月_____日提出的关于发站_____
到站_____品名_____发生_____事故的赔偿要求书一份。
附件：

××铁路局××站（公章）经办人

年　月　日

表 3-11　　　　　　　　　　运费杂费收据

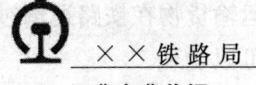　××铁路局

运费杂费收据　　　　　　　　　　　　　　　A00000

付款单位或姓名_____

原运输票据	年　月　日第　号		办理种别	
发　　站		到　站		
车种、车号			标重	
货物名称	件　数	包　装	重　量	计费重量
费　别	费　率	款　额	附　记	
合　计				

合计（大写）　　万　仟　佰　拾　元　角　分

车站日期戳　　　　经办人签章　　　　　年　月　日

甲联（存根）乙联（托运人、收货人报销）丙联（报告用）

（2）保价运输的货物也可向发站提出赔偿要求

《事规》附件四第一款："保价运输货物在铁路运输过程中发生货运事故，托运人或收货人向发站提出赔偿要求时，发站可以受理。"

【项目17】审核资格

审核资格即审核赔偿要求人是否具有向承运人提出赔偿要求的资格。审核工作有两个目的，一是确定赔偿要求人是否是货物运单上的托运人或收货人及委托代理人，保护托运人或收货人的正当利益不受侵害，防止被诈骗、冒领；二是确认承运人是否应该承担赔偿责任，维护承运人的合法利益。

具体审核内容：

（1）赔偿要求人一般应是货物运单上记载的托运人或收货人，如果是委托他人代理，应出示托运人或收货人的委托证明。

委托证明中应明确委托的权限范围及有效期限。

（2）提出赔偿要求的时间是否在规定的有效期限内。

《货规》第五十四条："承运人同托运人或收货人相互间要求赔偿或退补费用的有效期间为180日，但要求承运人支付违约金的有效期间为60日。有效期间由下列日期起算：

①货物灭失、损坏或铁路运输设备损坏，为承运人交给货运记录的次日；货物全部灭失未编有货运记录，为运到期限满期的第31日。

②多收或少收运输费用，为核收该项费用的次日。

③要求支付违约金，为交付货物的次日。

④其他赔偿及退补多收或少收费用，为发生事故或核收该项费用的次日。

托运人或收货人提出的赔偿要求车站未予受理或拒绝赔偿的，有效期限应重新开始计算。

（3）经审核属承运人免责范围的，铁路可以拒绝赔偿。拒绝赔偿应将全部赔偿材料退还赔偿要求人（赔偿要求书除外）收回赔偿要求书收据。拒绝赔偿时一律由车站以书面形式说明理由和依据，答复赔偿要求人，并抄知有关单位。

【项目18】审核资料

通过审核赔偿要求人提出的赔偿资料，确定赔偿方式，即保价赔偿，还是限额赔偿；计算赔偿款额等。

对赔偿要求人提出的"赔偿要求书"的填写项目及内容逐项进行审核，确认填写内容是否准确、清楚，所附的赔偿资料是否齐全、完整。

"赔偿要求书"中的"提出日期"应是赔偿要求人向车站递交赔偿要求书的日期，并由赔偿要求人自己填写，不得涂改。

（1）赔偿资料。

①货物运单

是铁路货物运输的格式合同，是确定赔偿要求人与承运人之间关系的重要依据，赔偿要求人应提供原件。

货物运单如因承运人责任在运输过程中丢失的，可用发站制做的货票复印件（或抄件）及丢失票据单位出具的记录作为赔偿资料。

②货运记录货主页

货运记录是记载事故现状的原始记载，用以划分事故责任和确定赔偿损失的依据。货运记录货主页是提出赔偿要求的凭证，不得以其他页（存查页、调查页）或复印件、抄件等代替，赔偿要求人应提供原件。

③货票报销联（原件或加盖财务专用章的复印件）

货票是铁路核收货物运费和保价费的原始凭证，货票报销联即货票（丙联），是作为退赔运费和计算保价赔偿款额的凭证。

要求退赔运费时，应提供货票报销联的原件；要求赔偿货物损失时（不涉及退赔运费），也可用货票报销联的复印件代替，复印件上应加盖财务专用章（或复印件提供人的印章）；赔偿要求人不能提供货票丙联原件或复印件时，可由赔偿受理站以本站货票存查联作复印件代替，加盖车站货运事故处理专用章和经办人的人名章。

④证明货物价值的有关材料

证明货物价值的有关材料包括：发票、调拨单、购销合同等，除此之外还可用于证明货物价格的材料有工商、市场管理部门出具的相同物品的市场价格证明。货物价格证明应是全批货物的价格证明，不能提出原始发票时，可由提赔单位的财务部门用原发票作复印件，并在复印件上加盖财务专用章代替。个人托运的行李物品、搬家货物和个体经营产品等，确实无法提供发票的，可以其他相关证明材料代替，由赔偿受理站审核确认后，加盖货运事故处理专用章和经办人的人名章。

⑤物品清单（在发站没有填制的除外）

"物品清单"上加盖发站承运日期戳的才属有效。提供物品清单的目的是为了便于对货物损失的具体品名、规格、数量及价格进行确定，即对照物品清单的记载核对现货。

需要填写物品清单运输的货物，是依据《货规》第十一条规定："托运人按一批托运的货物品名过多，不能在运单内逐一填记或托运搬家货物以及同一包装内有两种以上的货物，须提出物品清单一式3份。加盖车站承运日期戳后，1份由发站存查；1份随同运输票据递交到站；1份退还托运人。除个人托运的物品外，可以使用具有物品清单内容的其他单据代替物品清单。"

⑥领货凭证（货物全批灭失时应提供）

货物全批灭失或运到期限满期后，经过30天，仍不能在到站交付货物时，托运人、收货人按货物灭失向车站提出赔偿要求的，应提供领货凭证原件。

车站审核时，应对领货凭证的内容逐项与货物运单（货物运单丢失的，与货票）进行核对，并确认领货凭证和货物运单上的骑缝章是否是同一枚戳记，发现问题应联系发站查明情况。

⑦事故货物鉴定书（无须鉴定的除外）

事故货物鉴定按《货规》第四十九条规定办理。因鉴定所支出的费用（包括整理、化

铁路一般条件货运组织

验等附带费用），应在鉴定书内记明。属于托运人或收货人责任的，由承运人向收货人核收（在发站发生的向托运人核收）；属于承运人责任的，由事故处理单位垫付，由责任单位负担。

事故鉴定材料除"事故货物鉴定书"外，还有"货物损失清单"、质检部门出具的"检验报告"等。

（2）审核无误后，向赔偿要求人出具加盖货运事故处理专用章及经办人名章的"赔偿要求书收据"（见表3-10所示）。

经对赔偿资格和资料审核确认无误后，车站受理人员应逐项填写"赔偿要求书收据"，并加盖货运事故处理专用章及经办人名章，将"赔偿要求书收据"裁剪交给赔偿要求人。赔偿要求人可凭"赔偿要求书收据"向车站查询赔偿办理情况或向铁路要求支付逾期办理赔偿违约金。

（3）按受理日期依次登记"货运事故赔偿登记簿"（表3-6）。

车站接受赔偿要求后，应按受理日期依次登记"货运事故赔偿登记簿"，使用计算机的车站，应将赔偿要求的材料输入计算机程序，建立赔偿登记台账。

对赔偿进行初步审核，一是查阅本站现存的事故调查资料，分析确定事故责任单位，并将事故调查资料收集整理并入赔偿案卷中；二是依据货运记录及事故货物鉴定书，折算货物损失，按照投保种类及价格折算赔偿款额。

（4）根据赔偿处理权限上报审核赔偿的主管单位。

《事规》及有关规定：赔款额5000元以下的，由车站（非决算单位的车站由车务段）审核赔偿；赔款额超过5000元的，由铁路局审核赔偿。车站应自受理之日起3日内按《事规》第30条规定的赔偿审核权限，上报主管段或铁路局审核赔偿。

车站上报赔偿案卷时，应在"货运事故查复书"中写明事故调查过程及事故调查卷现存某站，事故货物的损失程度、保价或保险情况以及对事故赔偿计算、事故定责的初步审核意见和依据。

上报赔偿案卷包括下列资料：

①赔偿要求人提出的"赔偿要求书"及其附件、证明材料。

②车站现存的事故查询文电、货运记录（货运记录存查页除外）；站车交接普通记录或电报等有关的事故调查材料。

③站间对事故定责有争议时，连同事故调查卷一并上报，事故调查卷与赔偿卷应分别装订，避免调查卷与赔偿卷的资料搞混，影响事故调查卷的送查。

程序九（办理赔偿）

具有办理赔偿权限的车站（非决算单位的车站由车务段）和铁路局，应建立赔偿审核机制，防止误办赔偿或多赔、少赔等现象的发生。

【项目19】赔偿与清算

根据审核资格和审核资料情况，计算赔偿金额，填写"货运事故赔偿通知书"（表3-8），由财务部门向赔偿要求人支付赔款，然后向铁路内部的责任单位清算赔款。

当托运人或收货人提出赔偿要求，车站审核无误后，即可办理赔偿手续。

属于铁路责任的事故，不能等到铁路内部责任划分完毕后再办理赔偿，应遵循先对外赔付后划分内部责任的原则进行处理，对赔偿所需资料货运安全员应一次告知赔偿要求人，减少赔偿要求人因办理赔偿手续欠缺往返车站次数。

(1) 赔偿审核的处理权限

《事规》及有关规定：赔款额5000元以下的，由车站（非决算单位的车站由车务段）审核赔偿；赔款额超过5000元的，由铁路局审核赔偿。

铁路局、站段等货运部门办理赔偿应由主管领导审核签字。

货运事故赔偿审核单位审核确认后，应填发"赔通"，在"赔通"的右方注明"（保价）"或"（非保价）"字样，以区别赔款的款源。每批事故的赔偿，只允许填发一份"赔通"正本，作为领、付款凭证；"赔通"副本若干份，仅作为通知用，寄送有关单位。

(2) 赔偿处理期限

《铁路货物保价运输办法》第十三条规定："对属于承运人承担赔偿责任的货物损失，承运人要主动向托运人或收货人赔偿。办理赔偿的最长期限，自车站接受赔偿要求书的次日起至填发'赔通'时止：款额在5000元及以下的为10天；款额超过5000元未满5万元的为20天；5万元以上的为30天。逾期未能赔付时，每超过1天，处理站应向赔偿要求人支付赔款额1‰的违约金。违约金最多不超过赔款额的20%。"

《货规》第五十七条规定："承运人对托运人或收货人提出的赔偿或退还运输费用要求，应自受理该项要求的次日起，30日内（跨及两个铁路局以上的赔偿要求为60日）进行处理，答复要求人。"

赔偿审理人员应认识到在规定的期限内答复赔偿要求人是一种法律义务，逾期不答复也是一种违约行为，违约要承担法律责任。为此，要求认真对待此项工作，及时办理赔偿业务，维护铁路信誉。

(3) 支付赔款

财务人员须凭"赔通"的"正本"支付赔款。货运事故赔款原则上应通过银行转账支付给赔偿要求人，除个人及无银行账号的个体经营者外，不应以现金支付。

支付现金时，财务人员必须将"赔通"的正本收回，认真核对领款人的身份和资格；领款人应提交"赔通"正本，并出示本人身份证件，领款时必须在"付款凭证"上加盖领款人名章（或签字），并记明身份证号码。

已转账或已支付现金的"赔通"正本上，必须加盖"赔款付讫"的红色戳记。

(4) 赔款清算

办理赔偿后，事故赔款由处理单位按以下方法向责任单位清算：

①货运事故赔款，一律由赔偿处理单位先行垫付赔偿要求人，再向责任单位清算或列支；

a. 一批赔款额（含保价货物事故特定条件下补偿的款额，下同）或铁路局间分摊后的款额不足500元时，互不清算，由处理单位列销；

b. 500元以上的跨局事故赔款，由车站上报主管局；每份"赔通"附转账单一份，由主管局汇总向责任局清算；

　　c. 责任局自接到处理局汇总的赔款转账单的次日起，10日内向处理局支付；

　　d. 自局管内的赔款清算办法，按铁路局规定执行。

　　②处理局须于"赔通"填写完毕次日起的3个月内填发赔款转账单向责任局清算，否则，责任局不予清算。

　　对责任局不按规定及时转账的，铁道部每季度进行一次强行划拨，并加扣5%的资金占用费给处理局。

　　（5）赔偿后又找到货件的，由责任单位自行处理

　　被盗丢失事故赔偿后，公安机关破案证明属他站责任时，按下列规定处理：

　　①赔偿额1万元以下的，维持原来定责不变；

　　②赔偿额超过1万元的，原责任站将原调查材料、原"赔通"和公安机关破案证明一并报主管铁路局审核后，自原货运记录编制之日起180日内，向新的责任铁路局填发"赔通"，转送上述材料。新的责任局应及时转账，落实责任。超过上述期限的，仍维持原来定责不变，新的责任铁路局不予受理。

　　程序十（诉讼）

　　为维护承运人的合法权益，铁路内部各单位应通力合作，积极收集证据，依法参加诉讼。

　　【项目20】诉讼

　　发生货物运输合同纠纷后，有关单位应认真对待，严格按照法律程序办事，积极收集、整理相关证据，向法庭阐明观点，努力维护承运人的合法权益。

　　（1）车站接到法院的应诉通知后，应立即组织有关人员调查、收集相关证据资料，做好应诉答辩工作，并逐级上报有关部门。如涉及被告单位以外的铁路其他单位责任时，被告单位应通知有关单位提供答辩意见和相关证据，并在接到通知的次日内将原告的诉讼请求、应诉开庭时间等，先以电报通知有关单位，征求应诉意见或者邀请派人共同参加应诉工作，随后寄送有关材料。

　　法院调解处理时，被告单位应征求有关单位的调解意见，然后按商定意见与原告协商调解。

　　（2）被告单位接到法院的裁定书后，应及时将裁定结果及上诉有效期限转告有关单位，征求处理意见。

　　有关车站接到被告单位转来的应诉通知或裁定书后，应在法院规定的期限内积极组织调查，收集相关证据资料，及时寄送被告单位，协助被告单位做好应诉答辩或上诉工作。

　　（四）事故分析与统计

　　事故分析与统计是货运安全管理中很重要的一项工作，是贯彻预防为主的安全生产方针的重要环节，也是货运事故处理部门很重要的一项工作职责。货运事故处理部门不仅要

正确、及时、圆满地处理好发生的各类事故，做好事故的理赔工作，同时也要认真、负责地做好事故的分析和统计工作。通过事故分析，可以进一步查清事故原因，分析作业、管理中存在的问题，落实责任及对责任者的处理，提出整改防范措施，以达到吸取教训、举一反三、强化安全基础管理和预防事故的目的；通过事故统计，可以掌握一段时间内货运事故发生及赔偿的情况，并从中分析出货运管理工作的薄弱环节，为采取针对性措施提供依据。同时事故统计还是积累历年货运安全资料的一项重要工作，为今后分析历年货运安全情况提供数据依据。因此要高度重视事故的分析与统计工作，严肃、认真、及时、准确地做好这项工作。

货运安全人员要学会运用一切有关统计数据，对事故发生原因进行多方位、多层次、多角度的分析，从中发现问题的关键点，发现管理上需要加强和应该改进的环节，进而提出防范措施。

按照统计分析工作要求：

第一，货运安全室应将每月发生的货运事故、查询记录、破封、补封等情况，分别按发生的时间、地点、人员、岗位以及事故种类进行综合统计分析，找出事故发生的规律和普遍性问题，提出针对性的措施，每月以专题报告提交货运车间和车站。车间或车站根据货运安全室提交的专题报告，每月至少要召开一次货运安全分析例会。将货运安全室报告的情况向全体货装干部职工传达，使每个干部职工都清楚安全生产的薄弱环节，以便在作业中引起重视和警觉，做到预防为主，减少事故的发生。

第二，各站段除按规定每月向铁路局统计填报"货运事故统计报告"外，还应按半年、全年度将本站段的货运安全情况总结分析材料及典型事故案例逐级上报。

第三，根据铁道部规定，站段、铁路局均要建立货运事故分析报告制度。目的是及时了解、掌握、分析货运事故发生情况和事故处理工作进度，掌握工作中普遍存在的问题和一些问题的特殊性，以便改进工作，提高工作质量。

事故分析与统计包含了2个程序，2个作业项目，其具体内容及质量要求如表3-5所示的程序十一和程序十二。

程序十一（分析）

这里的"事故分析"与表3-5中的项目14"事故分析"含义不一样。表3-5中的项目14"事故分析"是指货运事故发生后，事故处理局按《事规》第二十三、二十四条的规定，邀请有关铁路局参加的分析会，其主要内容是调查事故、分析事故原因、讨论对事故的处理、对事故责任的划分、签署会议纪要等。这里的"事故分析"是指事故定责后，责任单位内部召开的分析会，其主要内容是分析内部作业、管理中存在的问题，落实责任及时对责任者的处理，提出整改、防范措施等。

【项目21】分析

明确规定了不同事故等级由不同级别单位召开事故分析会。为重视事故分析，使分析会收到实效，要求主管领导亲自主持召开分析会。一般事故分析会由责任站的车间或车站主管领导主持召开，可以通过专门分析或安全例会进行。重大、大事故分析会由责任局主管局长主持召开,并将分析结果以局文报部。以上分析会应在事故责任明确之日起30日内组织召开。

必须强调的是,事故分析会应眼睛向内、从严要求,切实做到"四不放过":事故原因不查清不放过、事故责任者得不到处理不放过、整改措施不落实不放过、教训不吸取不放过。

程序十二(事故统计)

事故统计是分别由站段、铁路局、铁道部自下而上、以月度为单位,将本单位发生的事故件数按运输种别、事故种类、事故等级、责任部门以及赔偿件数、赔偿款额进行汇总的一项工作。各级事故处理部门应指定专人负责。严格按《事规》等有关规定,实事求是、严肃认真地做好这项工作。同时还应将统计资料整理汇总、建立台账、妥善保管,以随时掌握月度、季度、年度的货运事故及赔偿等情况。

【项目22】统计

《事规》规定:月度货运事故统计起止时间为上月26日至本月25日,车站(段)于每月26日、铁路局于30日将本月事故和赔偿统计先用电话或传真逐级上报,同时以《事规》格式六"货运事故统计报告"逐级上报。

同时上报的还应包括《事规》格式五"货运事故报告表"(表3-12)及"货运事故分析报告"。

(1)《事规》格式六"货运事故统计报告"的填制办法

①统计口径

A. 车站、铁路局对责任事故(不论是否发生赔款)及责任赔款(不论是否构成事故),均须逐件统计。统计时间以结案日期的当月为准,结案日期是指:自站定责的为填发事故报告之日;他站定责的为接到书面通知之日;经上级仲裁的为接到批复之日。

B. 事故统计以一批作为一件。但由于自然灾害、火灾、行车原因,在同一车站(区间)、同一列车内、同一时间发生的多批事故应按一件统计,其事故等级按损失款额总和确定。一件事故由几个责任单位共同承担时,事故件数由主要责任单位统计;无主要责任单位的,除另有规定者外,按造成事故的车站顺序,由第一个责任单位统计。

C. 由于货运责任造成的行车事故或非货运责任的险性以下行车事故而造成10万元以上的货物损失时,应统计货运事故件数。非货运责任行车重大、大事故造成货物损失时,不再统计货运事故件数。

D. 对不属于"责任部门"栏中的货运、装卸、运转、机务、车辆部门,又查不清铁路内部具体责任部门,统计在"责任部门"中"其他"中的"路内"栏。

E. 因托运人、收货人或押运人过错使铁路运输工具、设备或第三者的货物造成损失时,分别由发站、到站统计事故件数,责任部门列"其他路外"。

②统计分工

A. 站(段)统计自站(段)责任的事故。

B. 路局统计列路局其他责任的事故,并根据"赔通"检查督促管内各站(段)及时统计上报。

③ "货运事故统计报告"各栏的填制办法

A. 保价事故"件数"栏。

件数包含：本月发生货物损失及其他直接损失款额 2000 元以上的事故件数；虽未产生赔款，但发生了《事规》第五条第 7 类事故的件数。将上述事故件数按照货物运输种别、事故种类、事故等级、责任部门分别填记在相应栏内。为区分过失责任与非过失责任事故，在相应栏内划一斜线，分子表示过失责任事故件数，分母表示过失责任和非过失责任事故件数之和，无过失责任时斜线可以省略。

B. 保价事故"责任赔偿"栏。

"件数"包括：2000 元以上责任赔偿件数；不足 2000 元的责任赔偿件数；分摊责任赔偿件数。此赔偿件数不分过失、非过失责任，只统计赔偿总件数。赔偿总件数与事故总件数不一定相等。

"过失责任款额"：是指承运人因过失责任而造成的事故赔偿款额。

"款额"：是过失责任赔偿和非过失责任赔偿及分摊责任赔偿款额的总计。

表内保价事故的 3 处"责任赔偿"中的件数和款额应相同。"事故等级"、"责任部门"对应的责任赔偿之和也应与"责任赔偿"栏的合计件数、款额相同。

C. 保价事故"事故等级"栏。

一件事故由几个责任单位分摊赔偿时，统计事故的责任单位应以事故损失款额总和确定事故等级、统计事故件数，不得以分摊后的赔偿款额降低事故等级统计事故件数。分摊赔偿各单位均应在"责任赔偿"栏内统计分摊赔偿的件数和款额。

D. 保价事故"赔偿总计"和"责任赔偿"。

"赔偿总计"是指本单位审核办理的赔偿总件数及赔偿款额，包括"自局责任"和"他局责任"两部分。

"自局责任"：站（段）统计时［以甲站（段）为例］，包括甲站（段）以自己责任办理的赔偿；本局他站（段）以甲站（段）责任办理的赔偿；本路局以甲站（段）责任办理的赔偿。路局统计时，本栏为列本路局其他责任事故的赔偿及管内各站（段）统计上报的赔偿数额之和。此栏数据与"责任赔偿"栏中"自局赔偿"的数据应相等。

"他局责任"：是指以自局以外各局（站）责任办理的赔偿。

"责任赔偿"：是指本单位责任的赔偿总件数及赔偿款额，包括"自局赔偿"和"他局代赔"两部分。

"赔偿总计"栏中的"自局责任"应与"责任赔偿"栏中的"自局赔偿"数据相同。

"自局赔偿"：站（段）统计时［以甲站（段）为例］，包括甲站（段）以自己责任办理的赔偿；本局他站（段）以甲站（段）责任办理的赔偿；本路局以甲站（段）责任办理的赔偿。路局统计时，本栏为列本路局其他责任事故的赔偿及管内各站（段）统计上报的赔偿数额之和。此栏数据与"赔偿总计"栏中"自局责任"的数据应相等。

"他局代赔"：是指自局以外各局［站（段）］以本局（站）责任办理的赔偿。

例如：江岸站以武昌东站责任办理赔偿 1 件 3000 元，江岸站不填记"自局责任"栏，而是由武昌东站首先在"自局赔偿"栏填记办理赔偿"1件3000元",再在"自局责任"栏填记"1件3000元"。如果江岸站以自站责任办理赔偿,则应在"自局责任"栏和"自局赔偿"栏同时填记。如果江岸站以丰台站责任办理赔偿,则江岸站统计在"他局责任"栏内,丰台站统计在"他局代赔"栏内。

E. 保价事故"补偿"栏。

对不足500元的保价事故补偿的件数和款额,由处理局负责统计,500元以上的补偿件数和款额,由同意补偿的铁路局负责统计。

F. "非保价事故"栏。

事故"件数"包括:本月发生货物损失及其他直接损失款额2000元以上的事故件数;虽未产生赔款,但发生了《事规》第五条第7类事故的件数。

"责任赔偿"中的"件数"包括:2000元以上责任赔偿件数;不足2000元的责任赔偿件数;分摊责任赔偿件数。

"责任赔偿"中的"款额":即上述赔偿件数中对应的赔偿款额之和。

G. "附记"。

记载需要说明的其他事项。例如非保价事故中如有重大、大事故,应在此栏记明其件数、等级。

(2)《事规》格式五"货运事故报告表"(如表3-12所示)的填写

表 3-12　　　　　　　　　　货运事故报告表

记录编制站		记录编制日期		办理种别	
记录号码		车种车型车号		货票号码	
发　站		到　站		品　名	
事故等级		事故种类		货件损失款额	
责任单位及责任者					
事故概况					
改进措施					
责任单位领导及责任者处理结果					

　　　　铁路局　　　　站　　　　　年　　　月　　　日

各栏应填写齐全。"事故概况"栏应记明货物承运日期、发站、到站、件数、重量、保价或保险金额、货物实际价值、事故发生时间、地点、基本情况、货物实际损失、责任单位、事故原因等内容。

(3)"货运事故分析报告"的填写

为强化货运安全基础管理工作，各铁路局对事故处理工作应建立总结分析报告制度。每月上报的"货运事故分析报告"包括5项内容：①对货运事故速报分析，按照《事规》第20条的内容，由拍发速报的铁路局分析上报。②对重大、大事故分析，由处理局分析上报。③群众来信处理情况。④即时报告的内容。货主反映强烈的问题及容易造成社会影响和不良后果的敏感事件和来信来访；火灾、爆炸以及罐车装运的压缩气体、液化气体泄漏，一级毒害品、放射性物品的被盗、丢失和因盗窃货物造成的行车事故及社会影响较大的事故。⑤《事规》格式六"货运事故统计报告"、格式五"货运事故报告表"（表3-12）。

铁道部同时还要求，"货运事故分析报告"实行零报告制度，即某一项本月无内容的，列出本项标题写"无"字样。

为更好执行货运事故分析报告制度，不管哪一级，都要明确专人负责，积极掌握情况，防止漏报。即时上报就是发现当日上报；按月上报的时间，一般站段每月26日，铁路局每月30日。

(五) 两无货物处理

"两无货物"即：无法交付货物和无标记事故货物。它们是两种不同概念的事故货物。

1. 无法交付货物

指承运人无法向正当收货人进行交付的货物，下列货物属于无法交付货物：

(1) 从承运人发出催领通知的次日起（不能实行催领通知时，从卸车完了的次日起），经过查找，满30日（搬家货物满60日）仍无人领取的货物。

(2) 收货人拒领（应出具书面证明），到站自拒领之日起，3日内通知托运人和发站，征求处理意见，托运人自接到通知之日起，30日内未提出处理意见答复到站的货物。

2. 无标记货物

指货物没有标记（货签），无法判明发、到站及托运人、收货人而无法回送、交付的货物，下列货物属于无标记货物。

(1) 清仓（库、区）检查发现的无标记事故货物。

(2) 在铁路沿线捡拾以及公安部门交给车站的无标记事故货物。

(3) 赔偿后又找回但收货人拒领的货物。

(4) 车站内散落的零件、货底以及其他无票、无标记的货物。

两无货物的产生，会给国家、人民财产造成不必要的损失，因此对两无货物的处理要抱着认真负责的态度，要坚持"妥善保管、物归原主、合法移交、按章处理"的原则。站（段）要成立两无货物处理领导小组，由站（段）和车间领导、货运安全室、公安等部门人员组成。路局、站（段）均应指定专人负责，建立健全工作制度和岗位职责，做好两无货物的处理工作。

两无货物处理包含了4个作业项目，其具体内容及质量要求如表3-5所示的"两无货处理"部分。

【项目1】编制记录

车站应在发生或发现两无货物的当日，进行登记，由货运员编制不带号码的货运记录，报告货运安全室，由货运安全室审核无误后再编制货运记录。如公安等部门直接将两无货物移交货运安全室的，可由货运安全室直接编制货运记录，但记录内必须有移交部门（人员）的盖章或签字。

发现无票重车（重当空排），发现站应将重车扣下妥善保管，并于发现当日编制记录，并向上一列车编组站拍发电报顺查，尽快确定误排站和正当到站，向正当到站回送。

记录的编制可参照《事规》附件一中的"一（六）"和附件三第三条的规定。

【项目2】收集保管

为减少损失，规范管理，车站对两无货物应妥善保管。

（1）车站应设有两无货物保管仓库，实行两无货物专库保管。

（2）铁路局应指定几个保管条件好的车站，作为两无货物集中保管处理站。

（3）车站应建立定期清区清库制度。确定为两无货物的，应将货物移至两无货物专用仓库保管，不允许以货车、集装箱或作业库区代库。两无货物必须拴挂事故货物标签，编号管理，分批码放、堆码整齐。

（4）车站要建立两无货物台账，根据记录及时登记。变卖后及时注销，并注明变卖时间和杂费收据号码。

（5）两无货物应实行台账和实物分别专人管理，定期核对账物，做到账物相符。

【项目3】查询及处理

物归原主是处理两无货物的基本原则，因此对两无货物要千方百计寻找线索，尽力做到物归原主。

（1）对无法交付货物，到站应按规定积极联系发站及托运人、收货人，征求处理意见。发站应积极配合，及时联系托运人，提出处理意见并答复到站。如托运人、收货人提出书面拒绝领取意见，或超过30日托运人、收货人和发站未答复处理意见的，到站可按无法交付货物处理。

（2）车站发现无标记货物时，应立即查对车站现存货物及当日装出或卸下的货物有无漏装、误装、误卸、误交付等情况，及时寻找线索以便物归原主。各主要货运站、两无货物集中保管处理站之间，可以通过定期或不定期交换无标记货物的资料和信息，以尽力做到物归原主。

车站对外站的少件记录查询应立即认真查对并答复，要积极给外站查货人员提供工作方便，尽力使无标记货物找到原主，避免造成不应有的对外赔偿。

对无标记事故货物，凡能判明到站的，立即向到站回送，只能判明装车站的，立即向装车站回送。

到站收到他站回送的无标记事故货物后,要认真确认正当收货人,核对原批货物交付情况,如原批货物交付正确,应向收货人查对原批货物中有无混入他批货物,没有混入的,则对回送的无标记货物按规定上报处理。如原批货物有短少记录,短少记录又与回送的无标记货物相符,则向收货人交付,收回记录并入案卷。

装车站收到回送的无标记事故货物后,应核对现货和车站编制的记录,看是否编有该货物的丢失记录。如编有该货物的丢失记录,并与现货相符,则立即向正当到站回送。如该货物查无来源、没有去向的,则按规定上报处理。

(3) 非处理站应及时将两无货物向集中保管处理站回送。凡向到站、装车站、集中保管处理站回送两无货物的,均应拴挂事故货物标签,凭货运记录回送。

(4) 对鲜活、易腐、易燃、易爆、放射性、剧毒等不宜长期保管的货物,如车站发现有变质、燃烧、爆炸和泄露等危险时,可先以电话请示铁路局同意后处理,然后再补报报批手续。

(5) 为确保特殊、重要物资得到归口管理,避免流向社会可能造成不良后果和影响,对军运物资、历史文物、珍贵图书、重要资料和违禁物品等应分别向省(军)级的军事、公安、文化等主管部门无价移交,不得交给其他单位。

【项目 4】报批变卖

两无货物的上报处理,须经车站两无货物处理领导小组审核研究,提出书面处理意见,附上开列的货物清单,加盖车站公章后上报。无法交付货物按规定上报当地有关部门审批,当地有关部门不办理审批的,上报主管铁路局审批;无标记事故货物按规定上报主管铁路局审批。主管铁路局必须以书面形式批复,批复要明确具体的处理方案和意见。车站按当地有关部门和主管铁路局批复的意见,由两无货物处理领导小组成员会同有关人员进行处理。

两无货物的变卖,可按国务院办公厅《关于公物处理实行公开拍卖的通知》(国办发〔1992〕48 号)的规定公开拍卖,也可采取变卖的方式。拍卖和变卖应按质论价、价格合理。

两无货物处理后,车站应填写"无标记(无法交付)货物处理书"(如表 3-13 所示)一式两份,1 份报铁路局备案,1 份留站存查。

表 3-13　　　　　　　　　无标记货物处理书

_____铁路局

无标记（无法交付）货物处理书

下列货物根据局　　　年　　月　　日第　　　号通知处理

货运记录号码	品名	件数	重量	单价	实际处理价格	记事

　　于　　年　　月　　日有价（无价）移交有关部门，费用以第　　　号运杂费收据核收上缴。

处理站（公章）　　　　　　经办人（印）　　　　　　收购单位（公章）

车站对两无货物处理所得价款，按规定扣除有关搬运、储存、清扫以及劳务、奖励等费用后上缴铁路局，铁路局按规定对上述款额进行处理，无法交付货物处理款额上缴国库，无标记事故货物处理款额用于冲减货运事故赔款。

无法交付货物处理完毕后，货主要求归还货物或价款的，一律不予受理。

必须强调的是，两无货物所有权不属于处理单位，也不属于托运人、收货人，在性质上属于国家所有，因此车站不能擅自动用和处理，不能用两无货物抵补自站发生货损、货差的货物，也不能有意压价、降价处理给内部人员，更不能少报瞒报、另立账目、私分处理。违者要追究有关人员责任，给予严肃处理，触犯刑律的，依法处理。

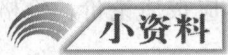小资料

货运事故案例分析

铁路货运事故的处理工作是一项政治性、政策性、业务性很强的工作。铁路货运事故处理工作的好坏，关系到我国法律的尊严，关系到托运人、收货人、承运人三方合法权益是否能得到保障，关系到铁路运输企业的形象，它直接影响到铁路货运营销的效果，它是铁路运输售后服务的重要内容。

铁路货运事故处理工作涉及的法律、法规很多，有《民法通则》、《合同法》、《铁路法》、《保险法》等；涉及的行业规章也很多，如《货规》这一类要求托运人、收货人、承运人共同遵守的规章就有 20 多本，还有《事规》这一类承运人内部的管理规章也有 10 多本；在实际运作过程中还要求铁路货运工作人员了解和掌握更多的边缘知识，例如各种品

类货物的价值、价格、化学成分、自然属性,甚至还有考虑运输途中各区域、区段的社会治安状况等。因此,要认真做好铁路货运事故处理工作并不是一件容易的事情。

以下列举了一些典型的事故案例及其分析方法,供借鉴和参考。

【案例一】

乌北站4月8日承运到南平站整车棉花1车,车号P_{61}/3064221,票号81563,堆装,保价20万元,施封两枚15401、15402号,封锁于4月9日挂出;该车4月17日3点20分到达南平站,3点40分发现车门一侧从缝隙中向外冒烟,经报警后由地方消防部门及时施救,货物损失50%以上,当日到站拍发51号货运事故速报,主送装车站调查;4月20日乌北站派员至南平站事故现场。

请问:乌北站接到事故速报后应做哪些工作?货运部门对事故现场的勘察和调查的主要内容是什么?

【分析】

1. 乌北站接到事故速报后应立即召开监装货运员、装车工组及有关人员参加事故调查会议;全面检查事故车的有关托运和承运、装车作业资料和台账;联系托运人确认货物质量和运输条件;向主管铁路局汇报情况及意见;答复来电单位并抄送有关单位。

2. 事故现场勘察和调查的主要内容:

(1) 该车两枚施封锁是否齐全,拆封是否规范;

(2) 货物损失程度;

(3) 车体门、窗扣、锁、销状况,定检修期限、单位,车底板接缝间隙尺寸;

(4) 车内起火部位,被烧货物装载位置;

(5) 车底防火板长、宽、厚;

(6) 货车到达、作业时间和情况;

(7) 灾情发现时间、扑灭时间及地点;

(8) 灾情发现人的情况报告(书面或笔录);

(9) 施救措施是否得当、残留货物是否妥善保管。

【案例二】

唐山站发成都东站玻璃一车,60件,重60t,成都东站卸车时发现其中9件破损,编制货运记录送查唐山站。成都东站交付时会同收货人开箱检查,共损坏2000mm×1500mm×5mm玻璃311块,每平方米单价27.50元,2000mm×1000mm×5mm玻璃72块,每平方米单价26元,损坏玻璃属粉碎性破损无使用价值,废玻璃残值807元。该批货物价值126251元,保价10万元,收货人按上述单价及损坏数量计算提赔29401.50元,唐山站查复称"按保价有关规定处理,运输途耗5‰"。

请问:该案如何划分责任及赔偿?并说明规章依据。

【分析】

1. 依据《事规》附件二、三项二条1款之规定,该案应由唐山站负责

2. 收货人提赔29401.50元,系未扣除途耗及废玻璃残值807元的款额,扣除以后的

损失金额应为

$2m \times 1.5m \times 27.50$ 元$/m^2 \times 311$ 块$+2m \times 1m \times 26$ 元$/m^2 \times 72$ 块$-126251 \times 5\% - 807 = 29401.50 - 6312.55 - 807 = 22281.95$（元）

因不足额保价，按规定应付：

$22281.95 \times 100000/126251 = 17648.93$（元）

根据《事规》第三十条"核赔权限"之规定，赔款额超过5000元应由铁路局审核赔偿。成都东站自受理赔偿之日起3日内，以货运事故查复书写明调查过程及原调查材料现存唐山站，并将赔偿案卷及车站存查的调查材料报主管局核赔。

【案例三】

3月22日南明市特区进出口公司委托郊区货运站于南明站托运至成都东站品名为"塑料助剂"零担两批，各100件，15t，票号046563、046564，收货人为"成都市建材工业公司"。货物包装为原进口铁桶。当日南明站使用P_{62}型车号3166721整零装运，3月30日成都东站卸车发现车内有刺激异味，上货4桶破损，作业过程中人员发生呕吐，多人中毒，送医院抢救，人员治疗费用118250元。经查上货实际品名为甲苯二异氰酸酯，危险品编号61111（毒害品），托运人匿报品名运输，成都东为不办理危险品到、发站。

请问：到站按规定应做哪些工作？

【分析】

到站应按下列要求办理：

1. 车内或作业点嗅到有强烈异味，应立即停止作业，通知收货人查明货物性质和危害，采取安全措施才可继续作业。发现人员中毒，应立即送医院抢救和治疗

2. 检查货物包装和作业情况；破漏货件装载部位；破漏程度即各破漏件破口（缝）尺寸、部位、新旧痕，所漏液体污染车底部位和面积。保留车辆待有关部门检验

3. 卸车作业按货物性质进行防护，良好与破漏货件分别码放，注意破漏货件的破口朝上，不致扩大漏损，对卸下货物注意安全保管

4. 向上级主管部门和有关领导汇报，并会同收货人对破漏货件包装、损失程度和原因进行鉴定；了解中毒人员在医院施救情况和危害健康情况

5. 按现场勘查情况编制货运记录送查并拍发货运事故速报

6. 在规定时限内，由处理局拍发电报邀请责任站、责任局和有关责任单位代表参加事故分析会

7. 匿报货物品名按规定核收违约金；对车辆和货位进行洗刷除污，应按章核收洗刷除污费；核定托运人因匿报货物品名的责任

【案例四】

吐鲁番站承运烟台站葡萄干整车1批，托运人、收货人均为个体经营者。该车运行到商丘北站时，托运人向车站提出货物变更到麻城站的要求，同时出示领货凭证和货物运输变更要求书。车站经办人员审查后即将货物运单和货票丁联到站栏"烟台"划去改为"麻城"，在涂改处加盖站名戳记安排货车编挂计划。麻城站卸车当日托运人凭领货凭证将货

物提取。翌日,又一持有领货凭证及个人身份证明的人员向麻城站办理领取货物手续。麻城站检查、比较发现前后两份领货凭证为同一票号,但均未加盖骑缝站名戳记。

请问:商丘北站办理货物运输变更存在哪些问题?承运人责任的赔偿由谁承担?

【分析】

1. 商丘北站在办理货物运输变更时存在的问题

(1)《货规》第四十条第2款规定:整车货物变更到站,受理站应报主管铁路局同意。商丘北未报主管局,显然属违章变更。

(2)《货规》第四十条第3款规定:变更站应在货票丁联上记明变更根据并加盖车站日期戳或带有站名的名章,变更后应以电报通知新到站及其主管局收入检查室和发站。商丘北受理变更后既未在货票丁联有关栏填记说明,亦未见拍发电报通知有关单位,显然是连续违章操作。

2. 承运人责任的赔偿划责

《事规》附件二第六项十五、十七条规定:"违反规定办理货物(车)变更,货物发生事故,由变更受理站负责。""领货凭证上未记明本批货物的货票号码,或未在货物运单和领货凭证连结处加盖骑缝戳记,货物发生冒领或误交时,由发站和到站共同负责,事故列到站。"本案属运输货物被诈骗冒领事故,同时又发生途中站违章变更运输,因此该事故应由吐鲁番、商丘北、麻城站共同负责,事故列麻城站。

学习情境四 集装货物运输组织

1. 集装箱定义、种类以及集装箱的标记和技术参数。
2. 集装箱运输条件。
3. 集装箱运输组织办法。
4. 集装化运输。※

能力目标

1. 严格按照集装箱货物作业要求（TB/T 2174）中的规定程序、作业内容及质量要求，独立办理通用集装箱和专用集装箱货物的发送、途中、到达作业。
2. 完成集装箱调度与统计工作。
3. 根据货物特性选择适当的集装化方式，并拟定集装化货物运输方案。※

备注：※表示拓展目标，可根据学生层次及课程进度需要选择性学习，还可将最后6课时安排为综合测试及答辩。

学习任务引导书

学生目前应该已经能够：①明了铁路各工种岗位职责；②熟悉一般条件下铁路货物整车货物运输作业流程；③熟悉一般条件下铁路整车货物运输作业各环节技术操作要领；④掌握货物运单、货票的填记方法。

本学习情境学生的任务是在假定场景下，作为办理集装货物作业的货运工作人员，能按照铁路集装箱货物作业标准（TB/T 2174）中的规定程序、作业内容及质量要求，预先受理运单，集结后按方向和计划提空箱出站装箱或在站内组织装箱，检斤、施封、重箱入货位，完成集装箱货物的发送、途中、到达作业以及集装箱调度、统计工作。对此，学生需要理论与实践的练习，在练习过程中，学生要逐步掌握本学习情境任务要求中需要的所有技能，包括相关的背景知识。

学生仍然需要在任务准备阶段多渠道、全方位的了解相关知识，并做出必要的书面记录。虽然 TB/T 2116.2—2005 作业标准与 TB/T 2174 作业标准有区别，但学生应该特别注意它们之间的联系，这样更便于顺利实现知识的迁移。除此之外，学生还应特别注意以下问题：

（1）集装箱作业人员的分工与整车作业人员分工有何异同？是否应特别注意与托运人的沟通与联系？

（2）集装作业的侧重点在哪里？码放、检斤拍照、签收制度制订的目的是什么？集装箱的施封与货车施封的方法有何区别？

（3）集装箱进出站作业的必要手续有哪些？对破损、站外留存箱的处理如何进行？

（4）集装箱调度与统计工作的重点是什么？

（5）集装化器具的种类与货物特性的关系？如何实现集装效益的最大化？

细心计划学习小组完成每一阶段任务所需要的时间，对任务能否顺利实施起着非常重要的作用。学生书面报告的完整度将决定其完成效果。正确对待错误、修正错误不仅对本次任务的完成非常重要，对学生的明天也将产生影响。

学习任务一　通用集装箱运输组织

任务描述

本次任务需要学生依据案例背景制订两批集装箱货物的运输工作计划，包括承运、装车、卸车、交付等各作业环节组织及集装箱进出站工作方案。重点需要学生能正确填记集装箱货物运单，装车前后、卸车前后检查无遗漏，按规章要求完成集装箱进出站的管理工作。具体任务要求见任务单所示。

任　务　单

请利用本学习单元所学知识，按案例条件与任务要求处理以下案例。

【案例情况】北8道物流有限责任公司在汉西车站托运下列两批货物：（未知条件自设）

（1）2个20ft通用集装箱，每个集装箱内装服装18t，货物到站为北郊站，箱号TB-JU538356/542357。

（2）1个40ft企业自备通用集装箱，内装工业机械零配件共24000kg，货物到站为济南站，箱号BBTU863588。

【任务要求】请按上述案例情况制订这两批货物的运输工作计划，包括承运、装车、卸车、交付等各作业环节组织及集装箱进出站工作方案，并按步骤将实施过程简要记录在学生工作页上。在完成这一任务时，请特别注意以下问题：

(1) 集装箱货物运单的填写、复核
(2) 装车前应检查的内容以及装载、堆码的要求
(3) 卸车前后应检查的内容
(4) 交付环节的作业要求
(5) 集装箱进出站管理要求

另外，以学习小组为单位确定一名观察者负责本组成员任务实施情况的汇报，每组派代表从教师处领取学习资料及实训工具，模拟工作情境完成案例所示的货物运输工作。注意：每位学生最后都必须上交一份填写完整的"学生工作页"以供考核。

请学生按要求认真领会题意，做好充足准备，课堂训练将采用案例情境模拟、角色扮演及启发引导的方法实施教学。任务完成严格按工作过程六步法：资讯—计划—决策—实施—检查—评价步骤进行。

集装运输是使用箱、盘、笼、袋、夹等集装用具将货物集零为整，便于满载、快速装卸的一种运输组织方法。其运输优点主要表现为：简化运输包装和交接手续，保证货物安全，便于装卸作业机械化，减轻劳动强度，提高作业效率。

铁路集装运输的形式分为集装箱运输和集装化运输两大类。

知识点一　集装箱及其运输设备

一、集装箱定义

集装箱是一种现代化运输工具，也可以说是一种方便货物运送的集合包装。集装箱又与一般包装容器不同，它除起包装容器作用外，还要在装卸、搬运、运输、换装以及在组织各种不同运输方式的联运中发挥快速、高效的作用。

国际标准化组织（ISO）对国际标准集装箱作出如下定义：

"集装箱是一种运输设备：①具有耐久性，其坚固程度足以能反复使用；②便于为商品运送而专门设计的，在一种或多种运输方式中运输时无须中途换装；③设有便于装卸和搬运的装置，特别是便于从一种运输方式转移到另一种运输方式；④设计时应注意到便于货物装满和卸空；⑤内容积为 $1m^3$ 或 $1m^3$ 以上。集装箱一词不包括车辆和传统包装。"

《铁路集装箱运输规则》所称的集装箱是指具备下列条件的运输设备：

(1) 具有足够的强度，可长期反复使用
(2) 适于多种运输方式运送，途中无须倒装货物

(3) 设有供快速装卸的设施，便于从一种运输方式转移到另一种运输方式
(4) 便于箱内货物装满和卸空
(5) 容积不小于 $1m^3$

集装箱不包括车辆和一般包装。

二、集装箱的种类及技术参数

集装箱的种类可以根据重量和尺寸、箱主、所装货物种类和箱体结构、是否符合标准进行划分。

(一) 按重量和尺寸分类

铁路运输的集装箱分为 1t 箱、20ft 箱、40ft 箱、48ft 箱以及经铁道部批准运输的其他重量和尺寸的集装箱。其中 1t 集装箱称为小型箱，已基本被淘汰，20ft 及其以上集装箱称为大型集装箱。集装箱以 TEU 作为统计单位，表示一个 20ft 的国际集装箱。1 个 40ft 集装箱折合为 2 个 TEU。

(二) 按箱主分类

按箱主集装箱分为铁路箱和自备箱。其中铁路箱是承运人提供的集装箱，自备箱是托运人自有或租用的集装箱。

(三) 按所装货物种类和箱体结构分类

集装箱分为普通货物箱和特种货物箱。

1. 普通货物箱包括通用箱和专用箱

(1) 通用箱适合多种普通货物的运输。例如文化用品、日用百货、医药、纺织品、工艺品、五金交电、电子仪器仪表、机器零件及化工制品等。该类集装箱占全部集装箱总数的 70%～80%。

(2) 专用箱包括封闭式通风箱、敞顶箱、台架箱和平台箱等。

2. 特种货物箱

特种货物箱包括保温箱、罐式箱、干散货箱和按货物命名的集装箱等，专门适用于运输某种状态或特殊性质的货物。如运输轻油、润滑油、酒精、水煤浆、轿车、微型面包车、原木及板材、钢材及管件、散装水泥、散装矿砂及化工品等货物。

(四) 按是否符合标准分类

按是否符合国家或铁道行业标准集装箱又可分为标准箱和非标箱。

(五) 通用集装箱技术参数

2008 年 7 月，我国铁路公布了铁路正式运输的各种箱型集装箱基本规格，其主要技术参数见表 4-1。

表 4-1　　　　　　　　　　铁路通用集装箱有关技术参数

箱型	箱主代码	起止箱号	自重（t）	箱体标记最大允许总重（t）
20ft	TBJ	510001～575000	2.21	24.00
		300011～301710	2.24	30.48
		400001～400500	2.98	30.48
		580000～629999	2.24	30.48
40ft	TBJ	300003～300005	3.88	30.48
		700000～700119	3.79	30.48
		710000～715999	3.88	30.48
48ft	TBJ	800001～800404	4.65	30.48

三、集装箱标记

为了在运输中更好地进行识别、管理和信息传递，需在集装箱的箱体上涂刷各种清晰、易辨、耐久的标记。国内使用的集装箱按国家标准（GB 1836—85）规定涂刷，国际间使用的集装箱按国际标准（ISO 6346—1981E）规定涂刷。

铁路集装箱的主要标记如图 4-1 所示。

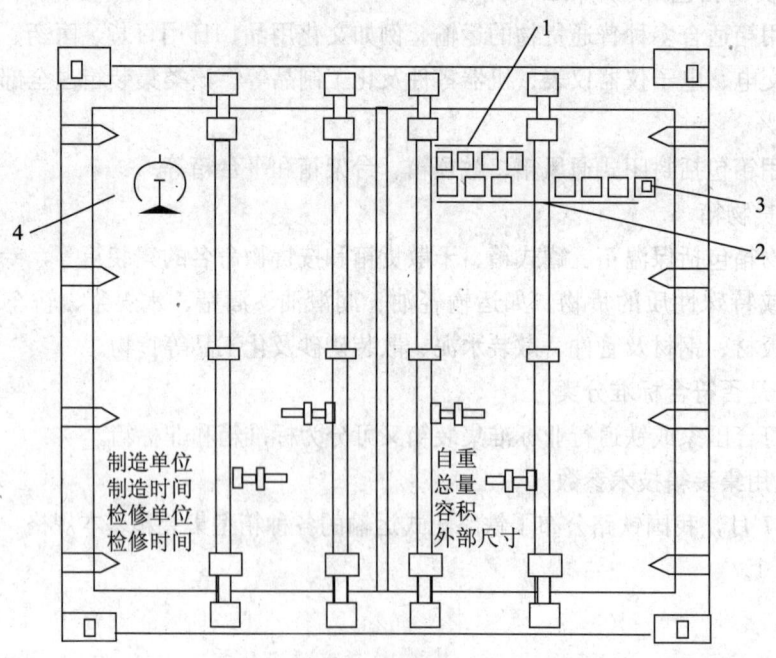

图 4-1　集装箱标记

1—箱主代号；2—箱号；3—核对数字；4—路徽

（一）箱主代号

指集装箱所属部门代号。国内使用的集装箱的箱主代号由四个大写汉语拼音字母组成；而国际集装箱的箱主代号由四个大写拉丁字母组成。为了区别其他设备，规定第四位字母用"U"表示，意思是集装箱。例如：我国铁路集装箱的箱主代号是"TBJU"，TB—铁道部，J—铁路集装箱。

在我国铁路运输的集装箱有不少是货主自备集装箱，为便于加强企业自备箱的管理，铁道部下达了《自备集装箱编号和标记涂刷规定》。自备箱的箱主代号的4位拉丁字母，前两位为箱主代号，由箱主确定，后两位规定为集装箱的类型，如通用箱为 TU、冷藏箱为 LU、保温箱为 BU、危险品箱为 WU。

为了避免发生箱主代号的重号现象，所有箱主在使用箱主代号前应向主管部门登记注册。国内铁路使用的集装箱，由箱主向所在铁路局申报；国际集装箱，由箱主向国际集装箱局登记注册。

（二）箱号

箱号又称之为集装箱顺序号，由六位阿拉伯数字组成。如果有效数字不足六位时，则在有效数字前用"0"补足六位。自备箱的六位阿拉伯数字的前两位是箱主所在地的省、自治区、直辖市的行政区划分代码；第三至第六位数字为铁路局所给的顺序号。

（三）核对数字

核对数字是按规定方法计算出来的一位阿拉伯数字，专门用于计算机核对箱主代号和箱号记录的准确性，避免抄错箱号。为了与箱号区分开，铁道部规定集装箱的核对数字必须用方框圈出。国内铁路使用的集装箱的核对数字按 GB 1836—15 规定计算，由铁道部提供。例如 TBJU700000 的集装箱核对数字为 8，整体表示为 TBJU700000 ⑧。

（四）国家代号、尺寸类型代号

集装箱箱体上涂打的国家代号表示国家或地区，按规定用两个拉丁字母表示。例如：CN 表示中国，US 表示美国，HK 表示中国香港。

尺寸类型代号是用来表示集装箱的尺寸和类型。国际标准化组织规定由四位阿拉伯数字表示。前两位表示尺寸，其中第一位数字表示集装箱的长度，第二位数字表示集装箱高度的索引号。后两位表示类型。例如长度为 20ft，高度为 2591mm 的汽车集装箱的尺寸类型代号为 2826。

（五）集装箱的自重、总重、容积

集装箱的自重指的是空集装箱的重量，包括各种集装箱在正常工作状态时应备用的附件和各种设备的重量，如冷藏集装箱的机械制冷装置和燃油。

集装箱总重是集装箱的空箱重量和箱内装载货物的最大容许重量之和。

我国铁路集装箱的自重、总重用中文标示于箱门上。国际上则要求用英文"MAX-GROSS"或"MGW"表示总重；"TARE"表示自重，两者均以千克和磅同时标记。

例如：MAX GROSS 24000 kg

　　　　　　　　52900 lb

TARE　　2060 kg
　　　　　4550 lb

除了以上标志之外，集装箱上还标记有制造单位、时间，检修单位、时间，20 ft 以上的集装箱应有集装箱检验单位徽记、国际集装箱安全公约（CSC）安全合格牌照、国际铁路联盟认证标记。

CSC 安全合格牌照，为了维护集装箱在装卸、堆码、运输时操作人员的人身安全，集装箱的制造必须通过行政主管部门的审核，检验符合制造要求，才能将此牌照铆在集装箱上，该牌照上应标有维修检验日期或有连续检验计划标记，且箱体标明的集装箱号码应与牌照一致。

国际铁路联盟标记 $\boxed{\begin{array}{c}i|c\\33\end{array}}$ 其中"i"、"c"表示国际铁路联盟，33 表示中华人民共和国铁路，该标记是为了保证集装箱铁路运输安全，规定对集装箱进行检验、验收合格的标记。

此外还有海关批准牌照，又称之为 TIR 批准牌照，为了便于货物进出国境时，不开箱检查，加速集装箱流通。

所有标记均采用不同于箱体的颜色进行涂刷。我国铁路集装箱采用白漆涂刷。

四、集装箱办理站及其人员设置

集装箱办理站（包括办理集装箱运输的专用铁路、铁路专用线，下同）应具备下列条件：

(1) 有与其运量相适应的，适合集装箱堆存、装卸和修理的场地。

(2) 具备集装箱计量称重及安全检测条件。

(3) 配备集装箱专用装卸机械和吊具，装卸机械的起重能力要满足所装卸集装箱总重量的要求。

(4) 具备计算机管理和与全路联网的条件，满足自动化管理和信息传输的需要。

全国铁路现有对外公布的集装箱办理站 700 多个，其中专业性办理站少，多数为综合性货运站。办理站多，规模均较小，装卸设备落后，列车难以整列到发，加长了集装箱周转时间，降低了运输效率，不适应集装箱运输和现代物流发展的要求。根据近年来铁路统计资料，位居前列的集装箱办理站承担的集装箱运量占全路集装箱总运量的比重，排名前 10 位的车站占 30% 以上，排名前 55 位占 60% 以上，排名前 300 位占 90% 左右，因此铁路集装箱运量具有相对集中的特点。目前国外铁路集装箱办理站已向大型化、专业化、现代化的方向发展。

根据统计资料显示，上海、北京、广州、天津、成都、昆明、重庆、乌鲁木齐、兰州、哈尔滨、西安、郑州、武汉、沈阳、青岛、大连、宁波、深圳 18 个集装箱办理站近年来完成的集装箱到发运量基本位居全路前 18 位，发送总量占全路的 40% 左右，到达总量占全路的 45% 左右，相互交流量占全路的 17% 左右，并具有较大的发展潜力。这 18 个办理站位于我国直辖市、主要省会城市及港口城市，在地域分布上比较均衡，其中东部 10

个,西部6个,中部2个;毗邻港口8个,且大多位于铁路枢纽。为此,铁道部决定将这18个车站建设成为集装箱中心站,使其具备相互间开行集装箱班列的能力,成为全国和区域铁路集装箱运输的中心。

集装箱办理站应设置集装箱货运人员,负责集装箱运输管理和装卸车组织。中铁集装箱和运输有限责任公司在主要集装箱办理站的箱管人员应掌握集装箱作业动态和信息,对发现的问题及时沟通车站解决。

五、集装箱场

铁路车站要开办集装箱业务,必须设置有场地,并且配备各种相应的装卸机械和搬运设备,以便提高装卸作业效率,加速车辆和集装箱的周转,充分发挥集装箱运输的优越性,实现门到门运输。

(一)集装箱场的分类

集装箱货场按年运量可分为五等。

(1) 特大型集装箱货场:年运量在100万t以上。
(2) 大型集装箱货场:年运量大于50万t,不足100万t。
(3) 中型集装箱货场:年运量为30万t以上,不足50万t。
(4) 小型集装箱货场:年运量为10万t以上,不足30万t。
(5) 集装箱货区:年运量不足10万t。

如我国有特大型集装箱场12个(滨江西、沈阳、广安门、济南、上海西、南京西、郑州东、舵落口、广州东、西安西、兰州西、成都东),大型集装箱场38个,这50个集装箱场的集装箱运量占全路集装箱运量的60%左右。

(二)集装箱场的配置

集装箱货场主要设施应有:装卸线、集装箱龙门起重机走行线、到发"门到门"箱区、掏装箱区、中转箱区、备用箱区、空箱区、待修(定修和临修)箱区、轨行式集装箱龙门起重机、装卸搬运辅助机械、维修组、汽车停车场和生产、办公房屋等。其货场布置可如图4-2所示。

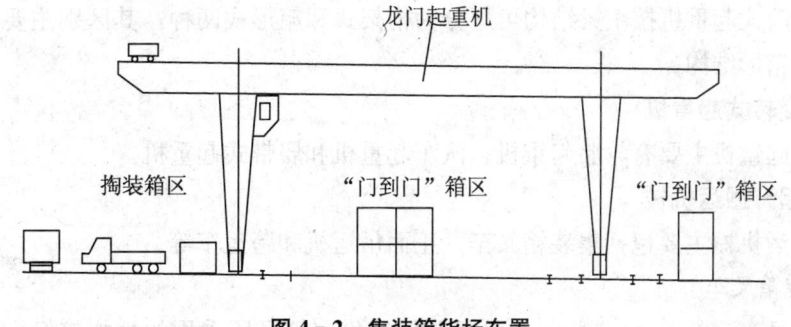

图4-2 集装箱货场布置

六、集装箱装卸搬运机械

具有快速卸和搬运的装置，便于机械作业，极大地提高装卸、搬运作业效率，是集装箱运输工具的最大特点之一。因此，在集装箱场内都配备一定数量的集装箱装卸、搬运机械。随着集装箱运输的发展，集装箱装卸、搬运机械也得到相应的发展，其类型很多，主要类型有：

（一）门式起重机

集装箱门式起重机是集装箱场的主型装卸机械，一般可按运行方式或主梁结构特点进行分类。

1. 按运行方式划分

集装箱门式起重机按运行方式可划分为埋轨式和轮胎式两种。

（1）埋轨式门式起重机。埋轨式门式起重机主要由门架、大车运行机构、小车架、小车运行机构、起升机械、旋转机构、导向架以及司机室等组成。司机室内有操纵台，操纵起重机各个机构的运转。

埋轨式门式起重机的整个门架由四套走轮平衡台车支撑，由其中的驱动车轮使起重机在轨道上行驶。起升小车在门架的轨道上运行，小车上有回转小车，可作270°的回转运动。起升机构通过导向滑轮组和集装箱吊具来装卸集装箱。

埋轨式门式起重机特点是必须在限定的轨道上运行，作业范围受到一定的限制，但结构简单，便于铁路货车和汽车的装卸作业，经济效果好，因此在铁路货场内被普遍采用。

（2）轮胎式门式起重机。轮胎式门式起重机的特点是机械由充气轮胎支撑在场上走行，不受固定轨道限制，因而机动性好，作业效率高，但是该类起重机操纵比较复杂，造价高。

2. 按悬臂划分

集装箱门式起重机按悬臂可划分为双悬臂式、单悬臂式和无悬臂式。

双悬臂式门式起重机由于跨度大和起升高度高，可以跨越铁路线和汽车道路，在跨度内、悬臂下直接进行集装箱的装卸、换装和堆码作业，因而被集装箱场大量采用。而单悬臂式和无悬臂式门式起重机由于缺乏双悬臂式起重机特点，被采用的较少。

3. 按主梁结构划分

集装箱门式起重机按主梁结构可划分为桁架式和箱形式两种，其区别主要在于主梁为桁架结构或箱形结构。

（二）旋转式起重机

旋转式起重机主要有轮胎起重机、汽车起重机和履带式起重机。

（三）起升搬运机械

起升搬运机械主要包括集装箱叉车、正面吊运机和跨运车等。

1. 集装箱叉车

集装箱叉车（如图4-3所示）是目前铁路集装箱场所采用的性能较好、效率高、用途多的集装箱装卸、搬运机械，其主要用于装卸、搬运和堆码集装箱。

学习情境四　集装货物运输组织

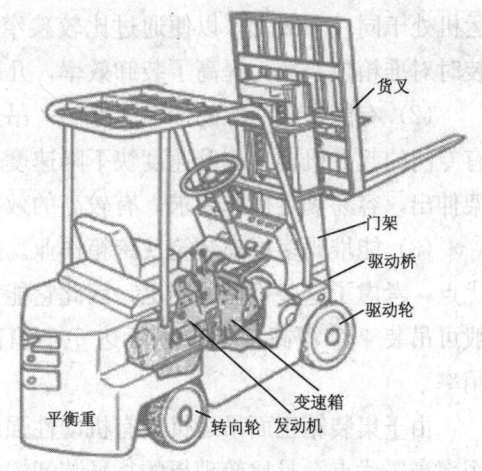

图 4-3　集装箱叉车

2. 集装箱正面吊运机

集装箱正面吊运机是 20 世纪 70 年代中期开发的一种新型移动式集装箱装卸搬运机械，主要由车架、支承三角架、伸缩臂架和吊架组成金属结构（如图 4-4 所示），采用内燃机驱动整机的前进后退。采用液压驱动，使整机操作灵便、平衡。转向机构多采用叉车形式的转向机构，并装有多种操作保护装置，从而使其工作安全可靠。其作业特点是：

图 4-4　集装箱正面吊运机

（1）有可伸缩和左右旋转 120°的吊具，能用于 20ft、40ft 集装箱装卸作业，吊装集装

— 231 —

箱时，吊运机可不与集装箱垂直。当吊运机与箱子成夹角时，吊起后可转动吊具使箱与吊运机处于同一轴线上，以便通过比较狭窄的通路；其吊具可左右移动 800mm，便于在吊装时对准箱位，从而提高了装卸效率，几乎可以在任何条件下的集装箱场进行作业。

（2）有能带载变幅的伸缩式臂架。吊运机的起升动作由臂架伸出和变幅共同完成，没有专门的起升机构。起升速度快下降速度也较快。作业时可同时实现整车行走，变幅和臂架伸出，容易满足操作要求，有较高的效率。

（3）能堆码多层集装箱及跨箱作业。正面吊运机的设计吸取了叉车、跨运车等机械的优点，考虑了这些机械的不足，因此它能完成其他机械所不能完成的作业。正面吊运机一般可吊装 4 个箱高，有的还可达 5 个箱高，而且可以跨箱作业，从而提高了堆场的利用率。

由于集装箱正面吊运机具有机动性强，稳定性好，轮压较低，堆码层数高，堆货场利用率高等优点，是比较理想的货场装卸搬运机械，因而被广泛采用。

3. 集装箱跨运车

集装箱跨运车是随着集装箱运输的发展，为适应集装箱运输设备的配套而采用的集装箱装卸、搬运、堆码的专用机械。它以门形车跨在集装箱上，由装有集装箱吊具的液压升降系统吊起集装箱，一般以柴油机为动力，通过机械传动方式或液力传动方式驱动跨运车走行，进行集装箱的搬运和堆码工作，如图 4-5 所示。

图 4-5 集装箱跨运车

集装箱跨运车与轮胎式、埋轨式门式起重机比较，具有更大的机动性。主要用于集装箱场与门式起重机配套使用。跨运车负责将铁路车辆上卸下的集装箱搬运到集装箱场并堆码，或将集装箱场上的集装箱搬至铁路装卸线附近，再由门式起重机进行装车。从而构成全跨运车方式集装箱场。跨运车也可与拖挂车配合，由拖挂车担任集装箱的搬运，跨运车担任集装箱的装卸和堆码作业。

七、装运集装箱的车辆

集装箱根据不同箱型可使用不同的车辆。1t 箱仅限使用棚车装运，其他集装箱可采用敞车、普通平车、平车集装箱两用车和集装箱专用车装运。

集装箱专用车是专门用于装运集装箱的特种车辆，有单层和双层两种。

集装箱专用车有先期生产的 X_6、X_{6A}、X_{6B} 型车，可装运 20ft、40ft 集装箱，载重为 60t；为适应快运生产的 X_{1K} 型；可装运 20ft、40ft 集装箱的 X_{3K}、X_{4K}、X_{6K}，可装运 20ft、40ft、45ft、48ft、50ft 集装箱的 X_{6H} 车型，标重为 61t。图 4-6 所示为 X_{6H} 型集装箱专用车。

图 4-6　X_{6H} 型集装箱专用车

双层集装箱车专用车有 X_{2k}、X_{2H} 型（如图 4-7 所示），适用于 20ft、40ft 国际标准集装箱和 45ft、48ft、50ft、53ft 等长大集装箱。装后集装箱和货物总重不得超过 78t，重车重心高不得超过 2400mm。

集装箱专用车由我国铁道部统一管理，各级集装箱调度负责日常调度指挥。集装箱车的备用须经公司集装箱调度命令批准。集装箱车应在全路主要集装箱办理站间运用。组织成组或成列运输时，应经公司集装箱调度批准。空集装箱车的调动不得按普通平车排空。跨局的空车回送须经公司集装箱调度命令批准，铁路局管内的空车回送须经分公司集装箱调度命令批准。空车回送时要填制"特殊货车及运送用具回送清单"，在"列车编组顺序表"的到站栏记明回送站名，货物名称栏填写"回送"。

铁路一般条件货运组织

图 4-7 X_{2H}型双层集装箱专用车

为加强集装箱专用车的管理，提高运用的效率，需要加强对集装箱专用车的运用考核。各集装箱办理站应建立"集装箱专用车运用登记簿"，记录集装箱专用车的状态和运用情况，每日在报告集装箱日报的同时，及时地、准确地报告"车站集装箱专用车运用报告"。

知识点二 集装箱货运组织结构和运输条件

一、铁路集装箱货运组织结构

2003 年年底，铁道部对全路集装箱运输资源进行优化整合，组建了中铁集装箱运输有限责任公司（以下简称"公司"）。公司主营国内、国际集装箱铁路运输、集装箱多式联运、国际铁路联运；仓储、装卸、包装、配送等物流服务；集装箱、集装箱专用车辆、集装箱专用设施、铁路篷布等经营和租赁业务。兼营国际、国内货运代理，以及与上述业务相关的经济、技术、信息咨询和服务业务。

公司拥有 18 个分公司和中铁铁龙、中铁国际货代两家子公司（具体如图 4-8 所示）。拥有北京东、杨浦、成都东、重庆东、大朗、昆明东 6 个集装箱直属站。拥有哈尔滨、沈阳、北京、大连、天津、青岛、上海、郑州、宁波、西安、武汉、兰州、重庆、昆明、广州、深圳、成都、乌鲁木齐 18 个具有国际先进技术设备和物流功能的大型物流中心。公司组织结构如图 4-8 所示。

— 234 —

学习情境四　集装货物运输组织

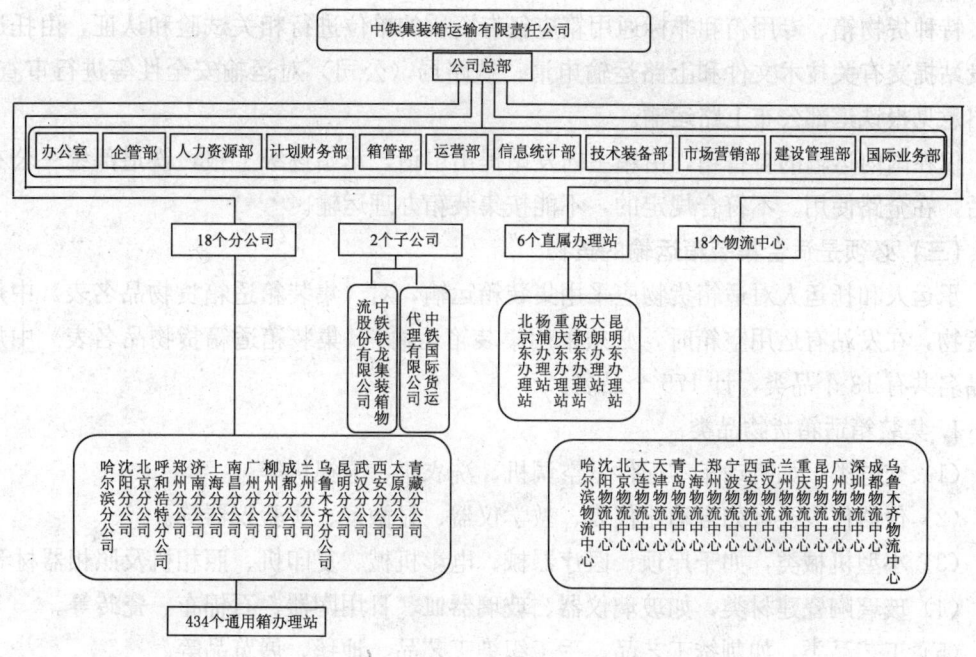

图 4-8　中铁集装箱运输有限责任公司组织结构

集装箱运输实行全路统一管理。铁路局、公司均应设专人负责集装箱运输管理，共同完成集装箱运输工作。

铁路集装箱运输集中管理本着集中办理、集中收费、方便客户、优先运输的原则，由集装箱有限责任公司负责集装箱受理、承运和交付业务，统一受理计划、统一收取费用、统一提供运输服务，公司对客户全程负责，费用按规定和合作协议清算。

二、集装箱货物运输条件

（一）集装箱必须在规定的集装箱办理站间运输

铁道部批准的集装箱办理车站（包括专用铁路、铁路专用线）在《货物运价里程表》中公布。在公布的集装箱办理站中，有的办理全部箱型的集装箱业务，而有的仅办理一种或几种箱型。集装箱只能在办理该箱型的集装箱办理站间运输。1t集装箱发到业务只有零担办理站才能办理。

集装箱应采用门到门运输。即用集装箱将各种适箱货物在托运人的工厂或仓库内装箱，通过铁路、公路和其他运输方式，直接运送到收货人的工厂、仓库内卸箱的运输。托运人和收货人可使用自有运力或委托运输单位进行，车站应提供便利条件。

特殊情况下，根据托运人、收货人要求也可在站内指定区域装、掏箱。铁路箱出站时，车站应与门到门运输单位或托运人、收货人签订运输安全协议并收取保证金。

（二）必须使用符合规定的集装箱

在铁路运输的集装箱必须符合国际、国家或铁道部标准。

特种货物箱、专用箱和非标通用箱应经有资质的单位进行相关试验和认证，由托运人向发站提交有关技术文件和上路运输申请；铁路局（公司）对运输安全性等进行审查后，提出意见报铁道部公布上路运输。

仅在国内运输的自备箱，由箱主向发站提出申请，车站逐级上报，铁道部统一公布编号后，在全路使用。不符合规定的，不能按集装箱办理运输。

(三) 必须是适合集装箱运输的货物

承运人和托运人对适箱货物应采用集装箱运输，对《集装箱适箱货物品名表》中规定的货物，在发站有运用空箱时，必须采用集装箱运输。《集装箱适箱货物品名表》中规定的品名共有 13 个品类，计 175 个品名。

1. 集装箱适箱货物品类

(1) 交电类，如机动车零配件、空调机、洗衣机、电视机等。

(2) 仪器仪表类，如自动化仪表、教学仪器、显微镜、实验仪器等。

(3) 小型机械类，如千斤顶、医疗器械、电影机械、复印机、照相机及照相器材等。

(4) 玻璃陶瓷建材类，如玻璃仪器、玻璃器皿、日用陶器、石棉布、瓷砖等。

(5) 工艺品类，如刺绣工艺品、手工织染工艺品、地毯、展览品等。

(6) 文教体育用品类，如纸张、书籍、报纸、音像制品、体育用品等。

(7) 医药类，如西医药、中成药、中药材、生物制品、其他医药品等。

(8) 烟酒食品类，如卷烟、烟草加工品、酒、罐头、方便食品、乳制品等。

(9) 日用品类，如化妆品、牙膏、香皂、日用塑料制品、其他日用百货等。

(10) 化工类，如化学试剂、食品添加剂、合成橡胶、塑料编织袋等。

(11) 针纺织品类，如棉布、混纺布、花织布、棉毛衫裤等针织品、服装、毛皮等。

(12) 小五金类，如锁、拉手、水暖零件、理发用具、金属切削工具、焊条等。

(13) 其他适合集装箱装运的货物。

2. 一定条件下可以使用通用集装箱装运的货物

(1) 经铁路局确定，在一定季节和一定区域内不易腐烂的易腐货物。

(2) 符合《危规》规定可使用集装箱运输的危险货物。

易于污染箱体的货物，如水泥、炭黑、化肥、油脂、生毛皮、牲骨、没有衬垫的油漆等货物不能使用通用集装箱装运。

易于损坏和腐蚀的箱体货物，如生铁块、废钢铁、无包装的铸件和金属块、盐等不得使用集装箱装运。

性质相抵触的货物不得混装于同一箱内。

不符合集装箱运输条件的，不能按集装箱办理运输。

(四) 按一批办理的条件

每批必须是标记总重相同的同一箱型，最多不得超过铁路一辆货车所能装运的箱数，铁路集装箱和自备集装箱不能按一批办理托运。

集装箱装运多种品名的货物不能在运单内逐一填记时，托运人应按箱提供物品清单一式三份。加盖车站日期戳后,一份由发站存查,一份随同运送票据递交到站,一份退还托运人。

(五)集装箱重量的限制

集装箱货物的重量由托运人确定,但托运的集装箱每箱总重不得超过该集装箱的标记总重。

集装箱内单件货物的重量超过100kg时,应在货物运单"托运人记载事项栏"内注明实际重量。

对有称重条件的集装箱办理站(含专用线)必须逐箱复查发送的集装箱重量,对超过载重量的集装箱,车站要纠正后方可运输,并按规定核收复查产生的作业费。

对标记总重超过24t的20ft通用集装箱,在40ft集装箱办理站间运输,最大总重可达到30t;在有"★"限制的20ft集装箱办理站发到的,最大总重限制为18.5t;在其他20ft集装箱办理站,最大总重仍为24t。

对违反规定装载的,按规定补收运费、核收违约金。

(六)集装箱军事运输按有关规定办理

部队或军工企业办理集装箱运输,必须按商运办理。军事运输使用自备集装箱,并要求按军用办理的,不再按集装箱运输条件办理。

知识点三 集装箱货物作业标准

一、集装箱货物作业程序

集装箱货物作业程序是铁路集装箱作业统一遵循的,包括发送、途中、到达三个环节,如图4-9所示。

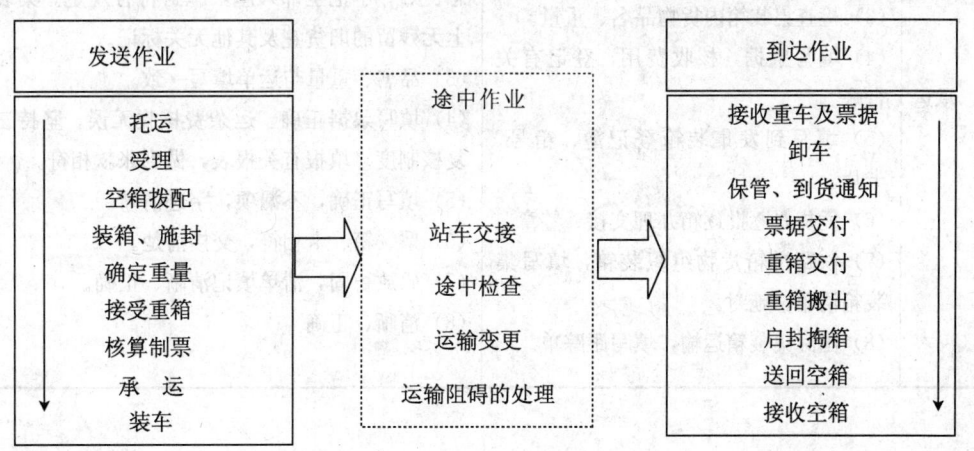

图4-9 集装箱货物作业程序

二、集装箱货物作业要求

铁路集装箱货物运输作业标准按计划受理、承运、装车、中转、卸车、交付、集装箱进出站、调度、统计等作业项目，分别制订了相关作业质量标准，如表4-2、表4-3、表4-4所示。

表4-2　　　　　　　　　　铁路集装箱货物运输发送作业标准

作业项目	作业内容	质量标准
一、按计划受理	(1) 进行适箱货源调查； (2) 编制集装箱月度装箱计划； (3) 提报集装箱月度货物运输计划； (4) 统一受理和审核运单； (5) 安排日装箱计划，批准集装箱进站日期； (6) 组织铁路拼箱运输	(1) 掌握集装箱货物的流量、流向，随时掌握变化情况； (2) 核实货源，合理组织安排，提高计划兑现率，最大限度地将适箱货源纳入集装箱运输； (3) 保证月度装箱计划的落实； (4) 按运单填制办法逐项审核，符合一批办理托运条件，符合到站营业办理范围，戳记齐全，所附证明文件齐全有效； (5) 及时通知托运人，在规定时间内领取空箱、装箱进站； (6) 符合拼箱条件的货物都进行了组织
二、承运	(1) 复核运单。按批准进箱日期拨空箱。检查箱体状态。 (2) 按运单记载验箱，签章，注明箱位号码。抽验集装箱重量。 (3) 检查集装箱内货物品名、重量。 (4) 填写票据，核收费用，登记有关台账。 (5) 填写到发集装箱登记簿、箱号、卡片。 (6) 凭货票逐批逐箱办理交接、签章。 (7) 铁路拼箱货物组织装箱，填写集装箱清单。施封。 (8) 国际集装箱运输，填写跟踪单	(1) 再次核对运单记载事项，戳记要齐全无误；箱体状态不良，及时给予更换。 (2) 箱号、封号与运单填写一致，集装箱箱体状态良好，手把全部入座，施封符合规定。集装箱上无残留的旧货签及其他无关标记。 (3) 品名、重量与运单填写一致。 (4) 填写票据正确。运杂费核收无误。坚持三检复核制度。填报有关报表，做到账款相符。 (5) 填写正确，不漏项，字迹清晰。 (6) 票、箱、卡相符，交接清楚。 (7) 码放稳固，清单填记清晰、正确。 (8) 清晰、正确

续 表

作业项目	作业内容	质量标准
三、装车	(1) 复核配装计划； (2) 向货调提报装箱车种、车数； (3) 装车前进行票、箱、车三检，召开班前会； (4) 装车时，进行监装； (5) 装车后进行箱区残存箱、车辆装载状态、施封三检； (6) 整理货票，填写货车装载清单和封套，加盖有关戳记，封票。登记有关台账。报告作业完了时间	(1) 符合办理限制、装运条件、中转范围正确； (2) 提报选配车种符合要求，及时、正确； (3) 货票齐全，票箱相符，箱体状态良好，施封有效，车辆符合要求，发现问题及时处理； (4) 按规定现场指导装车。不偏载，不错装、不漏装； (5) 装载符合规定，施封符合要求； (6) 货票、清单、封套、台账填记完整正确，货票、清单、箱相符，戳记齐全。报告及时、正确

表 4-3 铁路集装箱货物运输途中、到达作业标准

作业项目	作业内容	质量标准
四、中转	(1) 编制中转配装计划，采取一坐、二过、三落地的方法组织。 (2) 布置中转作业计划及注意事项。根据中转配装计划，进行作业。中转箱的装卸作业比照装卸车的作业内容办理。 (3) 中转作业后，整理复查箱位、货票、中转计划表，填写集装箱中转台账和有关报表，移交货票，报告作业完了时间	(1) 符合中转范围，多装直达，加速中转，不虚縻车辆。 (2) 布置清楚。坐、过、落箱正确、无误。合理加装，车内剩余箱的整理符合规定。中转箱的装卸作业比照装卸车的质量标准办理。 (3) 填记完整、正确，箱位、箱数无差错，票据整理、报告及时、正确
五、卸车	(1) 核对货票、装载清单、封套，确定卸箱区位，检查货票中有无记录。 (2) 卸车前，确认车号，检查车辆状态。棚车装载时，检查施封，召开车前会，按规定对棚车进行启封。 (3) 卸车时，指定卸车箱位。监卸。将封锁、封套一同保存。 (4) 卸车后检查箱体，凭票核对箱号、箱数、货签、施封锁（环）内容，注明箱位，在货票上加盖卸车日期戳，并填写到达登记台账。 (5) 凭卸车清单（卡）办理集装箱交接，签章。 (6) 卸车货运员凭卸车清单向内勤货运员办理货票交接、签章。报告作业完了时间。 (7) 铁路拼箱货物卸车后掏箱，办理交接	(1) 货票、装载清单、封套填写一致，发现问题按规定及时处理； (2) 车号正确，发现异状，编制记录，及时处理； (3) 不错卸、不漏卸； (4) 票、箱、台账一致，发现异状，如实编制记录； (5) 集装箱交接清楚； (6) 货票交接清楚； (7) 在卸车作业完毕前，将拼箱货物掏出，发现问题，及时编制记录

续表

作业项目	作业内容	质量标准
六、交付	(1) 发催领通知。 (2) 办理票据交付手续。 (3) 按规定核收杂费、装卸费，加盖交付日期戳。 (4) 根据运单和卸车清单（卡），对照核对交付日期戳，过期补收滞留费。核实无误后，现场逐箱检查交付，加盖交付完了戳记。在卸车清单（卡）上记明交付日期和交付货运员。 (5) 向统计、箱调提供有关数据。 (6) 以卸车清单（卡）核对待交箱，对积压箱进行催领。 (7) 整理国际箱跟踪单。往返运输国际箱应核收返程运输费用	(1) 不迟于卸车次日； (2) 收货人提出的领货凭证及有效证明文件与货票上记载的收货人名称、货票号码相符，戳记齐全，不误交； (3) 不误收，不漏收，戳记正确； (4) 不误交，不漏收，填记正确及时； (5) 数据准确； (6) 账箱相符； (7) 及时，按规定保管。不误收、不漏收

表4-4　铁路集装箱货物运输进出站、调度、统计作业标准

作业项目	作业内容	质量标准
七、集装箱进出站	(1) 集装箱进出站按箱号管理，进行登记和销号； (2) 从车站搬出的铁路集装箱，填写出站单； (3) 验收返回的空、重集装箱，核对"铁路集装箱出站单"，甲、乙、丙、丁联核对，返回还箱收据，对超期箱核收延期使用费； 对发生破损的集装箱编制记录，向责任者核收修理费用； (4) "铁路集装箱出站单"装订成册； (5) 对站外存留的铁路集装箱和周转集装箱按时按单位填报集装箱站外存箱登记簿、站外存留日况表	(1) 记载准确，账箱相符，数据正确； (2) 按规定填写，正确无误； (3) 督促托、收货人按规定日期返回集装箱，按规定要求验箱出站单办理无误，正确核收费用； (4) 顺号装订，妥善保管； (5) 准确掌握站外存留箱，账箱相符
八、调度	(1) 掌握站内、外集装箱动态，组织运用； (2) 向铁路局集装箱调度汇报车站货源和箱源情况，及时提出调整箱流的意见； (3) 根据日班计划，组织装卸车工作； (4) 按下达的空箱回送命令，及时组织向指定的集装箱办理站回送； (5) 填写集装箱作业图表，向车站货调报告； (6) 往返运输的国际集装箱应在规定时间内回送； (7) 处理集装箱运输中日常发生的问题	(1) 加速周转，压缩停时； (2) 掌握集装箱到发规律，做到箱不积压，搞好均衡运输； (3) 认真完成日计划； (4) 准确、按时执行调度命令； (5) 及时、正确； (6) 回送日期不超过规定期限； (7) 发现问题及时，处理正确果断

续表

作业项目	作业内容	质量标准
九、统计	(1) 日常报表统计工作： ①运用报告 ②停留时间统计 ③箱千米计算 ④集装箱运输情况月报 ⑤集装箱站外存留情况 (2) 分析工作： ①月、旬装箱计划完成情况 ②"门到门"运输开展情况及站外存留情况 ③集装箱在站平均停留时间完成情况 ④定期向领导汇报各项指标完成情况，并提出改进措施	(1) 统计数据准确、齐全，报告及时； (2) 通过分析，发现问题，及时汇报，改进工作

知识点四　集装箱运输组织

一、集装箱货物发送作业

（一）托运与受理

集装箱运输以集装箱运单作为运输合同。托运人托运集装箱应按批提出运单。

集装箱货物专用运单，上端居中的票据名称冠以"中铁集装箱运输有限责任公司集装箱货物运单"由两联组成，第一联为货物运单，如表4-5（a）所示；第二联为提货单，如表4-5（b）所示。

表 4-5（a）　　　　　　　　**集装箱货物运单（第一联）**

货物指定于　月　日搬入　　　中铁集装箱运输有限责任公司　　承运人/托运人装车
货位：　　　　　　　　　　　**集装箱货物运单**　　　　　　货票号码：
运到期限　　日　　　　　　托运人→发站→到站→收货人

发站			到站（局）		车种车号	货车标重	
到站所属省（市）自治区						国内运输□　海铁联运□	
发货地点			交货地点				
托运人	名称			电话		运输方式	班列运输□
	住址		邮编	E-mail			
收货人	名称			电话			站到站□　站到门□
	住址		邮编	E-mail			门到站□　门到门□
货物品名	集装箱箱型	集装箱箱类	集装箱数量	集装箱号码	施封号码	托运人确定重量（千克）	承运人确定重量（千克）	运输费用
合计								
托运人记载事项：		添附文件：		货物价格：		承运人记载事项：		

注：本运单不作为收款凭证，　　　　托运人盖章签字　　承运　　　　交付
　　"托运人、收货人须知"见背面。　　　　　　　　　　日期戳　　　　日期戳
　　　　　　　　　　　　　　　　　　年　月　日

表 4-5（b）　　　　　集装箱货物运单（第二联）

货物指定于　月　日搬入　　中铁集装箱运输有限责任公司　　承运人/托运人装车
货位：　　　　　　　　　　　　集装箱货物运单　　　　　　　货票号码：
运到期限　　日　　　　　　托运人→收货人→到站

发站		到站（局）		车种车号		货车标重		
到站所属省（市）自治区						国内运输□　海铁联运□		
发货地点		交货地点			运输方式			提货联
托运人	名称		电话			班列运输□		
	住址		邮编	E-mail				
收货人	名称		电话			站到站□	站到门□	
	住址		邮编	E-mail		门到站□	门到门□	
货物品名	集装箱箱型	集装箱箱类	集装箱数量	集装箱号码	施封号码	托运人确定重量（千克）	承运人确定重量（千克）	运输费用
合计								
托运人记载事项：		添附文件：		货物价格：		承运人记载事项：		

注：本运单不作为收款凭证，　　　　托运人盖章签字　　　承运　　　　交付
　　"托运人、收货人须知"见背面。　　　　　　　　　　　　日期戳　　　　日期戳

　　　　　　　　　　　　　　　　　　　年　月　日

背面印有"托运人、收货人须知"：

①中铁集装箱运输有限责任公司集装箱货物运单，是承运人与托运人之间为办理集装箱货物铁路运输所签订运输合同的证明。

②托运人托运集装箱货物时，请向承运人按批提出集装箱货物运单一式两联，每批应是同一箱类、箱型，至少一箱，最多不得超过铁路一辆货车所能装运的箱数，且集装箱总重之和不得超过货车的容许载重量。

③集装箱两栏相应各栏记载内容应保持一致，托运人对其所填项目的真实性负责。

④托运人持集装箱运单托运集装箱货物，即确认并证明愿意遵守集装箱货物铁路运输的有关规定。

⑤集装箱运单"发货地点"和"交货地点"栏，托运人选择站到站的运输方式不填写，如选择门到站、站到门、门到门的运输方式，则应填写详细具体的发货地址和交货

地址。

⑥集装箱运单"提货联"用于领取集装箱货物。托运人托运集装箱货物后应及时将集装箱运单"提货联"交收货人，收货人要及时与承运人联系领取货物。

⑦其他未尽事宜按照铁道部有关规定办理。

托运人应如实填记运单。箱内所装货物的品名、件数、重量及使用的箱型、箱号、封印号等应与运单（物品清单）记载的内容相符。

在运单上要注明要求使用的集装箱吨位，使用自备箱或要求在专用铁路、铁路专用线卸车的集装箱，在"托运人记载事项"栏内记明"使用×吨自备箱"或应在运单"托运人记载事项"栏内记明"在×××专用铁路（铁路专用线）卸车"。

如果托运的单件货物的重量超过 100 kg 时，应在货物运单"托运人记载事项"栏内注明实际重量。

托运的集装箱不得匿报货物品名，货物中不得夹带危险货物、易腐货物、货币、有价证券以及其他政令限制运输的物品。

承运人对托运人填写的运单进行审核，审核后在运单和领货凭证上加盖"×吨集装箱"戳记。

（二）空箱拨配

托运人使用铁路集装箱装运货物时，由货运员指定拨配箱体良好的集装箱。托运人在使用前必须检查箱体状态，发现箱体状态不良时，应要求更换。

在站外装箱时，按车站指定的取箱日期来车站领取空箱，由货运员指定拨配空箱。在站内装、掏箱时，按车站指定的日期将货物运至车站，由货运员指定拨配空箱。

（1）托运人持经车站货运室货运员核准的货物运单，向发送货运员领取空箱。发送货运员接到货物运单后，应做以下几项工作：

①核对批准的进箱日期及需要拨配的空箱数；

②指定箱号；

③在站外装箱的要认真填写《铁路集装箱出站单》，如表 4-6 (a)、表 4-6 (b) 所示，并进行登记；

④由托运人按规定签认后，取走空箱。

（2）拨配空箱时，发送货运员应会同托运人认真检查箱体状态，检查的主要内容有：

①箱顶是否透亮；

②箱壁是否有破孔；

③箱门能否严密关闭；

④箱门锁件是否完好。

学习情境四 集装货物运输组织

表 4-6（a）   铁路集装箱出站单

_____站存查   甲联

                                                                    A000001

出站填记（ 空 重 ）				
托运/收货人			调度命令号	
到站/货票号		箱型箱号	接收站	
箱体状况	割伤 C 擦伤 B 破洞 H 凹损 D 破损 BR 部件缺失 M 污箱 DR			领箱人	
搬出汽车号		破损记录号	车站经办人	出站日期
进站填记（ 空 重 ）				
箱体状况	割伤 C 擦伤 B 破洞 H 凹损 D 破损 BR 部件缺失 M 污箱 DR			还箱人	
搬入汽车号		破损记录号	车站经办人	出站日期

                                                              门卫验收：（章）

领箱人须知：
1. 如本单记载与实际不符，应在出站前要求更正。
2. 应及时将信箱送回，超过规定时间须支付集装箱延期使用费。
3. 保证箱体完好，发生破损须赔偿。
4. 本单乙联承箱同行，还箱时须乙联交回。
5. 还箱收据盖戳后，保存 60 天。

说明：（1）铁路集装箱空箱出站时，将收货人、货票号抹消；交付集装箱重箱出站时，将托运人到站抹消。
（2）甲、乙联可用不同颜色印刷。
（3）各站可根据管理需要，增加联数。

表 4-6（b）   铁路集装箱出站单

_____站随箱联   乙联

                                                                    A000001

出站填记（ 空 重 ）				
托运/收货人			调度命令号	
到站/货票号		箱型箱号	接收站	
箱体状况	割伤 C 擦伤 B 破洞 H 凹损 D 破损 BR 部件缺失 M 污箱 DR			领箱人	
搬出汽车号		破损记录号	车站经办人	出站日期

— 245 —

续 表

箱体状况	进站填记（空 重）							还箱人	
	割伤 C	擦伤 B	破洞 H	凹损 D	破损 BR	部件缺失 M	污箱 DR		
搬入汽车号		破损记录号			车站经办人			出站日期	
								门卫验收：（章）	

还箱收据	本单记载的集装箱已交回车站，收据请保存60天。	
	车站经办人：	车站日期戳记：
	A000001	

托运人认为箱体状态不良不能保证货物运送安全，要求更换时，承运人应给予更换。

在空箱数量不足的情况下，配箱工作应贯彻贵重、易碎、怕湿货物优先，门到门运输优先，纳入方案去向优先，简化包装货物优先的"四优先"原则，以及急运的学生课本、报刊杂志、邮政包裹和搬家货物，优先拨配空箱。

(三) 装箱与施封

1. 装箱

货物的装箱工作由托运人自己进行，箱内货物的数量和质量由托运人负责。货物装箱时不得砸撞箱体，货物要稳固码放，装载均匀，充分利用箱内容积，要采取防止货物移动、滚动或开门时倒塌的措施，确保箱内货物和集装箱运输安全。

站内装箱时，应于承运人指定的进货日期当日装完。超过期限核收集装箱延期使用费。

2. 施封

集装箱施封由托运人负责。施封时应注意：

（1）通用集装箱重箱必须施封，施封时左右箱门锁舌和把手须入座，在右侧箱门把手锁件施封孔施封一枚，用10号镀锌铁线将箱门把手锁件拧固并剪断余尾。其他类型集装箱的施封方法另行规定。

（2）托运的空集装箱可不施封，托运人须关紧箱门并用10号镀锌铁线拧固。

（3）所用施封锁必须是车站出售的，或经车站同意在铁道部定点施封锁厂定购的。

3. 集装箱运单填写

集装箱施封后，托运人应在运单上填记集装箱箱号和施封号码，这是托运人施封责任的书面记载。填写时应注意：

（1）填记的施封号码应与该箱箱号相对应，运单内填记不下时，可另附清单。

（2）铁路箱可以省略箱主代号，自备箱箱号应填全箱主代号。

（3）已填记的施封号码不得随意更改，必须更改时，托运人须在更改处盖章。

学习情境四 集装货物运输组织

（四）验收

发送的集装箱应于承运人指定的进站日期当日进站完毕。超过期限核收货物暂存费。

托运人装箱后，交给车站承运，承运的过程是责任转移的过程，必须认真做好集装箱的验收工作。集装箱货物是按箱验收的，货运员应逐箱进行检查。

（1）箱体状态是否良好。这包括两方面含义，一是如果发现在装箱过程中有破坏箱体的情况，要求托运人赔偿；二是如果箱体不良可能危及货物安全的，应更换集装箱。

（2）箱门是否关好，锁舌是否落槽，把手是否全部入座。锁舌不入槽，箱门是假关闭；把手不入座，装卸时极易损坏集装箱。

（3）施封是否有效。集装箱施封由托运人负责。通用集装箱重箱必须施封。

（4）核对运单上填记的箱号和施封号码与集装箱上的是否一致，箱号和施封号码是否对应，运单填记的施封号码有无涂改。

（5）集装箱货物的重量原则上由托运人确定，但对有称重条件的集装箱办理站（含专用线），承运人必须逐箱复查发送的集装箱重量，集装箱总重超过集装箱标记总重时，托运人应对集装箱减载后运输，并按规定交纳违约金。

（6）承运人有权对集装箱货物品名、数量、装载状况等进行检查。需要开箱检查货物时，在发站应通知托运人到场；在到站应通知收货人到场；无法约见托运人或收货人时，应会同驻站公安检查，并做好记录。

检查发现有问题时，由托运人按规定改正后检查验收。验收后的重集装箱应送入货区指定的箱位，并在货物运单上填写箱位号、验收日期并签章。

（五）核算制票与承运

接收重箱后，货区货运员应认真填写票据，登记各种台账，并将货运单等相关费用的票据交给核算员，核算员按规定制票，货票丁联如表4-7所示。核收运输费用后，应在货物运单上加盖车站承运日期戳，并将领货凭证（运单第二联）交托运人，此时即为承运。

表4-7　　　　　　　　集装箱货票丁联样式

货　　票

中铁集装箱运输公司　　　　X000001

计划号码或运输号码：　　　　　　　　　丁联　运输凭证：发站——到站存查

发站		到站（局）		车种车号		货车标重		承运人/托运人装车	
经由		货物运到期限		运输方式					
运价里程		集装箱箱型/箱类		保价金额				现付费用	
托运人名称及地址					费别	金额	费别	金额
收货人名称及地址					运费			
货物品名	品名代码	箱数	货物重量	计费重量	运价号	运价率			

续　表

合　计									
集装箱号码									
施封号码									
记　事						合计			
卸货时间　月　日　时 催领通知方法 催领通知时间　月　日　时 到站收费的收据号码	收货人盖章或签字 领货人身份证件号码	到站交付日期戳 经办人章	发站承运日期戳 经办人章

（六）装车作业

1. 装载加固基本要求

使用铁路货车装运集装箱时，应合理装载，防止超载、集重、偏载、偏重、撞砸箱体。

集装箱装车前，须清扫干净车地板。

集装箱装车时，应核对箱号，检查箱体和施封情况。专用集装箱和特种货物集装箱还要检查外部配件。

使用集装箱专用车和两用车时，装车前须确认锁头齐全、状态良好；装车后要确认锁头完全入位，门挡立起。

使用普通平车装运集装箱时，应按规定装载加固。

使用敞车装运重集装箱时，应采取措施，防止偏载。

2. 装载技术要求

20ft 重箱不得与空箱配装。

端部有门的 20ft 集装箱使用平车装运时，箱门应朝向相邻集装箱。

空集装箱运输时，须关紧箱门并用 10 号镀锌铁线拧固。

集装箱专用平车 X_{3K}、X_{4K}、X_{6K} 按照规定的装载方案装载。

3. 搬运和堆码要求

集装箱装卸和搬运时应稳起轻放，防止冲撞。10t 以上集装箱应使用集装箱专用吊具装卸。

装卸部门码放集装箱时，必须关闭箱门，码放整齐，箱门朝向一致；多层码放时，要角件对齐，不得超过限制堆码层数。

4. 装车后票据、封套的填写

集装箱装车时，应填制"集装箱货车装载清单"（如表 4-8 所示），记明箱号和对应的施封号。在货运票据封套右上角加盖箱型戳记并填记箱号,在"货物实际重量"栏内填记箱数和全车集装箱总重。

表 4-8　　　　　　　　　　集装箱货车装载清单

装车站　　　　　　　　　　　　　　　　　　　　　　　　　　年　　月　　日

到站			车种车号			标记载重			施封号码		
货票号码	运输号码	发站	到站	品名	箱数	重量	托运人	箱号	施封号码	记事	

计划员　　　　　　　　装车计划员　　　　　　　　装车工组

二、集装箱货物途中、到达作业

(一) 中转作业

集装箱的中转是通过中转站来完成的。中转站的主要任务是把来自不同车站的集装箱货物,通过有计划的组织重新按到站装车,将集装箱货物以最快速度运至到站。在进行集装箱中转时,如发现集装箱箱体损坏或封印丢失、失效等情况,应立即会同有关部门清点货物,编制详细记录说明情况,补封后继续运送。如箱体损坏危及货物运输质量,应及时组织换箱。中转站的中转作业主要包括编制中转配装计划、中转作业组织等。

1. 编制中转配装计划

(1) 详细核对中转计划表。核对的主要内容包括:方向、主要到站和存箱数,已开始作业和待运的站存箱数。站存箱数必须以货票与集装箱逐批、逐箱进行复查,然后再与中转计划表的数字进行核实。

(2) 确定中转车的去向,审核到达货票,并根据到达待送车的货票,统计中转集装箱去向,确定重车卸后的新去向。

(3) 做集配计划。集配计划是按去向、主要到站站别统计得出的,集配计划内容包括:停留在堆场的集装箱,各到达车装载的集装箱,各货车之间相互过车的箱数(卸下的箱要确定堆存箱位)。

(4) 根据集配计划,结合送车顺序,确定货车送入后的中转作业顺序。

(5) 传达中转作业计划。货运员和装卸工组对计划进行复核,做好作业前的准备。在复查前不但要对数字进行复查,还要检查箱体、铅封状态、标签、箱号是否与箱票记载一致。

2. 中转作业组织

其主要内容包括:

(1) 货车送妥后,根据中转作业计划,首先卸下落地箱,再将过车箱装载应过的车

上，最后整理仍在车上的其他货箱。在进行整理作业时，要检查留于车内的集装箱的可见箱体和铅封的状态，以便划分责任。

（2）进行装载。

（3）中转作业完毕后对货车施封。

3. 中转作业后的整理工作

集装箱中转的整理工作，是指中转作业结束后对中转工作质量的检查，同时也是下一次作业的开始。主要包括货运票据的整理，报表填记，复查中转作业完成的质量等。

其作业程序是：

（1）整理复查货位。

（2）整理复查货运票据。

（3）填写集装箱中转登记簿和有关报表。

（4）移交货运票据、报表。

（5）整理集装箱中转计划表。

（6）准备下一次中转计划。

（二）卸车作业

集装箱卸车时，应核对箱号，检查箱体和施封情况。

卸车完了，卸车货运员应凭票核对箱号、箱数、施封等项目，在货运票据上注明箱位，登记"集装箱到发登记簿"（表 4-9），向内勤货运员办理运输票据的交接，向货调报告卸车完了时间。

表 4-9　　　　　　　　　　集装箱到发登记簿

箱号	到达									发出								停时计算								记事
	卸车日期	车种车号	发站	货票号码	收货人	货位号	卸车货运员	交付日期	交付货运员	承运日期	到站	货票号码	施封号码	托运人	装车日期	车种车号	装车货运员	卸车		转出		转入		装车		停留时间	
																		日期	时间	日期	时间	日期	时间	日期	时间		

（三）交付作业

到站应向运单记载的收货人交付集装箱。

收货人在收到领货凭证或接到车站的催领通知后，应及时到车站领取货物。收货人在办理领取手续时，车站应认真审查领货凭证及相关证明文件，确认正当的收货人后，清算运输费用，在货物运单上加盖戳记并交给收货人。收货人持运单到货区领取集装箱，货区货运员将集装箱点交给收货人后，认真填写集装箱出站单，并在货物运单上加盖"交讫"

戳记，收货人凭加盖"交讫"戳记的运单和集装箱出站单将集装箱搬出货场。

到达的集装箱，应于承运人发出催领通知的次日起算，2天内领取集装箱货物，并于领取的当日内将箱内货物掏完或将集装箱搬出。

站内掏箱时，应于领取的当日内掏完。

集装箱门到门运输重去空回或空去重回时，应于领取的次日送回；重去重回时应于领取的3天内送回。

铁路集装箱超过免费暂存期限和使用铁路箱超过规定期限，核收货物暂存费和集装箱延期使用费。

集装箱的掏箱由收货人负责。铁路箱掏空后，收货人应清扫干净，将箱门关闭良好，撤除货签及无关标记，有污染的须除污洗刷。车站对交回的铁路箱空箱应进行检查，发现未清扫或未洗刷的，应在收货人清扫或洗刷干净后接收，或以收货人责任委托清扫人员清扫洗刷。

收货人领取自备箱时，自备箱与货物应一并领取。

三、集装箱的交接

（一）交接地点和方法

1. 在车站货场

重箱凭箱号、封印和箱体外状，空箱凭箱号和箱体外状。箱体没有发生危及货物安全的变形或损坏，箱号、施封号码与货物运单记载一致，施封有效时，箱内货物由托运人负责。

2. 在专用铁路、专用线装卸车

由车站与托运人或收货人商定交接办法。

（二）交接凭证

进出站交接凭证为"铁路箱出站单"（见表4-6）。

从车站搬出铁路箱时，车站根据运单填写"铁路集装箱出站单"作为出站和箱体状况交接的凭证。集装箱送回车站时，车站收妥集装箱并结清费用后，在"铁路箱出站单"乙联上加盖车站日期戳和经办人章，将收据交还箱人。

（三）交接问题的处理

发站在接收集装箱时，检查发现箱号或封印内容与运单记载不符或未按规定关闭箱门、拧固、施封的，应由托运人改善后接收。箱体损坏危及货物和运输安全的不得接收。

收货人在接收集装箱时，应按运单核对箱号，检查施封状态、封印内容和箱体外状。发现不符或有异状时，应在接收当时向车站提出。

到站卸车发现集装箱施封锁丢失、封印内容不符、施封失效时，应在当时清点箱内货物并编制货运记录；发现集装箱破损可能危及货物安全时，应会同收货人或驻站公安检查箱内货物并编制货运记录。铁路箱破损时应编制"集装箱破损记录"。

铁路一般条件货运组织

(四) 交接责任的划分

交接前由交方承担,交接后由接方承担。但运输过程中由于托运人责任造成的事故和损失由托运人负责;因集装箱质量发生的问题,责任由箱主或集装箱承租人负责。

集装箱在承运人的运输责任期内,箱体没有发生危及货物安全的变形或损坏,箱号、施封号码与运单记载一致,施封有效时,箱内货物由托运人负责。

(五) 违约与赔偿责任

托运人有违约责任时,承运人应按合同约定或有关规定向托运人或收货人核收违约金和因检查产生的作业费用。可继续运输的,车站应会同托运人或驻站公安补封,编制货运记录。

铁路箱由于托运人或收货人责任造成丢失、损坏及无法洗刷的污染时,应由托运人或收货人负责赔偿,责任人在"铁路箱出站单"上签认,车站凭"铁路箱出站单"编制"集装箱破损记录",作为向责任人索赔的依据。

自备箱由于承运人责任造成上述后果时,车站应编制货运记录,由承运人负责赔偿。赔偿费按实际发生的费用计算。

四、集装箱调度和统计工作

(一) 集装箱调度

集装箱运输实行全路集中统一调度指挥,集装箱调度纳入全路运输生产调度系统。

1. 集装箱调度的职责

审批和下达集装箱月度装箱计划,按计划组织装箱和掌握去向,调整集装箱保有量和箱流去向,做好均衡运输;贯彻上级指示,发布调度命令;按时收取和向上级报告有关报表,检查分析运输情况,实施集装箱运输方案;处理集装箱运输中常发生的问题。

各级集装箱调度根据铁道部下达的月度集装箱装车计划审批和下达月度装箱计划,按计划组织装箱,调整集装箱保有量和箱流去向,组织实施集装箱班列运输方案,掌握集装箱扣修和修竣情况,全面、准确掌握集装箱运输和专用平车动态,及时处理发生的问题。

集装箱运输实行优先审批计划、优先配车、优先挂运、优先排空箱的政策,统计报表单独统计。

2. 集装箱计划

车站应预先受理运单,集结后按方向有计划地组织装箱。

集装箱月度装箱计划由车站向集装箱调度提报。其主要内容有发送箱数、发送吨数、去向、排空和接空箱型、箱数等。

集装箱应组织一站直达车装运。铁路局应制订管内中转集结办法,避免积压,尽快运抵到站。发站对承运超过7天未能装出的集装箱应及时报告集装箱调度处理。

3. 集装箱保有量

铁路集装箱保有量是指铁路局或全路为完成规定的工作量所应保有的运用集装箱数。它是集装箱运输组织中的一项重要指标,它反映出集装箱是否处于正常运输状态,各铁路局保有一定数量的集装箱是完成集装箱运输任务的保证。

4. 集装箱的调整

集装箱调度要进行集装箱保有量的核定和分析，集装箱保有量要保持相对平衡。日常运输出现不平衡或积压时，应进行调整。调整以装运重箱为主，回送空箱和停限装为辅。

集装箱停限装和铁路集装箱空箱回送，在铁路局管内须分公司集装箱调度下达调度命令，跨局时须公司集装箱调度下达调度命令。回空的铁路集装箱，车站凭集装箱调度命令装车回送。

根据运输的需要，可备用适当数量状态良好的空集装箱。集装箱备用必须满24小时，不足24小时解除备用时，自备用时起，仍按运用集装箱计算在站停留时间。集装箱的备用和解除须铁道部集装箱调度下达调度命令。各级集装箱调度应掌握车站和集装箱修理工厂每日的集装箱扣修、送修、修竣和在修箱数。新到集装箱应经铁道部集装箱调度批准后，投入运用。

(二) 集装箱信息统计

1. 信息管理

集装箱运输应建立全路统一的运输管理信息系统，使用统一的票据、报表和电子单证，实现集装箱运输动态管理和实时信息查询，逐步实现与港口、口岸、大客户等的电子数据交换。

铁路局和公司应设专人负责计算机网络及信息系统日常维护工作，确保系统安全、平稳运行、数据准确，实现对集装箱的实时动态管理。

集装箱办理站应使用全路统一标准的集装箱管理信息系统，及时、准确录入集装箱承运、装卸车、出入站等信息。每日18：00作出"集装箱运用报告"(见表4-10)，逐级上报集装箱调度。集装箱运用报告按"集装箱运用报告填制说明"的要求填制。

表 4-10　　　　年　　　月　　　站集装箱运用报告

箱别	昨日结存数	到达箱				发出箱			报废到期箱	现在数合计	运用箱			非运用箱			哈局		沈局		京局		太局		呼局		郑局		武局		西局		济局	
		空箱			重箱	空箱		重箱修理箱			待发重箱	待交空箱	合计	修理箱	待报废箱	备用箱	空箱	重箱	空箱	重箱	空箱	重箱	空箱	重箱	空箱	重箱	空箱	重箱	空箱	重箱	空箱	重箱	空箱	重箱
		合计	本局	外局	新箱投入	合计	本局	外局									空修		空修		空修		空修		空修		空修		空修		空修		空修	
重箱	1	2	3	4	5	6	7	8																										
空修																																		
					6																													

车站别

去向：

	上局		南局		广局		柳局		成局		昆局		兰局		乌局		青局		铁路出入境					交付箱			发送箱			中转箱				备注
	空	重	空	重	空	重	空	重	空	重	空	重	空	重	空	重	空	重	入境		出境		平均停时	合计	自备箱		合计	自备箱		昨日结存数	到达	发出	现在数	
	箱修	箱	箱修	箱	箱修	箱	箱修	箱	箱修	箱	箱修	箱	箱修	箱	箱修	箱	箱修	箱	小计	重箱	空箱	境外箱合计	总停时		铁路箱	自备箱		铁路箱	自备箱					
32	33		34		35		36		37		38		39		40			41	42			43	44	45	46	47	48	49	50	51	52	53	54	55	56	57	58	59

集装箱运用报告填制说明

(1) 本报告的数据应取自现场的作业单和台账。使用计算机管理时，应由计算机自动生成本报告。在规定的报告项目外，公司可根据需要增加项目。

(2) 本报告中箱别栏按通用箱、特种货物箱和专用箱分别统计，通用箱分为：1t箱，20ft箱，40ft箱，48ft箱。特种货物箱和专用箱分为：20ft干散货箱，20ft折叠式台架箱，20ft罐式箱，汽车箱等。

(3) (1)～(45)项栏只统计在车站到发的铁路箱，不统计中转和自备箱。(46)～(58)项栏中包括铁路箱和自备箱。

(4) 铁路箱卸车作业完毕，重箱数计入到达项重箱栏(2)，外局到达空箱数计入到达项空箱外局栏(4)，本局到达空箱数计入到达项空箱本局栏(5)；装车作业完毕，重箱数计入发出项重箱栏(8)，发往外局空箱数计入发出项空箱外局栏(10)，发往本局空箱数计入发出项空箱本局栏(11)。车站间以非铁路运输方式调动的铁路箱数，按重、空别分别计入发出或到达项对应栏。

(5) 按调度命令回送的修理箱数到达计入到达项空箱修理箱栏(7)，发出计入发出空箱修理箱栏(12)，按调度命令投入运用的新箱数，接收站计入到达项空箱新箱投入栏(6)。

(6) 已下达调度命令的报废箱数计入报废箱剔除栏(13)。

(7) 现在数合计(14)为当日18时在车站货场、专用线、修理工厂、出站尚未返回车站的运用箱数和非运用箱数，但不包括在车站进行中转作业的铁路箱。

(8) 运用箱项待发重箱栏(16)指已承运尚未发出的重箱，待交重箱栏(17)指到达后尚未交付的重箱，空箱栏(18)指实际处于空态的、正在装货尚未装完的、出站尚未返回车站的铁路箱。

(9) 按规定扣修的铁路箱数计入非运用箱项修理箱栏(20)，其中包括在站待送修和车站已送入修理工厂的铁路箱。

(10) 符合报废标准但尚未下达报废命令的铁路箱数计入非运用箱项待报废箱栏(21)。

(11) 经公司集装箱调度命令批准备用的铁路箱数计入非运用箱项备用箱栏(22)。

(12) 发出集装箱的去向按局别分别在(23)～(40)栏中表示，重箱数计入到达局的重箱栏，空箱数计入到达局的空箱栏，修理箱数计入到达局的空箱修理栏。

(13) 出入境的铁路箱由口岸站统计，入境重箱数计入铁路箱出入境项入境(41)重箱栏，入境空箱数计入铁路箱出入境项入境(41)空箱栏，出境重箱数计入铁路箱出入境项出境(42)重箱栏，出境空箱数计入铁路箱出入境项出境(42)空箱栏。

(14) 集装箱停留时间，指自到达时起至发出时止，集装箱在车站的全部停留时间，但不包括其中转入非运用的停留时间。

停留时间统计分为非号码制和号码制两种方法。非号码制使用"集装箱停留时间统计簿"计算，号码制使用"集装箱到发登记簿"计算。

按非号码制统计时,所有运用集装箱当日停留时间计入总停时栏(44);按号码制统计时,当日发出集装箱的全部停留时间计入总停时栏(44)。

(15) 平均停时(45)按下式计算:

$$平均停时 = \frac{总停时(小时)}{(发出铁路重箱数+发出铁路运用空箱数)\times 24(小时)}(日)$$

即:45项=44项÷[(8项+10项+11项)×24],保留一位小数(小数点后第二位四舍五入,下同)。

(16) 铁路箱交付完毕计入交付箱栏(47)。自备箱交付完毕重箱数计入交付箱项自备箱重箱栏(48)、空箱数计入交付箱项自备箱空箱栏(49)。

(17) 承运完毕的集装箱数计入发送箱项合计栏(50)和发送吨项(54)。其中铁路箱重箱发送数计入发送箱项铁路箱栏(51),自备箱重箱发送箱计入发送箱数项自备箱重箱栏(52),自备箱空箱发送数计入发送箱项自备箱空箱栏(53)。

(18) 发送箱对应的合计货物发送吨数计入发送吨项栏(54)。

(19) 各项关系:

14项=1项+2项+3项-8项-9项-13项

3项=4项+5项+6项+7项

9项=10项+11项+12项

14项=15项+19项

15项=16项+17项+18项

19项=20项+21项+22项

8项=23项~40项之和

10项=23项~40项空箱项空栏数之和-本局发出空箱项空栏数

11项=本局发出空箱数

12项=23项~40项空箱项修栏数之和

16项=昨16项+52项-8项

17项=昨17项+2项-47项

18项=昨18项+47项-51项+4项+5项+6项-10项-11项+昨19项-19项

43项=昨43项+42项-41项

41项=41项重、空箱之和

42项=42项重、空箱之和

46项=47项+48项+49项

50项=51项+52项+53项

58项=55项+56项-57项

55项=昨58项

2. 集装箱运输的主要指标

集装箱运输的主要指标分为数量指标和质量指标。

数量指标包括：集装箱发送箱（TEU）；集装箱发送吨；集装箱运输收入；国际集装箱发送箱（TEU）。（集装箱发送箱是指一定时期内，办理站发送的全部集装箱数，包括自备箱）

质量指标包括：集装箱在站平均停留时间（d）、集装箱保有量（TEU）、集装箱周转时间（d）。

(1) 铁路集装箱在站平均停留时间计算

集装箱在站的停留时间是指集装箱到站卸车完了时起到重新装车时止的全部停留时间（d），但不包括其中的转入非运用的停留时间。集装箱在站的平均停留时间只对铁路集装箱统计计算并填写"集装箱停留时间统计簿"。计算结果保留一位小数（小数点后第二位四舍五入）。

$$平均停时 = \frac{总停时}{(发出铁路重箱 + 发出铁路运用空箱数) \times 24} \text{（d）}$$

【例 4-1】某站 20 ft 铁路集装箱总停时为 67243 小时，发送铁路重箱 1609 个，排空铁路箱 30 个。试计算其平均停时。

解：平均停时 $= \frac{67243}{(1609+30) \times 24} \approx 1.7$ （d）

(2) 铁路集装箱保有量

$$铁路集装箱保有量 = 铁路箱日均发送箱数 \times 平均停时$$

【例 4-2】某站 20 ft 铁路集装箱月均发送箱数为 1639TEU，平均停时为 1.71 天。试计算集装箱保有量。

解：集装箱保有量 $= \frac{1639}{30} \times 1.71 = 93.4 \approx 94$ （TEU）

在日常集装箱运输组织工作中，要注意这些主要指标的变化，发现问题要及时找出原因，有针对性地提出解决问题的措施，保证和改进集装箱运输工作。

3. 集装箱管理

发到的集装箱应使用"集装箱到发登记簿"（如表 4-9 所示）进行管理。单证保管期限为 1 年。

五、双层集装箱运输组织

(一) 组织管理

中铁集装箱运输有限公司负责铁路双层集装箱（以下简称双层箱）运输的经营和发到站的安全管理工作；铁路局负责运输组织和途中的安全管理工作。

装车后，装车站要认真检查集装箱在车内的装载状态和锁具定位情况，并做好记录。

装车站要指定专门技术人员根据箱型和重量等确定装车方案，并严格按方案装车，保证不超载、不偏载、不偏重。称重、方案制订、装车和加固等要建立签认制度，责任落实到人。

途中交接检查按《铁路货物运输管理规则》办理。发现箱门开启、上下层箱错位等危及行车安全的情况时,要立即甩车处理。

(二) 技术要求

双层箱运输仅限使用 X_{2K} 和 X_{2H} 型专用平车,装后集装箱和货物总重不得超过 78t,重车重心高不得超过 2400mm。

双层箱运输在部公布发到站间、按指定径路组织班列运输。装车后不得超过《技规》规定的铁路双层集装箱运输装载限界,列车运行速度不得超过 120km/h。

双层箱专用平车不得经驼峰解编,不得溜放。

双层箱运输,使用国际标准 20ft、40ft 及宽度、高度、结构、载重和强度等符合国际标准的 48ft 集装箱,20ft 箱高度不超过 2591mm,40ft 箱不超过 2896mm。

箱内货物要码放稳固、装载均匀。装箱后箱门应关闭良好,锁杆入位并旋紧。箱门关闭不良的集装箱不得双层运输。

20ft 箱的箱门应朝向相邻集装箱。使用专用锁具连接上下两层集装箱,并将锁具置于锁闭状态。

(三) 按方案装车

(1) 重箱在下,轻箱在上。上层箱的总重不得超过下层箱。
(2) 下层限装 2 个 20ft 或 1 个 40ft 箱,上层限装 1 个 40ft 或 48ft 箱。
(3) 每层 20ft 箱的高度须相同,重量差不超过 10t。
(4) 20ft 和 40ft 箱组合时,20ft 箱限装下层。

集装箱的选取与检查

选用集装箱时,主要考虑的,是根据货物的不同种类、性质、形状、包装、体积、重量以及运输要求,采用合适的箱子。首先要考虑货物是否装得下,其次再考虑在经济上是否合理,与货物所要求的运输条件是否符合。集装箱在装载货物之前,必须经过严格检查。有缺陷的集装箱,轻则导致货损,重则在运输、装卸过程中造成箱毁人亡事故。所以,对集装箱的检查是货物安全运输的基本条件之一。发货人、承运人、收货人以及其他关系人在相互交接时,除对箱子进行检查外,应以设备交接单等书面形式确认箱子交接时的状态。通常,对集装箱的检查应做到:

1. 外部检查

外部检查指对箱子进行六面察看,外部是否有损伤、变形、破口等异样情况,如有,即作出修理部位标志。

2. 内部检查

内部检查是对箱子的内侧进行六面察看,是否漏水、漏光,有无污点、水迹等。

3. 箱门检查

检查箱门是否完好，门的四周是否水密，门锁是否完整，箱门能否重复开启。

4. 清洁检查

清洁检查是指箱子内有无残留物、污染物、锈蚀异味、水湿。如不符合要求，应予以清扫，甚至更换。

5. 附属件的检查

附属件的检查是指对集装箱的加固环接状态，如板架式集装箱的支柱，平板集装箱和敞棚集装箱上部延伸结构的检查。

学习任务二　专用集装箱运输组织

任务描述

本次任务以学习小组为单位，在校外实训基地、图书馆、电子阅览室等场所，收集专用集装箱运输为背景的案例一至两个，并将其资料详细记录在学生工作页上（课前完成）。课堂上请每位学生均按收集案例的情况制订专用集装箱的试运方案，包括集装箱参数、装运货物、办理站、装运要求、加固要求（需要加固时）等内容，以及集装箱调度、统计工作方案。

任务单

请在分组收集专用集装箱运输案例前提下，利用本学习单元所学知识，按下述要求完成本项学习性工作任务。

【案例情况】

(1) 以学习小组为单位，在校外实训基地、图书馆、电子阅览室等场所，收集专用集装箱运输为背景的案例一至两个，并将其资料详细记录在学生工作页上。

(2) 案例的背景资料包括：专用集装箱名称、箱型、数量、箱主、箱号，所装货物名称、件数、重量，使用车型、车数，货物搬入日期、货位号、装载加固方式、装卸车方式，装车施封责任人、施封号码，托运人收货人姓名或单位名称、地址、联系电话，发到站名称、运价里程、运到期限、运输方式、运输费用等（资料尽量翔实清楚）。

(3) 在课前完成该案例的收集整理工作。

【任务要求】请按收集案例的情况制订专用集装箱的试运方案，包括集装箱参数、装运货物、办理站、装运要求、加固要求（需要加固时）等内容，以及集装箱调度、统计工作方案，并按步骤将实施过程简要记录在"学生工作活页手册"上。在完成这一任务时，请特别注意以下问题：

(1) 所装货物的特性;

(2) 选用专用集装箱的结构特点及适用范围;

(3) 专用集装箱运输组织与通用集装箱运输组织工作的异同点;

(4) 装卸车前应检查的内容以及装载、堆码的要求;

(5) 集装箱调度工作组织;

(6) 汇总全班收集案例,并计算平均停时和集装箱保有量,完成集装箱运输的统计工作。

最后,每个学习小组选定一位同学利用 PPT 演示,完成本组成员专用集装箱试运方案的汇报,尽量突出本组成员所拟试运方案的特点。注意:每位学生都必须上交一份填写完整的"学生工作活页手册"以供考核。

请学生认真领会上述要求,做好充足准备,课堂训练将采用启发引导的方法实施教学。

知识点五　专用集装箱简介

一、专用集装箱技术参数

专用集装箱专门适用于运输特殊性质或有特殊要求的,如原木及板材、钢材及管件、散装水泥、散装矿砂及化工品、轻油、润滑油、酒精、水煤浆、轿车、微型面包车等货物。

由于其运输货物的特殊性和多样性,专用集装箱的品种也相对较多。有通风箱、保温箱、罐式箱、敞顶箱、台架箱、平台箱、干散货箱和按货物命名的集装箱等。目前较常见的专用集装箱有干散货集装箱、罐式集装箱、散装水泥集装箱、折叠式台架集装箱、汽车集装箱等。其主要技术参数如表 4-11 所示。

表 4-11　　　　　　　　　　　铁路专用集装箱有关技术参数

箱型	箱主代码	箱类	自重（t）	外部尺寸（mm）	箱体标记最大允许总重（t）
20ft	TBB	干散货集装箱	3.10	6058×2438×2896	30.48
	TBG	弧形罐式集装箱	6.30	6058×2438×2896	30.48
		散装水泥罐式集装箱	4.95	6058×2438×2896	30.48
		水煤浆罐式集装箱	4.25	6058×2438×2591	30.48
		框架罐式集装箱	4.15	6058×2438×2591	30.48
	TBP	板架式汽车集装箱	4.30	7675×3180×348	28.30
		折叠式台架集装箱	2.50	5610×3155×3400	30.00
	TBQ	双层汽车集装箱	3.70	6058×2438×3200	15.00
50ft	TBQ	双层汽车集装箱	11.61	15400×2500×3200	30.48

二、专用集装箱的用途

（一）干散货集装箱

干散货集装箱是在通用集装箱的基础上，为适应散堆装货物的封闭运输而开发的铁路特种集装箱，如图 4-10 所示。该种集装箱具有装载量大、易于装卸、无包装、环保、安全等特点，既可装运普通干货，又可装运矿砂、焦炭、硫磺、氧化铝、粮食等散堆装货物，以及建筑陶瓷、金属制品、金属锭、机械零配件等货物。目前，该箱型已在山西的焦炭运输、西南地区的硫磷运输中广泛使用。

图 4-10　干散货集装箱

（二）罐式集装箱

罐式集装箱是专用以装运酒类、油类（如动植物油）、液体食品以及化学品等液体货物的集装箱，如图 4-11 所示。还可以装运其他液体的危险货物。这种集装箱有单罐和多罐数种，罐体四角由支柱、撑杆构成整体框架。

图 4-11 罐式集装箱

1. 20ft 弧形罐式集装箱

20ft 弧形罐式集装箱可以在全国范围内为客户提供非腐蚀性液体货物运输服务。运输的货物品类有：轻油类产品、植物油、润滑油等非危险液体货物。该箱设计新颖、运输安全，充分利用了标准集装箱的容积，填补了中国铁路集装箱液体货物运输的空白。目前弧型罐式集装箱运输覆盖除拉萨以外的全国各个地区。

2. 20ft 散装水泥罐式集装箱

20ft 散装水泥罐式集装箱是专门为运输散装水泥而设计制造的铁路特种集装箱。该种集装箱可装载无水分、无腐蚀性的粉状、颗粒状散装物料，其特点是集包装、运输、仓储于一体，可实现散装水泥的"门到门"运输，具有载重量大、装卸方便、保证货物品质、货物损耗几乎为零、节约包装费用、环保等优点。目前，散装水泥罐式集装箱运输已覆盖全国各地，此种罐式集装箱在北京奥运工程、宁波湾跨海大桥、湖北、河南省的高速公路建设中得到广泛运用。

3. 水煤浆罐式集装箱

水煤浆罐式集装箱是适用于储运水煤浆的罐式集装箱，如图 4-12 所示。它包括刚性框架和通过连接板安装在刚性框架内的罐体，还包括设置于罐体外部的保温装置和设置于罐体内的除沉淀装置。其特征是：具有保温、加热、除沉淀等实用新型功能。

图 4-12 水煤浆罐式集装箱

（三）台架式集装箱

台架式集装箱是没有箱顶和侧壁，甚至连端壁也去掉而只有底板和四个角柱的集装箱，如图4-13所示。这种集装箱可以从前后、左右及上方进行装卸作业，适合装载长大件和重货件，如重型机械、钢材、钢管、木材、钢锭等。台架式的集装箱没有水密性，怕水湿的货物不能装运，或用帆布遮盖装运。其中20ft折叠式台架集装箱较为常见，是针对木材运输而设计开发的铁路特种集装箱，该种集装箱一组两只与一辆铁路普通平车配套使用，可装运原木、管材等长大货物，具有载重量大、装卸方便、空箱可折叠回送、运输安全等特点。在满洲里、绥芬河口岸以及东北林区的木材运输中，该箱深受广大客户欢迎。

图4-13 台架式集装箱

（四）汽车集装箱

汽车集装箱是一种运输小型轿车用的专用集装箱，其特点是在简易箱底上装一个钢制框架，通常没有箱壁（包括端壁和侧壁），如图4-14所示。这种集装箱分为单层和双层两种。因为小轿车的高度为1.35m~1.45m，如装在8ft（2.438m）的标准集装箱内，其容积要浪费2/5以上。因而出现了双层集装箱。这种双层集装箱的高度有两种：一种为10.5ft（3.2m），一种为8.5ft高的2倍。因此汽车集装箱一般不是国际标准集装箱。

图4-14 双层汽车集装箱

铁路汽车集装箱主要是针对日益发展的商品轿车运输而开发,包括 50ft 双层汽车箱、20ft 双层汽车箱、25ft 板架式汽车箱三种箱型。其中,50ft 双层汽车集装箱运营范围最广,其两侧设有折叠箱门,箱内配有折叠装车渡板和连接渡板,装车渡板可供汽车自行开上、开下,连接渡板可使集装箱在专用平车上连接成列,由于可前后开箱门,实现了从第一箱至第 N 箱整列汽车的自装自卸,不需要任何装卸接卸设备,提高了装卸效率。

为实现铁路商品车运输资源的优化整合,避免铁路企业间的内部竞争,增强铁路在乘用车运输市场的竞争力,目前,中铁集装箱运输有限责任公司汽车集装箱运输业务全部与中铁特种货物运输有限责任公司合作经营。

(五)保温集装箱

保温集装箱是为了运输需要冷藏或保温的货物,所有箱壁都采用导热率低的材料隔热而制成的集装箱,可分为以下三种:

1. 冷藏集装箱

冷藏集装箱是以运输冷却或冷冻食品为主,能保持设定温度的保温集装箱,如图 4-15 所示。专为运输如鱼、肉、新鲜水果、蔬菜等食品而特殊设计。分两种:一种是集装箱内带有冷冻机的叫机械式冷藏集装箱,目前国内外的机械冷藏箱不但箱上装设了自控装置,而且有遥测装置,冷藏箱运送到世界任何地方,在计算中心都可知道其所在位置、箱内温度、机器设备状况;另一种运输途中无须动力,依靠箱内冷冻板所蓄之冷量维持箱内温度在所需范围之内,冷板充足冷量后可连续运用约 10 天,适用于国内公路、铁路及水路联运。箱体为框架焊接结构,夹层结构采用聚氨酯整体发泡工艺,自带冷板充冷机组,外部供电。

图 4-15 冷藏集装箱

2. 隔热集装箱

隔热集装箱是为载运水果、蔬菜等货物,防止温度上升过大,以保持货物鲜度而具有充分隔热结构的集装箱。通常用干冰作制冷剂,保温时间为 72 小时左右。

3. 通风集装箱

通风集装箱是为装运水果、蔬菜等不需要冷冻而具有呼吸作用的货物,在端壁和侧壁上设有通风孔的集装箱,如将通风口关闭,同样可以作为杂货集装箱使用。

（六）敞顶集装箱

敞顶集装箱是一种没有钢性箱顶的集装箱,有由可折叠式或可折式顶梁支撑的帆布、塑料布或涂塑布制成的顶篷,其他构件与通用集装箱类似,如图4-16所示。这种集装箱适于装载大型货物和重货,如钢铁、木材,特别是像玻璃板等易碎的重货,利用吊车从顶部吊入箱内不易损坏,而且也便于在箱内固定。

图4-16 敞顶集装箱

（七）平台集装箱

平台集装箱是在台架式集装箱上再简化而只保留底板的一种特殊结构集装箱。平台的长度与宽度与国际标准集装箱的箱底尺寸相同,可使用与其他集装箱相同的紧固件和起吊装置。这一集装箱的采用打破了集装箱必须具有一定容积的概念。

（八）服装集装箱

这种集装箱的特点是,在箱内上侧梁上装有许多根横杆,每根横杆上垂下若干条皮带扣、尼龙带扣或绳索,成衣利用衣架上的钩,直接挂在带扣或绳索上。这种服装装载法属于无包装运输,它不仅节约了包装材料和包装费用,而且减少了人工劳动,提高了服装的运输质量。

（九）动物集装箱

动物集装箱是一种装运鸡、鸭、鹅等活家禽和牛、马、羊、猪等活家畜用的集装箱,如图4-17所示。为了遮蔽太阳,箱顶采用胶合板露盖,侧面和端面都有用铝丝网制成的窗,以求有良好的通风。侧壁下方设有清扫口和排水口,并配有上下移动的拉门,可把垃圾清扫出去,还装有喂食口。

图 4-17 赛鸽集装箱

(十) 原皮集装箱

原皮集装箱是专门用于装运原皮的。因为原皮有臭气并有大量液汁流出，所以设计制造集装箱时，在结构上要便于清洗和通风，在材料使用上可采用玻璃钢衬板。

知识点六　专用集装箱运输方案

一、20ft 干散货集装箱试运方案

【方案一】

1. 集装箱参数

(1) 外部尺寸（长×宽×高）：6058mm×2438mm×2591mm

(2) 标记最大总重：30480kg

(3) 自重：3100kg

(4) 最大允许载重：27380kg

(5) 顶孔开口尺寸：1400×1765mm

(6) 箱号：TBBU500000～509149

2. 允许装运货物

通用集装箱适箱货物和适箱散堆装货物。

3. 办理站

在 40ft 通用集装箱办理站或专用线间运输。具备散堆装货物装卸条件的车站和专用线也可办理。

4. 装运要求

（1）装后最大总重不得超过 30000kg，装卸车要求与 20ft 通用集装箱相同。

（2）在车上装箱时，发站应要求托运人至少每季测定一次货物密度。装箱时，根据集装箱容积和货物密度，量尺划线，确定装载高度；装箱后平顶检查。发站要做好监装工作，防止超载。

（3）干散货箱端部箱门须按通用集装箱要求进行施封。装运成件货物时，应将上部箱门箱内插销插紧锁死；装运散货时，应将上部箱门箱外锁紧装置关闭严密并用专用锁具锁死，防止人为破坏。

【方案二】

1. 集装箱参数

（1）外部尺寸（长×宽×高）：6058mm×2438mm×2591mm

（2）标记最大总重：30480kg

（3）自重：2270kg

（4）最大允许载重：28210kg

（5）顶孔开口尺寸：2800×1500mm

2. 允许装运货物

通用集装箱适箱货物和适箱散堆装货物。

3. 办理站

在 40ft 通用集装箱办理站或专用线间运输。具备散堆装货物装卸条件的车站和专用线也可办理。

4. 装运要求

装后最大总重不得超过 30000kg，装卸车要求与 20ft 通用集装箱相同。在车上装箱时，发站应要求托运人至少每季测定一次货物密度。装箱时，根据集装箱容积和货物密度，量尺划线，确定装载高度；装箱后平顶检查。发站要做好监装工作，防止超载。

5. 箱顶盖加固要求

装载货物后，上部顶门用专用绳网苫盖，并将系绳拉紧拴牢在顶门边的挂钩上。专用绳网一次性使用。

专用绳网采用优质尼龙等聚合料绳编织制成，禁止使用腐烂、腐蚀及再生材料制作的绳网。专用绳网网筋的破断拉力不得小于 60N，围筋和系绳的破断拉力不小于 150N，80%破断拉力时的伸长率不大于 18%。

专用绳网规格尺寸如表 4-12 所示；专用绳网结构如图 4-18 所示。

表 4-12　　　　　　　　　　专用绳网规格尺寸

绳网长度（mm）	绳网宽度（mm）	系绳数量	系绳长度（mm）	网眼边长（mm）
6200	2500	16	500	≤40×40

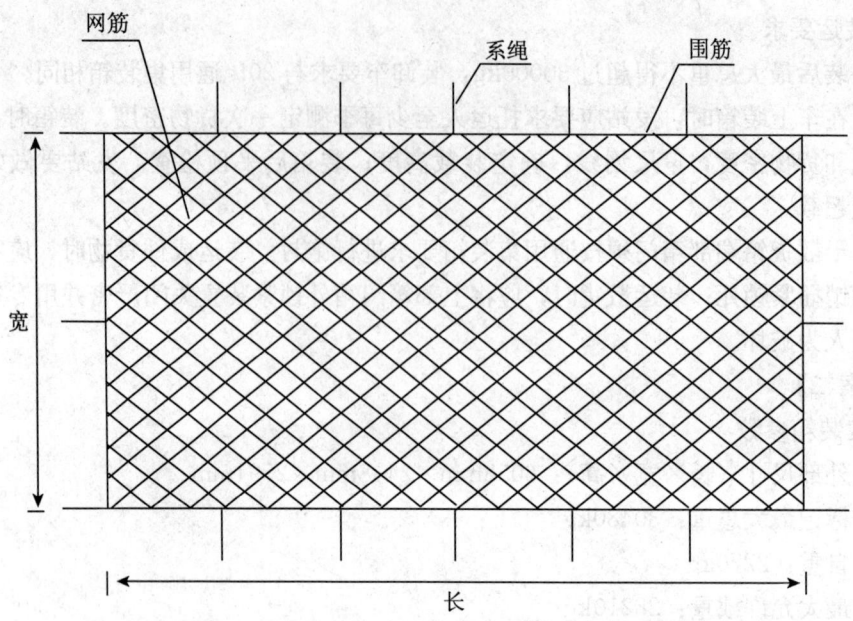

图 4-18 专用网绳结构图

二、罐式集装箱试运方案

【中铁 20ft 弧形罐式集装箱试运方案】

1. 集装箱参数

(1) 外部尺寸（长×宽×高）：6058mm×2438mm×2896mm

(2) 标记最大总重：30480kg

(3) 自重：6300kg

(4) 内部容积：33.5m^3

(5) 箱号：TBGU500001～502000

(6) 工作环境：－40～60℃，常压容器

2. 允许装运货物

允许装运润滑油、植物油、液体普通货物。

3. 办理站

在 40ft 通用集装箱办理站或专用线间运输。具备罐式集装箱充装、抽卸条件的车站和专用线也可办理。

4. 装运要求

(1) 装后最大总重不得超过 30000kg，装卸车要求与 20ft 通用集装箱相同。

(2) 在车上装箱时，发站应要求托运人至少每季度测定一次货物密度。铁龙公司负责提供集装箱容积相关资料。装箱时，根据集装箱容积和货物密度，确定装载高度，并按此高度装箱。发站要做好检查工作，防止超载。

【中铁 20ft 散装水泥罐式集装箱试运方案】

1. 集装箱参数

(1) 外部尺寸（长×宽×高）：6058mm×2438mm×2896mm

(2) 标记最大总重：30480kg

(3) 自重：4950 kg

(4) 最大允许载重：25050kg

(5) 箱号：TBGU540001～541050

2. 允许装运货物

允许装运散装水泥。

3. 办理站

可在 40ft 通用集装箱办理站或专用线间运输。具备散装水泥充装、抽卸条件的车站和专用线也可办理。

4. 装运要求

(1) 每箱总重不得超过 30000kg

(2) 仅限使用集装箱专用平车（X）或两用平车（NX）装运

(3) 装卸车要求与 20ft 通用集装箱相同

【中铁 20ft 水煤浆罐式集装箱试运方案】

1．集装箱参数

(1) 集装箱自重：4t

(2) 最大允许载重：26t

(3) 外部尺寸：6058×2438×2591mm

(4) 罐体最大容积：22m^3

(5) 箱号：TBGU520001～520100

2. 允许装运货物

允许装运水煤浆。

3. 办理站

在铁道部公布的水煤浆罐式集装箱办理站（专用线）间运输。

4. 装运要求

(1) 仅限使用集装箱专用平车（X）或两用平车（NX）装运

(2) 装卸和装载要求与 20ft 通用集装箱相同

(3) 承运人与托运人或收货人凭箱号和箱体外状交接集装箱

(4) 重箱禁止溜放

【中铁 20ft 框架式罐式集装箱试运方案】

1. 集装箱参数

(1) 箱型代码：22T2

(2) 外部尺寸（长×宽×高）：6058mm×2438mm×2591mm

(3) 标记最大总重：30480kg
(4) 自重：4150kg
(5) 内部容积：26m³
(6) 罐体设计温度：-40～130℃，常压容器
(7) 箱号：TBGU510001～511000

2. 允许装运货物

允许装运植物油、润滑油（普通货物）。

3. 办理站

在40ft通用集装箱办理站或专用线间运输。具备罐式集装箱充装、抽卸条件的车站和专用线也可办理。

4. 装运要求

(1) 装后最大总重不得超过30000kg，装卸车、装载加固要求与20ft通用集装箱相同。

(2) 在车上装箱时，发站应要求托运人至少每季度测定一次货物密度。铁龙公司负责提供集装箱容积相关资料。装箱时，根据集装箱容积和货物密度，确定装载高度，并按此高度装箱。发站要做好检查工作，防止超载。

(3) 编号范围为TBGU510601～511000的，装运货物为植物油，发站为哈尔滨、沈阳局符合条件的办理站。

(4) 箱号为TBGU510001～510600的，装运货物为润滑油，发站为乌鲁木齐局符合条件的办理站。

三、板架式集装箱试运方案

【中铁25ft板架式集装箱试运方案】

1. 集装箱技术参数

(1) 外形尺寸：7675×3180×348mm
(2) 自重：4300kg
(3) 总重：28300kg
(4) 箱号：TBPU100000～101000

2. 货物规格

(1)（厢式、单排座型、双排座型）微型汽车、农用三轮车：车宽≤1600mm，轮径≤1000mm，轮距1100～1300mm

(2) 轻型货车：车宽≥1680mm，轮径≤1000mm，轮距1400～1600mm

3. 准用货车

X_{6B}、X_{6C}、NX_{17B}和NX_{70}型货车。

4. 办理站

办理地点须具备端站台或高站台，在铁道部公布的板架式集装箱办理站（专用线）间

运输。

5. 加固材料

专用紧固索具（由铁链、紧线器或钢丝绳组成）、专用止轮器（230×140×150mm）及专用车厢卡板。

6. 装载方法

(1) 每车装载 2 个集装箱。

(2) 将汽车装在板架式集装箱上，具体装载方式有横装、顺装、爬装和跨装等，装载后必须均衡对称。

横装：沿车辆纵中心线交错横装，台与台间距不小于 50mm。

顺装：轻型货车沿集装箱中心线顺装 1 行，微型汽车顺装 2 行。每行装载数量根据汽车长度和集装箱长度确定。汽车间距不小于 100 mm。

爬装：轻型货车（自重≤2t）沿集装箱纵中心线爬装 1 行。微型汽车、农用三轮车爬装 2 行，每行第一台车装至斜导轨上（或平装）；单排座型每行从第二台起前轮依次爬放在前一台车的车厢内，双排座型的前轮则爬放在安插于前一台车的专用车厢卡板上。爬装汽车头部与前台汽车驾驶室后部的间距不小于 50mm。汽车后端板应用铁线吊起，与后面所装汽车底部的距离不得小于 50mm。

根据微型汽车车型、数量的不同，也可同时采用横装、顺装和爬装三种装载方式中的任意两种装载，但必须符合相应的装载要求。

跨装：

①轻型货车顺装时，跨及两辆平车的，其头部与前台汽车尾部的间距不得小于 350mm。

②轻型货车（自重≤2t）爬装时，跨及两辆平车的，其头部与前台汽车驾驶室后部不得小于 250mm，其余汽车的头部与前台汽车驾驶室后部不得小于 50mm。汽车后端板应用铁线吊起，与后面所装汽车底部的距离不得小于 50mm。

(3) 装车后汽车门窗锁闭，制动装置全部制动，变速器置于初速位置，制动把柄或拉杆用铁线捆绑牢固。

7. 加固方法

(1) 横装、顺装时，每台汽车前轮的前端及后轮的后端均用止轮器掩紧，并将止轮器可靠地固定在专用箱的地板上；顺装时在每台汽车每侧，横装时在每端，使用紧固索具将汽车八字形拉牵加固于箱体上。

(2) 顺装跨及两辆平车上的汽车，必须在距前轮外侧或内侧 50mm 处安装侧挡铁，后轮前后均用止轮器掩紧，并用紧固锁具八字形拉牵加固于箱体上。

(3) 爬装时，每行第一台车的前、后轮及爬装车辆后轮的前后端均用止轮器掩紧，并将止轮器可靠地固定在箱体上，每台汽车用紧固索具八字形拉牵加固于箱体上。

8. 其他要求

(1) 装车前，认真检查并确保集装箱和加固材料状态良好。

(2) 汽车装车后，不得超限；需突出车端装载时，突出端的半宽不大于车辆半宽时，允许突出平车端梁 300mm；大于车辆半宽时，允许突出端梁 200mm。

(3) 需跨装时，平车地板高度应相等，跨装车组应按规定使用车钩缓冲停止器，禁止溜放。

(4) 板架式集装箱可叠装 5 层回空。装车时，将箱体的蘑菇头全部翻出，角件对齐蘑菇头装载。装车后，将叠装箱体的 4 个角分别用 8 号铁线 4 股捆绑牢固。

(5) 板架式集装箱单层回空时，可以在每个箱上装载 1 个 20ft 集装箱（空或重箱），但装载总重（包括集装箱和货物重量）不得超过平车的标记载重量，且装载不偏载、不偏重。

四、折叠式台架集装箱运用管理办法

1. 基本要求

(1) 铁龙公司作为铁路折叠箱的所有人，对箱体质量负责。铁路局、集装箱公司的安全管理责任按有关规定办理。

(2) 折叠箱的运用、管理和维修工作坚持发站从严和维修质量从严的原则。

2. 技术条件

(1) 折叠箱与铁路 60t 及以上木地板普通平车（N）或两用平车（NX）配合使用（NX_{17B} 和 NX_{17BT} 等车底架长度超过 13.5m 的平车除外）。

(2) 折叠箱必须成对使用，最大载重量 55t。

(3) 允许装运的货物长度为 3.8、4、6、8、12m 的木材。装运腐朽或有腐朽表面、洞眼的木材时，应喷涂防火剂。

(4) 需扩大使用范围时，由集装箱公司会同相关铁路局提出试运方案报铁道部，通过论证和试验后，方可进行试运。

(5) 折叠箱在铁道部公布的折叠箱办理站（含专用线，以下同）间办理运输。

(6) 折叠箱运输不施封。承运人与托运人或收货人凭箱号、箱体外状及重箱货物装载加固状态办理交接。

(7) 车站发现折叠箱损坏达到扣修标准时，应编制"铁路箱破损记录"，按规定送修，经验箱师验收合格后方可继续使用。

(8) 空箱应折叠后回送，最多可 5 箱叠成一组，一车二组共 10 箱装于一辆平车回运，每组高度应相同。

3. 运输管理

(1) 装车前，应认真检查车辆，与折叠箱箱脚相对应的支柱槽必须良好、车地板无腐朽损坏。

(2) 装箱前，应对箱体质量进行检查，发现底架、端墙、侧框的焊接部位和箱体与车辆连接处等关键部位达到扣修条件之一或需做定检过期时，不得使用；但下列情况不影响运输安全时可装车使用：

①吊环缺损。

②活动螺栓腿变形不超过 20mm，或活动螺栓腿挡片损坏、丢失但螺纹完好，可以与平车加固连接。

③斜支撑销丢失，装车站可用指定代用件加固。

④侧框剪刀撑变形，但外框良好不影响使用；侧框上部变形，无开焊；侧框外涨不足 100mm。

⑤叠放安全销、保险栓、保险栓座和手柄变形但不影响使用。

⑥花篮螺栓连接杆弯曲不影响使用。

(3) 装车前，应将车（箱）内所有的钢丝绳、铁线头等残留物清理干净，打开箱脚上的保险栓。

(4) 安装折叠箱时，将两侧底部箱脚紧插于平车端部的支柱槽内，并将活动螺栓腿装入对应支柱槽，旋紧防松螺母。打开端墙、侧框，安装好斜支撑，插好各部位插销，并将两箱通过花篮螺栓紧固连接。

(5) 3.8m、4m 材每车须装 3 垛；6m 材每车须装 2 垛；8m 材与 3.8m、4m 材可拼装，每车须装 2 垛；12m 材每车装 1 垛。不得以其他形式配装。

(6) 装载时，必须做到紧密排摆、紧靠侧框、压缝挤紧。装载高度严禁超过箱端墙，紧靠侧框的木材，装载高度不得超过侧框高度，每垛的高度应基本一致，起脊部分必须排摆整齐。紧靠侧框的木材，两端超出侧框的长度不得小于 200mm。装载原木时，大小头要颠倒，靠近箱端墙的木材应纵向倾于货车中部，不得形成向外溜坡。

(7) 在车辆两侧每个相互对应的侧框立柱上，距车地板 1800~2250mm 的高度间，加 1 道腰线（共计 8 道）。加固材料及使用方法按现行木材装载相关规定办理。

(8) 从侧框顶端下 300mm 开始，对每垛木材起脊部分做整体捆绑。具体捆绑方法是：材长 12m 的每垛整体捆绑 4 道，材长 6m、8m 的每垛整体捆绑 3 道，材长 3.8m、4m 的每垛捆绑 2 道。加固材料及使用方法按现行木材装载加固相关规定办理。

(9) 折叠箱装车后，必须关闭平车端板，不能正常关闭的，应吊起端板，并用 8 号镀锌铁线 2 股 2 道与车体或箱体捆绑牢固。有侧板的平车，必须将侧板放下，用锁铁卡死，并用 8 号镀锌铁线 2 股 2 道与车体捆绑牢固。装箱后要再次拧紧活动螺栓腿。

(10) 空箱回送时，底层箱与平车间比照重箱加固。两组以上叠装回送时，箱与箱间利用箱本身装置连接，叠放好后拴上安全销，用 8 号镀锌铁线穿过安全销通孔后拧固；安全销无通孔时，将最上层箱与车体间每侧用 8 号镀锌铁线 4 股 2 道捆绑牢固。

(11) 货检站要对折叠箱底架、侧框、端墙的焊缝可见部位和箱体与车辆的连接处进行检查，发现符合扣修条件的及时扣车处理，发生漏检，按区段负责制追究责任。不危及行车安全时，下列情况允许放行：

①未超出发站允许使用条件。

②活动螺栓腿松动变形，螺栓压板未脱出支柱槽，可以与平车加固连接。

③端墙顶梁折角部位开焊，端墙变形外涨不大于 100mm。

(12) 发到站应及时将装、卸车清单等的信息录入集装箱追踪系统。

4. 装卸安全管理

(1) 木材装卸车作业须严格遵守《铁路装卸作业安全技术管理规则》，确保人身安全。必须人力配合的作业，装卸工组组长要加强监督、指导，防止发生人身伤亡事故。

(2) 装卸车作业必须使用装卸机械。作业时不得使用装卸机械拖拉箱体。严禁人力推倒端墙、侧框。

(3) 箱体的组装、拆解和码放作业必须按照作业程序和有关技术要求操作，由起重工和起重机司机配合进行。作业中必须按箱体索点标记加索起吊和放下，箱体各部件必须按先后顺序单件进行吊装作业。组装箱体时，必须将所有连接件紧固牢靠，销轴插销到位；拆解、折叠和回送时应按要求加固连接好。作业中要随时检查箱体技术状态，发现变形、开焊和裂纹等异状或配件不全时，及时报告车站货运人员。

(4) 折叠箱装车时，应在起吊索点拴挂绳索后将箱子吊上平车，将箱端部桩脚插入平车对应支柱槽内。

(5) 打开端墙时，在端墙上的起吊索点拴挂绳索并起吊，到位后插好端墙保险栓，放下斜支撑，装好斜支撑销，确认无误后方可解索。

(6) 打开侧框时，按顺序操作，到位后拴好侧框保险销。

(7) 吊装木材时，不得利用折叠箱的侧框、端墙找平。装车后，木材不能超过端墙上缘，不得超载、偏载、偏重。

(8) 折叠时，每箱要先放下无梯子一侧的侧框。拴挂好端墙上的索点后，收起斜支撑，拨出端墙保险栓后放倒端墙。

(9) 折叠箱需从车上卸下时，先松开活动螺栓腿，向上拉起挂在调节槽板上。拆下二箱连接花篮螺栓，叠回箱底梁上，插销固定。

5. 质量管理

(1) 折叠箱检验和修理单位应具备相应资质和条件。铁龙公司应在适当地点设立折叠箱修理厂或维修点。修理厂和维修点应配备验箱师，负责修竣折叠箱的验收等工作。

(2) 装载折叠箱的平车需入段、厂修理时，车辆部门应及时通知车站，由车站报告集装箱调度。

折叠式台架集装箱结构如图 4-19 (a) (b) 所示。

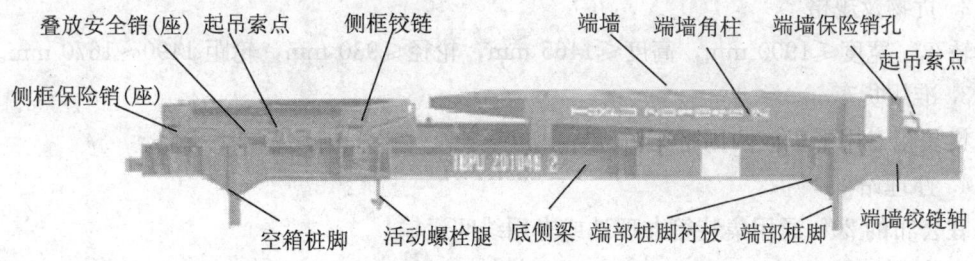

(a) 折叠式台架集装箱折叠状态

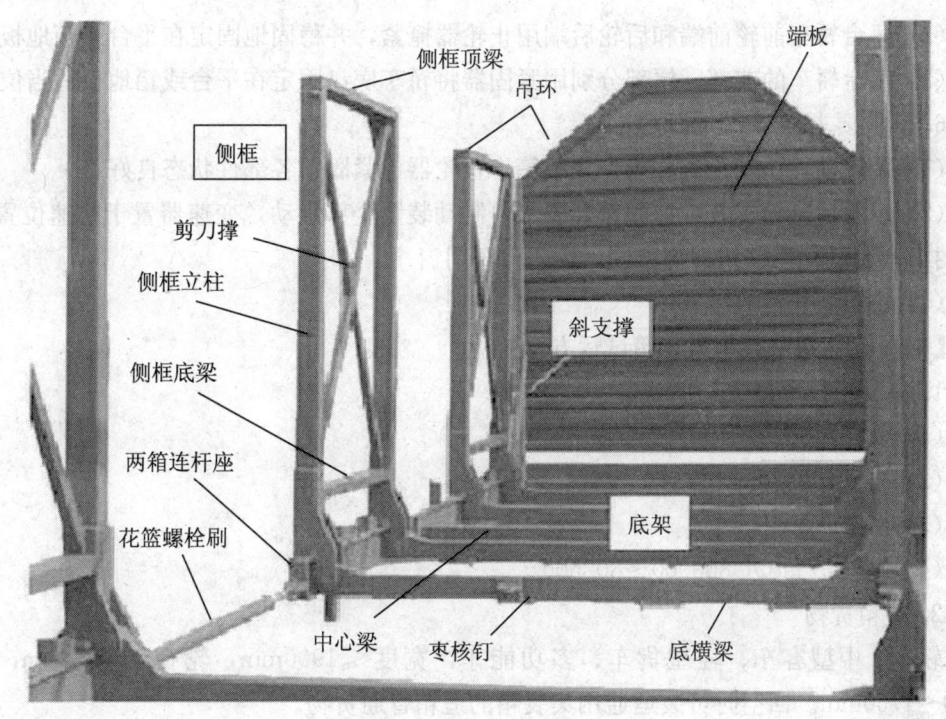

(b) 折叠式台架集装箱工作状态

图 4-19

五、双层汽车集装箱试运方案

【中铁 20ft 双层汽车集装箱试运方案】

1. 集装箱技术参数

(1) 外形尺寸：6058×2438×3200mm

(2) 自重：3300kg

(3) 总重：15000kg

(4) 编号：TBQU500000～500229

2. 货物及规格

轿车，宽度≤1900 mm，高度≤1465 mm，轮径≤930 mm，轮距1490~1670 mm。

3. 准用货车

集装箱专用平车或两用平车。

4. 办理站

在公布的 20ft 通用集装箱办理站或专用线间运输。

5. 装载加固

（1）每个集装箱双层装载 2 台轿车，每车装载 2 个集装箱；装载均衡，不得偏载、偏重

（2）每台轿车前轮前端和后轮后端用止轮器掩紧，并稳固地固定在平台或箱地板上

（3）每台轿车的前部、尾部分别用紧固器将轿车底盘固定在平台或箱地板适当位置上

6. 其他要求

（1）装箱前，认真检查并确保集装箱、止轮器、紧固器各部件状态良好

（2）装箱后，检查装载加固符合要求，制动装置全部制动，变速器置于初速位置（或挂 P 挡），制动柄用铁线捆绑牢固，锁闭汽车门窗

（3）重箱禁止溜放

【中铁 50ft 双层汽车集装箱试运方案】

1. 集装箱技术参数

（1）外形尺寸：15400×2500×3200mm

（2）自重：9680kg

（3）总重：30480kg

（4）箱号：TBQU800000~802500

2. 适箱货物

轿车、中型客车、轻型货车、多功能车，宽度≤1900mm，轮径≤1000mm，轮距1200~1750mm。回空时可装运通用集装箱的适箱普通货物。

3. 准用货车

X_{6B}、X_{6C}、NX_{17B}、NX_{70} 型货车。

4. 办理站

可在 40ft 集装箱办理站（专用线）发到。具有端站台、高站台的车站（专用线）也可办理。

5. 加固材料

专用止轮器、紧固器和铁支架。

6. 装载方法

（1）每车装载 1 个集装箱。

（2）每箱可双层装载轿车 4~8 台，单层装载中型客车、轻型货车、多功能车 3 台，爬装轻型货车、多功能车 4 台。

(3) 单、双层装载时，汽车在箱内停放均衡、平稳，不得偏载、偏重。爬装时，利用专用铁支架，4 台汽车依次爬装，第一台汽车头部和第四台汽车尾部距集装箱箱门距离不小于 200mm，汽车头部与前台汽车驾驶室后部的间距不小于 500mm。

7. 加固方法

(1) 单、双层装载时，每台汽车前轮前端和后轮后端用止轮器掩紧，并稳固地固定在平台或箱地板上，前部、后部分别用紧固器将轿车底盘紧紧固定在平台或箱地板适当位置上。

(2) 爬装时，每台汽车的前轮均卡在专用铁支架上，后轮前后端均用止轮器掩紧，并用紧固器小八字固定于箱体上，底盘用紧固器成两个八字固定在箱地板上。

8. 其他要求

(1) 装箱前，认真检查并确保集装箱、止轮器、紧固器各部件状态良好。

(2) 装箱后，检查装载加固状态，制动装置全部制动，变速器置于初速位置（或挂 P 挡），制动柄用铁线捆绑牢固，锁闭汽车门窗，按规定关闭箱门和施封。

(3) 重箱禁止溜放。

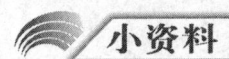 小资料

集装箱冷藏运输装货时如何科学预冷

很多货主在出口冷藏（冻）货物装箱时，喜欢将集装箱预冷至设定温度，这种做法其实是不科学的，对货物和集装箱都有可能带来负面影响，从而不能保证高品质的集装箱冷藏（冻）运输。

原因是，如果装货前预冷过集装箱，那么在打开柜门准备装货时，外界高温度、高湿度的空气将会大量地进入柜内与低湿度、低温度的空气汇合，这会使得大量的水珠凝结在集装箱内壁上，这些水珠不仅会滴到货物的外包装上从而影响外包装的美观，而且会影响集装箱制冷系统的运作，从而有可能对货物品质带来不利影响。因为这些冷凝出来的水分必须由集装箱制冷系统中的蒸发器来排除，而这些冷凝出来的水分经过蒸发器盘管时就会结冰、这将使得制冷系统进行一次短暂的除霜过程。另外，蒸发器还必须除去以下三部分热量：装货时通过柜门而直接进入柜内的热量；穿过柜壁而透进柜内的热量；鲜货活货因新陈代谢而不断产生的热量。可以想象，如果冷藏集装箱需要除去额外热量和湿度越多，那么主要应用来冷却货物本身的制冷量就会越少。

因此，出口冷藏（冻）货物装箱时最好不要预冷集装箱，这在热带、亚热带地区及夏天高温季节装箱时更要注意。科学的冷藏（冻）货物装箱方法应当是预冷货物至设定温度，然后将货物通过冷库与冷藏集装箱之间的隔热通道快速装入集装箱。当然，在预冷的集装箱温度与冷库温度相同，并且在冷库与集装箱之间有一条隔热通道的情况下是可以在

装货前预冷集装箱的。

学习任务三　集装化货物运输组织

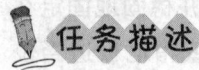

请根据学生对本学习单元知识的理解，用学习卡片的形式整理出相关学习要点，并在课堂训练中以学习小组为单位，以"中国铁路集装化运输发展建议"为中心议题将上述知识通过概念图形式汇总表达出来。具体任务见任务单所示。

任　务　单

请利用教材、学材或者课程网站资源、互联网资源自学关于货物集装化运输的相关知识，并按下列要求完成本项学习型工作任务。

【自学要点】

(1) 什么是集装化运输，它与集装箱运输的区别与联系

(2) 集装化运输用具的基本条件

(3) 集装化运输的形式及其适用范围

(4) 集装化运输条件

(5) 集装化运输组织环节及作用要求

(6) 中国铁路集装化运输发展前景与策略

(7) 现代物流对铁路集装化发展的影响

【任务要求】请根据学生对本学习单元知识的理解，用学习卡片的形式整理出相关学习要点，并在课堂训练中以学习小组为单位，以"中国铁路集装化运输发展建议"为中心议题将上述知识通过概念图形式汇总表达出来，完整填记在学生工作页上。

注释：概念图法是将与某一主题有关的概念置于圆圈或方框中，然后用连线将相关概念和命题连接，连线上标明两个概念间的意义关系，从而形成一个特定的图形，它是一个用于组织和表征知识的工具。其操作基本程序如下：

(1) 在小组长的组织下，全体组员共同对教师提出的学习任务和要求进行分析

(2) 每位组员分别按要求完成对中心议题的文本描述，并对结果作一分钟解释，制作相关学习卡片上交组长

(3) 组长与组员一起讨论，将卡片形成一个图形，其基本特征是：中间为中心议题"中国铁路集装化运输发展建议"，往外由若干个主要方面观点的卡片与中心议题连在一起，再往外则是次要观点的卡片（可根据情况调整学习卡片放置位置进行反复思考）

(4) 用线条把这些观点连接起来，形成有概念图特征的决策议题方案

注意：每位学生最后都必须上交一份填写完整的"学生工作页"以供考核。

请学生按要求认真领会题意，做好充足准备，课堂训练将采用头脑风暴法和概念图法实施教学，任务完成严格按工作过程六步法：资讯—计划—决策—实施—检查—评价步骤进行。

知识点七　集装化运输概述

集装化运输是我国铁路货物运输的一项重要的技术改革，它把传统的以人力作业为基础的小型货件，改革成适应现代化装卸机械作业为基础的大型集装货件。改革所达到的主要目的是保证货物质量和运输安全，提高货物运输作业效率和降低货物运输作业的劳动强度，增加企业和社会效益。

一、集装化运输的定义

凡使用集装用具和利用货物包装、捆扎等方法，将散装、小件包装、不易使用装卸机械作业的货物，按规定集装成特定的单元后运往到站的，皆为集装化运输。

二、集装化运输的优越性

(1) 减少了货损货差，保证了货物运输安全。
(2) 能实现装卸机械化，提高作业效率。
(3) 简化包装，节约包装材料。
(4) 提高库存数量和货位利用率。
(5) 简化点件交接作业。
(6) 提高货车载重力的利用率。
(7) 有利于开展联运，实现门到门运输。
(8) 有利于货场整洁畅通。
(9) 减少环境污染。

三、集装用具

在集装化运输中，组织货物集装货件的方法可分为两种不同的基本形式：一种是借助集装用具的货物运输集装件；另一种则是借助捆扎索夹具或捆扎材料的货物集装货件。在集装化运输中，用以货物集装化的箱、盘、笼、袋、架、夹、预垫绳等称为集装用具。

(一) 集装用具应具备的基本条件
(1) 有足够的刚度和强度。
(2) 有利于货物的码放，能够保证货物、人身、行车安全，不损坏车辆。

(3) 具有机械作业需要的起吊装置或叉孔。
(4) 能够充分利用货车容积或载重能力。
(5) 循环使用的用具能够拆解、折叠、套装，便于回送。

(二) 集装用具的标记

集装用具应根据集装方式及货物性质涂打下列标记：
(1) 配属单位、编号。
(2) 站名。
(3) 自重及最大载重能力。
(4) 外形尺寸或容积。
(5) 制造单位、制造日期。
(6) 货物储运图示标志。

四、集装化运输的形式

(一) 托盘

托盘是具有载货平面、设有叉孔、便于叉车作业的一种用于装卸、搬运和堆放货物的集装用具。使用时，将货物定型码放在托盘上，用塑料套、纸带或其他与托盘加固成一个整体进行运输。其特点是自重轻、成本低、很少占用运输工具的容积。特别是一次性托盘，避免了用具回送问题。

托盘适用于外型比较规则的货物，如图 4-20 所示。

(二) 集装桶

集装桶是用钢材制造的桶状容器。适宜装运粉末或颗粒状货物。这种容器经久耐用，可以长期使用，特别是能与工厂的生产流水线相衔接，全部可以使用机械作业。

(三) 集装捆

集装捆是指用某一材料将货物通过捆扎的方法，集装成一定规格的集装货件。如对钢管、钢板的打捆，对金属块，有色金属锭、氧气瓶的捆扎。这是最简易的集装方法，用料少，效果好，便于实现。主要用料是打包铁皮、编织打包带、绳索等。是目前通过铁路集装化运输量最大的集装方式。

(四) 集装袋

集装袋是用坚韧材料制作的大口袋（如用布涂橡胶、丙纶编织布、维纶帆布等）。可用于敞车运输，适宜装运粉末或颗粒货物。重量规格有 1t、3t、5t、10t。

使用丙纶编织布制成的集装袋，每袋可载重 1t，底部设有卸料口，在卸料时抽动卸料的活结绳头，袋内货物自动从卸料口下落。其造价低，只需使用 2~4 次即可收回成本，如图 4-21 所示。

(五) 集装网

集装网是用维纶绳、丙纶绳或钢丝编成的网络。适宜用于集装带有包装的粮食、化肥、食盐、滑石粉等袋装货物和不带包装的片石、石灰石、铁矿石等块状货物，其特点是自重轻，成本低，便于回送，如图4-22所示。

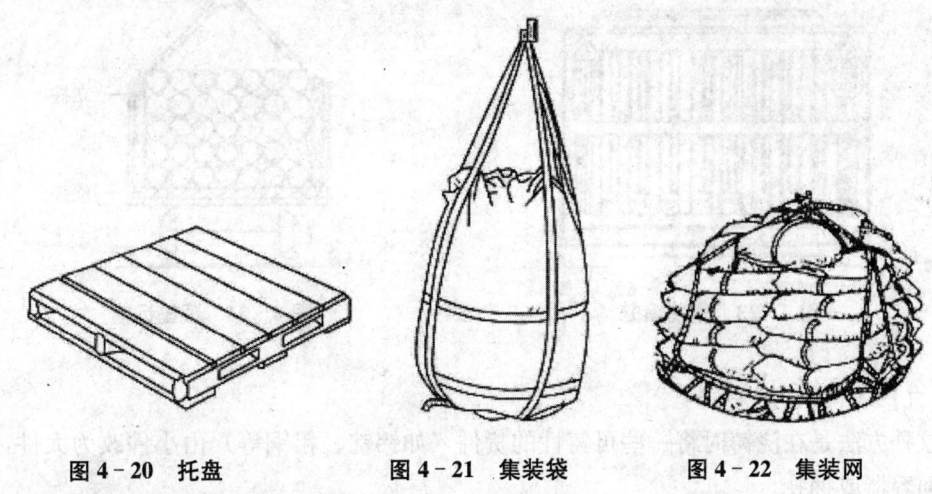

图4-20 托盘　　　图4-21 集装袋　　　图4-22 集装网

（六）集装笼

集装笼是钢制的笼式容器。适宜于装载砖瓦、小型水泥预制件、瓷器、水果及其他杂货。其规格形状可根据货物和车辆的要求进行制造。如砖瓦重，笼形可低些；水果、杂货轻，笼形就可大一些。有盖无盖可视货物要求而定，如图4-23所示。

（七）集装架

集装架是一种比集装笼更为简易的集装用具，具有与集装盘功能相类似的底座，并有向空间延伸的框架结构。其结构有L字形、A字形和方形等多种形式。集装架主要用于集装平板玻璃、耐火砖等，构造简单，实用价值高。

（八）预垫运输

预垫运输是对长形货物如竹、木、钢管、塑料管、钢筋、角铁等，在装车时预先用钢丝绳或尼龙绳绞绕，绳的两端作有套扣，以便在卸车时可以整捆一次用机械起吊。托运人也可自备预垫，如装运竹、木在货车地板或每层货物间放置预垫用具，在敞车侧板与货物间放置立柱。预垫用具的高度和立柱的大小，以能方便地穿引起吊钢丝绳为度，为货物在到站卸车创造方便条件。此项预垫工作，可以从运输全过程，包括装卸车和短途搬运的汽车都进行预垫，效果更为显著，如图4-24所示。

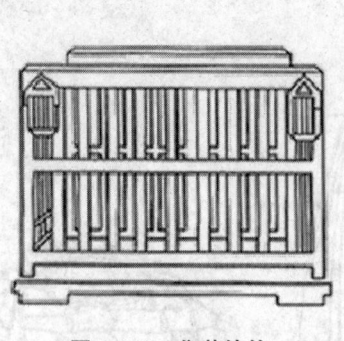

图 4-23 集装箱笼

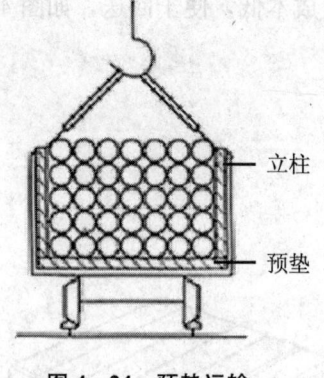

图 4-24 预垫运输

（九）铸件改形

这种方法是在浇铸时将一些可铸性的货件（如铝锭、粗铜等）由小件改为大件，不需要任何容器或捆扎。

（十）拆解集装

拆解集装就是把大件货物拆解为若干小件，或把外形不规则的货物拆解为集装单元，使货件密集成整。

五、集装化运输货物品种

目前采用集装化运输较多的货物品种主要有：

1. 有色金属锭

通过铁路运输的有色金属锭，如铝锭、铅锭、电解铜等，已经基本全部采用集装捆运输。

2. 小型柴油机

配套供应的 S195、110 等型号的小型柴油机已经基本上采用拆解式集装运输。

3. 石油沥青

块状石油沥青全部实现集装袋运输。

4. 平板玻璃

大约近 50% 的平板玻璃采用集装架运输。

5. 炭黑

通过铁路运输的炭黑已经全部集装化运输。

6. 石墨

通过铁路运输的石墨已经全部集装化运输。

知识点八　集装化运输组织

一、集装化运输条件

（1）集装化运输的货物，以集装后组成的特定单元（盘、笼、箱、袋、网、捆等）为一件。每一件集装货件的体积应不小于 $0.5m^3$，或重量不小于 500kg。

（2）棚车装运的集装化货物，每件重量不得超过 1t，长度不得超过 1.5m，体积不得超过 2m。到站限制为叉车配属站。

（3）敞车装运的集装化货物，每件重量不得超过到站最大起重能力（征得到站同意时除外）。

（4）集装化货件应捆绑牢固，表面平整，适合多层码放；码放要整齐、严密，并按规定做好包装储运的标志。以绳索等预垫方式运输竹、木等货物时，必须满足卸车时机械作业的要求。

（5）集装化货物与非集装化货物不能按一批运输。一批运输的多件集装化货物，以零担方式运输时，应采用同一集装方式。

二、集装化货源组织

（1）为促进集装化运输发展，各铁路局、车务段、车站均应加强领导，组成由货运、运输、装卸、科研等部门参加的集装化运输领导组织，由各级货运、装卸部门共同担负日常办理机构的工作，以加强集装化运输的领导和管理。

（2）各货运站应建立定期检查、分析制度，及时了解本经济吸引区各企业产品、运量、运输包装、装卸起重能力等情况及新建企业产品动态，协助企业在设备改造和制订产品生产计划的同时制订集装化运输方案和措施。

发展集装化运输要整车、零担并重，首先采用铁路通用集装箱，其次是各种方式的集装化运输。对于容易发生损失、运输过程中包装材料使用较多、污染车辆、交接手续烦琐、装卸作业困难的货物，要优先实行集装化运输。实行集装化运输必须从大局出发，要提高社会经济效益并兼顾各部门的利益。铁路和收发货人要密切配合，加强管理工作。

（3）凡具备采用集装化运输条件的货物，都必须采用集装化运输。车站在受理发货人提报的运输计划时，应认真审核，凡能采用集装箱运输的货物，都应采用集装箱运输。发货人要求铁路运输整车集装化货物时，应在月度要车计划表及旬要车计划表记事栏内注明"集装化"字样。车站对发货人申请的集装化运输计划按集装化有关规定审核后，加盖"××站集装化运输"戳记上报。在同一品类、同等条件下，对集装化货物，要优先批准计划、优先进货、优先装车。

铁路局要把集装化运输纳入月度运输计划，并逐月分析集装化运输计划兑现情况。车站不得将批准的集装化运输计划以非集装化方式运输。

铁路一般条件货运组织

三、集装化运输组织

(一) 托运

发货人托运集装化货物,应在运单"托运人记载事项"栏内注明"集装化"字样。

运单中"件数"一栏应填写集装货物的件数,"包装"一栏填写集装方式名称。

(二) 受理和承运

发站受理集装化货物时,应在货物运单右上角处加盖"××站集装化运输"章。

承运新品名、新方式集装化货物时,因先组织试运,以检验集装用具、装载加固方法能否保证货物及运输安全。试运成功的集装化方式和用具,铁路局应及时组织鉴定和定型,并作为运输条件公布,在管内执行。经铁道部鉴定合格的集装化方式的用具,由铁道部公布运输条件在全路施行。

实行集装化运输的货物(以运单上发站的集装化运输章为凭),其装卸费率仍按集装前的该类货物装卸费率执行。

组织集装化运输时要充分利用货车载重能力和容积,并符合《铁路货物装载加固规则》有关规定。不容许将非超限货物集装成超限货物运输。

(三) 交接

集装化运输的货物,在清点件数时,一律按集装货件办理,不得拆散;到达的集装货件,到站应以单元整体(包括集装用具)一并交给收货人。收货人应以单元整体搬出货场。

需要回送的集装用具,到站根据运单记载的集装化运输戳记和有关规定签发特价运输证明书。收货人凭特价运输证明书回送。车站对回送的集装用具要优先运输。

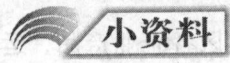

集装化运输发展趋势

通过铁路运输的货物,可以采用集装化方式运输的(不包括煤炭、矿石、液态货物)每年大约在4亿t。1998年,已经实现集装化运输的只有8112万t,只占可集装化运量的20.28%。由此可见,集装化运输的发展潜力很大。

近几年来,集装化运输的经济效益和社会效益已被越来越多的部门认识。集装化运输新技术也不断得到发展和推广。滑板运输、拉伸薄膜包装等技术已在一些部门得到运用。

由于集装化运输需要货主投资、管理维修和存在回送等问题,有些集装化方式将会逐步被集装箱运输代替(如集装专用箱、集装笼)。由于集装化成本较低、效果较明显(如集装袋、一次性托盘、捆扎运输等),它将会更多地被货主自觉采纳。

随着生产企业对运输质量要求的提高、对运输包装和仓储成本管理的细化和装卸搬运作业机械化水平的提高,集装化运输将得到较大的发展。

参 考 文 献

[1] 赵志群. 职业教育工学结合一体化课程开发指南 [M]. 北京：清华大学出版社，2009.
[2] 戴实. 铁路货运组织 [M]. 北京：中国铁道出版社，2009.
[3] 王庆功. 铁路货运组织 [M]. 北京：中国铁道出版社，1999.
[4] 戴实. 铁路货运实训教程 [M]. 北京：中国铁道出版社，2000.
[5] 铁道部运输局. 铁路货运职业技能培训教材 [M]. 成都：西南交通大学出版社，2000.
[6] 铁道部运输局，铁道部标准计量研究所. TB/T 3114—2005《铁路货运事故处理作业》理解与实施 [M]. 北京：中国标准出版社，2005.
[7] 中华人民共和国劳动和社会保障部. 国家职业标准（货运值班员）[M]. 北京：中国铁道出版社，2007.
[8] 中华人民共和国铁道部. 中华人民共和国铁道行业标准 TB/T 2116 铁路车站货运作业 [M]. 北京：中国铁道出版社，2005.
[9] 中华人民共和国铁道部. 铁路货物运输规程 [M]. 北京：中国铁道出版社，2007.
[10] 中华人民共和国铁道部. 铁路货物运输管理规则 [M]. 北京：中国铁道出版社，2000.
[11] 中华人民共和国铁道部. 铁路货物运价规则 [M]. 北京：中国铁道出版社，2011.
[12] 中华人民共和国铁道部. 铁路货运检查管理规则 [M]. 北京：中国铁道出版社，2007.
[13] 中华人民共和国铁道部，中华人民共和国国家经济贸易委员会. 铁路专用线专用铁路管理办法（试行）[M]. 北京：中国铁道出版社，2005.
[14] 中华人民共和国铁道部. 铁路货车超偏载检测装置运用管理办法（试行）[M]. 北京：中国铁道出版社，2005.
[15] 中华人民共和国铁道部. 货车篷布管理规则 [M]. 北京：中国铁道出版社，2007.
[16] 中华人民共和国铁道部. 铁路货物装载加固规则 [M]. 北京：中国铁道出版社，2006.
[17] 中华人民共和国铁道部. 铁路货运事故处理规则 [M]. 北京：中国铁道出版社，1999.
[18] 中华人民共和国铁道部. 铁路集装箱运输规章汇编 [M]. 北京：中国铁道出版社，2008.

附件　中级货运值班员岗位分析

一、职业定义

货运值班员是从事铁路车站货物运输受理、承运、保管、装车、卸车、交付和事故处理等作业的组织指挥人员。

二、职业等级和申报条件

本职业共设三个等级。分别为：中级（国家职业资格四级）、高级（国家职业资格三级）、技师（国家职业资格二级）。

中级货运值班员申报条件（具备以下条件之一者）：

（1）取得经劳动保障行政部门审核认定的，以中级（四级）技能为培养目标的中等及以上职业学校本职业（专业）毕业证书。

（2）取得晋升前职业（工种）中级（四级）职业资格证书后，连续从事晋升前职业（工种）工作2年及以上。晋升前职业（工种）为：货运员、货运核算员、货运检查员、货运安全员、货运计划员、交接员。

三、基础知识要求

（一）基本知识

（1）货车基本构造及其与货物装载关系的知识；

（2）货物运输基本条件知识；

（3）机车车辆限界和特定区段装载限界知识；

（4）货车施封、拆封的规定及票据填记的知识；

（5）货物运输费用结算的基本知识；

（6）货物装载加固知识；

（7）超长、超限、超重、集重货物运输知识；

（8）三视图的基本知识；

（9）危险货物运输知识；

（10）鲜活货物运输知识；

（11）月度运输计划编制执行、货运各项指标计算统计知识；

（12）零担货物、集装箱、集装化运输知识；

（13）货物运输包装、储运图示、标志知识；

(14) 货运事故处理基本知识;
(15) 军事运输、国际货物联运基本知识;
(16) 专用线管理基本知识;
(17) 计算机操作基本知识;
(18) 安全检测、计量设备使用的基本知识。

(二) 相关法律、法规和规章知识

(1)《中华人民共和国劳动法》相关知识;
(2)《中华人民共和国铁路法》相关知识;
(3)《中华人民共和国安全生产法》相关知识;
(4)《中华人民共和国环境保护法》相关知识;
(5)《中华人民共和国民事诉讼法》相关知识;
(6)《中华人民共和国合同法》相关知识;
(7)《中华人民共和国民法通则》相关知识;
(8)《中华人民共和国担保法》相关知识;
(9)《中华人民共和国消防法》相关知识;
(10)《危险化学品安全管理条例》有关规定;
(11)《铁路运输安全保护条例》有关规定;
(12)《铁路技术管理规程》有关规定;
(13)《铁路货物运输规程》有关规定;
(14)《铁路货物运输管理规则》有关规定;
(15)《铁路货物装载加固规则》有关规定;
(16)《铁路货运检查管理规则》有关规定;
(17)《铁路危险货物运输管理规则》有关规定;
(18)《铁路超限货物运输规则》有关规定;
(19)《铁路鲜活货物运输规则》有关规定;
(20)《铁路货运事故处理规则》有关规定;
(21)《货车篷布管理规则》有关规定;
(22)《铁路行车事故处理规则》有关规定;
(23)《铁路和水路货物联运规则》有关规定;
(24)《铁路货物运输收入管理规程》有关规定;
(25)《铁路集装箱运输规则》有关规定;
(26)《铁路专用线专用铁路管理办法》有关规定;
(27)《国际铁路货物联运办法》有关规定;
(28)《铁路货物保价运输规则》有关规定;
(29)《铁路军事运输管理办法》有关规定;
(30)《铁路货物运价规则》有关规定;

(31)《铁路装卸作业安全技术管理规程》有关规定；

(32)《铁路集装箱运输管理规则》有关规定；

(33)《铁路货物保价运输管理规则》有关规定。

四、中级货运值班员技能要求

附表 1　　　　　　　　　　中级货运值班员技能要求

职业功能	内容	技能要求	相关知识
一、作业前准备	(一)组织交接班	1. 能根据日班计划制订本班工作阶段计划并组织落实 2. 能进行货运规章文电、上级知识的传达 3. 能按车站货运设施、设备使用及维护情况布置生产任务	1.《铁路货物运输管理规则》货物运输基本作业有关规定 2. 交接班、班组管理、货场管理有关规定 3. 专用线、专用铁路管理有关要求 4. 货运设备管理的有关规定
	(二)安排重点工作	1. 能对本班重点工作进行安排 2. 能拟定恶劣天气及特殊情况下装卸车作业方案	
二、装卸车作业	(一)卸车作业	1. 能根据日班计划组织卸车 2. 能组织重点货物卸车、集中到达时突击卸车和在到发线、区间的卸车作业 3. 能提出特殊货物的卸车办法 4. 能对危险货物实施监卸并签认	1. 站内到发线、区间卸车有关要求及防范措施 2. 加速货车、货位周转的有关要求 3. 危险、超限、集重、超长、鲜活易腐货物运输有关要求 4. 专用线、专用铁路管理工作的有关要求 5. 货物运输基本条件及有关规定 6. 货物装载加固的基本技术条件及各种货物装载加固方案 7. 货物装车质量签认有关要求 8. 货车基本结构及其与货物装载的关系 9. 识别"三视图"基本知识 10. 危险货物按普通货物条件运输的规定 11. 车辆使用、编组隔离、禁止溜放、限速连挂的规定
	(二)装车作业	1. 能对按方案装车的货物进行装车质量签认 2. 能对危险货物运输进行签认，建立台账实行分类管理 3. 能对超长、超限、集重货物装车后复测装车尺寸，计算重车重心的高度并建立装车档案 4. 能填制超限货物运输记录 5. 能实施新品名危险货物和危险货物新包装试运 6. 能按计划组织军运货物装载 7. 能进行运杂费的计算和核收	

续表

职业功能	内容	技能要求	相关知识
二、装卸车作业	(三)检查装卸车质量	1. 能组织指导装卸车作业并解决作业中出现的问题 2. 能组织各货区(专用线、专用铁路)按时完成装卸车计划 3. 能组织鲜活易腐货物、抢险救灾、尖端保险、危险品、军事运输等重点物资的安全作业 4. 能按规定进行装载质量检查并签认	12.《铁路军事运输管理办法》中关于军运种类、等级、装卸车组织的有关规定 13.《铁路装卸作业安全技术管理规程》中关于安全装卸货物的有关规定 14. 人身安全管理有关规定 15.《铁路货运事故处理规则》中关于记录编制的有关规定 16. 货物运杂费计算方法
三、事故处理	(一)事故调查	1. 能确定货运事故等级种类 2. 能指导货运记录的编制和拍发货运事故速报	1. 货运事故种类、等级的规定 2. 拍发货运事故速报的有关内容 3. 编制货运记录的有关要求 4. 货物损失价格计算的有关规定 5. 货运事故分析的程序 6.《铁路货物运输规程》有关货运事故处理有关内容
	(二)责任划分	1. 能召开货运事故分析会对货运事故进行分析并判明事故原因 2. 能根据货运事故发生的原因判明事故责任者 3. 能审核处理赔偿案卷	
四、作业管理	(一)生产过程管理	1. 能根据经济吸引区范围,提出营销方案 2. 能统计分析有关资料,考核计划完成情况,填报各种报表 3. 能对设备使用、劳力组织、作业制度提出改进意见	1. 营销工作的有关知识 2. 建立信息库的有关要求 3. 生产指标台账填记的有关要求 4. 货场管理的基本要求 5. 货运作业管理的有关要求 6. 货运安全管理的有关知识 7. 班组管理的规定
	(二)安全管理	能发现工作中不安全因素,对安全生产情况进行分析,制订安全生产措施	

五、比重表,见附表2、附表3

(一)理论知识

附表2 理论知识

项 目		中级货运值班员(%)
基本要求	职业道德	5
	基础知识	20

续 表

项　目		中级货运值班员（%）
相关知识	作业前准备	10
	装卸车作业	35
	事故处理	15
	作业管理	15
	合同纠纷处理	—
	国际联运货物运输	—
	技术管理	—
	培训指导	—
合　计		100

（二）技能操作

附表3　　　　　　　　　　技 能 操 作

项　目		中级货运值班员（%）
相关知识	作业前准备	20
	装卸车作业	40
	事故处理	20
	作业管理	20
	合同纠纷处理	—
	国际联运货物运输	—
	技术管理	—
	培训指导	—
合　计		100

高等职业教育铁道交通运营管理专业"十二五"规划教材

铁路一般条件货运组织学生工作活页手册

（配套使用）

主　编　夏　栋
副主编　谢淑润　于丽颖

中国财富出版社
（原中国物资出版社）

学习情境一　散装货物运输组织

学习任务一　货运基本条件认知

学生工作页（1-1）

个人信息	学生姓名：	所在班级：	所在学习小组：
学习内容	学习情境一：散装货物运输组织		
	学习任务一：货运基本条件认知		参考学时：6
工作—学习过程要求与记录			

资讯（任务准备阶段）	引导问题： （1）请依据教材或其他参考资料，列出铁路货运工作所涉及的法规种类，并思考"《铁路货物运输规程》及其引申规章"与"铁路内部货运管理规则和办法"，两者的适用范围有何区别？ （2）请列举出至少10种你见过或能想到的经由铁路运输的货物名称，将它们按照你的方式进行分类。并思考整车、零担、集装箱三种运输方式各自适用于哪些货物？不同运输方式的优势各是什么？ （3）一车、一箱、一件等都是单位，一批也是单位吗？它与前面的几个单位有何区别？请写出自己的见解。

续 表

资讯（任务准备阶段）	（4）思考按一批办理的条件和限制规定，与货物的体积、重量、长度等因素有关吗？为什么？ （5）请按你的理解解释"快运"的含义，并列举出至少5种你认为铁路运输中需要快运的货物名称，并思考经铁路办理的快运货物应有何共同特征。 （6）你的理解"货物运到期限"的含义是什么？它是对谁的约束呢？为什么铁路会规定货物的运到期限？ （7）思考：货物运输过程可能包含哪几个部分？运到期限可能包含哪几个部分？它们有关联吗？当发生地震、飓风等自然灾害造成货物无法如期到达目的站，铁路应当承担违约责任吗？请说明你的理由。 （8）请通过网络或其他途径，查阅目前铁路最新的货运规章名称及版本；调查目前铁路零担货物运输方式的现状是怎样的，并作简要记录；从快运种类、方式、效果等方面判定目前我国铁路快运的现状。（若工作页空白处不够，可将获取的资料记录另附页）（参考网址：http://www.chineserailways.com/default.html）

续 表

计划与决策（任务实施方案制定阶段）	查阅资料获取信息要点	请将以上引导问题所涉及内容梳理一遍，用尽量精练的文字整理出信息要点：
	教师指导任务要点	完成本学习任务后，你应当能够面对托运人独立判定铁路货物运输的种类、运输条件及其运到期限，为此你需要掌握以下基础知识： (1) 货运工作的基本任务和法律依据 (2) 铁路货物运输的基本条件 (3) 货物的种类、货物运输的种类 (4) 货物按一批办理的条件 (5) 货物的运到期限、逾期违约金的偿付问题
	自我总结任务要点	将查阅资料获取的信息要点、教师指导的任务要点与案例条件结合起来，再次梳理，用精练的文字描述你对本次任务要点的理解。 案例1： 案例2： 案例3：

— 3 —

续 表

计划与决策（任务实施方案制定阶段）	自我总结任务要点	案例4：
		案例5：
		案例6：
		案例7：
		案例8：

续 表

	任务实施过程的简要记录				
实施（任务实施阶段）	序号	实施内容及其方案	困难及解决措施	实施结果	耗费时间
	案例 1				
	案例 2				
	案例 3				
	案例 4				
	案例 5				
	案例 6				
	案例 7				
	案例 8				
	备注：合理运用理论知识、结合案例条件拟定具体的实施内容与方案，重点列明完成任务过程中遇到了哪些困难，是如何解决的，最后的实施结果与计划有无偏差，并真实记录下各案例完成的时间节点。				
检查与评估（检查及综合评价阶段）	通过个人工作页的完成质量，结合小组代表成果展示效果，完成本次任务的检查与评估结果。 学生自评评语： 小组评价评语： 教师评价评语：				

铁路一般条件货运组织学生工作活页手册

学习任务二　散装货物运输组织工作现场感知

学生工作页（1-2）

个人信息	学生姓名：		所在班级：		所在学习小组：
学习内容	学习情境一：散装货物运输组织				
	学习任务二：散装货物运输组织工作现场感知			参考学时：6	
工作—学习过程要求与记录					
资讯（任务准备阶段）	引导问题： （1）《国家职业标准》中与铁路货运相关的主要工种有哪些？它们的具体名称是什么？并按照你的理解绘制各工种间的结构关系图。（可采用车站货场询问记录、图书馆查阅或网上查询等方式） （2）车站整车货物作业的全过程在哪三个不同地点完成，具体包括哪些作业环节？每个作业环节的具体任务是什么？这些不同地点间的作业侧重点又是什么？ （3）散装货物的特点是什么？适合用哪种货车装运？为什么？ （4）你认为在现场作业中最重要的工作应该是什么？散装货物装车作业中最重要的工作是什么？				

续 表

计划与决策（任务实施方案制定阶段）	教师指导任务要点	完成本学习任务后，你应当已经建立散装货物运输组织工作的感性认识，并能够详尽描述收集案例的基本情况，明确货运各工种职业定义及整车货物作业流程。为此你需要掌握以下基础知识： （1）货运各工种职业名称及其定义 （2）整车货物作业流程 （3）散堆装货物的具体作业内容 （4）散堆装货物装卸作业注意事项
	自我总结任务要点	详细记录下指导教师讲授的实际案例，具体包括货物发到站、托运单位、收货单位、运价里程、装卸车注意事项等内容，将查阅资料获取的信息要点、教师指导的任务要点与案例条件结合起来，用精练的文字描述你对本次任务要点的理解。 案例背景： 案例任务流程描述：（哪些人、做什么、怎么做，框图或文字形式均可）
		车站货场平面示意图

续 表

	任务实施过程的简要记录			
	实施步骤及其内容	困难及解决措施	实施结果	耗费时间
实施（任务实施阶段）	步骤1： 计划			
	步骤2： 受理			
	步骤3： 验收、保管			
	步骤4： 装车			
	步骤5： 核算			
	步骤6： 途中检查			
	步骤7： 卸车			
	步骤8： 交付			
	备注：记录案例任务的实施情况，重点列明完成任务过程中遇到了哪些困难，是如何解决的，最后的实施结果与规范有无偏差，并真实记录下各案例完成的时间节点。			
检查与评估（检查及综合评价阶段）	通过个人工作页的完成质量，结合小组代表成果展示效果，完成本次任务的检查与评估结果。 学生自评评语： 小组评价评语： 教师评价评语：			

学习任务三　煤炭运输组织

学生工作页　（1-3）

个人信息	学生姓名：		所在班级：		所在学习小组：
学习内容	学习情境一：散装货物运输组织				
	学习任务三：煤炭运输组织				参考学时：6
工作—学习过程要求与记录					
资讯（任务准备阶段）	完成对散装货物运输组织工作的现场认知以后，为达到真正的学习效果，并最终能独立完成任务，应在本次学习任务"煤炭的运输组织工作"的资讯阶段多渠道、全方位地了解相关知识，并做出必要的书面记录。需要在课前完成的具体任务有： （1）铁路货车标重和货车容许载重量之间的区别和联系。 （2）铁路货车增载的规定。 （3）固态散装货物装车后的重量一般由谁来确定？若确定的重量与实际重量不符该如何处理？				

续　表

计划与决策（任务实施方案制定阶段）	教师指导任务要点	完成本学习任务后，你应当能够进一步熟悉整车货物的作业要求，并按要求做好固态散装货物的载重量控制工作。为此你需要掌握以下基础知识： （1）货车容许载重量的含义及其确定方法 （2）铁路货车增载规定的应用 （3）铁路货车相关技术参数的查定方法 （4）固态散装货物划线装车的计算及操作步骤
	自我总结任务要点	将查阅资料获取的信息要点、教师指导的任务要点与案例条件结合起来，再次梳理，用精练的文字描述你完成本次任务的实施计划，必要时可与小组成员或指导教师讨论决策。

	任务实施过程的简要记录			
	实施步骤及其内容	困难及解决措施	实施结果	耗费时间
实施（任务实施阶段）	步骤1： 计划			
	步骤2： 受理			
	步骤3： 验收、保管			
	步骤4： 装车			
	步骤5： 核算			
	步骤6： 途中检查			
	步骤7： 卸车			
	步骤8： 交付			
	备注：合理运用理论知识、结合案例条件拟定具体的实施内容与方案，重点列明完成任务过程中遇到了哪些困难，是如何解决的，最后的实施结果与计划有无偏差，并真实记录下各案例完成的时间节点。			

续 表

检查与评估（检查及综合评价阶段）	通过个人工作页的完成质量，结合抽签答题情况，完成本次任务的检查与评估结果。 学生自评评语： 小组评价评语： 教师评价评语：

学习任务四　散装水泥运输组织

学生工作页（1-4）

个人信息	学生姓名：	所在班级：	所在学习小组：
学习内容	学习情境一：散装货物运输组织		
	学习任务四：散装水泥运输组织		参考学时：4
工作—学习过程要求与记录			

资讯（任务准备阶段）	（1）请列举出至少10种属于液体或粉态货物品类的货物具体名称，并分别指定适合其运输的货车类型。 （2）收集用于装运液体或粉态货物的铁路货车实物图片至少两张，上交形式可任选电子图或纸质图。电子图应足够清晰，大于50kb；纸质图应使用A4大小纸张，满页打印。 （3）什么是专用线？什么是专用铁路？两者的主要区别在哪里？ （4）专用线交接作业的重点要求有哪些？

续 表

资讯（任务准备阶段）		（5）什么是专用线共用？开展专用线应坚持什么原则？签订专用线共用协议应由哪几方参加？
计划与决策（任务实施方案制定阶段）	教师指导任务要点	完成本学习任务后，你应当能够进一步熟悉整车货物的作业要求，并按要求做好液体或粉态散装货物的载重量控制工作。为此你需要掌握以下基础知识： （1）液体、粉态散装货物与固态散装货物在装载车辆选择上的区别 （2）液体或粉态散装货物载重量的控制方法 （3）铁路罐车的常见型号及其试装货物种类 （4）专用线作业要求
	自我总结任务要点	将查阅资料获取的信息要点、教师指导的任务要点与案例条件结合起来，再次梳理，用精练的文字描述你完成本次任务的实施计划，必要时可与小组成员或指导教师讨论决策。

续 表

实施（任务实施阶段）	任务实施过程的简要记录				
	实施步骤及其内容		困难及解决措施	实施结果	耗费时间
	步骤1：计划				
	步骤2：受理				
	步骤3：验收、保管				
	步骤4：装车				
	步骤5：核算				
	步骤6：途中检查				
	步骤7：卸车				
	步骤8：交付				
	备注：合理运用理论知识、结合案例条件拟定具体的实施内容与方案，重点列明完成任务过程中遇到了哪些困难，是如何解决的，最后的实施结果与计划有无偏差，并真实记录下各案例完成的时间节点。				
检查与评估（检查及综合评价阶段）	通过个人工作页的完成质量，结合小组情境模拟情况，完成本次任务的检查与评估结果。 学生自评评语： 小组评价评语： 教师评价评语：				

学习情境一 教学评价

自我评价表

课程名称		铁路一般条件货运组织		被测评人		
学习情境一		散装货物运输组织		班级		
测评点		权重(q)	自我评价分值（f）			
			1	2	3	4	5
1. 任务完成过程评价						
运输方式、货物品类、一批运送条件确定准确、理由充分		15%					
运到期限计算正确、逾期比例确定正确		10%					
货物运单等票据填写正确		10%					
货运各工种名称、定义及其岗位职责表述清楚、准确，工作流程衔接准确		15%					
散装货物载重量控制与利用正确合理		15%					
2. 任务完成结果评价						
按时完成任务		10%					
书面记录完整整洁		15%					
3. 其他评价						
个人创新能力		5%					
团队协作精神		5%					
4. 合计得分（$\sum 20qf$）		100%					
5. 自我评语	我的优点：					
	我的不足：					
6. 成绩确认	学生签名：				年 月 日	

填表说明：请评价人根据学习任务完成情况客观勾选（√）各测评点对应的分值栏，1分表示很差、2分表示较差、3分表示一般、4分表示较好、5分表示很好，计算出以百分制为单位的自评成绩，最后总结本学习情境任务完成过程中自己的优点和不足，并签字确认。

他人评价表

课程名称		铁路一般条件货运组织	填表人姓名					
学习情境一		散装货物运输组织	班级					
评价分值（f） 测评点	被测评人	权重（q）	（组号： ）被测评学习小组成员姓名					
1. 任务完成过程评价								
运输方式、货物品类、一批运送条件确定准确、理由充分		15%						
运到期限计算正确、逾期比例确定正确		10%						
货物运单等票据填写正确		10%						
货运各工种名称、定义及其岗位职责表述清楚、准确，工作流程衔接准确		15%						
散装货物载重量控制与利用正确合理		15%						
2. 任务完成结果评价								
按时完成任务		10%						
书面记录完整整洁		15%						
3. 其他评价								
个人创新能力		5%						
团队协作精神		5%						
4. 合计得分（$\sum 20qf$）		100%						
5. 成绩确认		填表人签名：				年 月 日		

填表说明：请学生评价代表或指导教师根据被测评小组成员学习任务完成情况客观填写各测评点对应的分值，1分表示很差、2分表示较差、3分表示一般、4分表示较好、5分表示很好，按合计得分栏中的公式计算出以百分制为单位的测评成绩，并签字确认。

学习情境评价表

课程名称			铁路一般条件货运组织						班级			
学习情境名称			情境一 散装货物运输组织						学习小组组号			
序号	被测评人姓名	得分项目	评价得分									学习情境成绩核定（A×20％＋B×30％＋C×50％）
			自我评价A	学生评价组评价B					指导教师评价C			
				学生1	学生2	学生3	学生4	学生5	学生6	教师1	教师2	教师3	
1		测评得分											
		平均分											
2		测评得分											
		平均分											
3		测评得分											
		平均分											
4		测评得分											
		平均分											
5		测评得分											
		平均分											
6		测评得分											
		平均分											
7		测评得分											
		平均分											

填表人：　　　　　　　　　　　　　　　　　　　　　　　　　　　　年　　月　　日

制表说明：请学习小组组长依据个人评价表、他人评价表的书面数据，汇总本组成员该学习情境的测评成绩，并签字确认。

学习情境二 裸装货物运输组织

学习任务一 卷钢运输组织

学生工作页（2-1）

个人信息	学生姓名：		所在班级：		所在学习小组：
学习内容	学习情境二：裸装货物运输组织				
	学习任务一：卷钢运输组织				参考学时：10
	工作—学习过程要求与记录				
资讯（任务准备阶段）	(1) 按自己的理解定义"裸装货物"，并列举出5种裸装货物的名称。 (2) 可用于装运裸装货物的铁路货车有哪些？每种分别列举出至少2种货车型号。 (3) 货物装载加固方案的种类及其作用？定型方案包括哪几类，共多少项？				

续表

资讯（任务准备阶段）	（4）申报装载加固方案时，应由谁向谁提报哪些资料？装载加固方案的有效期限是如何规定的？ （5）适合加固裸装货物的加固材料有哪些？请列举出你能想到的所有材料名称。 （6）仔细阅读"车站整车货物作业要求"（TB/T2116.2—2005）后，请拟出在整车货物作业过程中承运人需要备齐哪些资料及备品？ 　　提示：如在受理订单环节，需向托运人提供"铁路货物运输服务订单"，此"订单"即为承运人需要配备的资料之一。		
计划与决策（任务实施方案制定阶段）	教师指导任务要点	完成本学习任务后，你应当能够进一步熟悉整车货物的作业要求，并能分工种角色配合完成裸装货物发送、途中、到达作业的全部工作。为此你需要掌握以下基础知识： （1）裸装货物的特点及其装载注意事项 （2）票据、表格、台账的填记方法 （3）分工种协作作业的衔接问题 （4）训练时间的合理安排与准确把握	
	自我总结任务要点	将查阅资料获取的信息要点、教师指导的任务要点与案例条件结合起来，再次梳理，用精练的文字描述你完成本次任务的实施计划，必要时可与小组成员或指导教师讨论决策。	

续 表

实施（任务实施阶段）	任务实施过程的简要记录： 我的角色分工： 与我交接工作的工种（我接受了谁的任务）： 我的任务： 实施步骤及内容：			
	实施步骤及内容	困难及解决措施	实施结果	耗费时间
	与我交接工作的工种（我将任务交给了谁）： 备注：记录你在本次任务中的分工是什么，按步骤列明你所承担的任务要点，并真实记录下案例完成的时间节点。			
检查与评估（检查及综合评价阶段）	通过个人工作页的完成质量，结合抽签答题情况，完成本交任务的检查与评估结果。 学生自评评语： 小组评价评语： 教师评价评语：			

学习任务二　原木运输组织

学生工作页（2-2）

个人信息	学生姓名：	所在班级：	所在学习小组：
学习内容	学习情境二：裸装货物运输组织 任务二：原木运输组织		参考学时：6

工作—学习过程要求与记录

<table>
<tr>
<td rowspan="2">资讯（任务准备阶段）</td>
<td>

（1）铁路货物装载加固定型方案中，将经由铁路运输的货物分成了多少大类？原木属于第几大类的第几小项？

（2）用你的理解描述原木的特点，并对比原木与钢板在装车作业上的侧重点有何不同？准许运输原木的货车车种有哪些？

（3）请列举适合加固原木的加固材料名称，并简要说明这些材料的制作要求和使用方法。

</td>
</tr>
</table>

续表

计划与决策（任务实施方案制定阶段）	教师指导任务要点	完成本学习任务后，你应当能够独立制定适合原木的装载加固方案，并按方案实施原木的装载加固作业。为此你需要掌握以下基础知识： （1）原木的特点，运输原木与运输钢板在作业侧重点上有哪些不同 （2）运输原木的准用货车有哪些，它们有何特点 （3）《加规》相关条文的理解与应用 （4）支柱的种类、制作要求、使用方法和注意事项 （5）不同长度木材的装载加固方法有何区别
	自我总结任务要点	将查阅资料获取的信息要点、教师指导的任务要点与案例条件结合起来，用准确精练的文字制定适合案例条件的原木装载加固方案，必要时可与小组成员或指导教师讨论决策。

	装载加固方案实施过程的简要记录			
	实施步骤及其内容	困难及解决措施	实施结果	耗费时间
实施（任务实施阶段）	步骤1：选车			
	步骤2：装车前检查			
	步骤3：装车			
	步骤4：选材			
	步骤5：加固			
	步骤6：装车后检查			
	注意事项			

续 表

检查与评估（检查及综合评价阶段）	通过个人工作页的完成质量，结合方案实施情况，完成本次任务的检查与评估结果。 学生自评评语： 小组评价评语： 教师评价评语：

学习任务三　电缆运输组织

学生工作页（2-3）

个人信息	学生姓名：		所在班级：		所在学习小组：
学习内容	学习情境二：裸装货物运输组织				
	学习任务三：电缆运输组织				参考学时：18
工作—学习过程要求与记录					
资讯（任务准备阶段）	（1）《加规》的全称是什么？它主要包含哪几个部分？《加规》有几个附件，它们的具体名称是什么？其中哪些附件是另册出版的？请列明你参阅《加规》的版本号。 （2）《加规》中哪些条文和裸装运输组织有关？请按条文顺序完整摘录下这些规定的具体内容。 （3）在《加规》附件5"常见装载加固材料与装置"中找出适合裸装货物运输装载加固的材料，并简要说明哪种材料适合加固哪种裸装货物。				

续 表

资讯（任务准备阶段）		（4）《价规》的全称是什么？它主要包含哪几部分？有几个附件，它们的具体名称是什么？其中哪些附件是另册出版的？请列明你参阅《价规》的版本号。 （5）货物运输费用由哪几部分组成？其中运费的计算程序是怎样的？
计划与决策（任务实施方案制定阶段）	教师指导任务要点	完成本学习任务后，你应当能够准确计算货物运输费用，按规定填制货票，根据货物特点选择合适的装载加固定型方案，完成货物装卸工作。为此你需要掌握以下基础知识： （1）货物运输费用的核算 （2）货票的填制 （3）装载加固电缆的规定，所需材料及加固方法
	自我总结任务要点	核算货物运输费用：

续 表

实施（任务实施阶段）	任务实施过程的简要记录： 我的角色分工： 与我交接工作的工种（我接受了谁的任务）： 我的任务： 实施步骤及内容：				
	实施步骤及内容	困难及解决措施	实施结果	耗费时间	
	与我交接工作的工种（我将任务交给了谁）： 备注：记录你在本次任务中的分工是什么，按步骤列明你所承担的任务要点，并真实记录下案例完成的时间节点。				
检查与评估（检查及综合评价阶段）	通过个人工作页的完成质量，结合案例实施情况，完成本交任务的检查与评估结果。 学生自评评语： 小组评价评语： 教师评价评语：				

学习情境二 教学评价

自我评价表

课程名称		铁路一般条件货运组织		被测评人			
学习情境二		裸装货物运输组织		班级			
测评点		权重(q)	自我评价分值（f）				
			1	2	3	4	5
1. 任务完成过程评价							
货物运输费用计算完整、正确		20％					
货票填写标准，戳记、签章位置正确		15％					
货位、货车运用合理，货物装载符合要求		10％					
方案选择合理，加固材料使用得当，加固方法正确安全		15％					
角色扮演过程各工种配合默契		5％					
2. 任务完成结果评价							
按时完成任务		10％					
书面记录完整整洁		15％					
3. 其他评价							
个人创新能力		5％					
团队协作精神		5％					
4. 合计得分（∑20qf）		100％					
5. 自我评语	我的优点：						
	我的不足：						
6. 成绩确认	学生签名：					年　月　日	

填表说明：请评价人根据学习任务完成情况客观勾选（√）各测评点对应的分值栏，1分表示很差、2分表示较差、3分表示一般、4分表示较好、5分表示很好，按合计得分栏中的公式计算出以百分制为单位的自评成绩，最后总结本学习情境任务完成过程中自己的优点和不足，并签字确认。

他人评价表

课程名称		铁路一般条件货运组织		填表人姓名		
学习情境二		裸装货物运输组织		班级		
测评点 \ 评价分值（f）\ 被测评人		权重(q)	（组号： ）被测评学习小组成员姓名				
1. 任务完成过程评价							
货物运输费用计算完整、正确		20%					
货票填写标准，戳记、签章位置正确		15%					
货位、货车运用合理，货物装载符合要求		10%					
方案选择合理，加固材料使用得当，加固方法正确安全		15%					
角色扮演过程各工种配合默契		5%					
2. 任务完成结果评价							
按时完成任务		10%					
书面记录完整整洁		15%					
3. 其他评价							
个人创新能力		5%					
团队协作精神		5%					
4. 合计得分（$\Sigma 20qf$）		100%					
5. 成绩确认		填表人签名：			年 月 日		

填表说明：请学生评价代表或指导教师根据被测评小组成员学习任务完成情况客观填写各测评点对应的分值，1分表示很差、2分表示较差、3分表示一般、4分表示较好、5分表示很好，按合计得分栏中的公式计算出以百分制为单位的测评成绩，并签字确认。

学习情境评价表

课程名称		铁路一般条件货运组织							班级			
学习情境名称		情境二 裸装货物运输组织							学习小组组号			
序号	被测评人姓名	得分项目	评价得分									学习情境成绩核定（A×20%+B×30%+C×50%）
			自我评价A	学生评价组评价B						指导教师评价C		
				学生1	学生2	学生3	学生4	学生5	学生6	教师1	教师2	教师3	
1		测评得分											
		平均分											
2		测评得分											
		平均分											
3		测评得分											
		平均分											
4		测评得分											
		平均分											
5		测评得分											
		平均分											
6		测评得分											
		平均分											
7		测评得分											
		平均分											

填表人：　　　　　　　　　　　　　　　　　　　　　　　　　　年　月　日

制表说明：请学习小组组长依据个人评价表、他人评价表的书面数据，汇总本组成员该学习情境的测评成绩，并签字确认。

学习情境三　包装货物运输组织

学习任务一　袋装粮食运输组织

学生工作页（3-1）

个人信息	学生姓名：	所在班级：	所在学习小组：
学习内容	学习情境三：包装货物运输组织		
	学习任务一：袋装粮食运输组织		参考学时：6
工作—学习过程要求与记录			

资讯（任务准备阶段）

（1）按自己的理解定义"包装货物"，并列举出5种包装货物的名称。

（2）可用于装运包装货物的铁路货车有哪些？每种分别列举出至少2种货车型号。

（3）适合包装货物的包装材料有哪些？请列举出你能想到的所有包装名称。

续 表

资讯（任务准备阶段）	（4）思考重质货物与轻质货物的本质区别，并阐明轻重配装为货车满载工作做出的贡献。 （5）哪些情况下需要对货车施封，施封工作的主要目的是什么？	
计划与决策（任务实施方案制定阶段）	教师指导任务要点	完成本学习任务后，你应当能够严格按照车站整车货物作业（TB/T2116.2）中的规定程序、作业内容及质量要求，分工种协作办理包装货物的发送、途中、到达作业。为此你需要掌握以下基础知识： （1）重质货物与轻质货物的轻重配装问题 （2）棚车施封问题 （3）袋装货物的包装、堆码问题
	自我总结任务要点	将查阅资料获取的信息要点、教师指导的任务要点与案例条件结合起来，再次梳理，用精练的文字描述你完成本次任务的实施计划，必要时可与小组成员或指导教师讨论决策。 （1）轻重配装方案 （2）施封注意事项 （3）货物堆码注意事项

续　表

实施（任务实施阶段）	任务实施过程的简要记录： 我的角色分工： 与我交接工作的工种（我接受了谁的任务）： 我的任务： 实施步骤及内容：			
	实施步骤及内容	困难及解决措施	实施结果	耗费时间
	与我交接工作的工种（我将任务交给了谁）： 备注：记录你在本次任务中的分工是什么，按步骤列明你所承担的任务要点，并真实记录下案例完成的时间节点。			
检查与评估（检查及综合评价阶段）	通过个人工作页的完成质量，结合抽签答题情况，完成本交任务的检查与评估结果。 学生自评评语： 小组评价评语： 教师评价评语：			

学习任务二　箱桶装货物运输组织工作现场感知

学生工作页（3-2）

个人信息	学生姓名：		所在班级：		所在学习小组：
学习内容	学习情境三：包装货物运输组织				
	学习任务二：箱桶装货物运输组织工作现场感知				参考学时：22
工作—学习过程要求与记录					
资讯（任务准备阶段）	（1）思考当袋装小麦粉的装运车辆由棚车变更为敞车时，货物运输会发生哪些方面的变化？列举其中最主要的两项变化，并简单阐述这些变化给运输组织工作带来哪些新问题。 （2）简述货物包装对货物装载方案的影响。《铁路货物装载加固定型方案》中是如何实现箱装、桶装货物装载安全的？ （3）你认为包装货物装车作业中最重要的工作是什么？哪些情况被认为是铁路内部货运事故？货运事故如何分类？ （4）货运事故处理作业有哪十二项程序？哪些项目？				

续 表

计划与决策（任务实施方案制定阶段）	教师指导任务要点	完成本学习任务后，你应当能够进一步了解箱桶装货物与其他包装货物在运输组织工作中的异同。并收集一个包装货物运输事故案例，对其进行事故分析。为此你需要掌握以下基础知识： （1）现场对包装货物运输组织工作的安全控制重点 （2）箱装或桶装货物与袋装货物在运输组织工作中的异同 （3）货运事故定义、分类和等级 （4）货运事故处理作业程序及要求
	收集案例描述	将收集到的案例条件用准确精练的文字记录如下（至少包括：货物发到站、品名、重量、使用车型、包装种类、事故发生和发现地点及现状等内容）：
实施（任务实施阶段）		针对收集到的案例，将事故处理作业流程及要求简述如下：（用文字或图形表示均可，注意事故种类的认定、货运记录的编制等细节问题的处理应与案例条件相符）
检查与评估（检查及综合评价阶段）		通过个人工作页的完成质量，结合总结陈词表述情况，完成本次任务的检查与评估结果。 学生自评评语： 小组评价评语： 教师评价评语：

学习情境三 教学评价

自我评价表

<table>
<tr><td colspan="2">课程名称</td><td colspan="2">铁路一般条件货运组织</td><td>被测评人</td><td colspan="3"></td></tr>
<tr><td colspan="2">学习情境三</td><td colspan="2">包装货物运输组织</td><td>班级</td><td colspan="3"></td></tr>
<tr><td colspan="2" rowspan="2">测评点</td><td colspan="2" rowspan="2">权重(q)</td><td colspan="5">自我评价分值（f）</td></tr>
<tr><td>1</td><td>2</td><td>3</td><td>4</td><td>5</td></tr>
<tr><td colspan="9">1. 任务完成过程评价</td></tr>
<tr><td colspan="2">发送、途中、到达作业环节完整有序，能按货物包装储运标志正确码放货物</td><td colspan="2">10%</td><td></td><td></td><td></td><td></td><td></td></tr>
<tr><td colspan="2">货运记录等票据、表格、台账填写标准，戳记、签章位置正确</td><td colspan="2">10%</td><td></td><td></td><td></td><td></td><td></td></tr>
<tr><td colspan="2">正确指导装卸工组安全的装卸包装货物，防盗工作切实有效；货车施封或篷布苫盖工作规范安全</td><td colspan="2">15%</td><td></td><td></td><td></td><td></td><td></td></tr>
<tr><td colspan="2">事故案例收集和文字描述清晰、完整</td><td colspan="2">10%</td><td></td><td></td><td></td><td></td><td></td></tr>
<tr><td colspan="2">事故处理作业规范、完整、有序</td><td colspan="2">15%</td><td></td><td></td><td></td><td></td><td></td></tr>
<tr><td colspan="9">2. 任务完成结果评价</td></tr>
<tr><td colspan="2">按时完成任务</td><td colspan="2">10%</td><td></td><td></td><td></td><td></td><td></td></tr>
<tr><td colspan="2">书面记录完整整洁</td><td colspan="2">15%</td><td></td><td></td><td></td><td></td><td></td></tr>
<tr><td colspan="9">3. 其他评价</td></tr>
<tr><td colspan="2">个人创新能力</td><td colspan="2">5%</td><td></td><td></td><td></td><td></td><td></td></tr>
<tr><td colspan="2">团队协作精神</td><td colspan="2">10%</td><td></td><td></td><td></td><td></td><td></td></tr>
<tr><td colspan="2">4. 合计得分（$\Sigma 20qf$）</td><td colspan="2">100%</td><td colspan="5"></td></tr>
<tr><td rowspan="2">5. 自我评语</td><td colspan="8">我的优点：</td></tr>
<tr><td colspan="8">我的不足：</td></tr>
<tr><td>6. 成绩确认</td><td colspan="8">学生签名：　　　　　　　　　　　　　　　　年　月　日</td></tr>
</table>

填表说明：请评价人根据学习任务完成情况客观勾选（√）各测评点对应的分值栏，1 分表示很差、2 分表示较差、3 分表示一般、4 分表示较好、5 分表示很好，按合计得分栏中的公式计算出以百分制为单位的自评成绩，最后总结本学习情境任务完成过程中自己的优点和不足，并签字确认。

他人评价表

课程名称		铁路一般条件货运组织		填表人姓名						
学习情境三		包装货物运输组织		班级						
测评点 / 评价分值（f）/ 被测评人		权重(q)	（组号：　　）被测评学习小组成员姓名							
1. 任务完成过程评价										
发送、途中、到达作业环节完整有序，能按货物包装储运标志正确码放货物		10%								
货运记录等票据、表格、台账填写标准，戳记、签章位置正确		10%								
正确指导装卸工组安全的装卸包装货物，防盗工作切实有效；货车施封或篷布苫盖工作规范安全		15%								
事故案例收集和文字描述清晰、完整		10%								
事故处理作业规范、完整、有序		15%								
2. 任务完成结果评价										
按时完成任务		10%								
书面记录完整整洁		15%								
3. 其他评价										
个人创新能力		5%								
团队协作精神		10%								
4. 合计得分（$\Sigma 20qf$）		100%								
5. 成绩确认		填表人签名：						年　月　日		

填表说明：请学生评价代表或指导教师根据被测评小组成员学习任务完成情况客观填写各测评点对应的分值，1分表示很差、2分表示较差、3分表示一般、4分表示较好、5分表示很好，按合计得分栏中的公式计算出以百分制为单位的测评成绩，并签字确认。

学习情境评价表

课程名称		铁路一般条件货运组织						班级				
学习情境名称		情境三 包装货物运输组织						学习小组组号				
序号	被测评人姓名	得分项目	评价得分									学习情境成绩核定（A×20％+B×30％+C×50％）
			自我评价A	学生评价组评价B						指导教师评价C		
				学生1	学生2	学生3	学生4	学生5	学生6	教师1	教师2	教师3	
1		测评得分											
		平均分											
2		测评得分											
		平均分											
3		测评得分											
		平均分											
4		测评得分											
		平均分											
5		测评得分											
		平均分											
6		测评得分											
		平均分											
7		测评得分											
		平均分											

填表人： 年 月 日

制表说明：请学习小组组长依据个人评价表、他人评价表的书面数据，汇总本组成员该学习情境的测评成绩，并签字确认。

学习情境四 集装货物运输组织

学习任务一 通用集装箱运输组织

学生工作页（4-1）

个人信息	学生姓名：	所在班级：	所在学习小组：
学习内容	学习情境四：集装货物运输组织		
	学习任务一：通用集装箱运输组织		参考学时：10
工作—学习过程要求与记录			

资讯（任务准备阶段）

（1）集装箱运输的优越性主要表现在哪些方面？

（2）下列货物能否用通用集装箱运输？说明理由。
①日用百货；②服装；③生毛皮；④电视机；⑤炭黑；⑥机械零件（零散、箱装）；⑦鲜桃；⑧钢锭；⑨TNT炸药；⑩盐。

续 表

资讯（任务准备阶段）		（3）托运人在石家庄南站托运下列货物，石家庄南站能否受理？并说明理由。 ①托运人按一批托运 2 个 1t 集装箱和 1 个 20ft 集装箱。 ②托运人按一批托运 8 个 20ft 集装箱。 ③托运人按一批托运 2 个 20ft 自备集装箱和 1 个 40ft 自备集装箱。 ④托运人按一批托运 1 个 20ft 自备集装箱和 1 个 20ft 铁路集装箱。 （4）使用铁路货车装运集装箱时，其装载有何要求？ （5）集装箱交接的凭证是什么？
计划与决策（任务实施方案制定阶段）	教师指导任务要点	完成本学习任务后，你应当能够严格按照集装箱货物作业要求（TB/T2174）中的规定程序、作业内容及质量要求，独立办理通用集装箱的发送、途中、到达作业，完成集装箱进出站工作。为此你需要重点掌握以下知识点： （1）托运受理：运单审核的内容及戳记的加盖位置 （2）拨配空箱：发送货运员在拨配空箱时需要做的重点工作 （3）装箱施封：装箱、施封责任人及该环节运单的填写要求 （4）验收：验收具体内容和要求 （5）制票承运：参与人及其交接工作 （6）装卸作业：装载、搬运、堆码要求，票据填写要求，卸车交接 （7）交付作业：参与人及其衔接工作 （8）进出站工作：相关单据的填写要求

续 表

计划与决策（任务实施方案制定阶段）	自我总结任务要点	将查阅资料获取的信息要点、教师指导的任务要点与案例条件结合起来，再次梳理，用精练的文字描述你完成本次任务的实施计划，必要时可与小组成员或指导教师讨论决策。
实施（任务实施阶段）	任务实施过程的简要记录			
^	实施内容及其方案	困难及解决措施	实施结果	耗费时间
^	步骤1：托运受理			
^	步骤2：拨配空箱			
^	步骤3：装箱施封			
^	步骤4：验收			
^	步骤5：制票承运			
^	步骤6：装卸作业			
^	步骤7：交付作业			
^	集装箱进出站重点工作记录：			
^	备注：合理运用理论知识、结合案例条件拟定具体的实施内容，重点列明步骤1、2、6的实施内容、问题及解决措施，最后的实施结果与计划有无偏差，并真实记录下案例完成的时间节点。			

续 表

检查与评估（检查及综合评价阶段）	通过个人工作页的完成质量，结合工作情境模拟情况，完成本次任务的检查与评估结果。 学生自评评语： 小组评价评语： 教师评价评语：

学习任务二 专用集装箱运输组织

学生工作页（4-2）

个人信息	学生姓名：		所在班级：		所在学习小组：
学习内容	学习情境四：集装货物运输组织				
	学习任务二：专用集装箱运输组织				参考学时：8

工作—学习过程要求与记录

资讯（任务准备阶段）

(1) 专用集装箱的"专"在何处，请按你的理解尽量翔实的解释。

(2) 请判断下列哪些货物需要用专用集装箱运输？说明理由。
①童车；②原木；③箱装罐头；④电视机；⑤生铁块；⑥散装水泥；⑦复印机；⑧地毯；⑨菠萝；⑩轿车。

(3) 某站 5 月份办理 20ft 集装箱运输。集装箱发送吨 26000t，发送铁路重箱 1580 个，铁路排空箱 50 个，自备箱重箱 30 个，自备箱空箱 20 个；集装箱到达吨 29440t，交付铁路集装箱 1700 个，自备重箱 20 个，自备箱空箱 30 个。铁路集装箱累计在站停留时间为 79120 h。
试统计 5 月份全站集装箱平均停时（该指标只对铁路箱统计）、集装箱保有量。

续 表

(4) 某站 6 月份集装箱统计数据如下表所示：

箱型	发送							到达					指标	
	发送总箱数	铁路重箱数	铁路空箱数	自备重箱数	自备空箱数	铁路折合箱数(TEU)	发送吨数	到达总箱数	交付铁路箱数	铁路空箱	交付自备箱数	交付自备空箱数	铁路箱累计停时(h)	平均停时(d)	铁路箱保有量(TEU)
1	2	3	4	5	6	7	8	9	10	11	12	13	14	15	16
1t	560	480	10	50	20		400	580	400		80	20	31500		
20ft	62	40		20	2		912	59	20		30	4	1944		
40ft	33	20		10	3		756	35	13		15	4	1346		

根据上述数据，完成上表 7、15、16 栏内容，并将计算过程罗列如下：

资讯（任务准备阶段）

(5) 根据任务单的要求，详尽描述你所收集到的案例背景。

续表

计划与决策（任务实施方案制定阶段）	查阅资料获取信息要点	通过以上问题的解答，你主要通晓了哪些知识点，请用尽量精练的文字整理出信息要点：
	教师指导任务要点	完成本学习任务后，你应当能够按收集案例的情况制定专用集装箱的试运方案，包括集装箱参数、装运货物、办理站、装运要求、加固要求（需要加固时）等内容，以及集装箱调度、统计工作方案。为此你需要重点掌握以下知识点： （1）所装货物的特性 （2）选用专用集装箱的结构特点及适用范围 （3）专用集装箱运输组织与通用集装箱运输组织工作的异同点 （4）装卸车前应检查的内容以及装载、堆码的要求 （5）集装箱调度工作组织 （6）集装箱运输的统计工作指标及其计算方法
	调度工作重点	
	统计指标及其数据	

续 表

计划与决策（任务实施方案制定阶段）	试运方案	
检查与评估（检查及综合评价阶段）	通过个人工作页的完成质量，结合试运方案展示情况，完成本次任务的检查与评估。 学生自评评语： 小组评价评语： 教师评价评语：	

学习任务三 集装化货物运输组织

学生工作页（4-3）

个人信息	学生姓名：		所在班级：		所在学习小组：
学习内容	学习情境四：集装货物运输组织				
	学习任务三：集装化货物运输组织				参考学时：6
工作—学习过程要求与记录					
资讯（任务准备阶段）	（1）什么是集装化运输，它与集装箱运输的区别与联系。 （2）集装化运输用具应具备的基本条件和运输标记有哪些？ （3）集装化运输有哪些常见形式？ （4）简述中国铁路集装化运输发展前景与策略。				

学习情境四　集装货物运输组织

续　表

资讯（任务准备阶段）		（5）简述现代物流对铁路集装化发展的影响。
计划与决策（任务实施方案制定阶段）	查阅资料获取信息要点	请将以上引导问题所涉及内容梳理一遍，用尽量精练的文字整理出信息要点：
	教师指导任务要点	完成本学习任务后，你应当能够用学习卡片的形式整理出相关学习要点，并在课堂训练中以学习小组为单位，以"中国铁路集装化运输发展建议"为中心议题通过概念图形式汇总表达出来。为此你需要掌握以下基础知识： （1）什么是集装化运输，它与集装箱运输的区别与联系 （2）集装化运输用具的基本条件 （3）集装化运输的形式及其适用范围 （4）集装化运输条件 （5）集装化运输组织环节及作用要求 （6）中国铁路集装化运输发展前景与策略 （7）现代物流对铁路集装化发展的影响
	自我总结任务要点	将查阅资料自学获取的信息要点与教师指导的任务要点结合起来，用准确精练的文字罗列出与中心议题密切相关的论点。

续 表

实施（任务实施阶段）	按要求绘制有概念图特征的"中国铁路集装化运输发展建议"如下：
检查与评估（检查及综合评价阶段）	通过个人工作页的完成质量，结合任务实施情况，完成本次任务的检查与评估结果。 学生自评评语： 小组评价评语： 教师评价评语：

学习情境四　教学评价

自我评价表

课程名称	铁路一般条件货运组织		被测评人				
学习情境四	集装货物运输组织		班级				
测评点	权重（q）	自我评价分值（f）					
		1	2	3	4	5	
1. 任务完成过程评价							
集装箱型选择和车辆运用合理	5%						
票据、表格、台账的填写标准	10%						
集装箱装掏箱工作规范有序（或集装化方案制定经济合理）	15%						
集装箱统计数据准确齐全	10%						
集装箱调度工作正确及时	10%						
作品展示表达思路清晰	15%						
2. 任务完成结果评价							
按时完成任务	5%						
书面记录完整整洁	10%						
3. 其他评价							
个人创新能力	10%						
团队协作精神	10%						
4. 合计得分（$\sum 20qf$）	100%						
5. 自我评语	我的优点：						
	我的不足：						
6. 成绩确认	学生签名：				年　月　日		

填表说明：请评价人根据学习任务完成情况客观勾选（√）各测评点对应的分值栏，1分表示很差、2分表示较差、3分表示一般、4分表示较好、5分表示很好，按合计得分栏中的公式计算出以百分制为单位的自评成绩，最后总结本学习情境任务完成过程中自己的优点和不足，并签字确认。

他人评价表

课程名称		铁路一般条件货运组织		填表人姓名					
学习情境四		集装货物运输组织		班级					
测评点 \ 评价分值（f）\ 被测评人			权重(q)	（组号： ）被测评学习小组成员姓名					
1. 任务完成过程评价									
集装箱型选择和车辆运用合理			5%						
票据、表格、台账的填写标准			10%						
集装箱装掏箱工作规范有序（或集装化方案制定经济合理）			15%						
集装箱统计数据准确齐全			10%						
集装箱调度工作正确及时			10%						
作品展示表达思路清晰			15%						
2. 任务完成结果评价									
按时完成任务			5%						
书面记录完整整洁			10%						
3. 其他评价									
个人创新能力			10%						
团队协作精神			10%						
4. 合计得分（$\Sigma 20qf$）			100%						
5. 成绩确认		填表人签名：					年 月 日		

填表说明：请学生评价代表或指导教师根据被测评小组成员学习任务完成情况客观填写各测评点对应的分值，1分表示很差、2分表示较差、3分表示一般、4分表示较好、5分表示很好，按合计得分栏中的公式计算出以百分制为单位的测评成绩，并签字确认。

学习情境评价表

课程名称		铁路一般条件货运组织							班级			
学习情境名称		情境四 集装货物运输组织							学习小组组号			
序号	被测评人姓名	得分项目	评价得分									学习情境成绩核定（A×20％+B×30％+C×50％）
			自我评价A	学生评价组评价B						指导教师评价C		
				学生1	学生2	学生3	学生4	学生5	学生6	教师1	教师2	教师3	
1		测评得分											
		平均分											
2		测评得分											
		平均分											
3		测评得分											
		平均分											
4		测评得分											
		平均分											
5		测评得分											
		平均分											
6		测评得分											
		平均分											
7		测评得分											
		平均分											

填表人： 年 月 日

制表说明：请学习小组组长依据个人评价表、他人评价表的书面数据，汇总本组成员该学习情境的测评成绩，并签字确认。

课程教学综合评价

课程名称		铁路一般条件货运组织			班级	
序号	被测评人姓名	学习情境测评成绩				综合成绩
		学习情境Ⅰ	学习情境Ⅱ	学习情境Ⅲ	学习情境Ⅳ	(Ⅰ+Ⅱ+Ⅲ+Ⅳ)/5
1						
2						
3						
4						
5						
6						
7						
8						
9						
10						
11						
12						
13						
14						
15						
16						
17						
18						
19						
20						
21						
22						
23						
24						

续 表

课程名称		铁路一般条件货运组织			班级	
序号	被测评人姓名	学习情境测评成绩				综合成绩
		学习情境Ⅰ	学习情境Ⅱ	学习情境Ⅲ	学习情境Ⅳ	(Ⅰ+Ⅱ+Ⅲ+Ⅳ)/5
25						
26						
27						
28						
29						
30						
31						
32						
33						
34						
35						
36						
37						
38						
39						
40						
41						
42						
43						
44						
45						
46						
47						
48						
49						
50						
51						

续 表

课程名称		铁路一般条件货运组织			班级	
序号	被测评人姓名	学习情境测评成绩				综合成绩
		学习情境 Ⅰ	学习情境 Ⅱ	学习情境 Ⅲ	学习情境 Ⅳ	(Ⅰ+Ⅱ+Ⅲ+Ⅳ)/5
52						
53						
54						
55						
56						
57						
58						
59						
60						
61						
62						
63						
64						
65						
66						
67						
68						
69						
70						
填表人：						年 月 日

制表说明：依据四个学习情境评价汇总表的电子数据，汇总班级该课程学习成绩，存电子档。

定价：58.00元
（含配套学生手册）